Hey Ho Let's Go

A HISTÓRIA DOS
RAMONES

Hey Ho Let's Go

A HISTÓRIA DOS RAMONES

Everett True

Tradução:
Neuza Paranhos

MADRAS®

Publicado originalmente em inglês sob o título *Hey Ho Let's Go: The Story of the Ramones* por Omnibus Press.
© 2002/2005, Omnibus Press (Uma divisão da Music Sales Limited).
Todas as letras de músicas: ©Warner/Chappel Music Publications Ltd.
Pesquisa de Imagens: Steve Behan
Nota do Editor Internacional:
Todos os esforços foram feitos para identificar os detentores de direitos autorais das imagens deste livro, mas um ou dois não foram encontrados. Ficaríamos gratos se os fotógrafos responsáveis entrassem em contato conosco.
Direitos de edição e tradução para todos os países de língua portuguesa.
Tradução autorizada do inglês.
© 2019, Madras Editora Ltda.

Editor:
Wagner Veneziani Costa

Produção e Capa:
Equipe Técnica Madras

Tradução:
Neuza Paranhos

Revisão da Tradução:
Rafael Varela

Revisão:
Bianca Rocha
Ana Cristina Texeira

Dados Internacionais de Catalogação na Publicação (CIP)
(Câmara Brasileira do Livro, SP, Brasil)

True, Everett
Hey ho let's go: a história dos Ramones/Everett True; tradução Neuza Paranhos. – São Paulo: Madras, 2019. Título original: Hey ho let's go: the story of the Ramones
Vários colaboradores.
ISBN 978-85-370-0679-5

    1.#Músicos de rock – Biografia 2. Punk rock#
    (Música) 3. Ramones (Banda de rock) 4. Rock#
    (Grupos) 5. Rock – História I. Título.

11-04310 CDD-781.66092

    Índices para catálogo sistemático:
    1.#Músicos de rock: Vida e obra 781.66092#
    3ed.

É proibida a reprodução total ou parcial desta obra, de qualquer forma ou por qualquer meio eletrônico, mecânico, inclusive por meio de processos xerográficos, incluindo ainda o uso da internet, sem a permissão expressa da Madras Editora, na pessoa de seu editor (Lei nº 9.610, de 19.2.98).

ireitos desta edição, em língua portuguesa, reservados pela

MADRAS EDITORA LTDA.
Rua Paulo Gonçalves, 88 — Santana
CEP: 02403-020 — São Paulo/SP
Caixa Postal: 12183 — CEP: 02013-970
Tel.: (11) 2281-5555 — Fax: (11) 2959-3090
www.madras.com.br

Índice

Agradecimentos 7
Introdução 9

1 Blues da Rua Hills 13
2 Hey Ho, Nós Somos os Ramones 37
3 Definição de Punk 51
4 O Ano em que o Punk Estourou 55
5 Conheça os Ramones 71
6 Today, Your Love... 83
7 "D-U-M-B/Everyone's Accusing Me" 97
8 Teenage Lobotomy 125
9 Na Estrada, Parte 1 141
10 Os Limites Urbanos de Flatbush 145
11 Na Estrada, Parte 2 163
12 A Confusão do Filme de Monstros Mutantes 165
13 Na Estrada, Parte 3 173
14 "C'mon Let's Rock'n'Roll With The Ramones" 175
15 A Música Favorita dos Ramones 193
16 "She Went Away For The Holidays" 197
17 We Want The Airwaves 205
18 Na Estrada, Parte 4 219
19 Brincadeiras e Assaltos (Não) São Divertidos 221
20 Na Estrada, Parte 5 241
21 The Song Ramones The Same 243

22 O Álbum Favorito dos Ramones 261
23 My Brain Is Hanging Upside Down 263
24 Gabba Gabba Rey 275
25 Em Busca do Sucesso 291
26 All Screwed Up 295
27 Na Estrada, Parte 6 305
28 "I Don't Wanna Be a Pinhead No More" 307
29 Joey Fala 323
30 Ficando *Loco* 327
31 Na Estrada, Parte 7 343
32 Strength To Endure 345
33 Influência dos Ramones 365
34 Out Of Time 367
35 We're Outta Here! 379
36 Ramones: Uma Banda Americana 397

Apêndice 1
Don't Worry About Me 401
Apêndice 2
...E o *Beat* Continua 421
Apêndice 3
"4, 5, 6, 7 All Good Cretins Go To Heaven" 429
Discografia Selecionada (1976-2001) 435
Índice Remissivo 449

Agradecimentos

As pessoas a seguir nos concederam seu tempo livre em entrevistas para este livro. A todas, meus sinceros agradecimentos: Joey Ramone (vocalista), Tommy Ramone (baterista e produtor), Marky Ramone (baterista), CJ Ramone (baixista), Arturo Vega (diretor artístico), Monte Melnick (gerente de turnê), Daniel Rey (guitarrista e produtor), Andy Shernoff (baixista), Ed Stasium (produtor), Craig Leon (produtor), Ida Langsam (relações-públicas), John Holmstrom (editor e cartunista), George Seminara (diretor de vídeo), George DuBose (fotógrafo), Roberta Bayley (fotógrafa), Donna Gaines (jornalista e socióloga), Geoge Tabb (escritor, guitarrista e fã), David Fricke (escritor), Linda Stein (empresária), Janis Schacht (relações-públicas), Jaan Uhelszki (escritor), Joan Tarshis (escritora), Kevin Patrick (executivo de gravadora), Rachel Felder (escritora), Michael Hill (escritor e executivo de gravadora), Rodney Bingenheimer (o próprio Senhor Los Angeles), Handsome Dick Manitoba (Dictators), Captain Sensible (Damned), Gary Valentine (ex-Blondie), Helen Love (Helen Love), Brijitte West (ex-NY Loose), Kim Thayil (ex-Soundgarden), Carla Olla (ex-Spikey Tops), Cynth Sley (ex-Bush Tetras), Don Fleming (guitarrista e produtor), Nicole Spector (estudante), David Kessel (produtor), Andy Paley (ex-Paley Brothers), Victor Bockris (escritor), Slim Moon (executivo de gravadora), Pete Gofton (ex-Kenickie), Harvey Kubernik (escritor), Mark Bannister (fã), Lindsay Hutton (fã), Roy Carr (escritor), Chris Charlesworth (escritor), Scott Rowley (escritor), Mark Spivey (escritor), Leigh Marklew (Terrorvision), Gloria Nicholl (relações-públicas e empresária), Eric Erlandson (ex-Hole), Carol Clerk (escritora), Lisa Gottheil (relações-públicas), Marty Thau (empresário), Carrie Brownstein (Sleater-Kinney), Mark Perry (escritor de fanzine), David Keegan (ex-Shop Assistants), Seymour Stein (executivo de gravadora) e Danny Fields (empresário).

Muitíssimo obrigado ao http://www.ramones-club.de/ pelas informações adicionais sobre trabalhos-solo e datas de turnês e também ao site oficial de Artur Vega dos Ramones www.officialramones.com.

Também agradeço às seguintes pessoas, que ajudaram de várias formas: Risa (por seu empenho para que eu conseguisse as entrevistas com Seymour Stein); Mickey Leigh; Grace Fox (por todas as horas de transcrição de gravações e pesquisa não remuneradas); minha noiva, Charlotte Snazell (por seu amor e apoio nas horas mais difíceis); meu editor Chris Charlesworth (por seu infatigável bom humor); Andy Neill e Penny Brignell.

Também gostaria de destacar Mark Bannister, Daniel Rey, Ida Langsam e os integrantes dos Ramones com quem pude falar, pela ajuda maior que a encomenda. Fiquei particularmente tocado pelo amor e pela afeição óbvios ainda dedicados aos Ramones por aqueles que conviveram com a banda. Daniel, CJ, Arturo, Monte, Tommy... gente boa de fato.

Este livro é dedicado ao meu irmão Mick Thackray.

Introdução

Willesden, 1984. Economizei semanas para comprar *Too Tough To Die* importado e estava pra lá de empolgado quando trouxe o disco para casa. A primeira vez que o tirei da capa para tocar na vitrola mono Dansette, meu gato – que também estava empolgado – pulou sobre o vinil girando sobre o prato. O gato e eu, então, embarcamos em uma brincadeira maluca de esconde-esconde pela casa enquanto a voz de Joey soava envenenada, crua e rouca.

Nesse mesmo ano, formei um grupo vocal new wave – The Legend! And His Swinging Soul Sisters, com meu irmão e Dave Smith, do trabalho –, com o único propósito de cantar Ramones e *covers* de soul dos anos 1960 em apresentações ao vivo. Aprendemos a primeira regra do punk: não importa o quanto você é bom na guitarra – na verdade, levamos ao pé da letra a máxima "menos é mais" dos Ramones para uma conclusão lógica. Dispensamos totalmente os instrumentos.

London Electric Ballroom, 29/2/1980. Uma das primeiras vezes que assisti aos Ramones foi também uma das duas únicas que tirei a camiseta enquanto dançava. Fazia muito calor e o lugar estava furioso, pulando pra cima e pra baixo. A distância, vi outro cara sem camiseta. Então, resolvi "pogar" até ele. Era meu irmão Michael, que, antes, em 1976, tinha me introduzido aos Ramones e à música pop, o mesmo que, uma vez, eu confundi com o Joey em uma foto na revista *Punk* – aquela foto famosa em que o Joey e a Debbie Harry aparecem na cama abraçadinhos. Eu nem sabia que meu irmão estava no show.

Voltando para casa, no metrô, fui entoando "Hey Ho Let's Go!".

Seattle, abril de 1999. Depois de uma residência de nove meses como editor de música no *The Stranger*, iconoclástico semanário da capital grunge americana, cumpri uma ambição de vida fazendo *cover* dos Ramones na minha festa de despedida, com a escória das bandas de rock locais, The Promise Keepers, como apoio. Foi a primeira vez (à parte uma breve experiência com uma banda de rock na faculdade) que cantei uma música dos Ramones acompanhado de guitarra. Cara, foi demais agarrar o microfone, como um Joey um pouco mais rechonchudo – deixando cada vogal sair sem pressa pela garganta, a bateria mandando bala.

É claro que só escolhemos músicas dos três primeiros álbuns.

Nova York, 1989. Estou gravando um compacto simples para o selo Sub Pop. E, mais importante, estou entrevistando Joey Ramone para a *Melody Maker*. (Isso, depois de ter sonhado muito em ver os Ramones na primeira fila em um show em algum boteco: só eu na plateia. Estão incríveis, como sempre, mas Dee Dee, irado com a falta de atenção, anunciou que para ele já deu, está fora da banda! Duas semanas antes de eu entrevistar Joey, Dee Dee tinha deixado os Ramones.) Joey é o cara mais alto e mais doce que já conheci. Ele mostra sua pilha de pôsteres psicodélicos dos anos 1960 e toca faixas de um projeto-solo (um álbum country). Eu pergunto se ele não gostaria de aparecer no estúdio e gravar uns acordes de apoio para uma versão vocal de "Rockaway Beach". Ele topou, mas não apareceu. Em vez disso, ligou para o estúdio e passou 15 minutos inventando uma desculpa deslavada...

"Ei, Jerry? É o Joey, puxa, desculpa, não vai dar pra aparecer no estúdio hoje."

Lollapalooza, 1996. Desmaiei de bêbado, no meio da areia e da sujeira, com uns 40° C à sombra. O vocalista do Screaming Trees, Mark Lanegan, está jogando água em mim em uma tentativa de manter-me vivo. Joey passa por lá e diz: "Ei, cara, não detona o chão!".

Mais tarde, posso ser visto em frente ao palco, na fila do gargarejo, dançando feito um selvagem, balançando a cabeça com garotos que, juntos, não somam a metade da minha idade; berrando: "Isso é Ramones, seus cuzões! Dancem, DANCEM!".

London Lyceum Ballroom, fevereiro de 1985. Os Ramones estão com problemas técnicos. O som vai e volta. Durante uma dessas panes, doido e sem fôlego por conta da dança frenética, berrei para o Dee Dee: "Toca um solo pra gente!". Os Ramones nunca foram conhecidos por sua espontaneidade – na verdade, tal atitude é anátema do seu credo –, mas o baixista, sentindo-se na obrigação, rangendo os dentes por uns segundos, criou um ruído sonoro apertando o dedo na bochecha, daquele jeito que se faz por aí.

Depois disso, por meses, eu contaria como o Dee Dee tocara um solo de dente pra mim.

Chelmsford, 1976. Surrupiei o primeiro álbum dos Ramones do esconderijo do meu irmão e estou ouvindo na radiola da família. A sonoridade é estranha, parece a de uma serra elétrica ligada no máximo. Minha mãe entra na sala e profere a sentença imortal: "Mas isso é música?". Se é música? Não só é música como é mais: é um vazio sonoro que possibilita ao ouvinte preenchê-lo do jeito que quiser, por mais bizarro que seja. Essa é a generosidade dos Ramones. E eu entendi na hora que qualquer um capaz de criar tamanho desencontro entre gerações só pode ser bom, decente e correto.

Joey, Dee Dee e Johnny, vocês fazem falta.

everett_true@hotmail.com

Nota do Editor

A Madras Editora não participa, endossa ou tem qualquer autoridade ou responsabilidade no que diz respeito a transações particulares de negócio entre o autor e o público.

Quaisquer referências de internet contidas neste trabalho são as atuais, no momento de sua publicação, mas o editor não pode garantir que a localização específica será mantida.

"ELES SEMPRE ESTIVERAM lá, sempre. Mesmo depois de se separarem. Era como se não tivesse acabado. Acho que foi por isso que as ondas de choque atingiram a comunidade musical em todo o mundo. Como se algo permanente em suas vidas lhes tivesse sido tirado, sem ninguém esperar. Acho que muita gente não sabia que o Joey estava doente.

Aqueles de nós que o conheciam, que eram amigos dele, sabíamos que ele estava doente. Muitos de nós sabíamos que ele tinha estado no hospital desde sua queda, naquela noite de dezembro. E eu sabia na última semana que as coisas tinham piorado. Não imaginava o quanto, mas sabia que ele estava pior que antes. Mas o público em geral não sabia. O Joey nunca foi a público fazer uma declaração sobre sua saúde – por que deveria?

Os Ramones sempre mantiveram seus problemas entre eles próprios. Isso fazia parte de ser uma unidade familiar. Eles nunca tiveram postura de estrelas. Pessoas que veem a si mesmas como celebridades frequentemente têm esse comportamento – de que tudo que fazem é notícia e merece ser publicado –, portanto, muitas lavam roupa suja em público. Nunca se soube de coisas pessoais sobre os Ramones. Não se sabia quem era casado, quem não era, se algum deles estava saindo com alguém, se tinham filhos. Não se sabia nada disso."

(Entrevista do autor com Ida Langsam, relações-públicas dos Ramones, 2002)

1

Blues da Rua Hills

A FASE EM que você descobre que há vida fora da escola, da família, do seu ambiente imediato – esse é um momento verdadeiramente importante. É quando seus gostos, individualização, ideais, moral e preferências sexuais se misturam e se tornam reais: a adolescência formata o futuro. Também é um período narcisista e socialmente cultuado ao extremo – e é por isso que as bandas de rock'n'roll sempre se referem a esse passado, mesmo as mais antigas. Elas utilizam o ideal adolescente em suas imagens líricas: encontrar uma garota, passear no parque e curtir – Carbona ou refrigerante, a escolha é sua. As músicas dos Ramones também se referem a essa época.

"Espera aí", diz Joey Ramone, confuso. "Dá pra repetir isso? Quando você é jovem e está numa estrutura e quer romper com isso... a qual música em particular você está se referindo?"

A obra da banda é mesclada com a clássica angústia adolescente no estilo dor de cotovelo dos grupos de garotas dos anos 1960 – "My-My Kind Of A Girl", "I Wanna Be Your Boyfriend", "All Screwed Up"...

"Esta última, basicamente, é sobre... é sobre a vida", Joey ri. "É sobre estar fodido. É também sobre como você tem de viver do jeito que aprendeu, mesmo que não tenha aprendido nada." O vocalista faz uma pausa e pensa na questão. "É a história da minha vida. Você não sabe e nem nunca vai saber. Os relacionamentos são o que há de mais difícil de lidar. Eu não acredito em desistir."

E continua: "Quando você tem 15, 16 anos, começa a aprender a viver e a ficar vivo. Ou você aprende a lei da rua ou então está fodido. O que eles ensinam na escola não prepara para a vida. Os livros não se comparam a viver no mundo real. Rock'n'roll ensina você a viver. Quando se trata do seu dinheiro, e isso o afeta diretamente, é quando você desperta. Se você não sabe contar, soletrar, ler e escrever, você está fodido".

(Entrevista ao autor, 1989)

"Casas alegres, reluzentes e arrumadas, gramados bem podados e canteiros cuidadosamente tratados... distintamente vistosas", escreveu o crítico de arquitetura Herbert Croly em 1914 sobre a comunidade de Forest Hills Gardens no Queens, Nova York. O *New York Tribune* concordou, chamando a região de "moderno Jardim do Éden, um conto de fadas bom demais para ser verdade".

Forest Hills foi uma vez o leito de um rio seco chamado, pelos holandeses, de Whiteput (de pit, ou cova, em português). Em 1664, colonos ingleses o renomearam New Towne. Em 1906, Cord Meyer, um herdeiro da indústria local de refino de açúcar, construiu em 600 acres [2.428.200m²] uma comunidade por ele nomeada Forest Hills, porque as terras bordeavam o Forest Park e estavam em um terreno mais alto. A Fundação Sage comprou 142 acres [574.674m²] em 1909, construindo uma comunidade no estilo Tudor, chamada Forest Hills Gardens, concebida como um experimento que utilizaria a nova ciência das cidades planejadas em um loteamento suburbano e providenciaria moradias alternativas aos moradores dos lotados apartamentos de Nova York.

A vizinhança de Forest Hills, de classe média, em grande parte formada por judeus, era conhecida por algumas razões na época em que os Ramones passaram a frequentar o ensino secundário da região.[1] As quadras de tênis locais (e palco de shows de rock) sediavam o US Tennis Open, antes do torneio se mudar para o Shea Stadium, em 1978. Perto, o Flushing Meadow Park também serviu como cenário para inúmeros festivais *hippies* de rock nos anos 1960.

De acordo com *websites* locais, Forest Hills é uma "cidadezinha que a América plantou bem no meio de Nova York", maravilhosa para crescer durante os anos 1950 e 1960, com grande diversidade étnica, e a Witts, uma fábrica de refrigerante pioneira, do começo do século XX, na Avenida Metropolitan. O local é perfeito para morar e também para trabalhar em Manhattan – a apenas 30 minutos de metrô pegando a linha F e a G local até a estação da Rua 8 com a 6ª Avenida.

O baterista e membro fundador dos Ramones, Tommy Erdelyi, tem memórias afetuosas de seu bairro: "Era um lugar legal para crescer. Eu gostava de morar lá. Tinha muitas árvores e ruas simpáticas. Tinha um bom colégio também, supostamente entre os 25 melhores do país".

O baixista Dee Dee também tinha boas lembranças de Forest Hills: "É uma vizinhança muito bem arranjada, com vários Coupes de

---

1. Um amigo lembrou-se de incluir entre os frequentadores da mesma escola os músicos Simon & Garfunkel, Burt Bacharah e o ator Michael London, da série de TV *Os Pioneiros*.

Ville e Lincoln's estacionados nas ruas", escreveu em seu livro de 1997 *Coração Envenenado – Minha Vida com os Ramones, de 1997* "Todos os prédios são da mesma cor de tijolo vermelho e as calçadas em tom de chiclete mastigado serpenteiam por toda a área. Nas manhãs, os zeladores queimavam o lixo em incineradores e uma densa fumaça cinza saía pelas chaminés."

O Flushing Meadow Park também sediou as Feiras Mundiais de 1939 e 1964. E muito – da mesma forma que a Exposição de Colombo, de 1893, em Chicago – inspirou a criação de Coney Island; a Feira Mundial de Nova York, de 1939, com seus parques de diversões e arquitetura vernacular, ajudou a inspirar a criação da Disney World, o que talvez torne o bairro muito adequado como criadouro dos Ramones, cuja imagem era fortemente marcada pelos desenhos animados e pela cultura *trash* da infância deles. Não era um lugar especial, e, sim, um precursor das Edge Cities, que agora estão à frente do planejamento urbano (ou à sua falta) nos Estados Unidos.

Que lugar melhor para quatro adolescentes entediados crescerem?

Joey Ramone nasceu como Jeffrey Hyman,[2] em uma família judia razoavelmente próspera, em 19 de maio de 1951 – o único Ramone nascido de fato em Forest Hills.

A educação de Joey caiu no padrão clássico das famílias americanas disfuncionais de *baby-boomers* – seus pais se divorciaram no começo dos anos 1960 e ele conviveu com três pais diferentes. O biológico, Noel Hyman, era dono de uma empresa de caminhões em Manhattan, mas Joey não se dava bem com ele quando garoto. Noel o obrigava a cortar o cabelo durante o Junior High quando estava muito comprido, ainda que Joey considerasse sua cabeleira um mecanismo de defesa contra o hostil mundo exterior. A mãe, Charlotte (Lesher, uma artista realizada e colecionadora de arte), mantinha uma galeria ao lado do cinema Trylon, no Queens Boulevard, onde Joey mais tarde praticaria bateria no porão, junto com o irmão mais novo, Mickey Leigh – a primeira foi um tarol, comprado economizando e trocando cupons do King Korn.

"Aluguei um hi-hat", disse Mickey Leigh, "e tocava acompanhando os Beatles e o Gary Lewis & The Playboys na vitrola."

---

2. A mãe de Joey, Charlotte, pronunciava Jeffry, sem o segundo "e", propositalmente para ser diferente.

Sua avó, Fanny (que costumava cantar contratada pela loja de departamentos Macy's – eles a mandavam a festas com um piano alugado), o presenteou com uma verdadeira bateria quando o neto tinha 13 anos. Foi uma ótima mudança desde o amado acordeão, um presente de seu pai de alguns anos antes, e que ele espremeu até o último som. Charlotte financiou aulas um ano depois, e também aulas de violão para Mickey, aos 11 anos – que mais tarde se tornaria guitarrista da Birdland, banda do crítico de rock Lester Bangs. Finalmente, Joey comprou uma bateria "dos sonhos", cópia da usada por Keith Moon, do The Who, baterista e ídolo, ao lado de Ginger Baker, do Cream, e Ringo Starr [dos Beatles].

"Forest Hills é um lugar muito conservador e convencional. Acho que nós éramos as ovelhas negras da nossa rua", disse a mãe de Joey à *Rolling Stone* em 1979. "Era ponto de encontro para os amigos dos meus dois filhos porque nós também tínhamos o porão aberto para eles, e havia sempre muita música acontecendo. Eles me ensinaram a fumar maconha quando tinham uns 13 anos. Eu imaginava que estavam aprontando lá embaixo, mas não queria que fizessem nada fora de casa, onde podiam ser presos".

Ela não tinha certeza se o porão era um refúgio para cheirar cola – como foi imortalizado mais tarde em músicas como "Now I Wanna Sniff Some Glue" [Agora vou cheirar cola] e "Carbona Not Glue" [Carbona não é cola] –, mas, como acrescentou: "Tenho certeza de que havia coisas que eles faziam que eu não tinha ideia. É muito possível. Os diabinhos tentaram de tudo".

Garoto, Joey buscava escapar do mundo exterior via rádio. "Passava o tempo todo sozinho. O rock'n'roll era minha salvação", declarou em uma entrevista de 1999, "ouvindo (o programa de rádio) Good Guys and Murray the K., da WMCA", uma experiência que mais tarde imortalizou em "Do You Remember Rock'n'roll Radio?", em *End Of The Century*. Seus primeiros heróis musicais incluíam Del Shannon, Phil Spector, Rolling Stones, Shangri-Las, Kinks, Beach Boys, Buddy Holly e Gene Vincent.

"O primeiro disco que comprei deve ter sido *Runaway*, do Del Shannon", Joey disse à amazon.com em 1999. "Meu começo de vida foi uma droga, com o divórcio dos meus pais e minha mãe se casando outra vez e construindo outra família. Eu me lembro de ficar ligado nos

Beach Boys, ouvindo 'Surfin' U.S.A.', acho que em 1960.³ Mas foram os Beatles* que realmente bateram pra mim. Mais tarde, o Stooges foi a banda que me ajudou naquelas fases ruins – bastava pra por a agressividade pra fora. Ninguém pegava em armas naquele tempo. Você punha um som pra ouvir e ele fazia com que se sentisse bem."

Joey também não era muito feliz na escola – mesmo com os Jetsons e os Beatles estampados na lancheira.

"O problema com a escola é que se você é forçado a aprender, vai em direção oposta", ele disse para mim em 1989. "Vamos dizer que eu não era o melhor aluno. Se alguma coisa me intrigava ou fascinava, ia fundo. Gostava de inglês e biologia. Eu leria sobre arte inglesa se o objeto de estudo fossem bandas inglesas como o Kinks ou o Bowie. Eles não tinham nada disso no Queens. Filosofia e psicologia me empolgavam."

Você era vítima de *bullying*?

"Até certo ponto, quando a segregação e o transporte escolar começaram era estranho, porque tinha um monte de *junkies* e tal, mas não muito. Mais tarde, tive problemas por causa do jeito que me vestia. Usava óculos escuros e *jeans* detonados na escola. Por conta desta e de outras coisas, comecei a passar um bom tempo na sala do diretor. Eu não era conformista."

Charlotte queria que seu filho fosse para a escola, mas Joey se recusou e parou de estudar para se concentrar na música. "Eu sabia que todos eles tinham aquela raiva dentro de si", ela disse à *Rolling Stone*, "e pensei que seria uma grande liberação para ele colocá-la para fora."

Apesar de isso ser deixado de lado no que toca aos Ramones, o fato de Joey ser judeu é importante: por conta do senso de isolamento causado pelo choque cultural em países que adotam essa cultura. (Isso também explica e deixa transparecer o toque semita no surreal humor negro e na bizarrice patética de versos como "I'm a nazi baby/I'm a nazi, Yes I am" [Eu sou nazista, baby, eu sou nazista, baby. Sim, eu sou]). Ao menos Handsome Dick Manitoba – vocalista dos Dictators e amigo de Joey – acha que sim.

"Cresci nesse tempo maravilhoso em Nova York, nos anos 1960 e 1970, onde havia muita cultura judaica no ar – vendas, lojas de doces, o Brooklyn, o Bronx. Há uma intimidade entre Nova York e os judeus. São o mesmo coração, as mesmas experiências, o mesmo tipo de mãe.

---

3. "Surfin' U.S.A." foi lançada em 1963.
* N.E.: Sugerimos a leitura de *O Diário dos Beatles*, de Barry Miles, Madras Editora.

Você é de uma vizinhança, do tipo cidadezinha de interior. Joey e os Ramones vieram dessa riqueza de época, lugar e cultura."

Então, Joey podia ir a Manhattan entregar na rua folhetos de casas de massagem em West Village durante o outono: aos 17 estava ganhando 50 dólares por semana – e como qualquer pessoa com algum bom-senso, jogava os folhetos fora e ia tomar cerveja em lugar de distribuí-los. Tomou LSD e acabou sob os cuidados de um psiquiatra duas vezes, pintando com vegetais e frutas em lugar de pincéis, gravando o som de trovões e o de uma bola de basquete quicando: basicamente, o vocalista não se encaixava na vida convencional.

"Nunca gostei do Queens", ele me contou. "Ainda não gosto. Eu me sentia alienado. Ser classe média não é saudável. A garotada era, na maior parte, mais normal que eu. Fui expulso de casa, daí me mudei para o Village. Tentei me manter fazendo um monte de bicos. Eu tinha de conseguir um pouco de estabilidade.[4] Costumava trabalhar em uma galeria de arte, vendendo esculturas e objetos de arte moderna sob comissão."

Sua mãe também se recorda desse período: "Algumas vezes fui à loja de manhã e encontrei Joey dormindo no chão", disse em uma entrevista de 1998. Joey construiu um abrigo em forma de casinha, longe das pinturas, assim a polícia não poderia vê-lo pela janela. "Então, comprei calças e uma camiseta para Joey, e ele foi trabalhar na Art Garden (a galeria dela). As senhoras vinham enquadrar suas fotos do Muro das Lamentações e davam de cara com Joey e seus óculos escuros. Mas se acostumaram com ele, Joey era realmente bom lidando com elas."

Porém, Joey não fazia o mesmo sucesso com as garotas.

Em uma entrevista de 1979 para a *Rolling Stone*, ele revelou que ficava bêbado e vivia em instituições porque "as meninas de lá eram todas fáceis e... divertidas, sabe? Eu tipo me apaixonei por uma menina, e toda semana eles a levavam ao quinto andar para fazer tratamento de choque. Amarravam a garota com correias em uma cadeira de rodas. Antes de subir, ela estava bem. Quando voltava, era um zumbi. Isso é o que acontece quando alguém é lobotomizado."

"Eu sabia que Joey tinha estado em um hospital para doentes mentais", Dee Dee revelou ao escritor Legs McNeil para seu livro *Please Kill Me*, uma hilariante história oral do punk. "Eu pensei que ele devia ser um cara esperto, porque um monte de gente é internada nesses lugares e

---

4. Joey assinalou o dia em que os Ramones foram capa do *Village Voice* pela primeira vez.

nunca mais sai. E o melhor: ele sempre tinha essas namoradas que ele achava no manicômio."

Joey encontrou seus parceiros dos Ramones quando trabalhava como vendedor – e tocava com sua banda de glam rock Sniper. "Eu gostava de letras sobre violência e perversão sexual", explicou a Charles Young – sobre a influência de Alice Cooper em sua primeira banda, na qual ele se apresentava vestido com um macacão de cetim preto agarrado ao corpo, adornado com um cinto com balas na altura da virilha. "Mas eu queria ir além com aquela bizarrice. Queria mais realismo – um baixista que arqueasse a perna como um cachorro." Dee Dee morou com Joey na galeria de arte por algum tempo, quando ele também foi expulso de casa por sua mãe – e foi o futuro baixista quem rebatizou Jeff como Joe (ele acrescentou o "y" ao nome quando se tornou um Ramone). Joey embarcou na ideia: as garotas pareciam gostar.

Dee Dee era um delinquente nessa época?

"Sim", Joey ri. "E era um pouco mais que isso... Lembro dele dizendo que estava naquela banda, Neon Boys ou alguma coisa parecida, com o Richard Hell. Isso foi um pouco depois de começarmos com os Ramones. Nós todos morávamos perto e íamos à casa do John escrever músicas. Escrevi alguma coisa antes mesmo da banda – 'I Don't Care' e 'Here Today, Gone Tomorrow'. Tínhamos os mesmos gostos musicais: New York Dolls, Alice Cooper, Stooges... Na verdade, isso foi antes dos Dolls, bem no começo dos anos 1970, então curtíamos MC5 e Stooges."

"NOS SHOWS DOS Ramones, o Johnny costumava trazer esse radinho de pilha vermelho AM para ouvir os jogos dos Yankees. Se ficava muito alto no camarim, ele botava fone de ouvido e continuava ouvindo. Se o jogo ficava muito animado, ele acenava pro Monte (Melnick, gerente de turnê). E o Monte dizia: 'Ok, todo mundo fora, precisamos nos aprontar pro palco', mas quase sempre era porque o Johnny queria ouvir o jogo. Ok, então o Johnny era mais ligado no beisebol. Mas eu conversei com ele sobre a guitarra. Acho que ele é o maior guitarrista que já existiu.

Perguntei a ele uma vez: 'Johnny, você toca muito em casa? O que você faz?', e ele disse: 'George, o carpinteiro tem seu martelo, o músico tem a guitarra. O carpinteiro não leva o martelo pra casa. Ele não vai trabalhar em casa, lugar de relaxar. Então, eu não tenho uma guitarra em casa. Este é meu emprego. Eu levo meus instrumentos pro trabalho e eles ficam lá. Achei que era uma maneira muito interessante de ver as coisas.

Provavelmente, no começo, Johnny estava realmente absorvido na ideia de tocar na banda. Mas à medida que sua carreira foi avançando, ele se tornou um homem de negócios. Deixava seu martelo no trabalho – ele era Johnny Ramone, que eu pensei que fosse a porcaria mais cool de todo o planeta. Você não finge ser um grande artista... você é ou não é, o que é muito claro. Perguntei a ele por que nunca trazia suas namoradas nos shows; e isso antes ainda da história do Joey (com Linda, antiga namorada de Joey, com quem Johnny mais tarde se casou). E ele disse: 'George, um carpinteiro traz sua mulher pra trabalhar com ele? Ela pode me encontrar em alguns shows, mas é meu trabalho. Vou pro trabalho, vou pra casa'.

Toda vez que ia encontrar o Johnny nos bastidores, falava tipo: 'Quando vai ser seu próximo trabalho?' e nunca 'sua próxima apresentação' ou 'a data do seu próximo show'. Nas próprias palavras do Johnny, ele era um homem de negócios. Mas tinha criado algo nunca feito antes, o som de guitarra à 'serra elétrica', tão genial que todo mundo copiou. O mundo inteiro – agora música pop é Ramones.

Ouvi Johnny solando a guitarra e já improvisei com ele. Johnny não sabe solar? É claro que sabe, ele faz uma ótima guitarra-solo. Mas por que modificaria seu estilo com os Ramones quando é ótimo no que faz, sem competir com os Jimmy Pages e os Jeff Backs mundo afora. Esse cara criou seu próprio gênero de guitarra – pra que ir além disso?"

(Entrevista do autor com George Tabb, fã dos Ramones)

Johnny Ramone veio ao mundo como John Cummings, em 8 de outubro de 1948, em Long Island, filho único de um operário.

Fã dos Yankees por toda a vida, quis ser jogador de beisebol desde os 5 anos de idade, mas não estava preparado para encarar os compromissos decorrentes: por exemplo, não queria cortar o cabelo. Então, em vez disso, comprou uma guitarra.

Como ele explicou no vídeo de 1990 *Lifestyles Of The Ramones*: "Durante toda minha época de garoto, enquanto estava crescendo, eu queria, ao mesmo tempo, estar numa banda de rock e ser jogador de beisebol. Nunca pensei que seria bem-sucedido em uma coisa ou outra".

Johnny dizia ter sido um adolescente assumidamente do mal, vagando durante sua formação de uma escola militar para outra[5] – e acabando, ocasionalmente, no lado errado da lei.

"Acho que éramos uns delinquentes juvenis", ele falou à revista *Sounds*, "mas Forest Hills não é o sul do Bronx: é uma boa vizinhança. Então, se você anda por lá vestido assim (mostra a jaqueta de couro, a camiseta e o *jeans*) já é visto como criminoso. Nós éramos uns coisas-ruins em geral."

Partidário convicto de disciplina imposta – ele uma vez declarou acreditar em serviço militar obrigatório para todos por dois anos –, Johnny foi bom garoto até sair do segundo grau: "Cheirar cola foi provavelmente o começo da minha queda", disse. "Começamos com cola e daí mudamos pra Carbona. Uma vez tentamos roubar uma farmácia no Queens Boulevard e nos demos mal. Ficava no meio de uma fila de lojas e entramos na lavanderia por engano. Em seguida, foi uma padaria na Rodovia 63. A polícia apareceu em casa e pediu pra alguém me identificar".

Johnny se interessou por música depois de ver Elvis Presley no *Ed Sullivan Show* em 1957 e citava Elvis e os Beatles entre seus preferidos. Quando a chamada British Invasion contagiou os Estados

---

5. Mark Bannister, antigo colaborador do fanzine da banda, escreveu: "Como outros elementos da mitologia dos Ramones, o passado de Johnny na escola militar convida a um exame mais detalhado. Ele realmente frequentou uma?
Geralmente os alunos entram na escola militar como cadetes, aos 11 ou 12 anos, ou bem mais tarde, depois de se formarem no segundo grau. Parece improvável que Johnny tenha entrado como cadete porque, como ele mesmo disse: 'Para ser do time (de beisebol) do colégio, você tem de cortar o cabelo e naquela época eu não aceitava nenhuma imposição de disciplina. Então, fui para uma escola militar por dois anos, e, olhando para trás, vejo que aprendi disciplina por lá'. Contudo, Johnny também afirmava que depois do segundo grau passou por uma fase de delinquência, em si um elemento ainda mais importante no mito dos Ramones. Foi muito específico sobre isso dizendo: 'Não me tornei mau até sair do segundo grau' e 'Eu fazia aquilo entre 18 e 21 anos, depois parei'; assim parece ainda mais improvável que os dois anos que Johnny diz ter passado na escola militar tenham acontecido entre 1966 e 1969.
Frequentar a escola militar e atirar aparelhos de TV do telhado não são necessariamente atividades excludentes, mas para Johnny Ramone são cronologicamente incompatíveis. Tanto a escola militar como a delinquência juvenil devem ter sido ficções ditadas pela imaginação de Johnny. Os leitores devem tirar suas próprias conclusões, embora Dee Dee tenha oferecido uma pista de que realmente se tratava de invenção. Dee Dee disse que em 1969 Johnny tinha os cabelos na cintura. Presumivelmente, deveria ter levado de dois a três anos desde a formatura do segundo grau para o cabelo crescer até esse comprimento. Caso tivesse realmente frequentado a escola militar, onde os alunos são obrigados a usar corte 'escovinha', sua cabeleira ainda estaria crescendo e não teria chegado à cintura".

Unidos no início dos anos 1960, começou a praticar guitarra, mas não conseguia tocar como seus heróis, então desistiu – até os New York Dolls aparecerem no começo dos anos 1970 para mostrar que havia outro jeito. Mas Johnny afirmava que não havia sido influenciado por nenhum guitarrista.

Na verdade, Johnny gostava de Bo Diddley, Dick Dale, Eric Clapton, da fase Cream, Leslie West, do Mountain (que, naquela época, estava em uma banda local chamada The Vagrants), e Jimmy Hendrix, entre outros.[6]

Johnny escolheu deixar de lado seu passado musical e começar tudo outra vez quando inventou o som dos Ramones: abriu mão de altos voos-solo e qualquer virtuosidade com força beligerante. Uma de suas bandas favoritas era a Love, de Los Angeles, cuja genialidade – seca e concisa das guitarras no seu álbum de estreia, de 1966 – pode ser percebida no brutal minimalismo harmônico de Johnny.

Entretanto, o baixista dos Dictators, Andy Shernoff, considera que a receita do som dos Ramones vem diretamente de duas canções: "Paranoid", do segundo disco do Black Sabbath, e "Communication Breakdown", do primeiro álbum do Led Zeppelin. "Mas", como ele acrescenta, "quando eles fizeram seu primeiro disco, era tudo solos de bateria exagerados, rock com pretensão de música clássica, explosões e pirotecnia no palco. Era como se nos perguntássemos: o que aconteceu com 'Wop Bop A Loo Bop?'"

Como parte de seu aprendizado musical, Johnny tocou baixo na banda de colégio de Tommy Erdelyi, a Tangerine Puppets: "Éramos como o álbum *Nuggets*, pertencíamos àquela era", diz Tommy, "um conglomerado daquele tipo de som formado, em grande parte, por *covers*. Eram músicas como 'I Just Want to Make Love to You', dos Stones, 'I Ain't Gonna Eat Out My Heart Any More', dos Rascals, 'Gloria', o som da moda naquela época. Morávamos a poucos quarteirões uns dos outros, na mesma área de Forest Hills, andávamos juntos, como fazem os adolescentes. Johnny era muito bom em stickball,* um tipo de beisebol, então estávamos sempre jogando isso."

---
6. "Leslie West nunca foi reconhecido", Johnny disse mais tarde. "Sempre fui um grande fã dele desde o tempo em que ele era um garoto gorducho fugindo do colégio em Forest Hills. Ele foi pra mim um dos cinco melhores guitarristas de sua era. Seu som era tão elegante e cheio de alma. Seu solo em 'Theme For An Imaginary Western' é a melhor coisa que já ouvi. Tem uma construção tão melódica! Na última nota do solo, ele atinge uma nota que simplesmente se atira para a oitava, sua harmonia salta. Todo o solo é de uma beleza única."
* N.T.: Similar ao "jogo de taco" brasileiro.

"Uma vez fomos todos ver os Beatles no Shea Stadium e John levou uma sacola cheia de pedras, que atirou nos Beatles a noite toda", o parceiro no Puppet, Richard Adler, contou ao escritor finlandês Jari-Pekka Laitio. "O incrível é que ninguém saiu machucado. Eram umas pedras maiores que bolas de beisebol."

Johnny segurava a guitarra no alto e ficava pulando no palco. Sua exuberância enlouquecia a audiência. Em Rego Park, 1966, ele bateu no vocalista da banda bem na frente do público. Em outra ocasião, empurrou o Adler em cima da bateria. Uma vez, ele foi para cima de uma menina, ela caiu e se cortou – um incidente que, de acordo com o diretor de vídeo dos Ramones, George Seminara, fez com que os Puppets fossem banidos de apresentações em colégios. Consequentemente, a banda, impedida de achar trabalho, acabou no verão de 1967.[7]

"Johnny tinha um senso de humor perverso, vindo do Queens", explica a jornalista Joan Tarshis. "Era como o senso de humor dos Beatles, sarcástico. Todos os Ramones dividiam um humor similar, com essa pimenta. O do Joey era mais aceitável porque pouca gente sabia que ele tinha, já que era mais fechado."

Johnny se tornou conhecido por suas camisetas com personagens de desenho animado e, como seus futuros parceiros de banda, citava *O Massacre da Serra Elétrica* como filme favorito.

Vários anos de trabalho e cheques polpudos se seguiriam. De acordo com *Coração Envenenado*, Dee Dee e Johnny se encontraram pela primeira vez quando o último estava entregando roupa lavada a seco no alto de uma ladeira, na Rodovia 66, no Queens. O cabelo do Johnny ia até o traseiro e ele estava usando um *jeans* manchado e uma faixa na cabeça. Ambos descobriram que dividiam uma paixão pelos Stooges e muita safadeza. E começaram a conversar sobre guitarras e amplificadores.

Depois disso, vizinhos próximos, passaram a andar juntos à noite e nos fins de semana. E depois que Johnny conseguiu trabalho na construção civil, em um prédio de 50 andares, no número 1.633, na Broadway (com a Rua 50), eles puderam se encontrar no almoço também – Dee Dee trabalhava entregando correspondência na mesma região. Foi durante um almoço que os dois falaram sobre começarem uma banda.

---

7. Adler contou que Randy California – o futuro homem de frente da banda Spirit e que iria tocar com Jimi Hendrix com apenas 15 anos – e Walter Becker, do Steely Dan, também estiveram na banda, embora não necessariamente ao mesmo tempo.

"Johnny e eu costumávamos sentar em telhados de prédios, cheirar cola e jogar aparelhos de televisão nas pessoas", Dee Dee contou a Charles M. Young, jornalista da *Rolling Stone*, em 1983. "Era o John quem costumava atirar as televisões. Eu só jogava fogos de artifício. Não recebemos orientação adequada dos nossos pais." Na verdade, Johnny tinha ultrapassado sua fase de delinquência na época em que os dois futuros Ramones se encontraram, e ele não usava mais nenhuma droga pesada – Dee Dee embelezava o passado para satisfazer seu próprio presente. Não era a primeira – nem seria a última – vez que faria isso.

"DEE DEE ESCREVIA três ou quatro músicas de uma vez. Duas ruins e uma genial. E ele não era nada melindrado a respeito, diria algo como 'Você não gostou?' Rasgava e jogava fora."

Ele era punk, não era?

"Era punk antes de haver o punk – e Joey era a alma dos Ramones, a voz, ele amarrou tudo junto. E encampou grandes estilos vocais que vieram antes dele. Com duas palavras podia dar conta de qualquer situação. Ele sabia que a música salvara sua vida e que os Ramones tinham salvado a vida de outras pessoas, e acho que isso era uma coisa de que muito se orgulhava."

(Entrevista do autor com Daniel Rey, produtor e letrista dos Ramones)

Dee Dee Ramone nasceu Douglas Glenn Colvin, em 18 de setembro de 1952, na Virgínia, e passou os 14 anos seguintes mudando-se para diferentes cidades na Alemanha.

Embora tenha ido à escola do exército em Munique, cresceu a maior parte do tempo em Berlim, onde ficava acordado na cama, à noite, escutando os pais bêbados brigando (seus pais se divorciaram quando ele tinha 15 anos: outra clássica família americana disfuncional). Em uma prévia de seu próprio segundo casamento, sua mãe tinha apenas 17 anos quando encontrou o futuro marido de 38 – um sargento que lutou na batalha do Bulge e na guerra da Coreia.

Por recreação, Dee Dee vasculhava os velhos campos de guerra em busca de parafernália nazista para vender a soldados americanos em visita ao país – balas, máscaras de gás, baionetas, capacetes. Segundo ele, uma vez encontrou uma bomba não detonada. Dee Dee começou com as drogas mal entrado na adolescência: achou tubos de morfina na lixeira de uma garagem – e a coisa foi progredindo até tornar-se um garoto de 14 anos viciado em heroína. Uma Alemanha dividida, ainda lambendo as feridas de guerra, tornar-se-ia mais tarde uma rica fonte metafórica para as letras de Dee Dee – fatias de humor negro de uma raiva mal contida e violência de desenho animado.

"Pessoas que se juntam a uma banda como os Ramones não vêm de experiências de vida estáveis, porque essa civilidade não gera arte", Dee Dee explicaria mais tarde.

No começo dos anos 1960, sua família – pai, mãe e a irmã Beverly – viveu um tempo em Atlanta, Geórgia, e Dee Dee lembra-se de ouvir rock'n'roll em alto e bom som na lanchonete e na piscina de um posto de abastecimento do exército ("com sol, quadrinhos e batata frita"). De volta a Pirmasons, Alemanha, aos 12 anos, ouviu os Beatles e arranjou para si o corte de cabelo e terno iguais aos da banda de Liverpool. Poucos anos depois, comprou uma guitarra elétrica italiana. Foi depois de ler um artigo, descoberto em uma pilha de *Playboys* descartadas, sobre um pugilista chamado Gorgeous George, que decidiu trocar seu nome para Dee Dee e – inspirado pelo filme dos Beatles *Os Reis do Iê Iê Iê* – mudou seu sobrenome para Ramone, depois de Paul McCartney ter chamado a si mesmo de Paul Ramon.[8]

Era uma típica vivência do rock'n'roll dos anos 1960 levada por uma juventude socialmente desajustada – furto de lojas em Berlim, maconha, jaquetas Levi's, LSD, Hush Puppies e concertos de bandas britânicas como The Troggs, The Kinks, The Small Faces, The Rolling Stones, The Who e The Walker Brothers... O programa de TV favorito de Dee Dee nos anos 1970 era um arquetípico sitcom roqueiro sobre os "bons tempos" chamado *Happy Days* e velhos filmes de guerra: o que faz muito sentido.

"Eu andava por Lefrak City, no Queens", Dee Dee disse à revista *Spin* em 1989, "cheirava cola e tomava Tuinal e Seconal. A gente costumava telefonar para qualquer número para ouvir o sinal de bip-bip-bip-bip-bip; a gente fazia isso por horas a fio. Depois, cheirava mais."

"Dee Dee era adorável, impossível de resistir", diz Gloria Nicholl, futura empresária e relações-públicas dos Ramones. "E ele ainda tinha o Kessie, um cachorrinho típico de Frankfurt, uma graça. Foi meu primeiro namorado, quando eu tinha acabado de sair do colégio de freiras. Eu tinha 15 e ele 16 anos. Todos nós íamos, juntos, à escola em Forest

---

8. McCartney chamou a si mesmo Paul Ramon em 1960, quando os Silver Beatles (como eram conhecidos então) empreenderam uma turnê escocesa como banda do cantor Johnny Gentle.

Hills. Joey estava sempre vagando lá fora, além do mastro da bandeira. A gente se vestia na moda da época: calça boca de sino, cabelo comprido. Usávamos óculos de sol de aviador com lente cor-de-rosa. Ele uma vez me matou de susto porque injetou heroína bem na minha frente. A gente costumava ir à pizzaria ouvir a *jukebox* e comer pedaços de pizza a 15 centavos – quem diria, 15 centavos de dólar o pedaço! Estávamos todos naquela coisa de *Nuggets*. Eu gostava dele porque não ia crescer e se tornar um dentista. Foi por isso que todos nós viramos punks – nós não queríamos ser dentistas ou esposas de dentistas."

Em uma de suas últimas entrevistas, conduzida por Harvey Kubernick, na primavera de 2002, para ser usada no encarte autorizado para o relançamento de *End Of The Century*, Dee Dee também revelou que tinha passado um tempo em um subúrbio de Culver City, Califórnia, em 1970: "Peguei carona e quando cheguei a Los Angeles, a primeira parada foi Newport Beach. Encontrei uns caras, uns soldados, que me levaram à cidade. Fiquei uns cinco minutos e peguei carona na rodovia Pacific Coast para Big Sur por um mês. Então voltei, e fiquei em Culver City, no hotel Washington. Os estúdios da MGM ficavam logo abaixo, na mesma rua. Trabalhei no setor de manutenção da Helms Bakery. Eu devia ter 18 anos, pegava à meia-noite e lavava com uma mangueira todas as lixeiras. Escutava rádio AM e FM. Ia a todas as lojas de usados atrás de discos de 45 rotações".

De volta a Forest Hills, Dee Dee pegava a linha F do metrô para Nova York para conseguir heroína, às vezes ao lado da fonte, no Central Park. Em 1969, arrumou um emprego em uma companhia de seguros, entregando correspondência. Mais tarde virou cabeleireiro - dos bons.[9] Quando encontrou Joey pela primeira vez, o vocalista estava usando o cabelo em estilo afro, em tom de vermelho, uma jaqueta amarela, franjada e de camurça, mocassins, óculos de lentes redondas e coloridas. Começaram a beber cerveja-vinho em frente de casa nas noites de verão.

Os quatro Ramones frequentaram os clubes de glam rock do começo dos anos 1970 em Manhattan e curtiram o visual da época. Era um pequeno cenário onde todos se conheciam e circulavam pelo Mercer

---

9. Bannister tem dúvidas quanto a essa versão largamente difundida da história. "Se você levar em conta a cronologia, Dee Dee trabalhou em um supermercado depois de deixar o segundo grau", escreve. "Saiu do supermercado para trabalhar no emprego em que entregava correspondência. Dee Dee ainda estava nele quando formou a banda; então, se alguma vez foi cabeleireiro, deve ter acontecido depois de formar a banda. Não é impossível, mas eu simplesmente não engulo essa história. Sei que a Debbie Harry disse que ele foi cabeleireiro, mas tenho certeza de que foi só um eufemismo para a coisa da heroína. Sabendo o que sabemos sobre Dee Dee, como ele poderia desenvolver habilidades de cabeleireiro?"

Arts Center, o original Max's Kansas City e o Nobody's, na Rua Bleecker. O Mercer estava para o glam assim como o CBGBs estaria para o punk: o centro crucial, onde os New York Dolls sempre tocavam.

"Eram bons tempos aqueles", o baixista disse à *Mojo* em 2001. "As pessoas [no Mercer] levantavam o lugar. Havia bandas como o Eric Emerson [um membro do grupo da Factory (de Andy Warhol), morto em 1976], Magic Tramps e o Teenage Lust, que tinha umas dançarinas lindas, com quem todos queriam sair, mas que ninguém conseguiu ver fora do palco."

Dee Dee era fã do Bay City Rollers (o famoso mote dos Ramones Hey Ho, Let's Go foi uma tentativa de competir com "Saturday Night", dos Rollers, campeão de vendas de 1976), e tinha uma biografia autografada dos ídolos teen escoceses. Em uma entrevista ele ainda declarou que os Ramones foram tão influenciados por Shaun Cassidy, pelos The Wombles[10] e os Rollers como por Iggy [Pop], [New York] Dolls e Alice Cooper.

É claro, tudo o que estavam tentando fazer era resgatar a inocência de fãs de rock'n'roll.

Vamos falar sobre os New York Dolls.
David Johansen, Sylvain Sylvain, Arthur "Killer" Kane, Jerry Nolan (substituindo Billy Murcia, vítima de overdose) e Johnny Thunders levaram a estética *trash* de volta ao rock no começo dos anos 1970, estética essa que antes havia sido exclusividade de artistas femininas do pop, como as Ronettes e as Crystals. Como o Aerosmith no começo (só que pra valer), como um revólver escondido na lingerie, esses cinco transgêneros encrenqueiros e barras-pesadas pintaram e bordaram agitando a cenário com apenas dois álbuns explosivos antes de se autodestruírem em uma espiral de drogas, álcool e brigas internas. Seu comportamento desbocado e guitarras com sonoridade de sirene de polícia foram muito bem documentados. Também serviram como rascunho para os Sex Pistols e, por meio deles, para o punk britânico. Os Dolls entenderam que o importante no rock não é a habilidade de tocar três escalas ao mesmo tempo, mas sim de se divertir.

Demorou um pouco até que outros tivessem a mesma compreensão.

Tommy, por sua vez, ficou inicialmente com o pé atrás pela falta de musicalidade da banda: "Lá estavam os New York Dolls e eles mal

---

10. Estranhas e rotundas criaturas que davam conta do lixo de Wimbledon Common, em Londres, e cantavam odes ao "Tio Bulgaria".

podiam tocar um instrumento", disse a Michael Hill, da *Mojo*. "Mas eram muito mais empolgantes e divertidos do que qualquer um daqueles virtuosos. Por quê? O que estava acontecendo? Todos estavam se divertindo, havia um clima de festa. E me dei conta de que nós estávamos cheios do que rolava no cenário pop. Tudo estava sendo reformulado e refeito. Era como ser a quinta geração de clones do Led Zeppelin. Inconscientemente, isso estava me chateando, se ia haver uma direção nova na música, ela não seguiria o caminho dos virtuosos, mas sim o das ideias."

"TOMMY RECONHECEU ALGO nos outros Ramones que eles definitivamente não reconheciam em si próprios: a sua genialidade. Eles tinham a emoção e a ideia, mas não a coesão. Tommy foi capaz de reunir os Ramones em sua batida backbeat,* *uma coisa que se poderia pensar que qualquer um poderia fazer... mas então é como pensar que qualquer um poderia ser o Ringo Starr. É impossível, porque a maioria dos bateristas não pode sossegar por um tempo e tocar apenas uma batida simples."*

É como a velha piada que pergunta como você sabe que um baterista está batendo na sua porta: ele acelera na terceira batida.

"Tommy toca na mesma velocidade, a mesma batida, os mesmos padrões o tempo todo. A maioria dos bateristas são geneticamente incapazes de fazer isso. Ele sabia que a simplicidade é tudo. Simplicidade é..."

Sim, ele é fascinante. Falei com ele outro dia no telefone – é tão modesto.

"Todos eles são. Podia entrevistar o Joey e, considerando sua altura e como era reconhecido em todo lugar, não carregava consigo aquela aura arrogante, sabe? Ele tinha uma natureza silenciosa e tímida que combina com o tipo de celebridade que era. Os Ramones são os caras normais que todos amam amar."

(Entrevista do autor com David Frickle redator/editor da *Rolling Stone*, 2002)

Tommy Ramone nasceu Tommy Erdelyi, em 29 de janeiro de 1949, em Budapeste, Hungria.

O futuro baterista foi para os Estados Unidos com a família em 1956: "Tinha seis ou sete anos quando emigramos", contou-me.

N.T.: Batida sincopada que caracteriza o rock'n'roll.

"Era um regime muito repressivo, não se podia ouvir muita música ocidental. Lembro dos primeiros tempos do rock'n'roll, o quanto aquilo me empolgava – mesmo garotinho, eu fazia questão de me vestir legal, de usar o sapato da moda. Era bom lá, exceto pelo regime político. Um dos primeiros discos que tive foi a trilha sonora de um filme húngaro, com uma batida de rock, tirando uma dos Estados Unidos. Eu ia a parquinhos da cidade, mas também costumava passar um tempo no campo – tenho memórias rurais de colinas ondulantes e pilhas de feno, poços escavados com revestimento de pedra, tudo muito campestre. Tive uma infância normal."

Na escola, Tommy estava curtindo Beatles, tocando violão e ouvindo música – um bom menino, porém quieto.

Depois de se formar, em 1967, Tommy tornou-se engenheiro de gravação na Record Plant, de Manhattan, onde trabalhou com Hendrix, nas sessões de gravação de *Band of Gypsies*, com Leslie West (pré-Mountain) e com John McLaughlin, no álbum *Devotion*.

"Você não vai achar meu nome em nenhum desses discos", ele disse à *NME* em 1978. "O único grupo que me deu crédito foi o 30 Days Out. Eu era muito novo e trabalhar com Hendrix era uma experiência emocionante. Ele voltava ao estúdio, ouvia o material gravado e dizia: 'Ah, isso está horrível', e eu achava uma maravilha. Ele suprimia uma faixa de guitarra e me dizia que queria gravar outra vez. E repetia, repetia, repetia..."

Então, Tommy arrumou emprego em uma companhia de cinema perto do Museu de Arte Moderna e fazia longas pausas no almoço, quando assistia aos filmes de vanguarda de diretores como o surrealista espanhol Luis Buñuel, que era exibido lá.

A essa altura, o baterista estava começando a se chamar Scotty: "Eu estava usando o nome Scott Thomas", explica. "Era um nome artístico que tinha. Tive um grupo depois do Tangerine Puppets chamado Butch, junto com o Monte Melnick (futuro gerente de turnê dos Ramones). Eu era vocalista e guitarrista e nos vestíamos no estilo rock'n'roll da época. Fazíamos parte do cenário glitter, mas não usávamos maquiagem nem nada. Meu traje mais excêntrico foi uma jaqueta *vintage* prateada de material plástico usada sem camisa, com suspensório e gravata.

Foi nessa época que descobriu os Stooges: "Ouvi os caras no rádio, tarde da noite, logo que se lançaram, e achei interessante, como uma versão de vanguarda dos Stones. Quando encontrei Johnny, disse a ele pra dar uma conferida".

"QUANDO TINHA MEU quarto escuro", começa Roberta Bailey, fotógrafa da imagem de capa do primeiro disco dos Ramones, *"botava Ramones pra tocar e usava as músicas pra calcular o tempo de revelação.*

Sou da Califórnia, mas vivo em Londres. Em abril de 1974 comprei uma passagem de ida pra Nova York. Queria ver os New York Dolls porque tinha ouvido falar um monte sobre eles. Aconteceu de um dos nomes da minha lista de pessoas para contatar ser o cara do som dos Dolls. Então fomos assisti-los no Club 82, Rua 4 Leste, um antigo clube de drag queens. A primeira vez que vi os Dolls, David Johansen estava usando um vestido tomara que caia, salto e peruca. Eu, é claro, achei que aquele fosse seu visual normal, porque todos diziam que eles usavam maquiagem. Depois disso, naquele verão, fui ver várias outras bandas. Lembro de ouvir falar sobre os Ramones e pensar que eles provavelmente eram um grupo espanhol ou porto-riquenho, por causa do nome.

Ao longo da minha experiência em Nova York, acabei me apaixonando por Richard Hell. Minha primeira lembrança de ver os Ramones foi com o Richard, no Performance Studio, Rua 20 Leste, onde eles estavam fazendo pequenas apresentações. Era um lugar minúsculo, sem palco. Foi muito estranho vê-los pela primeira vez, porque não havia precedente para o visual ou o som ou as músicas diminutas. Eles faziam um número muito curto. Pensando bem, era quase arte conceitual. Era estranho, mas ótimo. A sensação que despertava era 'Uau, quem poderia ter pensado nisso?' Parecia tão engraçado, mas não dava vontade de rir porque era muito louco.

Outras pessoas diziam que eles paravam no meio das músicas pra brigar, voltando a tocar em seguida. Mas a fórmula mágica estava toda lá. Já vi shows de São Francisco a Londres. Observei diferentes pessoas, estilos e artes bombando. Antes da onda de São Francisco, curti as bandas da British Invasion, os Rolling Stones e os Beatles. Havia uma sensação de que os Ramones poderiam ser algo como essas bandas, diferentes, interessantes e divertidos."

(Entrevista ao autor, 2001)

É senso comum que o cenário musical em 1974 estava uma chatice. Mas havia, é claro, brilhantes exceções. Sempre há, basta procurar bem. Os New York Dolls, em Nova York, Iggy e os Stooges, em

Detroit, o metal minimalista do Black Sabbath e roqueiros glam como Slade, Sweet e T-Rex, na Inglaterra... e não é que havia rock de primeira rolando?! Era na grande mídia e na imprensa especializada que a autoindulgência das bandas de rock estava saindo de controle: o rock'n'roll tinha passado pela sua infância travessa e pelos primeiros anos da adolescência e, agora, dava mostras de que ia crescer, em choque pela perda da inocência na trilha do Vietnã e dos levantes estudantis dos anos 1960.

Portanto, músicos que estavam longe de assimilar essa ideia – o The Who ("Hope I Die Before I Get Old" ["Espero Morrer Antes de Ficar Velho", de "My Generation"]), alguns do velho selo Stax, os Rolling Stones, Paul McCartney e os meigos Wings, Neil Young – e outros mais afeitos a ela –, Emerson, Lake & Palmer, Yes, Genesis, Jethro Tull – começaram a assumir o controle do cenário com seus solos de bateria de seis minutos de teclados sem melodia nem propósito.

Inicialmente, o rock era indistinguível do pop: tanto Elvis como os Beatles se dirigiam precisamente para o mesmo público que Del Shannon e Helen Shapiro, mas, à medida que a popularidade, a riqueza e a imprensa puxa-saco foram crescendo, aconteceu o mesmo com o ego. No começo dos anos 1970, o rock e o pop haviam se tornado duas entidades completamente diferentes, o primeiro tendo quase perdido completamente sua raison d'être inicial – diversão.

Rock é música de gente jovem. É simples assim.

O motivo de historiadores do rock reportarem-se ao New York Dolls como exemplo de grande banda de rock é porque eles combinaram em cheio o desafiador batom dos Stones a um senso afiado de pop, como é evidenciado pela presença de Shadow Morton – o cérebro atrás das Shangri-Las – como produtor de seu segundo álbum, profeticamente intitulado *Too Much Too Soon* [Demais e Depressa] (1974).

Nova York, como metrópole pulsante, sentiu mais que tudo a traição do rock à sua veia juvenil. "A diversão sumiu em 1974", Joey Ramone disse ao jornalista Jaan Uhelszki em 1999. "Havia gente séria demais naquela fase. Rock'n'roll é diversão, coisa que havia desaparecido do rock fazia tempo. Todos estavam se levando muito a sério. Quando aparecemos tinha o Foreigner, o Boston, o Toto... toda essa porcaria. E também tinha a música disco com Disco Duck e CW McCall. Éramos nós e eles. Era como se as grandes corporações, a máquina, não quisessem que nos déssemos bem. Estávamos agitando e eles batiam de frente com a gente, fazendo com que nosso som não tocasse nas rádios, colocando todo obstáculo possível no nosso caminho. Éramos como alienígenas."

Na semana em que os Ramones tocaram pela primeira vez no Performance Studio, Paper Lace foi número um na *Billboard*, com "The Night Chicago Died". Outra parada de sucessos naquele ano incluiu "Billy Don't Be A Hero", "Seasons In The Sun" e (o melhor de todos) "Kung Fu Fighting". E ainda, sempre que a grande mídia relaxa, há sempre alguém na esquina esperando para enfiar cocaína em seu narigão viciado. Certo?

A data em que Johnny Ramone comprou sua primeira guitarra é bem documentada, principalmente porque Johnny – o profissional consumado – mantinha arquivos sobre tudo referente à sua banda. Foi em 23 de janeiro de 1974 que ele e Dee Dee foram ao Manny Guitar Centre, na Rua 48 Oeste com a Broadway, n. 156. Johnny estava em busca de uma guitarra que ninguém mais estivesse usando e que, por isso, fosse barata. Comprou uma Mosrite azul por 50 dólares, mais 4,55 de imposto. O preço inicial era 69,55 dólares (com a taxa inclusa). Johnny pechinchou fingindo que 55 dólares era tudo o que tinha no bolso. Consta no recibo "Entrega em 24/1/74" (e também mostra que Johnny morava na Rua 108, 6.758, em Forest Hills.) A guitarra Mosrite, com seu toque característico, era usada pelos Ventures em suas músicas instrumentais do começo dos anos 1960, mas a marca não o preocupou muito – Johnny (corretamente) achava que qualquer guitarra soava igual quando tocada suficientemente alto. Essa Mosrite foi roubada em 1977, mas um entrevistado deste livro alega saber seu paradeiro.

Em uma entrevista com Lester Bangs para uma revista de guitarra, Johnny disse: "Comprei porque era a mais barata da loja. Agora me acostumei e gosto dela. Eu também não queria uma guitarra que todo mundo estivesse usando – queria uma que pudesse ser identificada a mim".

"Comprei uma guitarra em 1965", continuou, "brinquei com ela durante um ano mais ou menos e não aprendi a tocar nada. Eu meio que desisti. Então, quando começamos um grupo, não sabia tocar muito bem. Sabia uns acordes que aprendi em um livro de guitarra que comprei em 1965, mas não sabia tocar nenhuma música nem nada."

Depois disso, Johnny usou apenas Mosrites porque, como ele explicou a David Fricke na entrevista para o encarte do álbum *Ramones Anthology,* em 1999, achou algo com que ser identificado. "Era uma boa guitarra para mim: leve, braço muito fino, o que facilita pra fazer os acordes. E tinha um som muito particular. Estava feliz com ela."

Johnny esqueceu sua aspiração anterior de ser Hendrix e aprendeu o que era fundamental no som dos Ramones: "Puro rock'n'roll de branco, sem influência do blues. Eu queria que nosso som fosse o mais original possível. Parei de ouvir tudo".

Na mesma visita ao Manny Guitar Centre, Dee Dee disse ter comprado um baixo Danelectro por 50 dólares, estraçalhado tempos depois. Então, comprou e quebrou um Gibson Firebird antes de adquirir seu primeiro Fender Precision, de Fred Smith, do Television. Logo o passou adiante, contrariando o conselho de Smith e se tornando, por conta, vítima involuntária da choradeira sem fim dele.

No artigo de Bangs, Dee Dee afirmou que quando comprou sua primeira guitarra, aos 13 anos, achou "muito complicado pra mim. Eu a mantive no meu quarto e mostrava quando os amigos apareciam, mas nunca aprendi a tocar. Quando tinha 21 anos e começamos os Ramones, hum... qualquer palhaço sabia aqueles três acordes. Sabe aqueles Ré, Mi e Sol? Então, eu também sei. Acontece que sempre quis ser baixista."

Quatro dias depois de visitar o Manny's, a dupla fez seu primeiro ensaio.[11]

"Escrevemos duas músicas no primeiro dia de banda", Johnny disse à *Rolling Stone*. "Uma se chamava 'I Don't Wanna Walk Around With You' e a outra 'I Don't Wanna Get Involved With You' [Não Quero Andar com Você por Aí] e [Não Quero me Envolver com Você]. Essa última era quase como 'I Don't Wanna Walk Around With You', quase a mesma música."

"Isso foi exatamente antes de me juntar a eles", lembra Tommy. "Os Ramones foram um processo envolvente. Eu estava em Nova York, vendo grupos como os Dolls e o cenário glitter, as bandas locais. E tinha

---

11. Bannister também questiona essa versão dos eventos. "Como acreditar que Dee Dee só foi comprar seu primeiro baixo poucos dias antes do primeiro ensaio dos Ramones quando, de fato, registros mostram que ele só passou a tocar baixo depois de não conseguir se adaptar à guitarra base? O mito dos Ramones confirma a história do baixo, mas não estou tão certo assim."
Um ponto interessante: se Ritchie Ramone existiu – veja adiante – então por que Dee Dee comprou para si um baixo? Teria gasto recursos em um instrumento que ele não pretendia tocar? Ou talvez o próprio Ritchie fosse um produto da imaginação que ajudou a criar os primeiros mitos dos Ramones (a de Tommy, provavelmente) – uma figura trágica à Stu Sutcliffe para os garotos de Forest Hills, tão atraídos pela imagem e pelo estilo dos Beatles no começo. Em retrospecto, os primeiros elementos da história dos Ramones parecem um pouco perfeitos demais – a namorada de Joey no hospital para doentes mentais, a carreira prévia de Johnny como delinquente juvenil. Dee Dee também descreve o Ramone esquecido bastante vivamente em seu livro, entretanto, como um funcionário de supermercado maluco, do tipo *junkie* do mal.

esses amigos com quem cresci em Forest Hills e que achava muito mais coloridos e carismáticos. Então, pensei que seria legal se formássemos uma banda. Fiquei falando isso pro Johnny durante um ano e meio. Não importava pra mim se ele seria guitarrista ou vocalista."

"Então, um dia, o Johnny ligou e disse que ele e o Dee Dee tinham comprado guitarras. 'Legal', respondi, 'vamos nos encontrar'. Reunimo-nos no apartamento dele; lá estavam Dee Dee, Joey e um amigo chamado Ritchie Stern – Ritchie ia ser o baixista, mas não conseguiu aprender o instrumento. Eles vieram com músicas no primeiro ensaio e nós trabalhamos nelas. Sempre trabalhamos em músicas, formulando, arranjando. Buscamos originalidade desde o começo. E acho que, por serem tão boas, não tivemos interesse em fazer *cover*s. Vão dizer que era porque não sabíamos tocar, mas isso não tem nada a ver. Não acho que dava para tocar Emerson, Lake & Palmer, mas poderiam ter feito The Who ou Little Richard."

Dee Dee discordou: "Era arriscado e tenso o que estávamos fazendo", disse a Michael Hill em 2001. "Começamos tentando tocar músicas dos discos e não conseguíamos. Talvez 'Yummy, Yummy, Yummy', do Ohio Express, ou 'Can't You Hear My Heartbeat', do Herman's Hermits... Acabava ficando meio estranho porque éramos tão legais e antenados e, ao mesmo tempo, nosso gosto musical parecia meio babaca."

Frustrado, Joey começou a escrever suas próprias ideias para músicas, em qualquer papel, à mão. A parte de trás dos sacos de papel de supermercado servia. "Músicas muito estranhas", sua mãe relembra.

Charlotte permitiu que os Ramones promovessem seus primeiros encontros no porão da galeria Art Garden, em Forest Hills: "Lembro de descer lá com uma amiga do trabalho e ver todas aquelas plantas e luzes utilizadas para cultivo dentro de casa", ela contou à littlecrackedegg. com. "Minha amiga pensou que era ótimo os meninos serem horticultores tão ambiciosos. Ela era um pouco ingênua sobre as inclinações dos músicos de rock."

Então, finalmente, decidiram quem iria tocar o quê. Dee Dee quis ser vocalista e tocar guitarra-base, Johnny ficou com a guitarra-solo; Joey, a bateria; Ritchie com o baixo – mas ele logo desistiu. (A banda, mais tarde, comprazer-se-ia em dizer a um jornalista britânico que havia sido porque ele teve de ser internado em um hospital psiquiátrico.) Daí os Ramones se tornaram trio, mas Dee Dee forçava muito a voz e depois de cantar umas poucas músicas ficou rouco, assim o microfone foi entregue ao Joey.

"Como baterista, Joey é barulhento, agitado, do tipo que adora um prato", Tommy diz. "Um pouco como o White Stripes. Eu os coloquei juntos por razões artísticas, pensando que seria legal. Dinheiro nem havia passado por nossas cabeças. Ninguém pensava em ganhar dinheiro naquele tempo."

O que fez você pensar que Joey daria um vocalista melhor que Dee Dee?

"Ele tinha um belo timbre e não forçava a voz até ficar rouco, era uma voz forte. Então começamos a testar bateristas e eu estava tentando explicar a eles o estilo que nós queríamos – duas notas por tempo, com a 'um' no bumbo e a 'dois' na caixa, rápido e consistente. Naquele tempo, todo mundo se esforçava pra ser baterista heavy metal. Era difícil achar alguém que fizesse o que eu propunha. Ninguém acertava. Nunca tinha tocado bateria antes. Eu funcionava mais como mentor naquele tempo, eu sempre fui. Entretanto, em uma única vez em que fiquei na bateria, todos os elementos funcionaram."

"John e eu não éramos vocalistas", disse Dee Dee a Harvey Kubernik. "Éramos como máquinas. Costumávamos dizer coisas horríveis sobre o Joey. 'Podia ter dado certo se o Joey fosse o Billy Idol.' [risadas] Éramos podres."

Tommy sabe exatamente o momento em que se deu conta de quanto os Ramones eram bons. Foi em 1974, no Art Garden. Dee Dee e Joey estavam trabalhando em uma das músicas do Joey, "Judy is a Punk".

"A coisa toda acendeu na minha cabeça", diz Tommy. "Antes daquilo, pensava que a banda era boa e interessante. Judy fez a diferença. Era mais que boa. Havia brilho ali."

Escolher o nome foi fácil. Eles o levantaram do pseudônimo dos anos 1960 de Dee Dee. Entretanto, há outras histórias sobre essa origem: foi escolhida em homenagem à imagem de garotos de rua durões, rockeiros-brilhantina dos anos 1950. Joey disse a um jornalista que acharam que era um nome atrativo, que soava bem – feito "Eli Wallach".

"Fizemos uma lista de 40 nomes em um pedaço de papel", lembra Tommy. "Aquele era o nome que todos nós aceitamos. Além disso, soava ridículo. Imediatamente decidimos chamar uns aos outros de Ramone, provavelmente por causa dos Walker Brothers, de dez anos antes. Pensamos que seria muito engraçado."

VOCÊ SABE ALGUMA coisa sobre como eles se conheceram?
"Foi via Mickey, e Mickey me contou a história, mas não me lembro literalmente, palavra por palavra. Sei que tem alguma coisa a ver com roupa suja em um quarto e dividir um quarto com amigos ou coisa parecida. E John era um cara e Jeff o outro – seja como for, realmente não sei todos os detalhes. Entretanto, posso dizer que a família do Joey era muito legal. Mickey e Charlotte são duas das melhores pessoas do mundo."

Sim, ouvi a respeito.

"Eles são muito legais. A mãe de Joey era muito bacana, amava os dois filhos na mesma medida. Ela tem álbuns de recortes dos dois. Muito legal."

(Entrevista do autor com George Tabb, fã dos Ramones)

2

Hey Ho, Nós Somos os Ramones

"OS RAMONES ME atraíam porque cresci lendo quadrinhos do Homem-Aranha em uma família disfuncional, como era o caso deles. Meus pais logo se divorciaram e eu fiquei com meu pai, que era um babaca; foi horrível. E os Ramones tinham seus retratos de família.

Quatro irmãos – no começo achei que eram irmãos. Todos usavam jaquetas de couro, se pareciam e cantavam músicas como 'We're All A Happy Family' e 'Blitzkrieg Bop' e pensei 'Uau, isso é demais'. O visual tipo uniforme e a jaqueta de couro era uma coisa que dava para reproduzir. Dava pra sair e comprar uma jaqueta de couro, ainda que custasse caro. Eu gostava dos jeans rasgados e tênis – já usava. Pensei que podia me encaixar naquilo tudo, sabe? Eles eram como os New York Beatles. Entrei de cabeça. Usava o uniforme 24 horas por dia e ainda uso, 25 anos depois. A música era original. As letras eram tão bem sacadas. Sempre toquei músicas do tipo dos Ramones na minha banda. Só há uns seis ou sete anos percebi o jogo entre sacação e estupidez contido nas letras. Acho que os Ramones eram tão espertos que sabiam que o que estavam fazendo era uma grande piada, talvez Joey e John soubessem. E Dee Dee escrevia essas letras que...

Adorava a habilidade deles de usar esse humor negro e tocar rock'n'roll ao mesmo tempo. Rock'n'roll pra mim é "Hey baby let's get laid, got a rocket in my pocket" [Ei garota, vamos pra cama. Tenho um foguete no bolso] – pura besteirada – baboseira do tipo AC/DC.

Escrever letras sobre ir pra cama com uma garota, dar um osso pro cachorro, um pedaço da sua torta ou seja lá o que for, não é como elaborar uma estupidez bem sacada, é criar dentro da estupidez mesmo. Os Ramones eram tão absurdamente bem sacados sobre essa coisa toda. Eles não cantavam sobre fazer sexo, trabalhar para o homem, ou esperar pelo fim de semana.* Suas letras tinham a ver com cheirar cola, Carbona, famílias cretinas, lobotomia em adolescentes. Eu pensava 'Meu Deus, isso é genial! É engraçado!'. Era engraçado porque você também poderia se identificar com isso. Quando se é adolescente a angústia é tão real. Você está puto e daí escuta um negócio desses e pensa 'Uau – isso tem tudo a ver'. Eu sou um adolescente lobotomizado – meus pais me odiavam. Eles realmente tocaram em alguma coisa aí.

As letras dos Ramones os impediram de fazer sucesso na época porque estavam adiante do seu tempo. Hoje em dia, seria avassalador. Você tem o Andrew WK, com 'Party on, party hard' – esta é uma grande música? Obviamente alguns passos se perderam aqui. Ocasionalmente os Ramones tentavam fazer umas canções mais enquadradas com as letras sofridas do Joey e as músicas de amor... mas eles tiveram a fase mais esquisita em 1977. Não eram bonitos, como todos os outros. Todas as bandas neorromânticas e da new wave foram aceitas pela MTV. Mas os Ramones eram estranhos, com cara de durões, e a América mediana não os entendia.

Lá atrás, na minha adolescência, e mesmo nos meus vinte e poucos anos, dizer 'Os Ramones enchem o saco' era nos chamar pra briga. Íamos pra guerra. Enchemos gente de porrada por um 'Johnny tem cara de cachorro'... A resposta era invariavelmente 'É, e eu vou chutar a sua bunda' – sabe como é? Os Ramones eram como uma família que você quer defender até a morte. Por isso, acho que eles se tornaram tão grandes no fim: todos estavam com eles, cada outsider, cada esquisitão, cada garoto, cada maluco, cada nerd. Todos estavam ao lado dos Ramones porque eles eram uma família feliz e... 'Gabba Gabba Hey! We accept you/One of us' [Gabba Gabba Hey! Aceitamos você como um de nós]. Eles aceitavam todo mundo."

(Entrevista do autor com George Tabb, fã dos Ramones)

"Os Ramones eram caras como Monte e Arturo (Vega)", explica o escritor escocês Lindsay Hutton. "Em muitos sentidos eles eram mais Ramones que John (Ramone) – esses caras viviam no código, estavam 100% por trás dele. Os Ramones trabalhavam

---

*N.T.: As expressões referidas no parágrafo e traduzidas literalmente do inglês são formas de linguagem popular americana. Duas delas: "Working for the Man" (Trabalhando para o homem) e "Given The Dog A Bone" (Dando um osso pro cachorro) são títulos de músicas de Roy Orbinson e AC/DC, respectivamente.

como cavalos e nunca pararam de tocar. Tenho certeza de que a saúde do Joey poderia ter sido melhor se ele não vivesse na estrada como vivia. Os Ramones não poderiam ser os Ramones sem o Monte. Ele era o sal da terra e deveria ganhar um prêmio."

O primeiro show dos Ramones aconteceu no Performance, em 30 de março de 1974 – com Joey na bateria e plateia de 30 pessoas. O show incluía sete músicas: "I Don't Wanna Go Down to the Basement", "I Don't Wanna Walk Around With You", "Now I Wanna Sniff Some Glue", "I Don't Wanna Be Learned, I Don't Wanna Be Tamed", "I Don't Wanna Get Involved With You", "I Don't Like Nobody That Don't Like Me" e "Succubus". Era espantoso, surpreendente. De acordo com *Please Kill Me*, na primeira apresentação, Joey não conseguia sequer regular a banqueta da bateria com a sua altura: ele a deixou alta demais.

"Foi hilário", recorda Debbie Harry, cantora do Blondie. "Ele ficava caindo por sobre a bateria. [Ele] não enxergava muito bem e ainda por cima usava aqueles óculos escuros... não mais que de repente, cabumm, e lá estava ele de cara no chão."

"Eu não estava lá", admitiu Tommy. "Estava na estrada com o Buzzy Linhart. Eles fizeram um show como trio com o Joey na bateria."

"Éramos horríveis", Johnny disse à revista *Punk* em 1976. "Dee Dee estava tão nervoso que pisou no baixo e acabou quebrando o braço do instrumento."

"O Performance era um *loft* na Rua 20 Leste que Tommy e Monte Melnick tinham transformado em espaço para ensaios e pequenos shows, além de estúdio de gravação. Bandas locais tocavam e ensaiavam lá porque havia um clima ótimo – Blondie, New York Dolls, The Fast, Tuff Darts. Teria sido um grande sucesso se não fosse pela vizinha do andar de cima, uma velha senhora que reclamava o tempo todo."

"Monte foi a primeira pessoa que encontrei quando me mudei para Forest Hills", diz Tommy. "Estávamos na mesma classe no Junior High. Ele é um trabalhador dedicado, vê o mundo diferente – ele me lembra Jay Leno. Mede 1,60 m, cabelos e olhos castanhos, magro, usa bigode, cabelo encaracolado."

Monte tocou baixo na banda Butch, e depois no grupo 30 Days Out, uma banda de rock country que lançou dois discos pelo selo Reprise. Quando o 30 Days acabou, o futuro gerente de turnê dos Ramones fez algum trabalho comercial, ajudou em uma ópera rock e voltou para Nova York, onde seu primo o apresentou a uma mulher que queria que ele projetasse para ela um estúdio. Então ele chamou Tommy e, juntos, fizeram o Performance.

"Eu tinha meus projetos e ele, os dele", relembra Monte. "E entre os projetos dele estavam os Ramones, então começamos a fazer pequenos shows de 2 dólares com eles e outros grupos. Eu cuidava do som e das luzes. De vez em quando tínhamos de fechar as portas, porque os vizinhos estavam nos processando por causa do barulho."

Monte detestou os Ramones na primeira vez que os viu: "Esquece. Eu vim de um meio musical. Eu era baixista. Meus grupos faziam harmonias elaboradas, sabe? Eu os ajudei – o Tommy era meu amigo. Eles eram muito crus. Não dava pra aguentar".

FALE SOBRE MONTE Melnick. Ele me parece tão tranquilo.
"Ele é tranquilo? Ele fala de modo tranquilo."
Para um gerente de turnê.
"Ele pode levantar a voz. Já o vi muito bravo."
Tenho certeza que sim.
"Mas é um doce de pessoa."

(Entrevista do autor com Ida Langsam,
ex-relações-públicas dos Ramones, 2002)

De volta a 1974, quando os Dictators estavam tocando regularmente no Coventry, no Queens Boulevard, abrindo shows para bandas como o New York Dolls e o Harlots of 42nd Street, sempre havia um tipo alto, magro e de aparência estranha vagando pelo bar. Quem era? Handsome Dick Manitoba, o vocalista dos Dictators, queria saber. "É o Jeff Starship", disseram. "Ele tem uma banda chamada Sniper!"

Os Dictators foi uma banda das antigas em Nova York. As cinco figuras trouxeram uma ensurdecedora, divertida e irritante mentalidade de luta livre para o rock – "Fuck' Em If They Can't Take A Joke" [Fodam-se se Eles não Entendem uma Piada], como diz um título de uma de suas músicas. Handsome Dick era o brigão, o vocalista por trás de grandes músicas pop que mais tarde seriam chamadas de punk rock, rápidas e agressivas, diferentes do rock'n'roll normal – como o MC5 ou os Stooges, mas com sensibilidade pop. O baixista Andy Shernoff foi o mentor: ele tomou a frente e escreveu sobre bandas como Blue Oyster Cult e o Velvet Underground em seu fanzine, ao lado dos legendários críticos de rock Richard Meltzer e Lester Bangs.

"Fui criado em Nova York", começa Andy. "Mudei para Whitestone, que fica a uns 10 minutos de Forest Hills, mesma área da cidade onde os Ramones cresceram. A sociedade de então estava dividida entre 'quadrado' e 'pra frente'. O rock'n'roll englobava tudo o que eu achava fascinante nas culturas americana e britânica – sou um grande fã dos Kinks, do The Who, dos Beatles, dos Stones. O colégio não funcionou pra mim, então montei uma banda. Fizemos um disco punk rock em 1974 que foi lançado em 1975.

No começo dos anos 1970, o glam rock era o som que rolava em Nova York. Os Dictators não ficavam bem em cetim – não era pra nós. Saltos altos? Nós nos vestíamos no palco com as roupas que sempre usávamos: *jeans*, camiseta, jaqueta de couro preta e tênis – e este se tornou nosso visual. Joey Ramone veio nos ver tocar ao vivo. Ele se parecia um pouco com o Fred Mercury. Nós nunca nos falamos de verdade. Ele não parecia muito saudável. E, com certeza, também não se parecia com um dos Dolls. O vocalista de sua banda, Sniper, era quem se parecia.

Um dia, vi um lambe-lambe em um poste sobre uma banda: o Joey era vocalista dos Ramones. Tinha ido ao CBGBs pra ver a Patty Smith – ela estava ficando muito popular –, então fui ver os Ramones. Devia haver, talvez, umas 20 pessoas assistindo. O Blondie abria o show – eles eram desleixados e ainda estavam se aperfeiçoando. Os Ramones tocaram 15 músicas em 15 minutos e foram ótimos. Cortaram todos os excessos. Era surf music, era pop, era hard rock – com uma grande batida. Obviamente tínhamos as mesmas influências, mas eles localizaram as deles e cortaram todo excesso."

"Ouçam os Dictators cantando 'C'mon Boys, Let's Go', de 'Master Race Rock'", sugere John Holmstrom, fundador da revista *Punk*. "E então me digam se não é de onde Joey ou Dee Dee sacaram o 'Let's Go' dos Ramones."

Em 16 de agosto de 1974, os Ramones fizeram sua estreia no CBGBs – um bar surrado do Bowery que logo se tornaria viveiro da explosão burguesa da nova música de Nova York. Talking Heads, Patti Smith, Suicide, Blondie, The Heartbreakers e milhares de outros nomes menos conhecidos como Milk 'n' Cookies, The Marbles and The Mumps foram se aperfeiçoando em seu palco minúsculo e banheiros legendariamente imundos. Era barato. As bandas eram baratas. A cerveja era barata. Os apostadores eram baratos. As groupies eram inúmeras.

"Os Ramones faziam xixi na bebida dos outros?", perguntou Gary Valentine, membro fundador do Blondie, referindo-se à história famosa e possivelmente falsa. "Era impossível saber no CBGBs. De todo jeito, a cerveja deles tinha gosto de xixi."

Pisar no CBGBs em 1974 era uma experiência única. "Era muito caseiro", lembra Tommy Ramone. "Tinha uma pequena livraria, então dava para folhear alguma coisa durante a passagem de som. Pouquíssimas pessoas frequentavam o bar no começo. Acho que os Hells Angels costumavam andar por lá antes de nós. *Marines* locais também apareciam. Tinha uma mesa de bilhar. Era pequeno, mas íntimo. E nunca estava limpo – os banheiros iam sempre de mal a pior."

O atrevido e plugado Television tinha apresentações fixas nas noites de domingo desde o começo daquele ano, quando os fundadores Richard Hell e Tom Verlaine – que chegaram a testar Dee Dee como baixista da sua banda de vida breve, Neon Boys, antes de descobrirem que ele mal podia tocar – tinham mentido na cara dura para o dono Hilly Kristal sobre seu estilo musical.

"Hilly perguntou algo como 'Que tipo de música vocês tocam?'", o amigo e membro do Television contou em *Please Kill Me*, "e nós respondemos 'Qual tipo de música o CBGBS-OMFUG (como assinala o letreiro da boate) toca?' 'Tocamos country, bluegrass, blues e outros gêneros para paladares refinados. Então o Television disse que era exatamente o tipo de som que eles faziam."

Os Ramones estrearam no CBGBs em 16 de agosto – um show que consta no *Entertainment Weekly* como um dos grandes momentos do rock, em desacordo com o CBGBs.com: "Eles foram a banda mais desarmoniosa que já ouvi", Hilly escreveu. "Começavam e paravam o tempo todo – o equipamento dava problema – e gritavam uns com os outros. Eram uma bagunça." Os Ramones tocaram em apresentações na casa outras 22 vezes só naquele ano.

"Não sei se os Ramones conquistaram multidões imediatamente", observa a fotógrafa Roberta Bayley. "Eu costumava fazer a bilheteria quando Richard Hell estava no Television. Em uma noite boa, eles faziam uns 50 dólares. A maioria das pessoas vinha para ver seus amigos tocarem, então, não pagavam. Teoricamente, toda a bilheteria ia para a banda, mas nunca dava mais que 100 dólares. A grande noite foi quando Patti Smith tocou com o Television e, juntos, fizeram 300 dólares.

Isso significava que havia 100 pessoas pagando. Mas então a capacidade permitida por lei do CBGBs era algo entre 115 e 150 pessoas, imagino. Não que ele nunca tenha apertado lá dentro umas mil pessoas."

"Até ver os Ramones tocando, pensava que os Dolls eram a banda que tocava mais alto", solta Valentine. "Eram fantásticos, 20 músicas em 15 minutos, uma depois da outra, músicas de um ou dois minutos. Havia esse clima de violência e fúria mal contida nos bastidores, mas no palco eram divertidos como uma sessão de desenho animado numa manhã de domingo, 'Hey hey we're the Ramones's way'. Embora fossem músicas distintas, todas soavam iguais – era como Beethoven em um minuto e meio, com Joey Ramone cantando."

"Quando eu os vi pela primeira vez no CBs", diz Marc Bell, também conhecido por Marky Ramone, "pensei que eles eram ruins, porque não havia solos de guitarra ou bateria mais elaborada, porque isso era o que eu vinha fazendo por toda minha vida. Quando o primeiro álbum foi lançado, passei a ouvir e ouvir. Era a versão mais despida de rock que já tinha escutado, e era isso que mais admirava, porque eu era muito novo. Era como uma parede de som. A imagem com as jaquetas de couro não havia sido desenvolvida em 1974; John podia usar calças de lamê dourado dos tempos de rock glam. A imagem não estava planejada. Eles cresceram dentro disso. A insignificância deles naquela fase fez parte de sua história."

"Dee Dee gritava '1-2-3-4 e todos começavam a tocar uma música diferente", Tommy admitiu em uma entrevista à *NME* em 1978. "Então jogávamos os instrumentos por lá e saíamos, podia parecer, mas não era encenação."

"Eles tocaram por 40 minutos", lembra Hilly. "E 20 deles foram só de gritos uns com os outros."

Bem na esquina do CBGBs, Rua 2 Leste, estava (e ainda está) o *loft* de Arturo Vega. Vega era um mexicano imaculadamente vestido, pintor e empresário, o primeiro a ver os Ramones no Performance; acabou sendo o diretor artístico deles.

Ele foi o responsável pelo logotipo dos Ramones – uma paródia do selo presidencial, com uma águia segurando um taco de beisebol, carregando no bico a faixa com a inscrição "Hey Ho, Let's Go". O *loft* era razoavelmente grande, *kitsch*, decorado com aquários cheios de embalagens de marcas tradicionais de cigarros mexicanos, suásticas fluorescentes e chapéus mexicanos. Servia como lugar para ensaiar dos

Ramones e também para morar para vários deles ao longo dos anos; dividiam o espaço com a banda Blondie no começo de 1976.

"Eu queria dar a eles uma presença poderosamente americana", Vega diz em relação ao logotipo. "A primeira vez que fomos a Washington, fiquei impressionado com o oficialismo, as bandeiras e as águias por todo o lado. Estava criando o logotipo com o Joey e ele queria que eu pusesse alguma coisa no lugar das flechas. Não tinha ideia de que o Johnny fosse fanático por beisebol. Acho que Joey sabia. A outra grande decisão foi 'O nome de quem vai primeiro?' Joey é muito italiano, Dee Dee parece nome de desenho animado, Tommy era meloso demais, então, Johnny foi para o topo."

Joey morou com Arturo no *loft* por muitos anos. "Mas tive de expulsar Dee Dee", Vega diz, "por causa das brigas com garotas e das drogas." A banda esperava, "como cachorrinhos", Arturo chegar em casa do trabalho em um restaurante trazendo comida – quase sempre sobremesas açucaradas.

"O primeiro que conheci foi Dee Dee", relembra Arturo. "Ele costumava ver uma garota que morava em um apartamento bem em cima do *loft*, a Sweet Pam. Pensei que fosse simpático, tímido e vulnerável. Ele me contou que estava formando uma banda de rock'n'roll. Eu nem podia imaginar em que tipo de banda ele poderia estar. Isso foi no final de 1973.

Sweet Pam estava com as Cockettes, um grupo de teatro travesti de São Francisco – uma garotinha com uma grande voz de *vaudeville*, que cantava músicas sentimentais dos anos 1920."

"Levou um ano até que eles solidificassem a imagem", ele continua. "No começo, Dee Dee parecia... um garoto de cursinho, um menino rico ou alguma coisa por aí. Ele se vestia bem, usava bons suéteres e calças. Ele se parecia com um cara que tivesse um bom emprego. Joey estava sempre igual, sem tirar nem por. O negócio dele era aquela imagem rock'n'roll – as calças de lamê prateado. Então, eles arranjaram jaquetas de couro."

"Morei no Bowery com um cara doidão, então sabia onde estava me metendo", Joey me contou em 1989. "Era uma casa maluca. Pessoas entravam e saíam o tempo todo. Eu tinha uma ótima coleção de discos em uma época. Coisas como meu álbum *Nuggets*. Alguém estava pintando a casa com um rolo e um lado do disco ficou branco. Minhas coisas boas foram todas sumindo, como o primeiro compacto simples dos Sex Pistols, meu álbum do Charles Manson..."

Depois do CBGBs, todos iam ao Lady Astor com seu bar espelhado e Billie Holyday na *jukebox*. Não era grande coisa, mas o grupo em que os Ramones se inseriam gostava de frequentá-lo. Foi lá que Roberta Bayley encontrou Dee Dee pela primeira vez. "Ele sentou-se perto de mim", diz. "Falou sobre como o alemão era sua primeira língua. Estava fixado na ideia de que tinha me visto em filmes pornográficos. Bem, não era eu, mas ele dizia 'Tudo bem, Roberta. Não estou julgando você'. Dee Dee e Richard [Hell] tiveram esse período em que estavam se drogando, então, sempre havia esses pequenos dramas sobre o assunto. Não é como hoje, em que comprar drogas é algo organizado – naquela época era preciso ir à avenida D e esperar pra ver o que acontecia."

E acrescenta: "Dee Dee era muito charmoso e bonito, mas também muito esquisito. Não era um cara mau, seus impulsos eram voltados contra ele mesmo e o que foi dirigido para fora fez parte do brilho dos Ramones, o mesmo que rendeu músicas como '53rd And 3rd'".

"53rd And 3rd" era um hino perverso que apareceu no primeiro álbum dos Ramones.[12] Foi escrito por Dee Dee e trata de um ponto famoso de prostitutos de Nova York. "Eles eram levados em carrões por homens de negócios e davam boquetes de 30 dólares", conta Roberta. "Imagino que, se você precisa de heroína, é um preço baixo a pagar."

"Lembro como era com Dee Dee e Pam. Ele estava sempre penhorando a televisão, o que dava uns 20 dólares. Ela conseguia algum dinheiro e pegava de volta, para penhorar outra vez. Que vida! Mas Deus proíbe a qualquer um arrumar emprego! Dee Dee trabalhou em um salão de beleza do *high-end*, cortando cabelo. Foi só quando li seu livro que percebi que ele detestava o corte tigela que usava nos Ramones. Para Dee Dee, juntar-se aos Ramones deve ter sido como ir para o exército: 'Aqui está seu uniforme e o seu corte de cabelo'."

O Dee Dee era prostituto?

"Com certeza", afirma Victor Bockris, coescritor de *Making Tracks*, a biografia oficial da banda Blondie. "É verdade. Não era tão incomum naqueles dias... todos os anos, por volta de setembro, havia um grande fluxo de jovens começando a vida na cidade; e um número deles com tendência gay empregava o mesmo meio que muitas mulheres, usando o sexo para seguir adiante. Não há nada particularmente censurável em relação a isso."

---

12. Mais tarde a música deu nome a um selo escocês dos anos 1980, lar do grupo feminino inspirado nos Ramones, Shop Assistants, e do minimalista Beat Happening, influenciados pelo Nirvana de Olympia.

Em *Please Kill Me*, o irmão de Joey, Mickey Leigh, diz ter visto Dee Dee em pé na esquina da 53rd com a 3rd usando jaqueta preta de couro (visual com que mais tarde apareceria na capa do álbum de estreia dos Ramones), esperando por alguma ação. "Eu fiquei meio que chocado de ver alguém que eu conhecia fazendo aquilo", ele diz. "Pensei, 'Caramba. É o Doug parado lá. Ele tá realmente nessa'."

As histórias do passado devasso e salpicado de heroína de Dee Dee são lendárias. Há uma sobre Dee Dee ter retalhado toda a roupa de Johnny Thunders quando ambos estavam na casa de Stiv Bator em Paris, trabalhando juntos em um grupo, depois de o baixista ter deixado os Ramones. Thunders estava roubando coisas de Dee Dee para comprar drogas; então Dee Dee pegou uma mala dele com toda sua roupa de palco, molhou tudo com água sanitária e, em seguida, rasgou. Depois dessa passagem, só voltaram a se ver na fila para comprar drogas no Lower East Side.

E então houve Connie...

Em que tipo de travessura Dee Dee estava metido quando você o encontrou pela primeira vez?

"Dee Dee estava sempre nas drogas", explicou Arturo, "desde a infância na Alemanha. As garotas com quem ele se envolvia eram sempre do tipo perigoso. Recentemente achei umas fotografias de quando a banda estava indo pra Londres em 1976, tiradas aqui no *loft*. Connie aparece em uma delas – Connie é a famosa 'Bitch, I should have been rich'[13]... Meninas malvadas e drogas: era a encrenca em que o Dee Dee entrava fácil, fácil."

Connie Grip era uma viciada/vagabunda/dançarina muito alta e estatuesca, de longos cabelos loiros. Ela já havia cortado a mão do baixista do New York Dolls, Arthur Kane, em um acesso de ciúme – e saído nua pela escada de incêndio para fugir dele. *Coração Envenenado* detalha bem os excessos dela (e de Dee Dee): como Connie uma vez foi ao encontro de uma rival com um tijolo na bolsa; como dividiu um *ménage à trois* com Nancy Spungen e Dee Dee; como ela dilacerou o traseiro de Dee Dee com uma garrafa. Dee Dee tinha, na verdade, muito orgulho dela.

"Connie era uma louca", diz Marky sucintamente.

"Connie era psicótica. Ela uma vez golpeou Dee Dee na cabeça com sua guitarra quando ele estava dormindo", arrepia-se Janis Schacht,

---

13. O verso, na verdade, é "É duro ser puta, eu devia é ser rica", de "Chinese Rock", o hino às drogas do Heartbreakers, que Dee Dee ajudou a escrever.

relações-públicas da Sire Records entre agosto de 1975 e janeiro de 1979. "Ela tinha aquela personalidade perigosa e autodestrutiva, tipo Nancy Spungen. Sempre ficava imaginando se ela não era a heroína da Nancy, do mesmo jeito que Dee Dee era o herói do Sid – certamente faria sentido."

"Connie era uma *groupie* maluca", ri Holmstrom. "Tinha sempre uma porção de *groupies* no CBGBs – ela pertencia ao alto escalão delas. Eles estavam juntos há tempos, brigando e voltando. Era um relacionamento muito tempestuoso. Ela vestia-se muito bem. Provavelmente trabalhava como *stripper* e ganhava bem. Lembro vagamente de vê-la usando peles. Muita gente não gostava de Connie; então, vão pensar que eu sou doido de dizer algo bom – mas ela me lembrava a Nancy Sinatra. A Nancy foi modelo para um monte de garotas do punk rock."

"'Glad To See You Go' [Feliz de Ver Você ir Embora] foi escrita no dia em que Connie foi embora", diz Arturo. "Joey e eu estávamos tentando ficar fora do caminho dela. Se ela vinha por um lado, nós íamos pelo outro, porque tínhamos medo de que ela agarrasse alguma coisa e atirasse em nós. Sabíamos que ela tinha esfaqueado Dee Dee algumas vezes, assim tínhamos medo, especialmente se ela vinha da cozinha. Dee Dee tentava acalmá-la, mas nada adiantava. Finalmente, ela saiu pela porta e três de nós foram à janela pra ter certeza de que ela realmente tinha saído. Olhamos pra baixo assim... (Arturo afasta as cortinas do apartamento onde a entrevista está sendo conduzida e olha em direção à calçada, na rua.) Ela saiu e começou a xingar, então, Dee Dee lhe disse: 'Oh, estou tão feliz por você estar indo embora, bom ver você cair fora, adeus'."

Antes de os Ramones pousarem no *loft* de Arturo, Tommy dividiu um apartamento na Rua 2 com a Rua 9 com Chris Stein, letrista do Blondie.

O Blondie era uma banda subestimada. O cenário da época, narrado pelo redator da *NME*, Charles Shaar Murray, em 1975, descrevia a banda condescendentemente como "esse lindo presentinho de cabelo platinado e voz de patinho de borracha e positivamente a banda de garagem do tipo mais cru de garagem". Ele escreve "Blondie nunca vai ser uma estrela", provando que críticos de música não possuem o dom de prever o futuro (entre outras coisas). Se músicas como as híbridas "Heart of Glass", "Call Me" e "Atomic" não fizeram tanto sucesso, os primeiros três álbuns do Blondie são tidos hoje como exemplos primordiais de grupo pop feminino de garagem pós-anos 1960 – sedutor, sacudido e repleto de ideias musicais cativantes o suficiente para dar como garantia sua coleção das Shirelles. Tão parte do cenário de arte punk de Nova York quanto seus pares aclamados pela crítica, Talking Heads e Television (e de fato os Ramones), Blondie foi a perfeita *pin-up* musical de uma geração inteira. Não é de estranhar a legenda "Blondie é uma cantora, e não uma banda" usada para perturbá-los.

"Blondie e os Ramones estiveram muito mais intimamente associados que outros grupos punk", diz Victor Bockris, "porque em 1972 e 1973 Chris Stein estava dividindo um apartamento com Tommy. Dee Dee estava sempre lá e a agitação também. Era onde a doideira do começo do punk – agitos de noite inteira, drogas, drogados, parceiros sexuais – acontecia com aqueles jovens, que trilhavam os limites de sua época. Quando os Ramones começaram a tocar no CBs, um dos primeiros grupos com quem dividiram o palco foi o Blondie. Ambos criaram uma imagem de desenho animado em torno de si – não em sentido pejorativo, mas icônico, como o Super-Homem – que reverberou igualmente no Japão e na Alemanha e criou algo bem maior."

Quando Blondie estourou, em 1979, houve algum ciúme; com os Ramones dizendo que Debbie iria sempre cair no palco, assim o público poderia ver suas calcinhas. Porém, esse antagonismo logo desapareceu.

"Chris Stein foi um dos primeiros góticos que conheci", relembra Tommy. "O apartamento dele se parecia com um museu gótico. Tinha uma estátua pintada da Madonna em tamanho natural que sempre assustava Dee Dee. Ele nunca ia lá porque morria de medo. Havia crucifixos, monstros, fotos de filmes, tapeçarias, coisas em jarros, mobília velha que ele recolhia. Era como um lar *hippie*. Era um apartamento muito bom e era muito legal da parte dele sublocar para a gente."

"O primeiro deles que conheci foi o Tommy", diz Gary Valentine, "porque ele estava morando no velho apartamento do Chris Stein. Ele se parecia com um gnomo de bigodes pretos e cabelos compridos com franja. Eu tinha 18 anos e acabara de ser apresentado a essa comunidade esquisita do East Village – foi legal conhecê-lo! As coisas no apartamento não demoravam muito antes de serem destruídas – eles deram uma festa e, de repente, a parede sumiu. O apartamento em si tinha uma longa história. Eric Emerson (do grupo da Factory, de Andy Warhol, famoso por se despir sobre as mesas do Ma'x Kansas City) tinha morado lá, e ele já tinha morrido antes de eu entrar em cena."

No fim de 1974, disseram que os Ramones tinham levantado mil dólares para gravar oito horas em um pequeno estúdio de Long Island, para fazer uma gravação *demo* com 15 músicas.

"Não acho que custou tudo isso", Tommy diz agora. "Foi muito divertido. Fiz muitos planos para a gravação. Arrumar o estúdio, gravar as faixas. Voltar uma semana depois e mixar. Foi muito bom. Foi como se estivéssemos fazendo música importante. Sabíamos que nós não nos parecíamos com ninguém. Foi divertido, legal e bom. Ouvíamos velhos discos dos Beatles – e por serem inicialmente mono, e só depois estéreo, os vocais iam só de um lado e as guitarras do outro. Então foi isso que fizemos."

Muita gente achou que a brevidade das músicas era artifício. Errado. Foi, como Johnny explicou na época – talvez forjando ingenuidade –, porque eles ainda não tinham prática em fazê-las. "Então não podíamos escrever nada muito complicado. Não era intencional."

Quando pressionados a descrever sua própria música, as diferenças de resposta entre os Ramones apareciam.

Dee Dee: "Tocávamos conforme nossa habilidade".

Johnny: "Estávamos tocando puro rock'n'roll, sem blues ou folk nem nada. E tentávamos ser interessantes e trazer de volta o sentimento de garotos tendo uma boa diversão – junto com a gente".

3

Definição de Punk

"Sem regras. Agressão em música e roupas, e perspectiva cultural destinada à mudança progressiva, não negativa."

David Kessel, produtor.

"Quando a palavra *punk* foi colocada no dicionário, o verbete tinha em mente os Ramones."

Rodney Bingenheimer, DJ.

"Bandas de garagem, baseadas na rua, mal-humoradas, diretas – isso é piada, mas estou tentando –, num piscar de olhos. Barulhentas, mal-humoradas, nervosas, inteligentes. A linha divisória é mediação, interpretação, melodia... e beleza. Os Ramones tinham bonitas baladas, no entanto. Embelezar é uma palavra melhor. Amamos os Ramones e os consideramos nossos irmãos. Há pessoas que os acham assustadores por causa do paramilitarismo e da adrenalina. Eles deveriam ter ido mais além."

Donna Gaines, professora especializada em punk.

"Punk era uma coisa estúpida. Não gostei quando se tornou tão autoconsciente. O interessante no começo era a fusão entre poesia e rock. Não gosto da revista *Punk* nem de nada parecido. Quando certos aspectos do que estava acontecendo foram tendo precedência sobre outros, o que foi promovido especialmente pela *Punk*, não se tratou de uma compreensão real do que estava acontecendo. Caso você quiser voltar às origens, punk é Rimbaud."

Gary Valentine, baixista.

"Punk é essa negação resoluta do mundo real. Não quero dizer em um sentido ordinário. Para mim, de todo jeito, o punk tem isso em comum com o hippie, a repulsa ao real é a mesma. Os hippies, no entanto, pensaram que podiam fazer alguma coisa. Os punks nunca acharam que poderiam e nem se importaram com isso. Estavam indo fazer o que iam fazer e não importava o quê."

George Seminara.

"Não acho que os Ramones fossem punk. Punk pra mim é o Sex Pistols, com alfinetes, cuspindo nas pessoas, caindo fora de entrevistas, sendo rudes e desagradáveis. Os Ramones nunca foram assim. É claro que o começo do punk é creditado a eles, considerados padrinhos do punk, mas não o punk como se tornou conhecido. A jaqueta de couro nos Estados Unidos sempre foi sinal de perigo. Sempre foi sinal de rebelião – até recentemente, quando os estilistas começaram a fazer e a cobrar 3 mil dólares pela mesma jaqueta de couro que você compra em uma loja de segunda mão por 20 dólares. Mas sempre há aquela provocação a James Dean sobre elas. *Jeans* e jaqueta de couro? Esquece. Então há o cabelo, que era sem estilo e não adaptável à moda. E então você tem o fato de que o *jeans* era rasgado e eles não se incomodavam em comprar um novo. As pessoas não sabem o que fazer com isso."

Ida Langsam, assessora de imprensa.

"Publicamos a definição na terceira edição da revista *Punk*. Qualquer um pode ser um astro de rock independentemente de, ou por causa de, qualquer falta de talento ou habilidade. Essa é a atitude. É esse o sentido do rock'n'roll. Não é sobre essa porcaria ou quaisquer conexões. A vida de Dee Dee é quase definição de punk. Ele não pode mudar isso. Ele é Dee Dee. Com a maioria das bandas de rock'n'roll, o primeiro disco é chamado de punk rock porque eles ainda não sabem o que estão fazendo. Conforme vão crescendo, ficam mais e mais chatos. Alguns sons do começo do Elvis soam como punk rock pra mim."

John Holmstrom, editor.

"Não haveria punk sem os Ramones. Eles foram impedidos pelo boicote da mídia do mesmo jeito que todas as outras bandas da Sire – até mesmo o Renaissance e o Paley Brothers –, porque as pessoas do rádio acreditavam que tudo da Sire era punk. Quando um novo disco da Sire saía, você podia confiar. Foi meio que engraçado quando Seymour (Stein, chefe da Sire) perdeu o Fleetwood Mac, porque se esqueceu de assinar o contrato, mas foi meio triste também porque se ele tivesse o dinheiro de *Rumours* seria possível que os Ramones tivessem conseguido superar a barreira – há uma razão para tudo."

Janis Schacht, assessora de imprensa.

"Acho que (o *establishment*) associava os punks a animais. Não era confiável. Na TV americana, se queriam vilões botavam lá punks porque não podiam mais usar minorias. Levou 20 anos para o punk estourar nos Estados Unidos por causa do medo que as pessoas tinham de perder seus empregos. Quando o grunge aconteceu, a indústria da música se apressou em livrar-se da coisa toda e lançar as *boy bands* e a Britney Spears. Eles acharam o grunge desagradável. E ficaram felizes de constatar que havia morrido. Agora estão tentando trazer de volta o hard rock, mas industrialmente controlado. Poucos executivos são do mundo da música; eles são do mundo dos contadores e dos advogados."

Tommy Ramone, baterista.

"Rápido. Energético. Curto e grosso. Músicas que não têm de ter necessariamente um sentido, mas devem manter alerta, em movimento – se você tem alguma coisa a dizer, diga rápido, e vá direto ao ponto, mantenha o som em dois minutos e meio.
Não importa sua aparência, desde que não seja a de uma porcaria de um cuzão. Se você tem de agir como punk, então você não é punk. Você é ou não é."

Marky Ramone, baterista.

"Na primeira linha lê-se 'Punk rock existe porque muitas bandas acreditaram que era fácil imitar os Ramones'. Quero dizer – *hello*? O que mais precisa ser dito? Então isso pode responder à pergunta sobre o Pearl Jam ou o Soundgarden e muitas outras bandas que claramente amam os Ramones – por que não mostram nenhuma influência em sua música? Bem, não é nada fácil ser tão especial e ter aquela magia dos Ramones. Antes de mais nada, uma das coisas era baseada em suprimir solos de guitarra em vez de ter solos horrivelmente longos. E se não houver solos de guitarra, então no espaço deixado na música deve haver algo que precisa realmente ser dito, progressivamente sábio, melodicamente sábio e todos os outros aspectos. E essas pessoas não têm aquele tipo de talento, tem?"

Kevin Patrick, executivo (bacana) de A&R.

"Eles podem rotular como quiserem. Eu não ligo. Nunca me ressenti com isso, mas quando o punk começou a ter má reputação, fomos classificados como tal e excluídos – você sabe como é: 'Não vamos tocar punk no rádio'. Agora estamos sendo incluídos, houve outros tempos em que não éramos. Há um artigo sobre punk em uma revista que exclui os Ramones e inclui bandas britânicas. Fomos sacaneados de todo jeito pelo punk. Mas apesar de ser rotulado, tudo bem. Se você é um grupo heavy metal, você é um grupo heavy metal. Você um grupo speed metal, uma banda punk hardcore, som mercey beat britânico, ou seja, o que for, rockabilly. Sempre há rótulos."

Johnny Ramone, guitarrista.

4

O Ano em que o Punk Estourou

"CARA, ELES ERAM tão Nova York. Eles eram tão Nova York que havia também alguma coisa irredutivelmente americana sobre eles. Poderiam não ter existido em qualquer outro país ou cidade; ou ter nascido em qualquer outro lugar que não o Queens. Havia exatamente algo muito... não era classe trabalhadora... mas quase o trabalho da fantasia de ser um astro de rock. Eles estavam comprometidos com o trabalho que dá ser um astro de rock. As pessoas, em geral, formam bandas porque querem ser astros de rock. Elas não pensam no trabalho que existe nessa atividade.

Como ninguém, eles asseguraram seu legado fazendo isso por 22 anos – dois a mais além do que Johnny gostaria. Ele realmente pensou nisso como um trabalho e em 20 anos estava pronto para parar. Foi um fim prolongado, claro, mas não há questão sobre ele ter pensado na carreira como o trabalho de sua vida. Joey, diferentemente, o pensou como o chamado de sua vida. Não havia nada que ele pudesse fazer. Sendo esse cara alto e desajeitado que não se parecia com nenhum outro Joe mediano da escola, ele foi forçado à certa marginalidade em sua adolescência que o ajudou a descobrir que, se ia fazer alguma coisa da vida, ia ser um astro de rock. Ele gostava de música o suficiente para demorar-se indefinidamente nessa vida, até o ponto de gravar aquele disco-solo enquanto estava literalmente morrendo. Essa é a marca de um cara que realmente acreditava que aquela era sua vida, não é uma fantasia, não é uma coisa pra ganhar as garotas, mas algo que você faz com o coração, a alma e o intelecto, assim como foram concedidos por Deus. E eles fizeram.

Johnny, porém, está aposentado. Ele finalmente pendurou as chuteiras.

Não é a escolha mais óbvia, carregar a guitarra como quem conduz um negócio, mas Johnny trabalhou na indústria de construção. A guitarra para ele é um instrumento de trabalho e ele a usou como um peão de obra faria. Ele me contou sobre ver bandas como Mountain e MC5 no Fillmore, e ele estava comprometido com aquele tipo de rock'n'roll – guitarras duronas, usadas como armas. Usadas como instrumentos para demolir e construir. Ele tocava guitarra liberando toda podridão de dentro de si. Ele tocava guitarra com a absoluta essência da força – nem soava mais, era apenas a força do que o instrumento poderia fazer – e sua guitarra era uma Marvel há 22 anos. Todos tentaram tocar igual, mas ninguém conseguia com a concentração que ele tinha porque Johnny decidiu que ia tocar guitarra crua, sem nenhuma firula. Sem solos, porque solos são para punheteiros. Sem flertar com o blues, porque ele não era negro e não era do Mississipi; ele era um cara branco do Queens e isso é o que você faz quando é tudo o que você tem.

E fazendo isso, ele reduziu a música, que andava sendo tão empetecada, a uma essência crua, isso é indiscutível. Ou você ama ou odeia. Essa foi a genialidade que Johnny e toda a banda fizeram. Criaram um som no qual você não pode ficar no meio termo. Não dá pra simplesmente aceitá-lo: ou você abraça ou diz que é a pior porcaria que já ouviu na vida. E tem muita gente que tomou a segunda posição. E esses estavam errados.

Johnny e Joey foram feitos um para o outro, e para estar em disputa um com o outro. Você sabe, Johnny acreditava que devia ser uma estrela. Porque é o que você faz, você é pago pelo seu trabalho, ganha respeito pelo trabalho que faz. E aquilo ainda o incomoda. Então, os Ramones finalmente entraram para o Rock'n'roll Hall of Fame depois de muitos anos, inúmeras turnês e shows, pessoas dizendo 'É, eles são os maiores, eles começaram tudo isso'. Pearl Jam, Green Day, todos adoram seu altar, e a indústria da música continua sem entendê-los. Isso pode realmente desencorajar um cara. Muitas outras bandas acabaram por muito menos, em pouco tempo. O afastamento entre Johnny e Joey nos últimos dez ou 15 anos do grupo não é segredo, mas mesmo assim eles não se separaram, simplesmente se recusam a não fazer."

(Entrevista do autor com David Fricke, da *Rolling Stone*)

Nunca confiei em punks.
Alienação, poderia dizer que era devido a isso. Talvez os originais quisessem mapear novos caminhos para si, novas formas de ver. Não sei. No tempo em que me deparei com música moderna – 1978, ou por aí, na exasperantemente idade de 17 anos –, parecia que os punks (ao menos os homens) estavam interessados em criar uma nova hierarquia. Era, porém, uma que estava visivelmente baseada na velha hierarquia: o modelo dos Rolling Stones de destruição e abuso. Jaquetas de couro, *jeans* rasgados, esbórnia de macho e acordes tirados dos Kinks, dos Troggs e antigos catálogos do The Who. Nunca quis reviver os sonhos da geração do meu pai. Nunca vi por que fazer isso.

E, se fosse pressionado, admitiria o gosto pelos shows melódicos dos musicais *South Pacific* e *Grease* e da banda Abba. A vida amplificada e reduzida à angustia adolescente: palavras que refletem aquele momento de fritar o coração: por que os olhos dela não captaram os seus?! Romance. Romance. Repetição.

Não queria esses sonhos também, ainda mais vulgares e inúteis que os anteriores, mas não há como deixar pra lá quando se é um adolescente perdido em busca de confusão. Naquele ponto, eu não estava familiarizado com o lado mais dramático das Shangri-Las ("Dressed In Black",[Vestida de Preto], "I Can Never Go Home Anymore" [Posso não Voltar mais pra Casa]) nem estava por dentro do brilho eterno da obra Spector/Ronnettes – e nem me importaria se estivesse. Aqueles sons pertenciam a outra geração. As únicas músicas de que eu gostava pertenciam a vozes estranhas a esse universo, como o ATV, de Mark Perry, fundador do fanzine *Sniffin'Glue* (do começo do punk britânico), e aquelas do álbum de estreia do Fall. A voz do vocalista do Fall, Mark E. Smith, parecia abrir seu caminho por diversas melodias, mas então eu já sabia que estava me projetando pra fora daquilo, o que me faria separar-me da multidão e não fazer mais parte dela.

Para juntar-se à multidão em 1978, era necessário ser um punk unindo-se a punks. Desse movimento, formava-se uma multidão instantânea de garotos disfuncionais e descontentes, com pensamentos parecidos, prontos para envolver o próximo nos patamares da tradição recentemente criada.

Eu não tinha descoberto os Ramones até então.

A primeira vez que me lembro de ter verdadeiramente curtido "os *bro*", foi com seu álbum duplo ao vivo *It's Alive*, de 1979 – um punhado de grandes melodias, reminiscências dos grupos de garotas dos anos

1960, acelerado até uma aterrorizante velocidade: letras emprestadas de imagens dos filmes de terror B dos anos 1970, de desenhos do meu querido *Homem-Aranha* e de quadrinhos de terror dos anos 1950 da EC Comics. A velocidade total, o estranhamento do canto enrolado quase inglês de Joey junto com a quase explosão anfetaminada da guitarra serra elétrica de Johnny bateram para mim. Eu não poderia dar nada por sua imagem, concebida para odiar a regimentação e o artifício – embora estivesse tão perto da perfeição quanto o permitido pelo rock: a essência da imagem de durões dos Stones despida até um punhado de *jeans* rasgados e tênis. Quem precisa de algo mais? As jaquetas de couro pareciam excessivas nesse cenário. E só uma década mais tarde entendi a completa necessidade delas para dar um ar elegante e despojado ao mesmo tempo. Mesmo assim, sempre tive uma saudável desconfiança da pretensão: era perfeito o jeito com que os Ramones livravam o rock de seus ornamentos de volta ao essencial: melodia, barulho, boa voz. Suas letras eram engraçadas e instigantes e diziam o que precisavam dizer. Nada mais.

Joey já reclamava em "I Don't Wanna Walk Around With You", uma das primeiras músicas dos Ramones. O verso era cantado três vezes, rapidamente, antes da porrada matadora: "So why you wanna walk around with me?". Vinte e cinco segundos de pop brutalmente tosquiado e de todas as cores. É puro *West Side Story* cru e água com açúcar. Mesmo agora, acredito ser uma música de fim de relacionamento em dose exata – o que mais precisa ser dito? "I don't wanna walk around with you. I don't wanna walk around with you. I don't wanna walk around with you. So why do you wanna walk around with me?" [Não quero andar por aí com você. Não quero andar por aí com você. Não quero andar por aí com você. Então, por que você quer andar por aí comigo?]

Por que de fato?

O fato é que *It's Alive* foi o primeiro disco dos Ramones que experimentei e fui levado a uma experiência surreal. (Apareceu depois de seu quarto álbum, *Road To Ruin*, de 1978, aquele em vinil amarelo com a incrível capa ilustrada por Holmstrom, e que lançou "Questioningly", a melodia country que deveria ter rendido um primeiro lugar nas paradas.) A primeira vez em que ouvi a versão de estúdio de "Sheena is A Punk Rocker'", pensei que era brincadeira, uma banda de comediantes como Albertos Y Los Trios Paranoias fazendo *cover* desacelerado dos Ramones. O que era aquele som sujo de guitarra, pensei? Levei um bom tempo para reajustar.

Agora, claro, entendo.

O álbum de estreia dos Ramones era tão minimalista, tão básico, que havia um rumor delicioso naqueles dias sobre seu empresário não conseguir publicar as músicas. Contava-se que ele havia ouvido que "não eram músicas de verdade", e sim "fragmentos". Não eram músicas de verdade? Só falta agora dizerem que os Beach Boys não sabiam tecer harmonias. A força de uma ideia pode frequentemente ser medida por sua simplicidade. Grupos de rock gastam anos e milhões de libras em estúdios, tentando compor uma música com um centésimo do poder da estreante "Blitzkrieg Bop" dos Ramones (seu mote "Hey Ho Let's Go" é hoje apropriadamente usado para esquentar a torcida no estádio dos New York Yankees). O álbum de estreia dos Ramones foi gravado em quatro dias e mixado em cinco: para que gastar mais tempo? E proporciona uma ligação direta entre as Ronettes e a pureza pop *straight edge* de Jonathan Richman, as subestimadas melodias punk dos irlandeses Undertones, os Shop Assistants de Edimburgo, o Nirvana de Olympia e... (complete aqui com a sua banda favorita). Tem sempre havido uma forte tendência de regressão na melhor música rock. Os Ramones são prova viva disso, e nunca pararam de ser vitais porque eles – ou ao menos Joey e Dee Dee – se recusaram firmemente a crescer. Seu álbum final ainda contém uma versão de Tom Waits de "I Don't Want to Grow Up".

As 14 músicas do álbum *Ramones*, de 1976, funcionam como um mapa de tudo que viria a seguir: músicas de relacionamento ("Judy is a Punk"), músicas de terror ("I Don't Wanna Go Down To The Basement"), músicas de fim de relacionamento ("I Don't Wanna Walk Around With You"), músicas sobre drogas ("Now I Wanna Snif Some Glue"), músicas de festa ("Let's Dance"), músicas de amor não correspondido ("I Wanna Be Your Boyfriend"), músicas com imagens de guerra ("Havana Affair") – todo um universo adolescente. Era Estados Unidos... Nova York... Queens... Forest Hills em um microcosmo. A vida reduzida à sua essência, livre das imposições com que os adultos sabe-tudo cercam os adolescentes. Os Ramones eram brutais, engraçados, durões, implacáveis e, mais que tudo, humanos.

(Ensaio do autor sobre o álbum de estreia dos Ramones)

Danny Fields era uma figura carismática no cenário de Nova York em 1974. Depois de largar a faculdade de Direito de Harvard, juntou-se aos artistas da trupe de Andy Warhol – "o eterno cara mais cool do pedaço", como destaca *Please Kill Me* – e foi coeditor da *Revista 16* e autor de uma coluna de fofocas no *Soho Weekly News*. Enquanto foi divulgador da Elektra, nos anos 1960, trabalhou com os Doors e assinou os Stooges, banda que mais tarde empresariou, bem como o MC5 (a banda de garagem de Detroit politicamente radical, no espírito dos anos 1960, considerada grande influência no punk). Foi demitido por defender o direito do MC5 dizer "foda-se" em seu trabalho artístico. Ele então se mudou para a Atlantic, onde também foi demitido – dessa vez, conta ele, por declarar abertamente que detestava os dinossauros progressivos Emerson, Lake & Palmer.

Em fevereiro de 1975, Tommy Ramone – sob considerável pressão de Johnny para trazer alguns "nomes" para o círculo interno de admiradores da banda – convidou Fields e a redatora do *Creem*, Lisa Robinson, para assistir a um show. Poucas pessoas levavam a banda a sério. Apresentações acabavam abruptamente em brigas, com confusão e gritaria, enquanto algum Ramone se perdia na música ou Joey esquecia a letra. A disputa começava.

Lisa editava *Hit Parader* com seu marido Richard (que mais tarde produziu o álbum solo de David Johansen, vocalista dos New York Dolls). Ela também era a editora americana da *NME* e dirigia a *Rock Scene*, uma revista de comportamento para adolescentes centrada nas imagens. Parece que, naquele tempo, não havia muitos críticos de rock disponíveis no mercado.

"Na indústria da música, líamos a *Rock Scene* religiosamente porque havia sempre fotos de festas em que havíamos estado", explica Ida Langsam, relações-públicas dos Ramones entre 1987 e 1996. "*Rock Scene* era como a bíblia para as pessoas de fora de Nova York."

"Tommy Ramone era implacável – e isso foi antes de eu conhecê-lo como baterista", Danny Fields escreveu na introdução da antologia dos Ramones *Hey Ho! Let's Go!* Ele promoveu sua banda com um fervor espantoso. Eu era grande fã de outro grupo que tocava frequentemente no CBGBs, um grupo que os Ramones odiavam por razões estéticas, pessoais e profissionais. Como eu iria aprender depressa, os Ramones odiavam qualquer banda no mundo, especialmente as que mereciam atenção da mídia enquanto os Ramones eram ignorados – pela imprensa, pela indústria da música, pelos patrocinadores... todos, com exceção do Hilly Kristal, que deu a eles um lugar para tocar, porque quem mais ia querê-los?"

"Ele achou que ia gostar do que fazíamos", explica Tommy. "Estava entusiasmado. Nós meio que o idolatrávamos por causa de suas conexões com todos esses famosos. Levou um tempo para concordar em ser nosso empresário – acho que foi o Lou Reed que finalmente o convenceu. Foi como um fardo tirado de mim."

A lenda é que Danny e Lisa jogaram uma moeda para o alto e tanto quem perdesse quanto quem ganhasse tinha que checar os Ramones. Sobrou para Lisa, que voltou alucinada.

"Verdade", Danny confirma por e-mail. "Mas não tenho certeza de que jogamos cara ou coroa."

"Você tem de ver essa banda", Lisa disse a Danny no dia seguinte. Então, ele foi ao Bowery na próxima apresentação dos Ramones.

"Eu estava sentado na frente", Fields disse a David Fricke, "assistindo atônito Joey cantar 'I Don't Wanna Go Down To The Basement' – 'I don't wanna go down to the basement / There's something down there' [Eu não quero descer para o porão/tem alguma coisa lá embaixo]. Era uma letra ótima – e você acreditava nele. A música era sobre medo primal, com uma batida inacreditável, rápida e poderosa. Pensei 'Essa banda é demais, esse cara é demais'."

Depois do show, Fields se apresentou à banda.

"Quero empresariar vocês", disse. "Vocês mudaram minha vida."

"Bem", disse Johnny, "isso é muito bom. Mas realmente precisamos de uma bateria nova. Você pode comprar uma bateria nova?"

Poucas semanas depois, Fields levou a mulher de Seymour Stein, chefe da Sire Records, para assistir aos Ramones em um bar gay da Rua 23, chamado Mother's.

"O primeiro show a que fomos era histórico", relembra a relações-públicas da Sire, Janis Schacht. "Eles tocaram 15 minutos e então pararam porque a guitarra do Johnny quebrou. O [fotógrafo] Leee Childers estava lá, além de Lou Reed. Impossível dizer quantas músicas tocaram. Achei que eles tinham uma imagem perfeitamente construída – tinha sido editora contribuinte da *Circus* por sete anos, então notava coisas como essa. Joey serpenteando o microfone. Ele mal se movia do lugar."

"Eu os achei surpreendentes", diz Linda. "Você os ouvia uma vez e na segunda já cantava junto. Adorei a energia, brevidade e simplicidade. Não digo simples em um sentido pejorativo, de simplório. Amei o fato de que eles eram quatro, o fato de serem uma banda. Adorei por não usarem nenhum tipo de roupa de cena, adereços, maquiagem ou quaisquer outras besteiras."

"Tommy era muito inteligente e extremamente letrado, com uma bela voz, que usava para fazer a maior parte dos negócios da banda. Dee Dee era histérico, ridículo, charmoso e divino e um verdadeiro chato de galocha. Ele gostava de ser o centro das atenções. Sid Vicious foi tipo *groupie* do Dee Dee, ah!, meu Deus... Dee Dee não precisava de heroína: ela – e a falta dela – já corria em suas veias. Dee Dee era como um palhaço: adorável e impertinente. John era o mais sério, o mais obviamente dirigido, cheio de atitude e energia Ramone. Ele o assustaria se gritasse com você. É um grande batalhador, mas não é nada bobo. Ele não soava tão acadêmico quanto o Tommy, mas eu apostaria no Johnny. Ele era extremamente esperto, honesto, trabalhador e, no fundo... muito no fundo, realmente no fundo", ela ri, "era um doce de pessoa."

"A maioria dos bate-bocas que tive foram com Dee Dee", reflete Gary Valentine. "Nós não chegamos às vias de fato, mas tivemos de ser separados, quando Clem [Burke, baterista do Blondie] e eu estávamos jogando bilhar no CBs. Ele obviamente tinha tomado uns drinques e começou a bater nas bolas sobre a mesa, feliz consigo mesmo. Isso durou um tempo até que disse: 'Aposto que você está pensando que eu não me toco, né?'. Eu respondi: 'É, Dee Dee. Acho mesmo que você não toca nada'. Ele ficou muito bravo. Havia sempre alguma coisa no ar, uma corrente implícita de violência."

"Eu estava saindo com o baterista, com Mink DeVille", relembra Gloria Nicholl, que mais tarde trabalharia com Janis Schacht na Sire. "Então comecei a ver o Stiv Bators (vocalista do Dead Boys). Nós às vezes íamos ao CBGBs durante o dia para pegar dinheiro, porque o Hilly empresariava a banda. Numa dessas vezes, o Dee Dee estava lá e disse em voz alta: 'Stiv, ela ainda tem medo da coisa? Ela ainda acha que se olhar pra coisa vai engravidar?' Foi tão embaraçoso."

"Ele tinha uma grande tendência para ficar irritado, com raiva", diz o ex-baixista do Blondie. "Estávamos um dia no Arturo, falando sobre tocar baixo, quando ele disse: 'Não sou um verdadeiro músico como você', porque eu usava dois dedos e ele só usava um. A observação me surpreendeu porque sentia que não havia rivalidade entre nós."

Em 1980, a *Esquire* perguntou a Danny Fields o que fazia Dee Dee ser tão notável. "Seu QI... seu duradouro senso de decência, justiça, honra, integridade, moralidade... Ele também dormia com qualquer criatura que o deixasse com tesão."

Andando pelo Lower East Side em 1975, você fatalmente iria se deparar com uma filipeta de um show dos Ramones, fotocopiada e montada por Arturo ou Tommy. Um típico anúncio em tipos largos. "Em cartaz no Estúdio Performance na Rua 20 Leste, n. 23, sexta-feira, 11 de abril, 21 horas. Também no CBGBs, Bowery + Bleeker, segunda e terça-feira, 14 e 15 de abril, às 23 horas."

Uma descrição do grupo vinha a seguir: "Os Ramones não são um grupo às antigas, não são um grupo glitter, não tocam música para dançar e não tocam blues. Os Ramones são um grupo original de rock'n'roll de 1975, e suas músicas são curtas, direto ao ponto e cada uma delas é um sucesso em potencial. Contatos com Tome [sic] Erdelyi, Loudmouth Productions". No alto estavam as letras de seis músicas, incluindo "I Don't Care" e "I Don't Wan't To Go Down To The Basement".

Em 23 de junho, Danny e Linda conseguiram uma audição privada para Seymour Stein em um *loft* na Broadway com a Rua 20. Stein ofereceu a eles um compacto simples de "You're Gonna Kill That Girl". A banda recusou, esperando por alguém que oferecesse a oportunidade de gravar um álbum inteiro.

"Eu tinha ouvido tantas coisas negativas e positivas sobre os Ramones", Stein disse ao jornalista da *Mojo*, Michael Hill, em 2000, "que não sabia o que esperar. Havia, sim, uma expectativa de ver algo visualmente estimulante, e era. Amei suas músicas. Podia cantá-las. Não sei de quantos artistas você pode dizer a mesma coisa, artistas de meados dos anos 1970 em diante. Eles escreviam músicas muito boas. Era fácil perceber que tinham influência dos Beach Boys e, sob certo aspecto, do Abba. Foi amor à primeira vista. Ninguém queria ir até o Bowery. Ninguém. Foi uma grande sorte pra mim."

Nos dois dias seguintes, os Ramones tocaram para o selo Blue Sky, de Steve Paul, e para a Arista.

"Lembro de um show em Miami onde depois da apresentação Dee Dee estava falando sobre os Ramones terem assinado um contrato para um compacto simples", ri Valentine.

"Todos estavam sentados ao redor da mesa, fumando baseado, perguntando coisas do tipo 'Como é? Vocês vão continuar tocando no CBGBs?' E ele disse: 'Bem, você sabe, provavelmente, mas não com a mesma frequência. Queremos tocar em lugares maiores também'. Ele recostou-se com seu corte de cabelo de tigela e *jeans* rasgados, satisfeito com sua colocação. Eu bem quieto, na minha. Eu era o garoto novo na cidade. Então, ele acrescentou: 'Mas nós vamos aparecer pra ver vocês. Não queremos perder o contato'. Eu não resisti. 'Uau, Dee Dee', eu disse. 'Deve ser solitário aí no topo'. Todos seguraram o riso. Acho que ele não gostou muito."

Em 11 de julho, os *bro* tocaram em seu primeiro e único show fora da cidade naquele ano – um show de ajuda para Johnny Winter no Palace Theatre, em Waterbury, Connecticut, para uma audiência de 2 mil garotos (arranjada por Steve Paul). Na primeira música, houve uma meia dúzia de aplausos. Depois disso, a multidão fechou o tempo.

"Era uma cidade muito desagradável", Dee Dee disse à *Spin* mais de uma década depois. "Antes do show, esse policial que tinha ouvido nossa passagem de som disse: 'Sinto muito por vocês, garotos'. Nunca tive que me desviar de tanta garrafa, bombinha ou gente me mostrando o dedo. Depois disso, quase desistimos de tocar, mas estávamos muito envolvidos para voltar atrás."

Seymour Stein era um fã de música, com um ouvido impecável. Do Brooklyn, com formação judia, começou como colecionador de discos comprando, publicando e lançando os primeiros álbuns do Fletwood Mac, e criando a Sire Records como fã. Reuniões com Seymour eram memoráveis: um dia ele cantou 20 anos de sucessos de ganhadores do Oscar, outra vez ele ligou para a operadora de Memphis e cantou para ela, na linha, "Memphis", de Chuck Berry.

Em 1978, ele tinha um inacreditável elenco, incluindo Ramones, Talking Heads, Rezillos (roqueiros escoceses de estilo bubblegum), os irrepreensíveis Undertones, os terríveis Dead Boys, de Stiv Bator, além de Richard Hell (pós-Television e com os Voidoids, a banda que criou o rótulo "Blank Generation").

"O fato de (a banda atual, a estrela pop escocesa e comportada) Belle And Sebastian escrever músicas poéticas sobre ele é surpreendente", pondera Hill, "porque se você visse Seymour, não pensaria em poesia. Há algo sobre Seymour, entretanto... ele tem aquele entusiasmo infantil que dividia com Joey. Seymour é um grande colecionador de antiguidades e é incansável na perseguição desses objetos para encher suas várias casas. Sua aquisição de bandas e objetos era feita artesanalmente – ele ficava tão entusiasmado com cada novidade que encontrava como se fosse a primeira coisa em que já tivesse posto os olhos. Talvez fosse estressado em outras matérias, mas não em música.

"Seu amor pelos Ramones é incondicional", Hill continua. "É como um pai. Aqui está a grande apoteose dos três acordes – ou dois acordes no caso deles – da música rock ou pop: a destilação de tudo o que ele acreditava naquele momento. Seymour era um verdadeiro visionário."

De comum acordo nos Estados Unidos (e talvez na Inglaterra), o punk rock começou durante o fim de semana de 16 a 18 de julho de 1975, quando aconteceu no CBGBs as três noites do Festival de Talentos Inéditos como Talking Heads, Blondie, Ramones, Tuff Darts, Fast, Television e Heartbreakers (com Richard Hell e Johnny Thunders). Muita coisa foi escrita sobre esse fim de semana, tanto na imprensa britânica como na americana. A *Rolling Stone* publicou uma matéria de página inteira, na qual só os Ramones ficaram com três quartos.

Joey parecia tão desajeitado, mas ele era fotogênico, e estava serpenteando o microfone em pé como um inseto frágil, ladeado por Dee Dee e Johnny, pernas improvavelmente afastadas como um *status quo* tardio, guitarras penduradas tão para baixo como ninguém já havia visto antes. Essa imagem, que rapidamente se tornou marca dos Ramones (e que foi mais tarde imitada por baixistas como Sid Vicious e Peter Hook, do New Order), foi criada por necessidade. É mais fácil tocar com a guitarra nessa posição. Os cortes de cabelo podiam ser igualmente atribuídos à influência dos Monkees ou do Slade. Mas, fosse qual fosse a origem do estilo dos Ramones, havia certamente algo no ar naquele momento.

Antes do fim de semana, Johnny explicou ao *Entertainment Weekly*: "Nós pensávamos que estávamos enganando as pessoas. Eu e o Dee Dee fazíamos piadas sobre isso. Então começamos a levar tudo a sério".

"Foi o Woodstock do Lower East Side", lembra-se Valentine. "Havia os iniciantes, os semioficiais, os semiconscientes do começo da cena reconhecendo a si mesmos. Não era, então, chamada de punk, mas logo seria. Havia tribos diferentes: gente vestida no padrão, com jaquetas de couro, *jeans* rasgados e cabelo comprido. Era como um bazar de caridade chique, coisas que você doa para caridade ou vende em lojas de segunda mão. A *bondage* chique veio depois, quando o cenário começou a se definir melhor."

Vários personagens se destacaram: uma garota com ascendência chinesa chamada Anya Philips, que mais tarde estrelaria em uma fotonovela da *Punk* chamada *The Legend of Nick Detroit*, com Debbie Harry e Richard Hell, dirigida por James Chance, artista da No Wave [com seu Contorsions, uma frágil explosão de terror e atitude arrogante]. Anya tinha o visual da dominatrix Dragon Lady, vestida em couro preto, com unhas compridas e piteira. O clube era popular entre os que frequentavam a cena do glitter tardio, de leve, do Club 82. Então havia a turma da gravatinha, copiando o visual lançado por Patti Smith e adotado pelos garotos do Blondie; e o pessoal dos Ramones, com seus *jeans* rasgados e tênis. Jaquetas de couro ainda eram associadas a Lou Reed e à *bondage gay*, comércio barra-pesada que havia no West Village.

"A grande sensação eram os *jeans* pretos, e você não conseguia achá-los em qualquer lugar", diz Roberta Bailey, "então a Fiorucci começou a fazê-los." Presumivelmente retos? "Sim, e eles custavam algo como 60 dólares, o que era muito caro. Tinham a costura amarela e você ainda era obrigada a tingi-la. Então a Trash, na Broadway, começou a fazer *jeans* pretos por 20 dólares. O Blondie costumava usar aquele visual: eles acharam suas camisas na Rua 14. Debbie era tão *vintage*. Não havia visual dominante até a era hardcore, quando as pessoas começaram a usar *piercings* e tatuagens. Eu passei batido. Não gostava."

O *Soho Weekly News* chamou os Ramones de a melhor banda de *singles* desde o The Velvet Underground, talvez por conta da ligação com Danny Fields – uma frase detestável, já que os Velvets não eram nem nunca foram conhecidos exatamente por serem uma banda de *singles*.

Fields se lembra daquela fase, no começo, quando os Ramones brigavam depois dos shows. "Johnny estaria estrangulando Dee Dee, e haveria imprensa ou fãs esperando pra vê-los", ele diz. "Eu dizia ao pessoal que eles estavam apenas jogando uma água no corpo, dando a eles alguns minutos, e quando as pessoas os vissem, estariam bebericando cerveja."

Em 18 de setembro, os Ramones gravaram uma *demo* com duas músicas, "Judy Is A Punk" e "I Wanna Be Your Boyfriend", em Westchester, com Marty Thau, ex-empresário do New York Dolls. "Eles foram bem", diz Tommy, "mas levamos mais tempo gravando essas duas músicas do que gravando o álbum."

"OUVI FALAR PELA primeira vez dos Ramones em 1975, pelo Johnny Thunders", escreve Thau, "que me contou que um novo cenário estava se formando em um barzinho do Village chamado Mother's e uma banda ótima chamada Ramones estava causando toda a excitação. 'Você devia conferir', ele disse, 'porque eles vão dar o que

falar'. *Eu fui e pensei, 'Taí uma banda que eu gostaria de produzir'. Eles tinham a música, a atitude, o visual e a esperteza da rua para serem ponta de lança do que estava para ser conhecido como punk rock... e o fizeram.*

Eu ainda não era reconhecido como produtor, mas, por ter passado tanto tempo em estúdios de gravação, achei que estava pronto para a tarefa. Estava ainda empresariando os caros New York Dolls, que estavam nos primeiros estágios de sua implosão, mas sabia que era apenas uma questão de tempo antes de eles quebrarem. Eu não me via mais empresariando. Eu queria produzir discos.

Os Ramones estavam procurando um empresário e estavam pensando em mim. Deixei claro que não estava interessado em empresariar ninguém, mas gostaria de uma oportunidade de produzir algumas demos com eles para ver como se sairiam no estúdio. 'Vamos nessa', disseram. Uma semana depois, estávamos nos Estúdios 914, em Blauvelt, Nova York, um estudiozinho fedido de 16 faixas no norte da cidade, onde Bruce Springsteen e Janis Joplin gravaram alguns de seus primeiros trabalhos.

Descobri que os Ramones sabiam exatamente o que queriam: uma duplicação de seu som ao vivo, sem frescuras, overdubs ou outros artifícios. Fiquei imaginando se era porque eles não podiam tocar nada mais elaborado, mas me dei conta de que eles acreditavam que menos era mais e que se devia manter isso puro e honesto e nunca perder de vista a batida. A alta energia da 'batida minimalista' era sua filosofia e reação aos valores da produção excessiva que havia rastejado no rock'n'roll do final dos anos 1960. Eles estavam batalhando por bons e velhos sons adolescentes dançáveis, fáceis de cantar e sentir no corpo; com letras sobre sexo, amor, drogas e rock'n'roll (no estilo dos anos 1970) relacionadas a esses próprios adolescentes. Com os Ramones no palco, solos de guitarra de 20 minutos ou baterias pretensiosas e floreadas não seriam jamais ouvidos.

As sessões começaram. Tommy tinha alguma familiaridade com o processo de gravação e ajudou a dirigir seus colegas de banda durante o trabalho. Johnny e Dee Dee estavam de boca fechada, taciturnos; Joey era o alvo constante de provocações dos outros. Um tipo quieto e algo nervoso, Joey falou pouco, teve uma performance quase perfeita em cada gravação e, então, se retirou silenciosamente para um canto enquanto ouvimos as fitas. Completamos o trabalho em quatro horas – nunca foi mixado.

> *Poucos dias depois, o rude cassete foi mandado para Craig Leon, um jovem A&R da Sire Records, que o tocou para seu chefe Seymour Stein. Craig era meu amigo chegado, nós andávamos juntos no CBGBs quase todas as noites e assistíamos a cada show de banda nova. Sabíamos que estávamos testemunhando a história do rock revelada nas performances de futuras estrelas, como Patti Smith, Suicide, Heartbreakers, Richard Hell e Voidoids, Cramps, Talking Heads e Blondie... as futuras estrelas da nova era do punk rock. Semanas depois, a Sire assinou com os Ramones. Minhas demos não foram a razão maior de terem conseguido, mas seu desempenho provou que, sem dúvida, os Ramones podiam fazer bons discos. As portas para o punk dos anos 1970 tinham sido escancaradas.*
>
> *Craig tomou para si a tarefa de produzir e fez um excelente trabalho, que resultou no clássico primeiro LP intitulado com o nome da banda. Eu estava naturalmente desapontado por não ter conseguido fazer a produção, mas estava feliz pelos Ramones estarem nas mãos de Craig."*
>
> (Marty Thau, em http://tres_producers.blogspot.com, reimpresso com permisão)

Em janeiro de 1976, depois de meses de negociação, os Ramones assinaram um contrato com a Sire Records. As *demos* de Thau e o fato de Danny Fields – uma figura respeitada na indústria – coempresariá-los foi suficiente para finalmente convencer Stein de que deveria fechar com a banda. A Sire também estava tendo um grande problema de distribuição nessa fase e precisava desesperadamente de novas atrações que não fossem muito caras para reforçar seu elenco.

E os Ramones saíam barato.

"Eu era um A&R da Sire", diz Craig Leon, o homem a quem muita gente credita as descobertas dos Ramones e do Talking Heads. Nascido na Flórida, Leon tinha trabalhado com a Climax Blues Band em Miami antes de ir para Nova York nos anos 1970. Em 1975, a Sire era um selo pequeno que na maior parte importava bandas europeias progressivas. "Tínhamos um ou dois A&R na equipe", ele se recorda, "e uma equipe de propaganda composta por uma única pessoa. Seymour Stein viajava pela Inglaterra, vasculhava as latas de lixo sonoras e jogava fora o que os selos americanos não lançariam. Então começamos a entrar na cena nova-iorquina. Eu estava na verdade atrás da Patti Smith, mas não tínhamos dinheiro suficiente para tê-la. E o resultado disso foi que fiquei conhecendo muitas das bandas do CBGBs."

"Vi os Ramones com os Talking Heads em 1975 e adorei. Então, voltei para o trabalho e fiz meu pequeno relatório de A&R. Os Talking Heads pareciam um pouco inexperientes demais, mas definitivamente pensei que poderia produzir os Ramones. Estava mais interessado no que eles não tinham feito. O rock estava se tornando decadente – não em moral nem pessoal, mas a música estava decadente. As pessoas ouviam àqueles longos solos instrumentais pseudoclássicos. Os Ramones surgiram e deram uma paulada para lembrar o que é rock'n'roll. Outras bandas como os Stooges e o MC5 tinham feito o mesmo, mas os Ramones tinham um aspecto mais pop e comercial. Além disso, tinham aquele bizarro ponto de vista artístico de Nova York."

"Richie Gottehrer (fundador da Sire junto com Stein em 1966) era meu chefe, então nós conversamos, pensamos se eles poderiam realmente fazer um disco. O problema era que a *demo* que o Tommy tinha feito não era particularmente boa e, para piorar, a *demo* do Marty também não. Seymour e Richie estavam interessados desde o começo. O que encerrou a discussão foi o envolvimento de Danny e Linda. E também o fato de que o negócio saía muito, muito barato. Tive conversas mais decisivas com o Tommy e demos a eles dinheiro suficiente para comprar um amplificador e gravar o álbum."

VOCÊ DEVE TER visto Joey e Dee Dee compondo. Pode descrever como era?

"Era inacreditável. Joey escrevia músicas com sua guitarra de uma só corda. Eu achava muito engraçado e tentei convencê-lo a... você sabe... por que não colocar mais cordas na guitarra? E ele dizia 'Não, assim tá bom'. Joey sempre tentou manter as coisas claras e reais, sem muita profundidade ou... Joey é um compositor pop. Ele escreve sobre o que está aparente na superfície das coisas, mas com um olhar que mostra o que maioria das pessoas ignora e vê como supérfluo. Mas uma vez que a música fica pronta, diz algo sobre a vida que foi negligenciada. Dee Dee era muito diferente, bem mais soturno, sempre. Joey escrevia a qualquer hora, qualquer hora do dia, com qualquer humor. Já Dee Dee, não."

(Entrevista do autor com Arturo Vega, 2002)

5

Conheça os Ramones

EM 2 DE FEVEREIRO de 1976, os Ramones foram ao Plaza Sound, um estúdio de transmissão de rádio no oitavo andar do Radio City Music Hall, que ficou conhecido, entre outras coisas, pelo seu órgão Wurlitzer, por ser o espaço de ensaio das Rockettes [famoso grupo feminino de dança] e por sua autêntica decoração *art deco,* inpirada nos musicais dos anos 1930, com dança aquática sicronizada. Em 19 de fevereiro, eles acabaram. Custou 6.200 dólares gravar as 14 músicas que completavam seu álbum de estreia – ou 6.400 dólares, dependendo de em qual conta você acredita, os curiosos 200 dólares dificilmente fariam diferença em uma era em que a maioria dos álbuns poderia custar 500 mil dólares. Levou dois dias para preparar as faixas básicas e outros dois para colocar os vocais de Joey. A mixagem em si durou dez horas, tempo suficiente para gravar um mix alternativo que às vezes aparece acidentalmente em reedições de CD.

Ramones é cronometrado em 28 minutos e 53 segundos. Craig Leon e Tommy (Ramone) Erdelyi produziram.

"Costumava entregar filmes no Radio City quando era mensageiro", diz Arturo Vega, "então conhecia passagens e escadarias secretas – gostava de andar pela rampa na parte de cima do palco. Eu entrava no camarim das Rockettes e roubava trajes de cena, como calças de lamê dourado e capas de cetim. Era muito legal. Pensei que a banda ficaria lá por um bom tempo, mas depois de três dias eles terminaram."

"Lembro de ir para o estúdio e [os Ramones] estarem lá três horas antes", Seymour Stein contou em *Lifestyles Of The Ramones.* "Eu dizia: 'Como vão as coisas?'. E Johnny respondia: 'Não tão bem, só gravamos sete faixas'. Se todos fossem como eles, as gravadoras não teriam preocupações."

O caso não era que a banda estava com pressa de acabar, não levou tão pouco tempo porque Tommy sabia o que eles queriam. Basicamente a ideia tinha sido trabalhada na *demo* original: tudo o que precisavam fazer era acrescentar alguns sons à ideia original – uma genuína serra elétrica no começo de "Chainsaw", guitarras de 12 cordas e um *glockenspiel** para a lacrimejante canção de amor de Tommy "I Wanna Be Your Boyfriend"; o órgão, fornecido por Leon, em uma frenética versão de "Let's Dance", de Chris Montez – e a experiência com o som estéreo.

"É como nos discos dos Beatles do começo ou do Cream, onde a guitarra está em um canal, o baixo em outro, bateria no meio", explica Tommy. (O mix alternativo é mais convencional.) "Mas não era como James Joyce moldando *Ulisses* com base na *Odisseia*. *Meet The Beatles* era uma influência, não um modelo."

"Eu tive problemas me comunicando com o engenheiro", continua Tommy. "Eles nunca tinham visto nada como nós e também não nos respeitavam muito. Eu estava meio insatisfeito com o clima reinante. Tudo tinha de ser feito rápido, porque nosso orçamento era baixo, e eu estava com um baita resfriado. Foi duro pra mim, estava tocando bateria e não podia ficar indo e voltando pra sala de controle, porque levava um minuto para chegar lá, e nós tínhamos um orçamento baixo."

Entre as gravações, a banda pedia hambúrgueres e batatas fritas da lanchonete local ou talvez um sanduíche de frango. Não havia elevador no prédio, então a banda teve de carregar o amplificador Marshall oito lances de escada.

"O estúdio era enorme, tinha metade do tamanho do imenso estúdio 2 em Abbey Road", Leon recorda. "Não fazem mais estúdios daquele tamanho. O amplificador do Johnny estava na sala das Rockettes, e nós pusemos um metrônomo com uma luz intermitente na cabine do Tommy, ao centro, porque não conseguimos um *click track*** tão rápido quanto queríamos. E a coisa foi se dando mais ou menos assim: 'Qual é o tempo desta aqui – 208'. 'E desta aqui? – 208 também'. 'Vamos fazer uma balada – 176'! Tommy queria o som do hi-hat, o mesmo que aparece em tudo o que os Beatles gravaram."

---

*N.T.: Instrumento musical percussivo parecido com o xilofone. Seu nome alemão traduz-se como "jogo de sinos".

**N.T.: "Click track" é o canal da mesa de som onde se grava um pulso sonoro constante. Seu propósito é similar ao do metrônomo e faz parte da tecnologia-padrão usada nos estúdios de som. Pode ser empregado diretamente pelos músicos no estúdio ou no palco, por meio de fones de ouvido, ou pontos, para manter o ritmo da música.

De acordo com Craig, o Hawkwind (uma banda de acid-rock dos anos 1970, com o pré-Motorhead Lemmy) foi grande influência para a guitarra dos Ramones. "Aquele som implacável, como uma versão barulhenta dos Velvets."

"Se *Ramones* pudesse ser descrito em dois discos", ele sugere, "estes seriam *Silver Machine* (do Hawkwind) e *A Hard Day's Night* [Os Reis do Iê Iê Iê] (sempre houve quem encontrasse ecos dos Beatles do começo no som dos Ramones), com um pouco de Phil Spector, Beach Boys e Herman's Hermits. Não há menção consciente ao MC5 ou ao The Stooges, os Ramones eram próximos demais dessas bandas para que fossem citadas como influência. De qualquer maneira, quem ia querer se referir aos seus discos – eram pura podridão."

"Acho que Joey escrevia como eu", conta Dee Dee, em *Coração Envenenado*. "Não acredito que ele soubesse alguma coisa sobre acordes de guitarra, versos, refrão e introdução. De alguma forma ele só botou pra fora essas músicas usando duas cordas de uma guitarra acústica Yamaha e, então, Johnny Ramone deu o seu melhor para trabalhar nelas. Johnny me mostrava o baixo das minhas próprias músicas porque eu não tinha ideia de como ia ser. Tommy Ramone escreveu "I Wanna Be Your Boyfriend" e poderia ter feito 1 milhão de dólares com ela, porque os Bay City Rollers a queriam. Mas isso é outra história."

De acordo com uma entrevista dada à *Trouser Press* em 1982, a banda, de fato, chegou a ensaiar "I'm Gonna Love You Too", de Buddy Holly, "Sheila", de Tommy Roe, e "Crying", do início de Roy Orbison – a última era para ser incluída em um show ao vivo como música lenta, porque "não víamos como seríamos capazes de tocar tão rápido por 35 minutos seguidos" (Johnny).

Não havia músicos de apoio. Não havia tempo. Em vez disso, o engenheiro Rob Freeman e Leon fizeram *backing vocals* para "I Wanna Be Your Boyfriend". "Tentamos com Doug (Dee Dee)", ri Leon, "e ele começou a cuspir no microfone, era um cara tão agressivo. Depois de muita tortura – era pra ser algo doce – conseguimos." A banda aparecia para gravar depois das 19 horas, assim pagariam uma taxa mais barata pelo uso do estúdio, e trabalhavam até às 5 da manhã. "Gastamos bastante tempo com ensaios e discussões, mas a gravação em si tomou mais ou menos uma semana – e isso sem parecer rápida demais."

"Craig trazia material gravado para o escritório e tocava tão alto que os vidros das janelas chacoalhavam", relembra a divulgadora Janis Schacht. E não era como se a banda não estivesse consciente do potencial do álbum.

"Usamos *block chord** como dispositivo melódico", Tommy disse a Timothy White da *Rolling Stone* em 1979, "e as harmônicas resultantes da distorção dos amplificadores criaram contracantos. E empregamos a parede de som mais como uma forma melódica do que como *riff*: era como uma música dentro de uma música – criada por um zumbido de *block chord*."

"Vou lhe dizer o que mais era diferente", ele continuou, "o efeito hipnótico da repetição exata, o efeito de letras que se repetem e vocais que funcionam como uma ferroada; e o efeito percussivo obtido por tratar a música feito máquina sonora. É algo muito sensual. Você pode colocar fones de ouvido e mergulhar no som. Não é música de fundo."

"Espera aí", opôs White, "Johnny disse que o primeiro LP soava primitivo porque ele continha o melhor que vocês podiam tocar naquela época."

"Sim", Tommy concordou, "mas havia sempre inteligência por trás da nossa primitividade. Se um músico destreinado, fazendo o melhor que pode, decidir gravar um disco, ele não vai conseguir um LP como aquele."

Ramones foi lançado em 23 de abril, teve aceitação razoável da crítica, mas vendas desapontadoras (chegou ao 111º lugar nas paradas americanas). "O primeiro álbum vendeu só 7 mil cópias", relembra Schacht, "mesmo assim, eu tinha um armário de arquivos horizontal de dois andares: um só de material de imprensa dos Ramones e o outro para todas as outras atrações da Sire."

Houve uma festa de lançamento no prédio da Sire, à Rua 74 Oeste, que não durou muito tempo. De acordo com Chris Charlesworth, jornalista da *Melody Maker*, a rapidez do rega-bofe deu-se porque "o álbum foi posto para tocar e terminou bem depressa".

"Se tivesse sido a Atlantic lançando o novo álbum do Led Zeppelin", Charlesworth reflete, "teria sido tudo muito chique, com enormes alto-falantes e uma grande variedade de comidas... lagosta e o escambau. Foi divertido, mas mal-arranjado. Serviram um vinho tinto doce horrível, o pior que já experimentei: garrafas dele foram empurradas para nós quando fomos embora. Duas delas ficaram na minha cozinha intocadas por meses, verdadeiro lixo de fim de festa.

---

*N.T: Técnica musical onde cada nota da melodia é acompanhada por um acorde, sendo a melodia a nota mais aguda do acorde. Trata-se de uma técnica originariamente pianística que começou a ser utilizada a partir dos anos 1950 por músicos de jazz.

"Eu ainda estava atônito com essa mudança cósmica de estilo", o redator explica, "então pensei que fosse uma grande piada. Ninguém podia acreditar naquelas músicas de 45 segundos. Eram tão rápidas. Fui vê-los poucas semanas depois no Bottom Line com Dr. Feelgood e voltei estupefato."

TOMMY ME CONTOU que os Ramones na verdade diminuíram a velocidade das músicas em seu primeiro álbum porque temiam que ninguém os entendesse.

"É incrível pensar que aquelas músicas poderiam ser tocadas ainda mais depressa. Porque em 1976 elas pareciam absurdamente rápidas – 'Como alguém pode tocar daquele jeito?', diriam. O caso é que se você ouvi-las vai perceber que são músicas de verdade, com verso, refrão e verso."

Sim.

"Elas realmente são músicas – mas, em 1976, canções de dois minutos e 10 segundos eram consideradas muito curtas. Já em 1966, uma música com o mesmo tempo de duração era considerada na média. No American Top 40, se você ultrapassava a marca de três minutos, ninguém queria saber de você. Daí aquela lenda – possivelmente apenas lenda – sobre o Phil Spector ter mentido sobre a duração de 'You've Lost That Lovin' Feelin', do Righteous Brothers, porque era muito longa e ninguém iria tocar.[14] Podia ser um disco diferente ou uma música diferente, mas o ponto é o mesmo – o que não era considerado música em 1976 era tudo o que você precisava em 1966. E quando você conversa com Joey sobre suas canções preferidas, ele vai falar de The Kinks, The Beatles, Ronettes, Phil Spector, Shangri-Las – todos de 1964, 1965, 1966. Foi o que Joey fez, criar em dois minutos e 10 segundos. Por que não?"

Sim.

"Para quê você precisa de 19 minutos para cantar sobre oceanos e dragões? Corta essa! – é completamente desnecessário. E, nesse sentido, ele era igual ao Johnny."

(Entrevista do autor com David Fricke, *Rolling Stone*, 2002)

---

14. É fato que o tempo do disco no *single* original é de 3min5s. É realmente muito longo – 40 segundos além do recomendável. Spector tinha insistido que o tempo fosse posto no selo de propósito, temendo que os programadores de rádio não tocassem um disco que tivesse 3min45s, não importando sua qualidade.

Michael Hill foi outro jornalista que viu a banda no The Bottom Line naquele maio de 1976.

"Era como se toda a 'Classe de 1975' estivesse naquela sala – Debbie Harry e membros do Blondie; Tom Verlaine e talvez Richard Lloyd (ambos do Television); é claro que Seymour estava lá e talvez Andy Warhol", diz. "Lembro de entrar e ver todos os que eu idolatrava solenemente sentados naquelas mesas. Parecia incongruente porque os Ramones eram barulhentos, agressivos e tão contra tudo o que uma companhia de discos mostraria no Bottom Line. De um ponto de vista era uma maravilhosa introdução, porque mostrava uma grande dicotomia entre a música e a indústria da música – localizando os Ramones nisso tudo.

Tinha visto Patti Smith bem no começo, quando ela tinha só um trio – era incrível, mas também era parte de um legado poético, o dos Poetas Beat. O Television tinha suas raízes no rock e no jazz, os Talking Heads também. Mas ver os Ramones era chocante."

"Aquele primeiro disco", acrescenta Hill, "separou homens de garotos. Foi coisa para valentes."

E ainda é.

Kenneth Tucker foi razoavelmente ao ponto ao criticar o show no *Soho Weekly News*: "Os bombardeios de dois minutos de rock dos Ramones provêm exatamente daquele tipo de rasteira que o *underground* sempre quis infligir no público de massa", ele escreveu antes de comparar os *bro* a "uma *junk food* maravilhosamente perversa – tortas pop de alcaçus", e chamar Danny Fields de Gertrude Stein do *underground* nova-iorquino. E embora acuse os Ramones de perpetuar o sexismo urbano através de suas "letras estupidamente elementares", ao menos reconhece a "paródia esperta" de músicas como "Judy Is A Punk" (o termo "punk" era carregado de outros significados naquela época). Tucker também apreciou o "vulnerável" lado romântico da banda, bem como o impacto de sua música de energia instantânea.

Reações ao álbum eram igualmente variadas.

Aos 15 anos, o futuro produtor dos Ramones, Daniel Rey, era morador de Red Bank, NJ, na onda dos The Stooges e do Dictators. "Na sexta-feira, nós nos encontrávamos e ouvíamos discos que meu amigo surrupiava da loja em que trabalhava", lembra-se Rey. "Em um fim de semana, ele veio pra casa com o álbum dos Ramones e quando o ouvimos pela primeira vez não pude parar de rir – as músicas eram rápidas e não tinham solos de guitarra. Soava um pouco como os New York Dolls porque era um disco pesado. Ficamos sacando a capa: quem são esses caras? Na semana seguinte, eles tinham se tornado tudo o que conseguíamos ouvir. Acho que desde então nunca mais ouvi Uriah Heep."

"É claro que ele todo soava a mesma coisa", escreveu Dave Marsh no *NY Post*. "Essa é a ideia."

"Minha crítica favorita", ri Schacht, "foi uma da Califórnia que descreve os Ramones como 'o som de dez mil descargas de privada'."

O DJ Vin Scelsa, da WNEW-FM, assegurou seu lugar para a posteridade, tanto com os Ramones quanto com a sabedoria punk, mediante sua reação inicial ao som da banda: "Eu era um desses velhos DJs hippies", ele contou em *Lifestyles Of The Ramones*, "suficientemente sensato, um tanto conservador, mas conhecido por tocar bandas do *underground*. Estava louco para ouvir os Ramones. Então descolei o disco, toquei 'Blitzkrieg Bop'... imediatamente começou a próxima música... e a terceira música... na metade dessa última, tirei o disco e o arremessei através da sala." Scelsa mais tarde arrependeu-se de seus pecados.

Seymour Stein amou o disco, mas estava menos que feliz com Dee Dee usando imagens nazistas e referências alemãs em músicas como "Today Your Love, Tomorrow The World".

"Não dá para jogar fora vinte anos de criação judia no Brooklyn e nem eu tinha essa vontade", explicou. "Mas rapidamente superei isso."

Tommy também estava inseguro sobre o efeito que esses assuntos tabus teriam na carreira da banda: "Estava muito preocupado com isso", diz, "mas não ia censurar as músicas do Dee Dee. Tenho certeza de que isso deve ter nos ferido tremendamente."

"É muito simples pra mim", explica Arturo Vega. "É uma exploração do lado obscuro. Acredito que o verdadeiro bem não existe até que você encare o mal e o conquiste; e o melhor meio para conquistar o mal é fazer amor com ele. E o melhor jeito de fazer amor com alguma coisa é transformá-la em arte. Mas, é claro, as pessoas têm muito medo."

Acho que era porque Dee Dee gostava de assistir aos velhos filmes de guerra.

"Você sabe", diz Vega, "os editores podem usar suásticas em capas de livros, mas não em capas de discos. É uma regra estabelecida. A suástica é um símbolo como a águia. Eu estava usando braçadeiras fluorescentes com suásticas em 1973. Disse a Tommy que eu ia usar uma imagem de águia e de suástica para os Ramones: ele teve todo o tipo de reservas sobre isso."

O que ele disse?

"Oh, acho que você não deveria."

"Mas Joey é judeu! Como alguém pode levar isso a sério, um garoto judeu cantando, 'I'm nazi, schatzi/Y'know I fight for the fatherland" (em "Today Your Love"...)?"

"Exatamente."

"O punk foi a última grande reação à Segunda Guerra Mundial", explica o biógrafo do Blondie, Victor Bockris. "Depois da guerra, houve a Geração Beat, os expressionistas abstratos, Francis Bacon e aqueles grandes artistas dos anos 1950. Então vieram os anos 1960, a geração do rock'n'roll. Nasci em 1952. Minha geração, a dos roqueiros punk, cresceu totalmente afetada pela guerra. Nossas revistas em quadrinhos, nossos jogos, nossos filmes tinham esse clima. A razão de os punks terem usado uniformes nazistas e flertado com a iconografia fascista foi pela mesma razão que os Stones o fizeram. Foi como dizer 'Parem de me falar sobre a guerra'. E tendo crescido na Alemanha, Dee Dee tinha uma sensibilidade um pouco mais europeia do que qualquer outro artista genial de Nova York, inclusive Patti Smith. Taí porque ele usava aquelas imagens."

"Havia tantas coisas ofensivas em nossas músicas para as pessoas fazerem o maior barulho a respeito", Johnny observou impassivelmente. "Isso se nós efetivamente estivéssemos vendendo discos."

Outras músicas não tinham essa verve encrenqueira. A que abre o álbum – e o primeiro compacto simples – "Blitzkrieg Bop" (escrita por Tommy com contribuições de Dee Dee) é o uivo de luxúria *bubblegum* adolescente de "Saturday Night", dos Bay City Rollers, reduzida a umas poucas e simples palavras e harmonias agressivas. É claro, com um título desses nunca seria muito tocada no rádio: mesmo assim, permanece uma das músicas mais atrativas da era punk.

"Dee Dee era um grande fã dos Rollers", explica Rey. "Sei que ele aprovaria um *cover* dos Rollers de 'Boyfriend' – naquela época era um de seus grupos favoritos. Ele gostava de suas músicas pop e poderosas, e também sentia uma camaradagem. Dee Dee achava que os Ramones eram a versão americana e urbana dos Rollers."

O verso original de Tommy "They're shouting in the back now" [Agora estão gritando lá atrás] de "Blitzkrieg Bop" foi trocado para "Shoot' em in the back now" [Agora atirem neles pelas costas] – de sentido totalmente diverso e bem mais cruel. Dee Dee também trocou o título de "Animal Hop" para outro mais militarizado.

"Eu queria uma música para levantar os ânimos", Tommy explica. "Estava tentando pensar em uma boa frase quando me lembrei da versão dos Stones de [Rufus Thomas] "Walking The Dog". Onde Mick Jagger canta o verso "Hi Ho's nipped her toes". Costumávamos brincar sobre isso. Johnny dizia "Hey ho, hey ho, hey ho, hey ho" de um jeito efeminado.

Como Branca de Neve e os sete anões?

"Uma coisa assim", o baterista ri. "Então inventei aquilo. Achei que ia ser engraçado."

"Boyfriend"... foi escrita em resposta direta a todas as músicas Don't Wanna dos Ramones – "I Don't Wanna Go Down To The Basement", "I Don't Wanna Walk Around With You". A única música positiva que tínhamos era "Now I Wanna Snif Some Glue", Tommy explica. (As três são de Dee Dee, com ajuda de Johnny em "Basement"). "Nós éramos todos muito frustrados. Escapamos da angústia com humor. Dee Dee escrevia com uma sensibilidade quase dadaísta."

"Tommy, 'O Pervertido' Ramone, escreveu esta", Dee Dee disse à *Spin*. "Bastava aparecer alguma menininha de 13 anos, e ele dizia 'Uau, Dee Dee, aquela garota gosta de você!' E eu só na minha: 'O que esse cara tá pensando?' Quando se tem 22 anos, a ideia não é sair com uma pirralha de 13 – você quer uma gatinha de minissaia. As garotas-monstro – essas nos seguiam por toda parte!"

E havia as músicas inspiradas pela programação da TV de madrugada, bem ao gosto dos Ramones: "Havanna Affair" (como um filme cubano de espionagem), "Basement" (diretamente inspirada nos filmes sanguinolentos dos anos 1970) e "Chain Saw" um tributo a *O Massacre da Serra Elétrica*, que rima perversamente "massacre" com "me" e não vamos nos esquecer dos rosnados das brigas de rua em "Glue" e "Loudmouth".

As músicas de Joey compositor eram mais *upbeat**: "Beat On The Brat" foi escrita a partir da experiência do cantor crescendo no Queens e tem uma mudança de acorde resgatada diretamente de sucessos pop

---

*N.T.: Um tempo fraco ou parte de uma batida no compasso musical.

dos anos 1960, como "Yummy, Yummy, Yummy". "Estava vivendo em Forest Hills, andando pela vizinhança", ele explicou a Donna Gaines, "irritado com todas essas madames ricas e seus moleques malcriados."

"Judy is a Punk" – um dos primeiros exemplos da palavra "punk" empregada em uma música[15] – foi outro conto de relações interpessoais igualmente distorcido sobre dois fãs dos Ramones meio dementes, delinquentes juvenis locais. Com seus estalos de dedos e repetições anunciadas, Judy é desconstrucionismo pós-modernista em sua pureza, na forma mais inconsciente. "O segundo verso é igual ao primeiro", o vocalista berra, em um momento inspirado de autodepreciação.[16]

Era tudo o que qualquer fã dos Ramones precisava saber.

Há tempos a foto de Roberta Bailey dos quatro Ramones encostados em um muro de tijolos passou a fazer parte da iconografia do rock. Mãos nos bolsos, Tommy mostrando a barriga e Joey (como sempre) sobressaindo em tamanho de forma que os músicos ao seu lado, estranhamente, pareçam ter quase a mesma altura. Tênis, jaquetas de couro, *jeans* boca fina rasgados em primeiro plano, tudo em preto e branco. É quase impossível julgar as expressões dos músicos, escondidos atrás dos óculos e cortes de cabelo de tigela: carrancudos, ameaçadores, garotos de rua. A imagem tem, desde então, arrebanhado um bom número de prêmios.

E, é claro, não foi planejada.

"As pessoas não gostam de ser fotografadas", explica Roberta. "Acho que é por isso que gostam de mim como fotógrafa, porque trabalho muito rapidamente. Para aquela capa, talvez tenhamos usado dois rolos de filme. Foi a 28ª bobina de filme que passou através da minha câmera. Eu estava fotografando havia poucas semanas."

Foi tirado do outro lado da rua em frente ao CBGBs, bem em frente à Rua 1. John Holmstrom lembra-se da primeira vez em que Roberta tentou fotografá-los no *loft* de Arturo e a coisa não foi tão bem. Então, eles os levaram a um *playground* virando a esquina. "Eles não gostavam de ser fotografados", Holmstrom ri. "Não eram cooperativos."

A foto de Roberta não foi feita para virar capa do álbum: era para a revista *Punk* de Holmstrom. A Sire tinha contratado um fotógrafo pro-

---

15. Uma das bandas favoritas de Joey, The Who, na verdade, antecipou-se aos Ramones nesse quesito com "The Punk And The Godfather" (*Quadrophenia*, 1973).
16. O verso era na verdade copiado do sucesso de 1965 do Herman's Hermits, "I'm Henry The VIII, I Am", primeiro lugar nas paradas americanas desse ano.

fissional para fazer as fotos, e ele queimou todo o orçamento de 2 mil dólares. "Sabe quando você fotografa de baixo pra cima e faz sobressair as narinas?", pergunta Roberta. "Foi como aquelas fotos ficaram: muito ruins, e a banda sentiu isso. Então ficaram desesperados atrás de fotos. Viram as que eu tinha feito para a *Punk* e me ofereceram 125 dólares por aquela que viraria capa e outras para publicidade. Esse foi o trato."

A revista *Punk* é creditada por ajudar a fermentar e cristalizar a nascente cena punk nova-iorquina. Foi lançada pelo cartunista Holmstrom com dinheiro de Ged Dunn Jr. e o "punk residente" Legs McNeil a reboque, depois que o trio ouviu o primeiro álbum dos Dictators no verão de 1975. Punk começou definindo a música que eles gostavam através do uso de uma simples ferramenta – se eles gostavam, era "punk".

"Os Ramones não se diziam uma banda de punk rock", Holmstrom falou ao redator da *NY Press*, George Tabb. "Ninguém em Nova York chamava a si mesmo de punk. Éramos totalmente de fora da cena e forçamos a palavra neles. Muita gente meio que se ressente por isso."

Punk entrevistou os Ramones, Iggy Pop, Sid Vicious, Blondie – chegaram a colocar Lou Reed em sua primeira capa. Porém, o que a tornava especial eram os cartoons de Holmstrom – inspirados em grandes ilustradores americanos como Harvey Kurtzman, da *Mad*, e Jack Kirby, do *Quarteto Fantástico* – e seu grande senso de plasticidade. Houve um concurso de grafite da Patti Smith, em que os leitores eram convidados a rabiscar uma foto impressa da artista e enviar o resultado para a revista. Havia um Top 100 de... bem, de tudo... ideia que se tornaria copiada incessantemente. Joey Ramone sugeriu à revista lançar o "Punk do Mês".

"Joey amava a revista", Holmstrom me contou. "Mesmo se nunca tivesse aparecido nela, ele teria gostado de escrever para ela. Joey fez para nós um desenho do Danny Fields para ilustrar a entrevista de Iggy Pop – nós demos o crédito para Raven. Deve ter sido um velho nome glamoroso dele."

As fotonovelas eram uma grande atração, encenadas por astros de rock. A foto famosa de Bailey, de Joey Ramone e Debbie Harry juntos na cama, veio de *Mutant Monster Beach Party*, também estrelada por David Johansen, John Cale e Andy Warhol. (A história ajudou a inspirar o único filme dos Ramones, *Rock'n'roll High School*, de 1979.) Outra fotonovela apresentou o legendário crítico de rock Lester Bangs e Handsome Dick Manitoba.

"Legs escreveu *Beach Party* já tendo o Joey em mente", diz Holmstrom. "Tivemos problemas para fazer, porque ele estava sempre doente. Vivia no hospital, mas sempre que estava por perto era o cara mais cooperativo. Ele foi até Coney Island uma vez só para tirar uma foto."

"Vi um artigo na *Vanity Fair* recentemente", Bayley comenta, "em que o [Jeff] Beck escolheu a capa dos Ramones como uma de suas favoritas de todos os tempos. Ele disse: 'Gosto dos Ramones porque todas as capas de seus discos se parecem'. Bem, isso é porque todos tentaram fazer minhas fotografias novamente. Primeiro, a Sire gastou seu orçamento em algumas imagens que eles nunca usaram. Então, jogaram fora 3 mil dólares em uns clones horríveis. A indústria da música não é maravilhosa?"

6

Today, Your Love...

QUANDO VOCÊ ENCONTROU os Ramones pela primeira vez?

"Quando estava morando um tempo no Brian James, em Kilburn, e estávamos começando a ensaiar. Ele tocava The Stooges, MC5, New York Dolls e Ramones sem parar – acho que para tirar Marc Bolan e Gary Glitter da minha cabeça. Brian tinha essa visão: ele estava olhando para o outro lado do Atlântico para saber o que acontecia por lá. Não podíamos imaginar sobre o que os Ramones estavam cantando. Então fazíamos um jogo de adivinhação. E chegávamos à conclusão de que 'Listen To My Heart' era a próxima parada da viagem para Marte."

É justo dizer que o primeiro álbum dos Ramones mudou completamente o punk na Inglaterra?

"Deu o pontapé inicial, sim – embora isso dependa do que você quer dizer com 'punk', porque algumas pessoas costumam pensar em bandas como Chocolate Watch Band e o Eletric Prunes como influência. Mas, em Londres, sim. Quando eles tocaram naquela apresentação no Dingwalls com o [colegas de selo dos Ramones, influência dos anos 1960, roqueiros de São Francisco] Flamin' Groovies, o público em peso saiu dali e formou uma banda. Aquela avalanche barulhenta era sensacional. Instantaneamente, tudo mudou pra mim sobre o que dava para fazer com a banda. Lembro de pensar 'Puxa, preciso de uma daquelas guitarras'."

A Mosrite – a velha guitarra de surf rock?

"Isso mesmo. Mas eu pensei que devia ser algum tipo de guitarra 'blitzkrieg'."

E você comprou uma?

"Sim, mas infelizmente os carregadores de bagagens da Lufthansa esmagaram a droga do braço dela. Acho que esse departamento não é o forte deles. Nunca a usei nos discos do Damned porque eu era o baixista. Quando me formei em guitarra, já estava nas Gibsons."

Por que você acha que os Ramones tiveram essa grande influência no punk?

"Era um som novo, selvagem, poderoso e fácil. Você pode pôr o disco na vitrola, pegar um baixo ou uma guitarra e tocar junto. Era como eu costumava praticar – e também Sid Vicious. Lembro de estar no apartamento da [Sue] Catwoman, na Ealing Broadway, e ver Sid sentado em um canto, tocando junto com o álbum dos Ramones."

Sid tomou Dee Dee como modelo, não foi? Não é exatamente o melhor exemplo a seguir...

"Aí é que está. Os ingleses podem ter tido alguma influência na música, mas não nas drogas. Eu nem imaginava. A maioria de nós não se interessava por heroína e tal. Qualquer um pode escrever um rock, mas o gênio dos Ramones é que eles tinham um monte dessas melodias brilhantes. Então, eles não podiam ser tão burros, podiam?"

Realmente não, eles tinham uma sensibilidade incrível para o pop.

"Totalmente. Eu não sei o que seria da cena punk britânica se os Ramones não tivessem vindo em 1976. Ou se teria acontecido. Eles deram fôlego para que o punk acontecesse. Na época, tinha o Eddie & The Hot Tods, The Stranglers..."

Dr. Feelgood.

"Sim. Os Ramones também acrescentaram jaquetas de couro à cena. A música na metade dos anos 1970 era medonha, todos aqueles sons sobre duendes e castelos, terrível. Havia Little Jimmy Osmond, David Cassidy, Barry Blue. E então vieram os Ramones e, de repente, a música se tornou divertida novamente. Adorei o jeito como eles mixaram o primeiro álbum, com as guitarras à frente. A bateria está lá o tempo todo, mas sem predominar. Hoje, os engenheiros de som têm tanto orgulho do imenso volume de som da bateria no palco, eles a tornam insuportável. Eu sempre sugiro aos meus técnicos de som que, se nunca mixaram uma banda punk antes, ouçam o primeiro álbum dos Ramones. Estávamos sob a influência dele quando gravamos *Damned Damned Damned* – deliberadamente subproduzimos o álbum para mantê-lo energético e sem excessos. Odeio criticar os Pistols outra vez, mas seus discos eram produzidos demais."

(Entrevista do autor com Captain Sensible, guitarrista do Damned, 2002)

Foi a vitrine proporcionada pelo show no The Bottom Line com Dr. Feelgood, em maio, que ajudou a espalhar a novidade: havia uma nova banda, tocando um rock radical, de raízes no blues muito mais reconhecíveis – mas com montes de atitude. E ainda Dr. Feelgood tinha conseguido atingir o primeiro lugar nas paradas britânicas com seu álbum ao vivo *Stupidity* – panorama bem diferente ao dos Estados Unidos onde "Blitzkrieg Bop" competia com Wings, Paul Simon, Steve Miller e muitos outros crimes musicais abomináveis.

De repente, os Ramones estavam alertas para possibilidades no exterior.

Mas antes, porém, precisavam tocar fora de Lower Manhattan – uma conquista que Danny Fields ainda cita entre suas melhores –, em especial porque nenhum clube de Boston, principalmente nesse público, queria fechar com a banda.

"Achamos um bar semiabandonado em uma área vagabunda de Cambridge e cobramos dois dólares, dividindo a entrada com o dono", Fields escreveu na introdução da *Anthology* dos Ramones. "Eu pegava o dinheiro na porta. Essa foi também a ocasião da nossa primeira entrevista no rádio, com Oedipus, em um porão da MIT."

"Era sobre o mar, um grande salão mambembe fedendo a cerveja, chamado Frolics", Dee Dee contou em *Please Kill Me*. "Eu não tinha conseguido comprar minhas drogas naquela manhã e estava ficando mal. Era inverno e estava muito frio, e depois do show voltamos para algum motel pulguento."

Uma vez lá, o baixista – começando a ter síndrome de abstinência – vedou o ralo da pia do banheiro com um cobertor, abriu a torneira e sentou embaixo, como se estivesse sob uma cachoeira, qualquer coisa para distrair a dor. A banda esteve lá por três dias, e a cada noite fazia mais frio.

"Fomos entrevistados na manhã seguinte por um garoto do *The Harvard Crimson* no Treadway Motor Lodge", Fields disse a Michael Hill em 2000. "Eu disse 'Você viu o show?' e ele respondeu que sim, mas falou que ficaram com medo de chegar muito perto do palco porque pensaram que íamos vomitar neles. Eles devem ter lido que os Sex Pistols vomitam em seus fãs ou que fazíamos algum tipo de teatro de confrontação, mas não tinha nada a ver."

Andy Paley, que mais tarde no Paley Brothers, junto com seu irmão, participaria ao lado dos Ramones da trilha sonora de *Rock'n'roll*

High School, também viu a banda de Nova York em ação naquela mesma noite do final de fevereiro:

"Fui com o Jonathan Richman",[17] entusiasma-se Paley. "Foi muito legal. Joey e Jonathan tinham respeito mútuo, admiração por discos de pop bubblegum e dividiam um senso de humor parecido. Não havia muita gente assim naquele tempo; então a conversa esquenta quando você encontra alguém que também gosta de Tommy James & The Shondells". Paley e Joey também curtiam Abba e os Beach Boys. "Eu não podia aguentar os solos de guitarra infinitos daquelas bandas sensíveis e autoindulgentes. Os Ramones tocavam músicas curtas e compactas que diziam ao que vinham. E eles não as levavam muito a sério também. Não havia nada como eles, nem mesmo entre as bandas de seu próprio meio."

Outro que amava os Ramones era o DJ e figurinha de Los Angeles Rodney Bingenheimer – um homem que certamente conheceu música pop, tendo crescido perto do estúdio de Phil Spector. Rodney conheceu Mick Jagger e Brian Wilson ainda criança, além de ter atuado como garoto de recados para Sonny Bono e ter estado presente na gravação do incomparável *River Deep, Mountain High*[18] de Ike & Tina Turner. Em 1976 ele lançou seu programa de rádio Rodney On The ROQ New Wave And Sixties na KROQ-FM. Os Ramones foram seus primeiros convidados.

"Eu sabia que todo mundo ia curtir os Ramones", diz. "Ganhei do Danny Fields um teste de prensagem do álbum deles em uma entrevista com os Bay City Rollers, no hotel Century Plaza, e disse que gostaria de tê-los no ar. Amei os Ramones porque eram rápidos e punk rock, mas não era punk bravo, zangado – eram mais punk pop. 'Sheena is a Punk Rocker' poderia ter sido 'Help me Rhonda' (dos Beach Boys). Johnny foi quem falou e tivemos no ar um telefonema das Runaways (a primeira banda de Joan Jett, um excelente grupo hard rock só de garotas, montado pelo empresário Kim Fowley), que estavam excursionando, dizendo 'Adoramos vocês, caras'."

---

17. O inacreditável, poético, minimalista roqueiro dos anos 1970, que Pailey estava produzindo naquele tempo – "Roadrunner" de Richaman teve *covers* de todo mundo, dos Pistols aos Pastels; e seu papel como narrador em *There's Something About Mary* é um verdadeiro tesouro: certamente, as músicas curtas e "diretas ao ponto" de seu Modern Lovers, que incluía o pré-Talking Heads Jerry Harrison; e o jeito como odiava *hippies* – veja o hino lacônico "I'm Straight" – foram uma grande influência no começo dos Ramones.
18. Música que teve um *cover* dos "Ramones australianos", The Saints, em 1977.

Em São Francisco, o futuro diretor-geral da Sire Records, Howie Klein, começou a montar um dos primeiros programas de rádio de punk rock, depois de ver os Ramones em agosto. "Os Ramones eram como o Johnny Appleseeds de todo o movimento New Wave", ele disse em *Lifestyles Of The Ramones*. "Onde eles aparecessem, formava-se uma cena local New Wave. Eles chegavam à cidade, iam embora, e, duas semanas depois, surgiriam dez novas bandas inspiradas neles." No todo, porém, a mídia radiofônica ignorou os Ramones e qualquer coisa ligada ao punk, temendo por sua vida.

"Os Ramones não tinham chance", Paley explica. "Não era tanto por sua imagem como pelo seu som – da mesma forma que eu os achava divertidos, o pessoal do rádio não achava. O rádio não tem sido muito interessante nos Estados Unidos há um bom tempo. Originalmente, nos anos 1950 e no começo dos 1960, você tinha grandes DJs regionais em cidades diferentes, mas a coisa foi piorando cada vez mais, e então vieram os *hippies* e a FM tomou conta, e o rádio se tornou uma grande e estranha corporação. É como quando você escuta Jonathan cantar "I Got The AM Radio On' (de 'Roadrunner') – a AM era tão melhor que a FM! As estações não estavam ligadas no pop clássico – e os Ramones queriam fazer música divertida, na tradição da 'Every Mother's Son' da banda 1910 Fruitgum Company, e os grupos de garotas."

Você pode argumentar que os Ramones começaram a esfriar quando perderam de vista a herança pop – em algum momento depois do lançamento do ótimo *Too Tough To Die*, de 1984, quando alguém (Johnny, provavelmente) decidiu que estava cansado de perseguir o sucesso e fazer experimentos sonoros; e que era hora de se concentrar em um tom mais agressivo e em shows ao vivo. Houve um *single* excelente em 1985, o anti-Reagan "Bonzo Goes To Bitburg" – odiado por Johnny, republicano convicto e membro de carteirinha da NRA* – e as coisas foram esfriando depois dele. Mas foram dez anos de genialidade inadulterada – e, mesmo assim, cada álbum daí em diante, até os últimos shows em 1996, teve um ou dois momentos de brilho garantido. Mas daí já é outra história – estou me adiantando demais.

"A Inglaterra foi surpreendente", diz Tommy. "Em Nova York mal sabiam da nossa existência e na Inglaterra fomos tratados como astros. Esgotamos os ingressos para os shows no Dingwalls

---

*N.T.: National Rifle Association.

e no Roundhouse, era empolgante conhecer as bandas punk inglesas do momento que vieram à nossa passagem de som no Dingwall, membros dos Pistols, do The Clash, do The Damned, a Chrissie Hynde dos Pretenders... Aconteceu muito depressa."

"Naqueles dias", Fields escreveu para mim, "a Europa era sabidamente mais antenada que os Estados Unidos. Os ingleses foram sempre mais chegados a modismos malucos e vivem em um país pequeno o suficiente para que uma tendência possa tomar toda a cultura da noite para o dia."

"Era um orçamento muito baixo", Dee Dee disse à *Mojo*. "Eu ainda era garoto e pensei que ia ficar em um hotel tipo Hilton e não em um pulgueiro em Shepherd's Bush e comer sanduíches em vez de jantar."

"Oh, foi tão legal", relembra Linda Stein. "E foi bacana também porque, por alguma razão, a trupe de Warhol estava em Londres naquela semana e todos foram ao show. Não havia ar-condicionado em nenhum lugar e estava mais quente que nunca. Gelo era um problema. Não havia gelo! Então as bebidas estavam quentes e não havia lugar para se refrescar. Essa foi a reclamação geral: 'não tem gelo'!"

Os Ramones fizeram sua estreia em Londres, em 4 de julho, na mesma data do bicentenário americano, um dia de calor sufocante. Seis semanas antes, tinham tocado para 50 pessoas no CBGBs. No Roundhouse, 2 mil ingleses entusiasmados compareceram – encorajados por notícias sobre os Ramones na imprensa.

"Um cara no Roundhouse ficou gritando 'Não toca música'", Tommy relembra. "Não dava pra saber se ele gostava ou não de nós". "Uau!", Charles Shaar Murray da *NME* escreveu em novembro de 1975, "daria uma semana de salário só para vê-los explodir sobre um público despreparado no, digamos, Dingwalls. Eles são ao mesmo tempo tão engraçados, como uma versão em quadrinhos do rock'n'roll e tão genuinamente entrosados e poderosos que estão prontos para encantar qualquer apaixonado por rock'n'roll pelas razões certas."

Nick Kent criticou o álbum *Ramones* importado no próximo maio para o mesmo jornal e sugeriu que os Ramones, ainda mais que o Kiss, eram os verdadeiros filhos dos Archies, antes de acrescentar que "*Ramones* é uma lição objetiva de como gravar hard rock com êxito. Se você tem orgulho de si próprio por ser uma pessoa sensível", colocou, "esse disco vai engasgar você como um petardo de Gatorade e vermute."

"Os Ramones não dizem muito", o crítico concluiu – depois de um esperto aceno pra Iggy e Jonathan Richmond [sic]. "Eles estão bem à toa.* Mas mandam rock'n'roll de primeira como vingança."

O editor do fanzine *Next Big Thing*, Lindsay Hutton, estava no show de Londres, vindo da Escócia: "Tinha comprado o primeiro álbum semanas antes, no show do Kiss, porque estava obcecado pelo punk rock de Nova York. Assim que vi uma foto do Joey, soube que não havia como esses caras não serem bons – o mesmo cabe para os Cramps (frequentemente pares negligenciados dos Ramones, que se revelaram em um macabro som de garagem primordial, sem baixo e com imagens de filme B). Tive uma alergia horrível naquela umidade do Roundhouse – o Flamin' Groovies estava ótimo. Os Stranglers lamentáveis e os Ramones absolutamente detonaram. Encontramos com eles ao lado do palco: ficaram surpresos em saber que escoceses tinham aparecido para vê-los e nos deram miniaturas de tacos de beisebol. Dee Dee perguntou onde podiam comprar discos do Bay City Rollers e nós os mandamos à (loja de discos de Camden) Rock On em busca de rock glam."

As "miniaturas de tacos de beisebol" eram em cor preta do Lousville Slugger,** feitos para promover o *single* "Bliztkrieg Bop". A relações-públicas Janis Schacht queria que eles recebessem a inscrição "Beat On The Brat", mas foi avisada de que o brinde seria considerado arma; então, foi gravado no brinde americano "Ramones: mais uma tacada da Sire Records" e "Blitzkrieg Bop" no Reino Unido.

Mais tarde, espalharam um boato sobre os Ramones terem feito xixi na cerveja de um de seus convidados, Johnny Rotten. Tommy negou. "Não é verdade", diz zangado. "Acho que eles fizeram isso uma vez – embora não comigo por perto – e a história foi transposta para aquela ocasião. Estávamos felizes de vê-lo. Ele era nosso admirador."

O Clash também foi logo pagar seus respeitos – Johnny se lembra de vários deles dizendo que ainda estavam ensaiando, porque não estavam confiantes o suficiente para começarem a se apresentar. "Vocês estão brincando?", Johnny perguntou. "Nós não tocamos nada. Se você esperar até poder tocar, vai estar muito velho pra subir no palco."

Mickey Leigh lembra-se dessa passagem um pouco diferente. "Tommy estava mergulhado em Valium e suas mãos tremiam, porque estava muito nervoso", ele contou em *Please Kill Me* sobre o primeiro encontro entre os Ramones e a gangue de Joe Strummer.

---

*N.T.: Referência ao título da música do Sex Pistols "Pretty Vacant".
**N.T.: Marca tradicional de tacos de beisebol nos Estados Unidos.

Houve alguma animosidade, porém, como relembra a jornalista da *Melody Maker* e defensora do punk, Carol Clerk: "Glen Matlock atirou uma garrafa nos Ramones", ela diz, "o que levou mais tarde os Pistols a serem banidos de muitos estádios em Londres, mesmo sendo uma garrafa de plástico". Do lado de fora, JJ Burnel, dos Strangleres, com vários amigos, bateu boca com seu colega do The Clash, Paul Simonon – que tinha o apoio de Dee Dee, Phil Lynott (do Thin Lizzy) e Steve e Paul, dos Pistols. "Joe Strummer e Hugh Corwall estavam parados lá dizendo 'Veja só, meu baixista está brigando com o seu baixista'."

Gary Valentine conta que Johnny uma vez perseguiu, empunhando sua Mosrite, o empresário dos Sex Pistols, o cínico Malcolm McLaren – que ainda hoje clama que o punk tem mais a ver com as casas de moda londrinas de classe média do que com a alienação da classe trabalhadora –, para fora do camarim dos Ramones no Whisky a Go Go de Los Angeles. "McLaren estava por lá tentando conseguir um contrato para um disco dos Pistols, mas todos se lembravam dele de poucos anos antes, com o New York Dolls (quando ele de repente ficou interessadíssimo nas camisetas rasgadas de Richard Hell dizendo que elas eram dele próprio). Ele disse algo pro Johnny – e o Johnny tinha um temperamento inflamável. Ele podia ofender-se e reagir de um jeito verdadeiramente expressivo por nada. Talvez ele só quisesse aliviar a tensão. Então mostrou sua guitarra."

Outro que estava no show de Londres foi Sid Vicious, pré-Sex Pistols.

"Sid idolatrava Dee Dee", diz Arturo Vega. "Ele começou a usar aquela corrente com o cadeado porque Dee Dee estava usando em 1976 quando os Ramones estiveram lá pela primeira vez.[19] Sid era apenas um imitador. Gosto de chamar Joey de rei do punk, mas Dee Dee era o príncipe do mal."

"Eu e Sid costumávamos andar juntos e foi Dee Dee Ramone quem traçou o padrão para mim e para Sid também", Paul Simonon disse ao jornalista Scott Rowley sobre usar seu baixo quase à altura dos joelhos. "E nós dois adotamos. Era difícil, mas tenho braços bem compridos. Você não os vê se arrastando pelo chão? Talvez dê metade do comprimento se o mantiver à altura da cintura, mas eu preferia daquele jeito: deixa você mais livre pra movimentar o baixo enquanto toca..."

---

19. Dee Dee diz que, na verdade, deu a Sid seu próprio cadeado, originalmente um presente de Connie.

O crítico da *NME* estava depreciativo na sua crítica da semana seguinte.

"[Os Ramones] estão mais próximos de uma encenação cômica do que de um grupo de rock", zombou Max Bell. "[Dee Dee] é possivelmente o espécime mais imbecil que já vi babando sobre um baixo... o vocalista Joey oscila de um lado pra outro em uma imitação justa de Batroc.* Quando ele fica de lado, não dá para vê-lo... O apelo dos Ramones é completamente negativo, baseado em não serem capazes de tocar nada e não estarem nem aí com isso. O processo de pensamento envolvido em avaliar sua apresentação é inexistente. É o primeiro passo do rock mongo[loide] através de uma seleção de imbecilidades adolescentes em forma de cantigas, cuja variação de solo reside em embaralhar três acordes com alguma intenção de ordem..."

Cruzes, havia jornalistas idiotas por aí!

Allan Jones, da *Melody Maker*, não foi nem um pouco gentil: "Dizem que a gabolice sinistra da música feroz e retardada perpetrada pelos Ramones, com sua ênfase monga em um niilismo violentamente expresso, capturou efetivamente o humor da agressão e da desconexão terminal que alguns enxergam no comportamento dos adolescentes contemporâneos... O rock pode estar a caminho de um desastre. E eles não vão fazer nada para evitá-lo. Se estamos em rota de colisão contra o muro, vamos ao menos com alguma dignidade, e não com o legado de 'Judy Is A Punk'."

Talvez a imprensa tenha simplesmente sido pega no pulo. O punk americano era na verdade bem diferente do britânico. Era mais uma questão "artística". Os Sex Pistols cortejavam ativamente a irritação como ferramenta: a banda ficava feliz quando shows eram cancelados como resultado da última explosão de palavrões na TV porque eles sabiam que isso significava mais publicidade – e vendas. "God Save The Queen" foi uma explosão de escárnio, de desengano com a ordem estabelecida. O The Clash era politicamente antenado – ou ao menos dava a ilusão de ser. Os Damned eram mais obviamente divertidos, mas logo adotaram uma atitude. O punk rapidamente se tornou um fenômeno da classe trabalhadora no Reino Unido, nos Estados Unidos e, certamente, em 1976, era mais a salvaguarda de uns poucos tipos nova-iorquinos "artísticos" como Television e Ramones.

---

*N.T.: Personagem de quadrinhos Marvel. Mercenário francês mestre de Savate (a arte marcial francesa de boxear com os pés). Apareceu pela primeira vez numa HQ de *Capitão América*.

Havia bandas em outras cidades – Cleveland tinha os pré-Dead Boys e o amálgama do Pere Ubu, Rocket From The Tombs e Electric Eels –, mas sempre longe do olhar da mídia. E o punk era um movimento midiático.

Os Ramones não tinham a intenção de cuspir em ninguém.

O punk se espalhou como fogo pelo Reino Unido e logo se tornou sinônimo de pop, eventualmente vomitando uma matriz surpreendente de estilos diferentes que não derivam apenas do hard rock e do bubble-gum, mas também do reggae (Slits), do funk (Pop Group), do gótico (Siouxsie & The Banshees). Que outra escolha a juventude britânica tinha? Eles sabiam que não iam ganhar mais que seus pais (uma mentalidade que não ocorreu nos Estados Unidos até os anos 1990 e o grunge, daí o documentário do Sonic Youth, de 1991, espertamente intitulado *The Year Punk Broke*). Tornou-se vital para bandas no Reino Unido serem vistas como independentes – o que significava evitar para depois aceitar as rotas da comunicação.

Vários fanzines pipocaram depois do show no Roundhouse, dos quais o mais famoso era o *Sniffin' glue* – de título claramente inspirado na música dos Ramones – feito em papel A4 xerocada pelo bancário de South London, Mark Perry.

"Costumava ler a *NME*", o escritor explica, "que trazia todas essas reportagens empolgantes sobre os Ramones e as bandas do CBGBs. A crítica do Nick Kent sobre o primeiro álbum deles foi tão entusiasmante. Então fui a uma loja de importados do West End e comprei o disco. Não podia acreditar no quanto era empolgante e diferente. Uma vez estava no Rock On tentando achar revistas onde pudesse ler sobre essas bandas. Não tinha nada. Assim, os vendedores me sugeriram irreverentemente que eu deveria fazer a minha própria. Foi o que fiz. Consegui uma máquina de escrever, fiz toda a velha diagramação com o marcador com ponta de feltro. 'Now I Wanna Sniff Some Glue' é minha música favorita daquele álbum – e *glue* (cola) é também a droga mais punk, a que você escolhe se não tem dinheiro. Estava tão de acordo com o que eu pensava sobre a nova música."

"Aqui está um acorde", foi escrito no fanzine *Strangled* (uma frase erradamente atribuída ao próprio Perry). "Aqui está outro. E aqui outro. Agora, vão e formem uma banda." O filho de Mark Perry seguiu o conselho, à frente do experimental ATV.

"Eles não eram roqueiros barulhentos como os Heartbreakers", Perry relembra. "Pareciam tímidos. Os Ramones eram como crianças. Tinham aquela inocência. Era o charme deles."

"Deve ter havido por volta de vinte fanzines", diz Linda Stein. "Todo garoto tinha um fanzine. Nunca havia existido fanzines antes. Decidi fazer uma coletiva com eles em nosso apartamento em Gloucester Place, em Londres. Havia tanta gente bonita e interessante. Foi tão legal. Os fanzines eram mimeografados. Alguns dos editores eram na verdade muito brilhantes e academicamente astutos."

A música não inspirou apenas revistas, porém. A edição do dia 19 de agosto do *Evening Times*, de Glasgow, traz a manchete: "Mortes causadas por cheirar cola", sobre um artigo contando como James Dempsey, membro do parlamento inglês por Coatbridge, Lanarkshire, estava tentando banir o primeiro álbum dos Ramones depois de uma série de relatos sobre mortes por cheirar cola – que, na verdade, não tinham nada a ver com a música. Como Danny Fields apontou na *NME*: "Por que a música deveria ser banida? Filmes de guerra não são banidos por advogarem a violência".

"Merda", praguejou Dee Dee. "É boa coisa cuspirmos naqueles cuzões de 200 anos. Espero que eles não pensem que a gente ainda cheire cola. Eu parei quando tinha oito."

As estúpidas alegações nazistas, as manchetes sobre drogas, a velocidade das músicas e a imagem de cartoon dos Ramones alimentaram a imprensa inglesa com controvérsia mais do que suficiente para mantê-la feliz.

"Quais estúpidas alegações nazistas?", Fields pergunta, via e-mail. "Vindas do maoismo *fashion* do dono daquela loja de vestidos e seus patetas na imprensa, sem dúvida." (Uma referência a McLaren, ele assume.)

"Sim", acrescenta sarcasticamente, "Seymour e Linda Stein e eu abraçaríamos de bom grado a carreira de nazi."

"MUITAS DE NOSSAS letras são francamente psicóticas", explica Tommy. "Só por isso já podiam ser tachadas de controversas. Mas não estávamos em busca de controvérsia como os Sex Pistols. Tínhamos músicas interessantes. Malcolm McLaren era mais velho que nós e um criador de caso. Éramos maduros o suficiente para não causar problemas.

Sempre achei que o humor fosse um elemento vital da boa música de rock. Poderíamos ser um cartoon no sentido de funcionarmos, às vezes, como uma caricatura, ou por nosso som ser leve e despreocupado – mas se fosse um desenho, seria complexo e multidimensional. As pessoas ficavam ofendidas pelo humor combinado com a música – pensavam que soava à zombaria ou que tornava a música trivial. Mas ninguém ama mais o rock que nós."

"A razão de sermos chamados de cartoon", Joey me disse em 1989, "é porque temos personalidades distintas. A maioria das pessoas tem medo de mostrar sua personalidade porque quer parecer séria. Quer ser vista superficialmente, mas isso não é real – só existe em pôsteres. Os Beatles tinham diferentes identidades e personalidades. Eles eram olhados como cartoon?"

Eles tiveram seu próprio desenho animado. Os Ramones teriam dado uma bela série.

"Sob esse aspecto, sim. Posso até ver. Mas, não, não somos desenháveis. Somos pessoas muito autênticas e genuínas. A maioria das bandas são só silhuetas recortadas em papelão."

(Várias entrevistas com o autor).

Em agosto, os Ramones tocaram em 13 datas na Califórnia. A imprensa estava pronta para eles. "Dá para imaginar a reação de uma mãe depois de saber da fascinação de um adolescente por esse conto de rivalidade entre irmãos?", o crítico do *LA Times* perguntou sobre "Beat On The Brat", comparando a banda às nazistas gangues futuristas de *Laranja Mecânica*, antes de admitir que os Ramones eram mais uma piada do que uma ameaça. *O San Francisco Examiner* comparou os *bro* a uma gripe suína, mas Art Fein, escrevendo no *LA Free Press* sobre o show do Roxy (mais uma vez com os Flamin' Groovies) afirmou: "Posso não estar vendo o futuro do rock'n'roll, mas vi os Ramones e achei bem melhor".

"Foi estranho voltar aos Estados Unidos depois", diz Tommy. "Pensamos que tudo estava arranjado e tudo que tínhamos a fazer era trabalhar em um novo disco e lançá-lo. Continuamos fazendo isso a cada novo álbum, e não acontecia. Era muito frustrante, não entendia e ainda não entendo."

Os Ramones tocaram em um total de 73 shows em 1976, só para aquecer. De volta a Nova York e ao CBGBs, no fim de semana de 10 de setembro, Ed Stasium finalmente conseguiu se encontrar com a banda brevemente – para produzir *Leave Home*, o segundo álbum dos Ramones.

"Foi como estar paralisado nos trilhos com uma locomotiva vindo direto sobre você", ele se lembra. "A multidão estava 'pogando' [pulando pra cima e pra baixo], o palco tinha só meio metro de altura, estava tudo uma beleza. Caso eu não estivesse com a banda, jamais teria conseguido entrar. Era rock'n'roll suado e fedorento ao máximo e foi demais. Não entendia de onde toda aquela gente tinha saído. Era todo um mundo novo. Toda a multidão estava vestida de *jeans* e camiseta."

Arturo Vega lembra-se de ir para o CBGBs com Joey Ramone e jogar com ele *pinball* até umas quatro ou cinco da manhã. ("Quem precisa dormir?", canta o saudoso poeta punk inglês Patrik Fitzgerald. "Joguei *pinball* até três da manhã. Não tenho emprego. Não tenho lar. Mas gosto do meu estilo de vida."). E o CBs fechou, a dupla ficou por lá conversando com o *bartender* Merv. "Joey gostava de beber", diz Vega. "Ele bebia muito no começo."

David Kessel, que mais tarde ajudou Phil Spector no disco *End Of The Century* com os Ramones, também os viu pela primeira vez naquele ano. Ele ficou cheio de admiração: "Era totalmente audacioso ter aquele tipo de simplicidade à Buddy Holly na música em uma época em que as gravadoras queriam assinar com Carly Simon ou John Denver. Era aventureiro, bem-humorado e muito, muito Nova York. Assisti a várias apresentações de começo de carreira – Cream, The Rolling Stones –, mas os Ramones comandavam totalmente a audiência, e estavam no controle do rock'n'roll".

"Inventamos a turnê alternativa nos Estados Unidos", Dee Dee contou a Michael Hill para a *Mojo*. "Fomos a banda mais teimosa e obstinada que já houve. Íamos pra todo lugar na nossa van (com Monte Melnick como gerente de turnê – ele entrou a bordo depois do show de 20 de junho em Ohio, depois de conseguir o dinheiro de um show que havia dado errado). Às vezes tínhamos as janelas do carro quebradas por uns caipiras, mesmo em Connecticut. Mas continuamos a excursionar. Dirigimos pra cima e pra baixo por todo o país com a van, com umas 14 pessoas dentro. Sempre podíamos dizer se alguém era músico só pelo jeito de sair da van, corcunda, dando uns passos meio tortos. Foi um milagre não termos morrido em um acidente... Dirigíamos a velocidades ridículas depois do show, indo pra casa, dirigíamos por toda noite, dirigíamos loucos de LSD, no meio de nevascas... mas sempre tínhamos público."

VOCÊ ESTEVE COM os Ramones em sua primeira visita à Inglaterra?
"Sim."
Como foi?
"Foi demais. As coisas estavam meio mortas nos Estados Unidos, não tinha público para eles. As pessoas que foram aos primeiros shows do CBGBs, o pessoal chique do Soho, pensaram: 'Ah, esta vai ser a cena do momento. Andy (Warhol) vai amar'. Era um approach mais intelectual e artístico do que de verdadeiros fãs de rock'n'roll. Nova York tinha as bandas e o Reino Unido tinha os fãs – foi a maior descoberta e o maior prazer. Dar-se conta de que 'Este é o público que os Ramones merecem'."

Você se lembra de algumas passagens dessa época?

"O dia em que todas as bandas punk vieram pagar tributo. Não sabia quem eles eram e pensei que pareciam legais. Johnny Rotten estava tentando entrar por uma porta lateral. Só soube quem ele era mais tarde. Disse: 'Quer entrar? Então, entra'. Eu o pus pra dentro... Fiz com que repetisse a frase que me dizia umas três ou quatro vezes porque não conseguia entender porcaria nenhuma, mas era 'Eles não vão ficar bravos? Se os Ramones me virem de penetra no show não vão querer me dar porrada?' Era isso que eles pensavam dos Ramones, que fosse uma banda de valentões."

Eles tinham aparência de caras valentões.

"Era o que ele dizia. Eles vão me dar porrada? A coisa mais memorável, entretanto, foi o público. Eles pulavam sem parar. Essa foi a maior revelação."

As pessoas não dançavam no CBs antes disso?

"Não, não mesmo".

Não consigo imaginar as pessoas paradas assistindo aos Ramones. Será por que eles tocavam muito depressa ou...

"Era muito rápido para qualquer um. O público não era lá muito jovem. As pessoas os viam como algum tipo de artistas minimalistas."

Será porque Danny Fields fazia parte da turma do Andy Warhol?

"Sim, muito por causa disso."

Talvez seja porque Nova York é tão cosmopolita. É só nas grandes cidades que você tem multidões ligadas às artes.

"É verdade. A economia na Inglaterra também estava bem mal. Os jovens estavam desesperados – precisavam de algo para ajudá-los a expressar sua frustração e rebelião. Quando os Pistols lançaram 'No Future' fez muito sentido para eles. Essa é, acho, a grande diferença entre os Pistols e os Ramones, porque os garotos americanos ainda esperavam fazer mais dinheiro que seus pais. Os americanos não tinham esse problema... até recentemente..."

O punk aconteceu nos Estados Unidos, nos anos 1990.

"No começo, o punk na Inglaterra era um movimento social, e aqui foi um entretenimento. Os garotos queriam se divertir. Aqui, levou tempo. É tão massivo e o lado dos negócios não quer que as coisas mudem tão rapidamente – eles querem mamar bem primeiro antes de permitirem que as coisas evoluam para a próxima fase. Os Ramones fizeram sucesso na Inglaterra porque seu público estava lá."

(Entrevista do autor com Arturo Vega, 2002)

7

"D-U-M-B/Everyone's Accusing Me"

ESTAVA FALANDO COM o Andy Shernoff (dos Dictators, também baixista no álbum solo de Johnny Ramone) e ele apontou uma das razões de os Ramones não tocarem no rádio tanto quanto gostariam: deve-se às imagens em algumas de suas músicas serem um tanto...
"Bizarras?"
Sim. Quando eu estava em Nova York, no último dezembro, comprei uma compilação em vídeo e fiquei bastante surpreso.
"É verdade... o tom das músicas, das letras, talvez não caísse bem no rádio. E, também, algumas das melhores músicas são as mais estranhas e doentes. Joey escreveu certas músicas para tocar no rádio – 'Sheena Is A Punk Rocker'. Mas uma música como 'I Wanna Be Sedated', que seria ótima no rádio, não dá para tocar por causa do tema."
Eu sei. É triste. Quando eu viajava pelos Estados Unidos no começo dos anos 1990, cantava aquela música sempre que estava em um aeroporto ou coisa parecida. 'Strap me down in a wheelchair now. Hurry hurry hurry before I go insane' [Amarrem-me em um cadeira de rodas agora. Depressa, depressa depressa antes que eu fique louco]. Era assim que eu me sentia. Podia ver como as rádios não tocavam. Mas quem sabe toquem agora – talvez precisasse levar todo esse tempo. O que é interessante é que aconteceu recentemente o Jubileu de Ouro da rainha da Inglaterra e cada revista, cada jornal, está usando na arte das páginas relativas ao assunto figuras do imaginário punk. Foram necessários 25 anos para que houvesse essa sacação.
"Eu estava lá no Jubileu de Prata."
Os Ramones estavam também?
"Não. Foi só na televisão, no jornal e coisas assim."
Você acha que a razão de os Ramones nunca terem tido um grande sucesso foi por causa do rótulo de punk?

"Sim, tivemos muitos problemas. Muitas pessoas tiveram medo de que mudássemos a indústria da música, o que faria com que perdessem seus empregos – havia esse medo porque éramos revolucionários. Outro ponto era que tocar bem era irrelevante para o que estávamos fazendo – então também éramos uma ameaça para os músicos. Muitas pessoas simplesmente não gostavam de nós. Diziam 'Isto é horrível', 'Isto é violento', e havia também a imagem punk. A natureza da publicidade dos Sex Pistols denegriu toda a cena punk. As pessoas tinham prevenção contra nós como se fôssemos criar problemas, o que nunca fizemos, porque somos muito profissionais. Mas as pessoas ficavam temerosas e preocupadas."

É interessante porque o The Clash conseguiu se livrar desse estigma, não foi?

"É, eles logo adotaram o ska e o reggae e mudaram de direção. Adquiriram uma imagem de respeitabilidade que desde então os ajudou muito."

Os críticos podiam entender o The Clash, entretanto, porque eles não estavam fazendo nada que não fosse... se você olhasse ao redor do rótulo punk, eles eram os Rolling Stones atualizados. A indústria da música podia entender isso. Os Rolling Stones foram revolucionários em seu tempo, mas foram absorvidos pelo sistema. É como se alguém viesse... bem, eu ia dizer se alguém viesse como os Ramones agora, não seria um problema, eles provavelmente venderiam milhões.... mas eles já fazem isso, não fazem? Bandas como o Green Day e Rancid e Blink 182...

"Sim."

(Entrevista de Tommy Ramone para o autor, 2002).

No final de 1976, a indústria da música começava a perceber o punk – ou new wave, como gente experiente como Seymour Stein começou a chamar a música influenciada pelos Ramones e pelos Sex Pistols. A *Billboard* publicou uma matéria de capa em novembro, detalhando contratos recentes como o Television e os Dictators (Elektra), Talkin Heads (Sire), Blondie (Private Stock). A Atlantic lançou *Ao Vivo no CBGBs*, mas – sem contar com nomes como Ramones e Blondie – falhou em impressionar, com suas atrações de segunda divisão: Willie (Mink) DeVille, cantor espanhol influenciado por Lou Reed e Van Morrinson, e o opaco Tuff Darts.

"As três bandas com quem trabalhei mais intimamente foram o Suicide (um autêntico dueto minimalista que combinou o *ethos* do Velvet ao som disco rudimentar), Blondie e Ramones", diz o produtor Craig Leon. "Eles todos dividiam uma ética similar: tentar voltar às raízes do rock com um toque peculiar de Nova York. Eles utilizaram diferentes técnicas de gravação, dependendo de sua coleção de discos – para o Suicide era James Brown, Elvis Presley* e o começo do rock'n'roll com 'Brand New Cadillac', de Vince Taylor. Blondie tinha a ver com os grupos de garotas, Shangri-Las, musica caribenha. Os Ramones curtiam pop britânico clássico moldado com MC5, The Stooges e o The Velvet Underground. Os Ramones aceleraram a batida inexorável dos Velvets."

Nos Estados Unidos, os Ramones lançaram "Boyfriend" como o próximo *single* depois de "Blitzkrieg Bop", tocado com versões ao vivo de "California Sun" e "I Don't Wanna Walk Around With You", mas havia o problema em como vender uma canção tão obviamente água com açúcar tocada por quatro garotões do Queens com jeito barra-pesada.

"Eles escolheram uma foto nossa em que aparecemos com cara de sonhadores e não tão ameaçadores", ri Tommy. "Não importou. Eu saquei todo o conceito da música a caminho da mercearia. Tentava escrever uma musica no esquema dos Beatles, como 'Eight Days A Week'."

Uma entrevista publicada na *Creem*, no final de 1976, deu uma ideia do cotidiano dos Ramones: "Andar pela rua com Joey Ramone é como ter uma girafa de estimação e levá-la consigo ao Gem Spa para comprar a última cópia de *Zoo World*", a autora Pam Brown escreveu. Ela seguiu detalhando como o vocalista dormia com sua jaqueta de couro, mantinha um zoológico de insetos de plástico e tinha centenas de LPs ao redor de uma velha vitrola em um sótão em algum lugar.

"Ele sempre sorri e nunca mente", ela acrescentou, "mas inventa ótimas histórias sobre pessoas sendo atropeladas por ônibus, garotas se transformando em vegetais e baratas gigantes surgindo através das paredes... Um querubim de 110 kg chamado Jenny seguiu os Ramones por toda a Califórnia durante sua recente turnê pelo Estado". Ela diz que eles mudaram sua vida. E manda uma carta para um deles todos os dias.

No final de outubro, os Ramones começaram a gravar seu segundo álbum, *Leave Home* – no Sundragon Studios, um *loft* no oitavo andar da Rua 21 com a Quinta Avenida –, associado a *jingles* de rádio. "Tommy o descrevia como uma boa sala, aconchegante como uma sala de estar, com um console Roger Mayer feito à mão."

---

*N.E.: Sugerimos a leitura de *A Vida de James Brown*, de Geoff Brown, e *O Retorno do Rei – Grande Volta de Elvis Presley*, de Gilliam Gaar, ambos da Madras Editora.

"Tinha um elevador que rangia, o mais lento do mundo", relembra o produtor Ed Stasium. "Se você subia nele com o equipamento, ele ia à metade da velocidade. Acabávamos usando as escadas quase o tempo todo." Stasium tinha sido requisitado para que fizesse a parte de engenharia do álbum por Tony Bongiovi – um produtor veterano da Motown e da Record Plant, onde já havia empregado Tommy.

"Nunca tinha ouvido os Ramones antes de ouvir falar sobre eles, via a revista *Rock Scene* de Lisa Robinson", Stasium diz. "Tinha estado no grande norte branco (o Canadá) por mais de um ano. Tinha ouvido bandas como Pink Floyd, Peter Frampton, Fletwood Mac e os Eagles na rádio CHOM de Montreal." Stasium recorda que estava atrasado para as sessões porque sua filha tinha nascido dois meses e meio antes – assim, Bob Clearmountain gravou três ou quatro faixas com a banda no primeiro dia.

"Cheguei lá e fiquei pasmo: 'Que raio é isso?'", ele continua. "Depois de uma hora, entendi. E pensei que era ótimo: é o que cada garoto quer fazer – não se tratava de virtuosidade e, sim, do sentir. E as letras eram tão ridículas! Aquelas músicas me deram aquela porrada na cara que todo mundo precisa a cada dez anos." Ele faz uma pausa e muda de direção saindo por uma tangente. "Precisamos desesperadamente de uma agora mesmo. Quero assassinar quem inventou o *vocal tuner** e todas essas bandas punk que tentam se parecer com o Blink 182..."

"Joey recebeu o Ed – ele tinha um disco de sucesso com 'Midnight Train To Georgia'", diz Tommy. "Ele nunca tinha ouvido um grupo como nós e estava um pouco chocado."

Stasium fez *backing vocal* em algumas músicas. "A simplicidade, o poder e a comédia", ele diz, "por isso me rendi a eles – e suas personalidades. São pessoas muito simpáticas. As músicas também têm melodias memoráveis."

Também não havia solos de guitarra.

A maioria das músicas foi gravada ao vivo, em um ou dois *takes* – Joey em ambos, liderando o vocal com o apoio de Dee Dee. "Eu dizia simplesmente 'isso entra', 'isso sai', sem confusão: o microfone Shure FM-57 no amplificador Marshall, regulagens-padrão, provavelmente um microfone Neumann U-87, um pouco mais longe, ligar o amplificador e... bum! Foi muito profissional. Ninguém queria desperdiçar tempo ou dinheiro. Joey era um pé de boi. Sabia exatamente o que fazer – tinha

---

*N.T.: *Software* de música utilizado para afinar sons vocais.

suas músicas na cabeça e na alma. Quando Joey duplicou seus vocais, todas as nuances eram exatamente as mesmas."

Havia um salto apreciável em qualidade de som entre *Ramones* e *Leave Home* – muito maior que entre os próximos discos.

"Tínhamos um estúdio melhor, com engenheiros melhores", explica Tommy, que coproduziu o disco com Bongiovi, "e também tivemos mais tempo."

Não digo isso como um insulto, mas o primeiro álbum soa quase como as *demos*.

"Pior", discorda Tommy, ainda perfeccionista, "as *demos* soam melhor. Eu fiz as *demos*."

"Essa é a diferença entre fazer um disco por 6 mil dólares e gastar alguns dólares a mais", pensa David Fricke, redator da *Rolling Stone*. "Mas ninguém ia dar dinheiro aos Ramones. Eles estavam acostumados com aquilo – não ganhavam nenhuma fortuna no CBGBs. Hilly não distribuía cupons grátis para champanhe. Era chegar, fazer o que devia ser feito e cair fora; e eles trataram o disco da mesma forma."

"*Leave Home* não teve muitos *overdubs*", diz Tommy. Tentamos não utilizar muito esse recurso até *Road To Ruin*, onde Ed Stasium e eu tocamos muita guitarra. Os Ramones não gostavam de estar no estúdio: queríamos voltar para a estrada novamente. Johnny tocava guitarra acústica em algumas das músicas. Tentei manter a bateria simples e descomplicada – como os discos da Stax Records e o Charlie Watts [Rolling Stones]."

Leave Home foi lançado em 10 de janeiro de 1977.

As 14 músicas levavam 31 minutos – dois minutos e 12 segundos por música, apenas dois segundos a mais do que era considerado perfeito no pop dos anos 1960. Mais músicas sobre retardados, vítimas do Vietnã, cola e garotas; continuou onde Ramones tinha parado, literalmente. As primeiras 30 músicas, aproximadamente, foram escritas antes de a banda assinar com a Sire e foram gravadas quase em ordem cronológica.

"Danny nos convidou para ouvir *Leave Home*", relembra o cartunista John Holmstrom. "Ele comprou umas cervejas. Sentamos e foi meio louco porque, em seu apartamento, pela primeira vez eu vi a foto do Iggy pelado e ficamos meio com preguiça de ouvir música naquela mesma sala. Mas então ele tocou o disco. Acho que eles estavam preocupados de que estivesse muito macio e longe do som dos Ramones – como você apontou antes sobre a diferença entre as músicas de estúdio e as ao vivo, em *It's Alive*. Assim, ouvimos a coisa toda e ficamos malucos, amamos. Danny perguntou depois: 'Qual você acha que é a música de trabalho?' Dissemos a ele que 'Carbona Not Glue' era o melhor som do disco e ele falou 'Eu temia que você dissesse isso. Não poderemos lançar essa música como *single*'. Isso para mim resume o problema 'faca de dois gumes' dos Ramones. Eles não podiam fazer sucesso porque eram os Ramones. Davam seu melhor quando faziam músicas sobre cheirar cola e coisas assim."

E essa música acabou saindo do álbum na Inglaterra.

"Você sabe por quê?"

Era o nome de marca de um produto de limpeza.

"Sim, a Carbona ameaçou processar. É bizarro porque eles realmente cheiraram Carbona. Joey me contou que experimentaram Carbona e então cheiraram cola. Sempre pensei que fosse piada antes de ele me contar."

E é melhor do que cola?

"Sim, aparentemente Carbona é melhor que cola. Os danos para o cérebro, porém, são provavelmente mais fortes, porque é uma substância letal."

Logo após *Leave Home* ser lançado, a Sire removeu a música para evitar possíveis complicações legais – substituindo por "Sheena Is A Punk Rocker" (Estados Unidos) e "Babysitter" (Reino Unido). Cinco mil cópias do álbum foram impressas na Inglaterra, criando itens instantâneos para colecionadores.

"Desculpem-nos", escreveu Tony Morris, diretor da Phonogram na Inglaterra, em uma carta pessoal para Seymour Stein, "mas não podemos promover produtos que estimulem o consumo de drogas. Carbona está aparentemente disponível e é mais perigoso do que cola."

Stein respondeu afirmando que considerava a censura um mal maior do que Carbona ou cola – "e algo do qual em sã consciência não posso fazer parte"."Algo como 'Carbona Not Glue' não pode ser levado a sério", Tommy declara. "É uma letra absurda que brinca dizendo que você deve experimentar alguma coisa mais venenosa. Mas 'Sniff Some Glue' – tenho a impressão de que Dee Dee estava falando sobre sua infância, como ele pensava em cheirar cola como libertação quando era garoto. Via isso como paródia. Talvez não seja."

"Não há muitos pais querendo que seus filhos ouçam 'Beat On The Brat' e 'Carbona Not Glue'", concorda a relações-públicas da Sire, Janis Schacht. "Porém, eram letras (dos Ramones) engraçadas. Joey ria de cair com letras como 'We're A Happy Family'. Coisas assim faziam cócegas nele. 'Sitting here in Queens/Eating refried beans' [Sentado aqui no Queens/Comendo feijões refritos]. De onde poderiam tirar uma coisa tão ridícula? Eles morriam de rir. E esse senso de humor mantém a música viva até hoje. Joey escreveu também várias canções românticas; ele tinha um bom coração. Dee Dee escreveu as letras mais atormentadas, como 'Don't Come Close' – quando você falava com ele no começo, parecia que estava se comunicando com um fiapo de nervos e sangue. Ele nunca sabia onde estava ou onde devia estar. Havia uma mente inteligente ali. Ele apenas não a usava."

Outras músicas eram igualmente insanas. "Gimme Gimme Shock Treatment" foi uma composição grupal escrita no *loft* de Arturo entre mosquitos de frutas e deu sequência à obsessão dos Ramones por psicoterapia; "You Should Never Have Opened That Door" foi outro filme de terror assistido tarde da noite e reencenado em três acordes; "Commando", com seu canto de regras e instruções para veteranos do Vietnã para "comer salame kosher", rapidamente se tornou a favorita ao vivo, pelo público em geral.

"Suzy Is A Headbanger" foi uma nova aquisição para a linhagem de personagens esquisitos que começou com "Judy Is A Punk" e continuou com "Sheena Is A Punk Rocker": simples, descerebrado, glória *headbanging*, que levou os Ramones a posar orgulhosos ao lado do Motorhead.

Caramba! Há tanta coisa boa em *Leave Home* – a ode de Dee Dee à Connie, "Glad To See You Go", com seu *riff* no estilo de Ed Cochran; o aceno afetuoso para Freddy Cannon e Palisades Park, em "Oh Oh I Love Her So" com seus versos de abertura: "I met her at the Burger King/We fell in love by the soda machine" [Eu a encontrei no Burger King/Nos apaixonamos ao lado da máquina de refrigerante]; o hino à juventude passada, "Babysitter"; a porrada no clássico surf rock dos Riviera "California Sun"...

Cada música é um clássico.

"Já tocávamos 'California Sun' em nossos shows", Johnny disse a Fricke para notas do *Anthology*. "Nós provavelmente estávamos sabendo que os Dictators já a haviam gravado em seu álbum (*Go Girl Crazy*), mas não ligamos. Também estávamos tocando "I Fought The Law", do Bobby Fuller, mas tivemos problemas com a parada (no último verso), então deixamos pra lá."

O primeiro compacto simples do álbum, "Swallow My Pride", foi escrito por Joey em resposta direta à reação que a banda teve depois de voltar para casa da Inglaterra, em 1976: quando o presidentee da ABC, distribuidora da Sire, veio assistir à banda no CBGBs, dizem que estava usando um terno esporte azul-claro. "Aquilo foi sobre assinar com a Sire", Joey disse a Legs McNeil e John Holmstrom para a *Rolling Stone* em 1986. "Foi sobre como o primeiro álbum não decolou. Houve muitas coisas nos ferrando naqueles dias. A Sire era, então, distribuída pela ABC. Eles eram bem ruins. Voávamos para alguma cidade onde íamos tocar e não havia ninguém nos esperando no aeroporto. Então engolíamos nosso orgulho."

Dinheiro também era um problema: o pouco que os Ramones faziam era injetado imediatamente na banda. "Eu estava fazendo apenas 125 dólares por semana", Dee Dee reclamou mais tarde, "e tinha o hábito de consumir cem dólares por dia em drogas."

"Sheena Is A Punk Rocker" foi lançada como compacto simples antes de "Swallow My Pride" na Inglaterra – como prosseguimento de "I Remember You", outra balada que não estourou. Talvez a ordem reversa tenha ocorrido porque o selo britânico pensou que a justaposição da palavra "punk" no título teria exatamente o efeito oposto nos programadores de rádio que nos Estados Unidos – eles o adotaram. O truque funcionou: "Sheena" se tornou o primeiro sucesso incluído na parada britânica Top 40, no verão de 1977 – ficou em 22º lugar, no rastro de uma intensa campanha publicitária que incluía pôsteres distribuídos de graça junto com os primeiros 10 mil compactos simples de 12 polegadas vendidos, além de uma camiseta.

"'Sheena' é a quintessência dos Ramones: assim como acontece com seu *single* seguinte, o excelente 'Rockaway Beach', faz experimentar virtualmente o asfalto quente e os hidrantes encharcados de Nova York nas hiperaquecidas calçadas no verão, sorvetes no Bowery do lado de fora do CBGBs, com seu som bubblegum e harmonias à Beach Boys.[20] Borbulha com um entusiasmo contagiante impossível de resistir. A música tem tanto a ver com o lado punk sarcástico, bravo, cheio de alfinetes como *South Pacific*. Infelizmente, então, foi uma pena ter sido lançada nos Estados Unidos ao mesmo tempo que a mídia estava envolvida em uma onda de indignação contra as (supostas) explosões de vômito dos Sex Pistols."

É claro que ela fracassou no mais conservador dos países ocidentais.

"A tragédia dos Ramones é que se eles tivessem tido apenas um sucesso no começo", pensa Roberta Bayley, "isso teria colocado a coisa toda para funcionar. Foi o mesmo que aconteceu com o Blondie – a

---

20. Esta mixagem mais enérgica do *single* difere da versão do álbum, lançada no terceiro disco dos Ramones, *Rocket To Russia*.

banda tinha todos aqueles sucessos no Top 10 na Inglaterra em uma época em que ninguém queria saber deles nos Estados Unidos. Eles não sabiam que 'Heart Of Glass' ia estourar. Foi um lance de sorte. Ninguém fazia ideia. Tenho certeza de que eles pensaram que fazer um disco remix era uma ideia horrível. Debbie estava contratando um aluguel de 600 dólares por mês por um apartamento. Sem querer denegrir o Blondie, mas foi a beleza de Debbie que fez os homens de negócios prestar atenção neles. Os Ramones jamais iriam inspirar aquele tipo de lealdade em ninguém – aquele bando de patifes, aquele bando de esquisitões? Quem iria bancá-los? Mas pense nisso: por que os Bay City Rollers eram formidáveis e não os Ramones? Não faz nenhum sentido."

"Toquei 'Sheena' para Seymour Stein", lembra Joey no livreto *Hey Ho Let's Go!* "E ele disse 'Precisamos gravar essa música agora'. Era como estar de volta aos anos 1950; você se apressa no estúdio porque pensa que tem um sucesso; então, o lança imediatamente. Para mim, 'Sheena' foi a primeira música surf punk rock de rebelião adolescente. Combinei Sheena, a Rainha das Selvas, com a primitividade do punk rock. E então Sheena foi trazida para a modernidade: 'But she just couldn't stay/She had to break away/Well, New York City really has it all' [Mas ela não poderia ficar/Ela teve de escapar/Bem, Nova York realmente tem tudo]. Foi engraçado porque todas as garotas em Nova York começaram a mudar seu nome para Sheena depois disso. Todo mundo era Sheena."

"I Remember You" é uma música de dor de cotovelo entre as mais doces já escritas. Em apenas algumas linhas – "I remember lying awake at night/And thinking just of you/But things don't last forever/And somehow baby/They never really do" [Lembro de ficar acordado à noite/Apenas pensando em você/Mas as coisas não duram pra sempre/E, de algum modo, baby/Elas nunca duram mesmo] – os Ramones capturam mais emoção que mil poetas rococós e emotivos roqueiros de estádio como o U2 em milhares de vidas. "What's Your Game" vê a voz de Joey indo a caminho da trêmula sobrecarga de Ronnie Spector quase pela primeira vez: doces "uuuus" no *backing vocal* e uma guitarra acústica ajudando a contar a história de mais um *outsider*, mais uma garota ostracisada pela manada.

"You're Gonna Kill That Girl" é simplesmente memorável: uma vinheta de violência e traição de três minutos que poderia ter sido tirada diretamente do repertório das Shangri-Las e da trilha de amor adolescente impossível de *West Side Story*, provando que os Ramones tinham ampla compreensão dessa dinâmica. Parte da mídia também se ofendeu com a música: culpando seu humor negro misógino – ainda bem que Dee Dee nunca completou a infame "Cripple"...

E havia "Pinhead" [Retardado]...

Um dia em 1976, depois de um show ao ar livre, tinha chovido em Ohio e a banda foi a um cinema de arte ver o filme *Freaks*, a obra-prima gótica de horror de Todd Browning, de 1932. No auge do filme, há uma cena famosa em que a trupe de criaturas bizarras, que havia sido desprezada, enganada e ignorada pelo mundo, finalmente resolve se vingar e afronta o vilão com um canto, no mínimo, estranho: "Gooble gabba, gooble gabba – we accept you, one of us". Dee Dee otimizou o canto e criou o *slogan* magnífico "D-U-M-B/Everyone's accusing me" [I-D-I-O-T-A/Todos me acusam]' que passou a ser o ápice de todos os shows dos Ramones até o fim da banda, em 1996 – shows esses repletos de fãs com máscaras "*pinhead*" saudando com um gigantesco "Gabba gabba Hey".

"Simplificamos 'Gooble gabba' para 'Gabba gabba'", explica Tommy, "e 'Aceitamos você como um de nós' – significa que todos os anormais são bem-vindos pelos Ramones. Era nossa resposta à mídia que dizia que não éramos muito brilhantes."

"A gente se divertiu com 'Pinhead'", Stasium disse a David Fricke. "Eles tinham o 'Gabba gabba hey!' e eu comecei a brincar variando a velocidade da gravação do canto, acelerando e retardando. Dee Dee gostou e a brincadeira acabou ficando no disco. Você pode ouvir uma vozinha de pato dizendo 'Gabba gabba'."

A música é a essência dos Ramones.

"*Leave Home* é puro rock'n'roll", escreveu Dave Marsh, do *The New York Post*, mostrando um belo entendimento do básico. "Este é um item genuíno."

Charles Shaar Murray concordou na *NME*, apesar de ir um pouco longe demais ao fazer uma analogia da banda com os Archies, desenho animado das manhãs de domingo: "O álbum é magnífico e você deveria comprá-lo agora mesmo", escreveu. "E quando digo agora quero dizer agora mesmo, cara. Você não tá ficando mais novo e o álbum não para de envelhecer."

"Os Ramones formam um dos grupos mais perfeitos já concebidos", escreveu o jornalista do *Sounds*. "Grosseiros? Jamais."

Para ajudar a promover *Leave Home*, a Sire fez uma carta prateada de abertura para o álbum, desenhada em forma de canivete. "Joey não jogou muitas do palco", Schacht ri. "Além do taco de beisebol e da carta de abertura (e imagens dos Ramones em tamanho real recortadas em papelão), não fizemos muita promoção física. Tentei conseguir que Joey fizesse um anúncio de rádio para *Leave Home*. Passamos uma tarde inteira na casa dele com um pequeno gravador. Foi muito engraçado. Eu queria que ele gravasse do jeito que ele falava na vida real, então havia uns quarenta 'cê sabe' em uma única frase. Eles acabaram contratando um profissional para fazer isso."

A possibilidade de uma turnê dupla com os Sex Pistols na Inglaterra acabou não acontecendo por causa da falta de tempo; e Joey perdeu a festa de lançamento de *Leave Home,* depois de ser hospitalizado para uma operação no tornozelo. O incidente também provocou o cancelamento de algumas datas sazonais – no CBGBs e em Los Angeles. "Passei um bom tempo no hospital com Joey", relembra Schacht, "dois Anos-Novos sucessivos. Ele tinha uma infecção no osso do pé que vivia retornando. Eles tinham de raspar o osso e isso o mantinha lá. Então alugamos um espaço no letreiro eletrônico em Times Square, e postamos uma mensagem dizendo 'Fique bem, Joey Ramone'. Aquela chaleira explodiu no rosto dele em novembro (leia a respeito adiante). Alguém lhe trouxe um papagaio empalhado que ficava em um poleiro, perfeito para ele. Eu o presenteei com um livro do (artista ilustrador) Edward Gorey para expandir seus horizontes."

Depois, de 28 a 30 de janeiro em Boston, os Ramones voltaram ao que faziam melhor – tocar ao vivo. Essas apresentações foram seguidas por uma porção de datas no CBGBs, que começaram em fevereiro com o Suicide como banda de apoio, incluindo uma noite em que tiveram de voltar depressa ao Bowery para tocar três números, depois de atuarem como banda de apoio do Blue Oyster Cult, no Nassau Coliseum, em Long Island, para uma multidão de 20 mil fãs metaleiros.

"Lembro daquela apresentação com o Blue Oyster Cult", diz Tommy, "mas não percebi que nos apressamos para voltar – mas se o fizemos, está feito. Não era nada demais para a gente. Nossos números eram curtos e éramos jovens e cheios de energia. Não tenho ideia de como foi a recepção do público – se nos odiaram, se não entenderam nada, se gostaram ou nos ignoraram. De qualquer modo, não fomos vaiados."

"Aquele show não foi nada perto do de dezembro de 1978 com o Black Sabbath", sugere Arturo. "Aquele foi péssimo. Sim, o público vaiou e, sim, em Long Island odiaram a banda, mas não foi nada demais. Os shows com o Black Sabbath eram mais sérios porque eram vistos como uma batalha do punk contra o heavy metal. Os fãs de metal eram, de longe, a maior parte da multidão; então, vieram prontos para matar – e eles tentaram, alvejando a banda com latas cheias de cerveja. Depois de seis músicas, os amplificadores e o palco estavam totalmente cobertos de lixo. Era assustador, mas ficou ainda pior."

"Quando começamos a tocar 'Surfin'Bird'", Joey relembra, "o mundo caiu. Começou chovendo carburadores e garrafas de uísque. O diretor de palco tinha uns 65 anos e disse que não via nada igual desde quando os Stones tocaram nos Estados Unidos pela primeira vez."

"Alguém atirou um picador de gelo, que caiu perto do pé de Johnny", retoma Arturo. "Foi em San Bernardino, na Califórnia, em seguida fizemos Long Beach, onde Johnny foi atingido por uma lata de cerveja e a banda deixou o palco. Eles voltaram, mas você sabe..."

"Estive em, pelo menos, 50 shows dos Ramones", diz John Holmstrom. "Além de vê-los no CBGBs, viajei com eles. Uma vez, fui à Universidade de Connecticut para assisti-los. Fui a New Jersey. Vi os Ramones abrindo para o Blue Oyster Cult, uma experiência traumática para eles – o palco era maior do que o do CBGBs. Joey estava no meio, com Dee Dee e Johnny a uns 800 metros de distância. Eles tentaram compensar pulando e correndo pelo palco. Foram vaiados sem piedade."

Outras bandas que tiveram abertura dos Ramones em 1977 incluíram os Kinks, Peter Frampton e Toto. ("Os Kinks arrumaram um palco superlotado pra gente", Joey relembra, "que eu mal podia ficar em pé direito. Eles nos disseram que tinham sido sacaneados no passado e então agora sacaneavam de volta.") Não foi antes de se tornarem a banda principal que os Ramones conseguiram tocar em eventos mais apropriados – por exemplo, os shows em Los Angeles, no Whiskey A Go Go, em fevereiro com o Blondie, quando Phil Spector compareceu para assistir à banda pela primeira vez (mais a respeito adiante).

Um dos garotos que viu os Ramones naquele ano foi o crítico de música David Fricke: "Sou originalmente da Filadélfia, assim, a primeira vez que vi os Ramones foi na Universidade da Pensilvânia, em abril de 1977. Foi em um auditório pequeno, com fileiras de carteiras escolares e cadeiras de madeira – como um colégio do século XVIII. Meu amigo e eu sentamos na primeira fileira, bem em frente ao amplificador do Johnny. Estava tão incrivelmente alto. Era ensurdecedor. E, olhando em volta, lá estava o Joey oscilando no alto sobre nós.

Parecia que ele estava no céu. A pose de pernas bem afastadas, Dee Dee berrando 'um dois três quatro'... foi tão intenso. Tinha de ter vindo de Nova York – parecia muito uma coisa de gangue, mas uma gangue de Nova York, como em *West Side Story*. Eles claramente não eram de Los Angeles".

"Era óbvio que também não eram de Manhattan", Fricke esclarece, "mas Queens – seus compatriotas no CBs, como o Television e Patti Smith, Blondie tinham uma visão mais artística. Todas essas bandas eram baseadas em poesia, cultura pop, arte moderna. Os Ramones tinham isso por causa da mãe do Joey, mas Dee Dee era da Alemanha, um moleque do exército. Ele vivia envolvido em situações com drogas. E Johnny era muito conservador, um tipo de cara durão. Então, eles eram uns tipos do Queens e não de Manhattan."

Os Ramones fizeram quase 150 shows em 1977: astros de rock famosos passaram pelo CBGBs para conferir.

"Lembro de Lou Reed dizer a Johnny que ele não estava usando o tipo certo de guitarra", Joey riu. "Acho que isso não pegou bem com o John. Ele comprou a Mosrite porque era o que podia pagar; por causa disso ela era única, uma marca própria. Então, John ficou achando que o Lou Reed era meio babaca."

Iggy Pop também tinha ouvido falar dos *bro*. Por intermédio de (Danny) Fields, visitou os Ramones em seu *loft*. "Eram caras legais. Disseram que gostavam do meu trabalho e fiquei feliz por isso. Seu primeiro álbum era um disco incrível, mas reparei no jeito como cada um deles se chamava Ramone e isso me lembrou de que Danny Fields já tinha tentado a mesma coisa com a gente. Danny me transformou em 'Iggy Stooge' no primeiro álbum sem me consultar. Ele chamava isso de identificação com o produto. Sim, como se a América fosse dizer 'Oh, aquele é o Iggy Stooge, sim, vamos comprá-lo agora mesmo'. Eu fiquei entre furioso e com vontade de me matar por causa daquilo. Então, quando soube dos Ramones, pensei que Danny tinha finalmente conseguido sua banda de Muppets."

"Vi os Ramones pela primeira vez em 15 de março de 1977, em Denver", relembra o produtor de Nova York, Don Fleming (Alice Cooper, Teenage Fanclub). "Os Ramones estavam abrindo aquela noite para os Nite City, uma banda horrível (de todas as formas imagináveis) liderada pelo (ex-Doors) Ray Manzarek e que incluía o pré-Blondie Nigel Harrinson no baixo e Noah James, um sujeito doido para ser o Desmond Child. O público de country rock usava flores nos cabelos encaracolados no estilo de Joni Mitchell, bons suéteres e jaquetas de veludo cotelê. Al Jourgenson (vocalista do punk eletrônico Ministry) e Jello Biafra (líder do Dead Kennedys, a banda punk altamente politizada da Califórnia dos anos 1980) estavam no mesmo show. Foi demais – a energia crua, a velocidade sem frescura. Fui aos bastidores e o Joey estava reclamando que a única música que ele tinha ouvido durante toda a turnê tinha sido 'Year Of The Cat' (do Al Stewart). Ele me contou sobre essa banda australiana que disse ter um som parecido com o deles, os Saints – então eu comprei seu primeiro álbum e ele era formidável."

"Quando o Johnny atacou o primeiro acorde, nós dez na primeira fileira, que sabíamos quem os Ramones eram, soubemos que o show ia ser muito mais radical do que o disco nos permitia imaginar", lembra Biafra. "Pelos próximos 20-40 minutos, os Ramones devastaram o público. Aquilo me deixou completamente enlouquecido, em parte porque eu ficava virando pra trás e vendo os olhares de choque e horror das pessoas, que diziam 'Não, não! Mandem eles parar!' E eu devolvia 'Sim, sim! Mais, mais!'"

"Johnny perdeu duas palhetas durante o show", Fleming lembra, "e peguei uma delas. Semanas depois, as Runaways vieram à cidade e eu acabei dando a palheta para a Joan (Jett). Então, em outra vez, havia um show em Atlanta – 25 de fevereiro de 1978 –, com as duas bandas na mesma noite, eu entrei de penetra com Tom Smith e nos escondemos nas vigas para assistir à passagem de som. A banda saiu do palco ao mesmo tempo que nos aventuramos a sair pra comprar pipoca. Eu disse 'Grande passagem de som. Vocês querem pipoca?' Joey se animou e disse: 'É meu prato preferido', agarrou o saco inteiro e começou a enfiar tudo na boca. Era um cara muito legal."

Entre 23 de abril e 6 de junho, os Ramones embarcaram em uma grande turnê pela Europa com os colegas de selo Talking Heads – bem no auge do punk no Reino Unido.

"[Os] Ramones tinham todo aquele clima de couro, som alto e garotas extremas, de salto alto e normalmente com visual *bondage*, com cabelos loiros descoloridos armados", o baterista do Talking Heads, Chris Frantz, contou a Jim Bessman para *Ramones: An American Band*. "A namorada de Johnny usava um vestido preto de borracha com pelos de axila costurados nele."

Em 26 de abril, a banda viajou por 18 horas para um show em Marselha, que foi cancelado por não haver energia o suficiente para os amplificadores: em Paris – onde Frantz se juntou a Dee Dee em busca de maconha –, os Ramones encontraram um nirvana temporário: havia um McDonald's, uma raridade na França daquela época. A seguir, houve shows na Holanda, Suécia e Finlândia.

"Nunca nos metíamos em encrenca durante excursões", afirma Arturo, "quando muito algumas multas por excesso de velocidade. A primeira vez em que estivemos na Finlândia, o país ainda era território da Guerra Fria – os russos estavam por toda parte. Eles trouxeram cachorros para o show, procurando por drogas ou armas ou não sei o quê. As autoridades seguiram a banda por toda parte. Mas nada aconteceu."

A primeira data na Inglaterra aconteceu em 19 de maio, em Liverpool. "Havia milhares de fãs e gente conhecida seguindo a banda", exclama Linda Stein, que descreveu a turnê europeia de 1977 como *This is... Spinal Tap*,* com discussões sobre quem vai sentar onde na van. "Tínhamos uma mania. Dava para identificar nosso público nas ruas. Eles não usavam alfinetes nas orelhas ou cabelos espetados, não tinham visual militar – eram garotos de *jeans* e cabelos compridos e talvez jaqueta de motoqueiro, caso pudessem comprar uma. Não era com certeza o visual heavy metal do rock glam. Na Inglaterra era diferente por causa dos Sex Pistols. Seus tabloides viviam atrás de nós. Caso Carnaby Street ficasse em Nova York, nunca teria acontecido. Nunca tivemos ninguém usando visual punk na Kings Road."

"E o público, então, conforme fomos seguindo para o Norte!", ela continua. "Oh, meu Deus! Tocamos em Leeds; estávamos todos surpresos naquela noite. Tocamos no Slough College e demos oportunidade àquela de pijama, os Boomtown Rats,[21] de fazer uma grande abertura naquela noite."

"Adoro isso", começa Arturo. "Hã... os Boomtown Rats abriram pra gente, acho que em Manchester, em alguma escola, e Dee Dee devia ter se drogado naquele dia – ou talvez tivesse se drogado exatamente antes de entrar no palco. Dee Dee estava tocando e se sentindo mal. Então, ele foi pro lado do palco e vomitou. E durante todo esse tempo não parou de tocar...!"

"Oh, acho que foi maravilhoso", Vega ri.

---

*N.T.: Filme de 1984, do diretor Rob Reiner, que satiriza o cotidiano de uma banda de heavy metal fictícia mostrada em forma de documentário.

21. Banda pop dos anos 1970 liderada por Bob Geldof; conhecida por explorar tiroteios em escolas americanas para transformar em sucessos número 1 nas paradas e por seu tecladista, Johnny Fingers, gostar de usar camisas de pijama no palco.

"Quando você tem 15, 16 anos, começa a aprender a viver e a manter-se vivo. Ou você aprende a lei da rua ou está fodido. O que eles ensinam na escola não prepara para a vida. Os livros não se comparam a viver no mundo real. Rock'n'roll ensina você a viver." Dee Dee, Tommy, Johnny e Joey. (*Bob Gruen/Star File*)

"D-U-M-B/Everyone's Acusing Me"

Os Tangerine Puppets, por volta de 1966, com Tommy Erdelyi (primeiro à esquerda) na guitarra e John Cummings (de óculos escuros) no baixo. (*Bob Rowland/Richard Adler/Jari-Pekka Laitio*)

Os Ramones originais no palco do CBGBs, 1976. "Havia talvez 20 pessoas assistindo", disse Andy Shernoff. "Os Ramones tocaram 15 músicas em 15 minutos e foi incrível. Eles cortaram todos os excessos. Era surf music, era pop, era hard rock – com uma grande batida." (*Ebet Roberts/Redferns*)

"Os Ramones faziam xixi na bebida dos outros?", pergunta Gary Valentine. "Era impossível dizer no CBGBs. Toda a cerveja lá tinha gosto de xixi." Do lado de fora, no Bowery, Arturo Vega e amiga (no alto, à direita), Dee Dee e Joey (embaixo, à direita) e o empresário dos Ramones Danny Fields (embaixo, à esquerda). (*Godlis*)

"D-U-M-B/Everyone's Acusing Me"

No metrô: "Cara, eles eram tão Nova York... também havia algo irredutivelmente americano sobre eles. Poderiam não existir em outro país ou em outra cidade; ou se tivessem nascido em outro lugar que não o Queens". – David Fricke (*Bob Gruen/ Star File*)

"Quatro irmãos – achei no começo que eles eram irmãos. Todos tinham jaquetas de couro, eram parecidos e cantavam coisas como 'We're A Happy Family'... Gostei dos *jeans* rasgados e tênis... Eles eram como os New York Beatles." – George Tabb (*Arquivos de Michael Ochs/Redferns*)

"Um, dois, três, quatro..." [em inglês, one, chew, free, faw..., uma bincadeira com o som das palavras e alguns trocadilhos]. Joey (no alto, à esquerda), Johnny (no alto, à direita), Dee Dee (abaixo, à direita), Tommy (abaixo, à esquerda). (*LFI/Bob Gruen/Star File/LFI/Godlis*)

Nova York, setembro de 1976. "Quando tocamos ao vivo, tocamos as músicas mais depressa porque as sentimos mais rápidas. Diminuímos a velocidade no estúdio conscientemente. E o fizemos porque esperávamos que tocassem no rádio." – Tommy Ramone (*Bob Gruen/Star File*)

R-A-M-O-N-E-S – os *bro* com as letras. (*Arquivos de Michael Ochs/Redferns*)

Maio, 1977 – Os Ramones posam em frente ao lugar do Cavern Club original, na rua Mathew, em Liverpool. "Sem os Beatles, os Ramones poderiam nunca ter existido, mas, no que me diz respeito, os Ramones são muito, muito superiores aos Beatles." – Lindsay Hutton, editor de fanzine (*Ian Dickson/Redferns*)

Em Friars, Aylesbury – onde a banda fez um bis com ao menos nove músicas –, Johnny ganhou uma grande escarrada, cuja cuspida foi uma manifestação (alimentada pela mídia) da moda do momento.

"Põe esse cara pra fora", Johnny vociferou para um *roadie*.

"Hábito nojento", porque disse depois à *Zigzag*. "Não sei quem começou isso, mas eu tocaria melhor se ninguém fizesse coisas como essa." O redator, Kris Needs, segue detalhando como na vez anterior em que tinha visto os Ramones – no Roundhouse – Johnny estava com os dedos sangrando, porque andava tocando demais.

"Meus dedos estão tão curtidos agora que nem dá mais para cortar", o guitarrista admite. "Naquela noite tinha sangue por toda a minha camiseta, as pessoas pensaram que havia cápsulas de sangue nos meus dedos."

A turnê serviu também para renovar velhas amizades. Em um raro dia de folga, os Ramones foram a Brighton, na Costa Sul, para ver o The Clash tocar: "Foi um grande show", Dee Dee contou ao editor de fanzine Mark Bannister. "Os Buzzcocks (grupo clássico de punk-pop de Manchester, conhecido por seus agridoces e abrasivos *singles*) estavam no show. Eu estava implorando para o Seymour Stein assinar com eles."

Mark perguntou a Dee Dee se o Jam também havia tocado.

"Não!", o baixista replicou veementemente. "Alguém mais estava... os Slits. Não sei, mas... ela estava lá! No balcão, berrando na minha orelha. (Dee Dee imita Nancy Spungen, a namorada legendária condenada de Sid Vicious) 'Oh Sid, Sid!' E mal pude acreditar que ela tinha sotaque inglês. (Dee Dee conhecia Nancy do passado, quando ela era *groupie* do New York Dolls). Queria atirar ela do balcão. Mas ele precisa dela, acho..."

Os Ramones não gostaram da cozinha britânica: "Eles odiaram a comida indiana", Stein suspira. "As pessoas não entendem. Comida italiana era exótica para esses garotos. Não tínhamos um McDonald's em cada esquina de Hamburgo a Glasgow, não havia hambúrgueres na Inglaterra e peixe com fritas não fizeram sucesso – 'Eu só quero uma porcaria de hambúrguer'. Inglaterra era o mundo inteiro para os Ramones." O empresário estava impressionado com o profissionalismo de Johnny. "Qualquer um atrasado cinco minutos seria multado em 25 dólares por John", Linda explicou – uma regra que (em boa parte) manteve Dee Dee sob controle no quesito drogas, principalmente no palco.

"Johnny levava muito a sério os negócios", explica Janis Schacht. "Muito a sério. Era sempre a mesma coisa quando eu aparecia: 'Quanto dinheiro vamos fazer? Pra onde temos que viajar? Quanto estamos vendendo? Ele foi sempre assim desde o começo. Nunca o vi como uma força criativa, mas como quem policiava desde a bebida durante as excursões, ele levava tudo como se fosse um pequeno exército. A banda era multada por tudo – por se atrasar, bebida demais, irresponsabilidade de qualquer tipo. John realmente via os Ramones como um negócio. Não sei para onde ia o dinheiro das multas. Mas vinha do salário dos outros."

Os Ramones podem ter discutido entre si por anos a fio, mas nunca deixaram isso atrapalhar seu forte como banda – apresentar um grande show. O biógrafo Victor Bockris acha que, na verdade, seu relacionamento turbulento provavelmente contribuiu positivamente para suas performances ao vivo.

"[Os] Ramones gostavam de tocar", afirma. "Quando você viaja com pessoas a quem começa a odiar (como aconteceu com os *bro* em uns poucos anos), é difícil lidar com isso. Mas a satisfação proporcionada pela música ultrapassa qualquer coisa. Eles tinham aquele sentimento maravilhoso de estarem em missão, o que dava à sua música uma qualidade e vitalidade grupal quase militar. O rock'n'roll une as pessoas como o sexo: amantes podem se odiar, mas ainda ter um ótimo sexo."

"Perdi o período de bate-boca feroz em 1974", continua, "essa fase acabou quando começaram a gravar. Mas eles definitivamente acreditavam que eram melhores no palco se estivessem putos uns com os outros – então tentavam ficar putos antes de entrar em cena."

Victor faz uma pausa e continua com uma história para ilustrar seu ponto de vista.

"Lembro de uma vez quando estavam viajando na van, tendo um ótimo papo, quase intelectual. Nós os deixamos sozinhos no camarim por uns minutos e daí a pouco quando vi Joey ele estava remoendo pra si mesmo 'Vá se f... é isso aí... vá se f...' – obviamente puto. Eles arrebentaram no palco e fizeram um grande show. Keith Richards disse a mesma coisa em 1979 – que os Stones tocavam seus instrumentos tanto quanto uns aos outros, e para ativar essa qualidade no estúdio ou no palco, tinham de estar putos. É parte do rock'n'roll. É uma parte de tudo – da profissão, do exército –, as pessoas usam o antagonismo para fazer as coisas acontecerem."

Em sua volta aos Estados Unidos, os Ramones tocaram em Madison, Wisconsin – e foram multados. Deveriam receber 450 dólares, mas seu número de 30 minutos não foi considerado longo o suficiente. Foi em torno desse período que a história quintessencial dos Ramones na estrada tomou lugar. A banda estava no Texas quando pararam para se abastecer de doces e outras tranqueiras.

"Saímos todos da van", Monte relata sorrindo, "e o jeito como os locais nos olhavam me fez entender que eles não estavam entendendo nada. Então, um deles me chamou de lado e perguntou se eu era o motorista daqueles pacientes de manicômio. Quis me divertir com ele, respondi: 'Sim, mas não se preocupe, só estão passando o dia fora'."

"E teve também aquela vez em Bremerton, Washington, quando tocamos meia hora em um 'bar de lenhador'", o gerente de turnê acrescenta. "Eles ficaram meio chateados porque estavam acostumados com bandas que faziam shows de uma hora e meia; então os Ramones fizeram o mesmo show outra vez. Eles realmente não sabiam tocar outra coisa. Os lenhadores não ligavam, contanto que continuássemos tocando."

Em 6 de agosto, uma das abomináveis entrevistas com Tony Parsons na *NME* apareceu – os artigos que ajudaram a reforçar a reputação tanto da imprensa de música britânica (na maioria injustificada, porque os críticos não tinham coragem) de "Criamos eles para acabar com eles" quanto do estereótipo dos Ramones como imbecis retardados.

Ironicamente, o membro da banda que Parsons entrevistou naquele dia no Queens foi Tommy Erdelyi – o mais articulado e musical Ramone. Parsons, um babaca no campo McLaren/Bernie Rhodes/Sex Pistols/Clash, obviamente estava tendo seu "dia da entrevista maldita" e se acalmou tirando sarro do sotaque nas réplicas de Tommy.

O jornalista fez pouco do uniforme jaqueta de couro, camiseta, tênis estourados e *jeans* Levi's de outra era com ventilação no joelho. Eram as únicas roupas que os *bro* tinham?

"Sim, é a única roupa que a gente tem há três anos", Tommy disse. (Sua fala está como saiu na *NME*).

"Há quanto tempo?", Parsons perguntou todo pedante, sem entender como outros povos tinham um sotaque diferente do seu próprio.

"TRÊS ANOS!!!", Tommy repetiu, já sem paciência.

"Não estão ficando meio repetitivas?", o crítico desdenhou.

Tommy não estava sendo sarcástico: "Bem, tipo fede um pouco, especialmente quando faz calor", ele riu, tirando sarro da pergunta idiota. "Mas a gente pendura na janela e fica melhor."

Sejamos justos. O artigo ficou muito engraçado. O problema é que o riso provocado era conseguido às custas *dos* Ramones e não *com* eles.

Os Ramones não perdoaram a imprensa musical britânica por um bom tempo depois disso.

Uma semana depois, em 16 de agosto, os empresários Fields e Stein tiveram uma reunião no Premier Talent – a agência por trás do The Who e do Led Zeppelin –, frustrados por conta de os Ramones ainda não conseguirem lugares decentes para tocar. Sabendo que a reputação punk podia fazer com que fossem recusados pela agência, Fields teve a precaução de levar um vídeo de uma apresentação no Uptown Theatre de Chicago – e também sua própria TV e seu *tape deck* ao escritório da Premier. (Naqueles dias, as companhias de entretenimento geralmente não tinham equipamento de vídeo.) Tim McGrath – que se tornaria agente dos Ramones pelos próximos 14 anos – ficou inicialmente desconfiado da "postura *antiestablishment*" da banda e do visual esquisito de Joey. McGrath preferia grupos como (os francamente ruins) Doobie Brothers, Journey e Supertramp.

Foi McGrath o responsável por marcar os Ramones com os Kinks, com os horríveis shows do Black Sabbath e com Eddie Money. Você deve ter pensado que alguém disse algo.

O dia 16 de agosto de 1977 também foi a data em que Elvis morreu.

Joey Ramone e amigos estavam andando pelo Lower East Side, perturbados. Ninguém tinha conseguido pensar em uma homenagem justa para o Rei. "Então, alguém teve a ideia de comprar miolos frescos", disse Deer Frances, amiga de Joey que estava lá naquele dia, falando em um tributo a Joey em 2001.

"Fomos ao CBGBs e jogamos os miolos por toda parte!", ela relembra. "As pessoas entraram no clima."

8

Teenage Lobotomy

COMO VOCÊ FOI chamado para fazer as capas de Rocket To Russia *e de* Road To Ruin?

"Foi o Johnny. Primeiro ele queria que fizéssemos a capa interna de Rocket To Russia. Então, pensamos em fazer no estilo da revista Punk – *fotografias*, cartoons, um monte de coisas diferentes. Joey queria fazer uma foto para 'Teenage Lobotomy' com um cérebro de vaca. Roberta tirou a foto no loft dos Ramones e depois fomos ao CBGBs e colocamos os miolos por toda parte: miolos sobre a máquina de pinball, no balcão do bar, no palco, para que as pessoas os achassem. Foi muito divertido, mas Johnny não gostou da ideia de misturar as coisas. Os Ramones gostavam da imagem do Pernalonga (usada para ilustrar a letra de 'Rockaway Beach') –, assim, fiz todos os cartoons da capa interna. Era muito trabalho para apenas alguns dias."

Posso imaginar.

"Johnny me pediu para fazer a contracapa também. E descreveu o que queria: o pinhead e o míssil, o pequeno africano na África. Falei um monte com Johnny naquela fase. Era um cara engraçado e com boas ideias. Para Road To Ruin, um fã tinha mandado para ele um desenho da banda com uma pata de lagosta saindo dos alto-falantes e uma cobra.[22] Eles queriam o mesmo desenho refeito, de uma forma mais profissional, sem a cobra. Queriam saber quem poderia fazer. Disse que Wally Wood (famoso artista dos quadrinhos, célebre por seu trabalho nos anos 1950 na revista Mad – quadrinhos que formataram uma geração de humor) seria perfeito, mas ele estava doente e sugeriu que conversássemos com um de seus assistentes, Paul Kirchner, que fez Dope Rider".

---

22. Gus MacDonald deu a ilustração a Arturo Vega em Glasgow, durante o "fim de semana punk rock" escocês, em maio de 1977. O original de Gus destacava Tommy na bateria.

Não sei se conheço esse quadrinho.

"Era uma tira muito boa do High Times *sobre um esqueleto, como um* western spaghetti. *Paul desenhava com um estilo parecido com o do* Wally, *porém mais inconstante. Então, ele pegou o desenho e o reinterpretou em três dimensões. Eles não gostaram. Ele fez 30 rascunhos e pendurou na parede em uma sala e Johnny me pediu para escolher um. Eram horríveis. Ele disse: 'John, o que vamos fazer? A capa tem de ficar pronta em três dias'. Eu estava tentando finalizar a próxima edição de* Punk, *disse: 'Ok, me pague um monte de dinheiro e eu faço.'*

E ele pagou?

"*Ganhei mil dólares – saiu barato, eu acho.*"

Você teve algum direito de merchandising?

"*Não, devia ter pedido. Não faço dinheiro com as camisetas nem nada. Às vezes acho que devia processar, mas... é a minha palavra contra a dos outros.*"

Quando você estava fazendo os cartoons *para* Rocket To Russia, *o que passava pela sua cabeça?*

"*Em quanto tempo consigo acabar isto? Para 'Ramona', fiz o desenho de uma garota punk rock. O que poderia ser mais rápido?*"

Você estava tentando fazer desenhos engraçados de forma consciente?

"*Eram letras engraçadas, tentei dar uma interpretação bem-humorada nos desenhos. Não tinha tempo para pensar muito a respeito, sabe? Parecia que eles sempre decidiam tudo em cada disco na última hora. Não sobrava muito tempo para pensar em coisas bem sacadas.*"

(Entrevista do autor com John Holmstrom,
editor da revista *Punk* e ilustrador de capas)

Os Ramones começaram a gravar seu terceiro álbum, *Rocket To Russia*, em 21 de agosto de 1977 no Media Sound, em Nova York – uma velha igreja episcopal, transformada em estúdio pelas pessoas que o fundaram, as mesmas que levantaram dinheiro para Woodstock. O engenheiro Ed Stasium tinha gravado lá em março de 1970, com sua antiga Brandywine: "Eles tinham uma mesa de som Neve 8078, uma variada seleção de velhos microfones e uma boa acústica". O Media Sound tinha um dos sons de bateria mais potentes da cidade, não que você possa perceber isso em *Russia*, porque Tommy –

coproduzindo com Tony Bongiovi mais uma vez – manteve a bateria em volume baixo na mixagem.

A lenda sobre os Ramones diz que havia nesse estúdio uma engenheira chamada Ramona – verdade, mas ela não tinha nada a ver com a música de mesmo nome: "Johnny mandou ela sair durante as gravações; não era permitido a presença de mulheres durante as gravações da banda", Stasium explica. "A música foi escrita antes de os Ramones a conhecerem."

Bongiovi – que mixou o sucesso do disco "Star Wars Theme" – estava em processo de montagem da Power Station. Os Ramones foram o primeiro grupo a mixar lá. "O terceiro andar estava vazio, a não ser pela sala de controle", Stasium lembra. "Não tínhamos mesa de som, efeitos, reverberação digital, nada. A reverberação que você escuta no disco vem da escadaria do prédio no East Side, onde montamos algumas caixas de som."

Não havia muitos momentos de folga entre *takes* – o tempo era escasso a 150 dólares por hora de estúdio. Johnny gravava sua parte e ia embora em seguida; Joey, que estava se tornando mais perfeccionista sobre seus vocais a cada novo disco, ficava mais tempo; Tommy, é claro, tinha de estar sempre por perto.

O álbum custou entre 25 e 30 mil dólares para ser feito – um valor baixo comparado ao orçamento de selos de maior porte, mas um salto considerável desde *Ramones*.

"Não importa se você gasta cem ou 30 mil dólares", o guitarrista explicou. "É melhor gravar rapidamente. Se o engenheiro diz que um *take* está bom, deve-se ir para o próximo. Você não deve ficar lá enrolando: é o seu dinheiro que está sendo gasto."

Johnny tocou todas as guitarras, com exceção da parte extra em "Sheena Is A Punk Rocker", na qual Stasium pegou sua velha Stratocaster para dar o toque dos Beach Boys. Stasium também fez vocais de fundo em algumas músicas, os ternos "uuus" – e novamente foi esquecido na porcentagem e nos créditos porque "eu era ingênuo. Isso voltou a acontecer em *It's Alive* e *Road To Ruin* e no resto deles. Quando Tony me chamou para participar desses álbuns, pensei que estava na produção – e eles eram lançados e havia outra função ao lado do meu nome. 'Ah', diziam. 'Da próxima vez você vai ter crédito de produtor'".

"Tony Bongiovi não fez nada nesse álbum", Johnny declarou em 1982 em um artigo da *Trouser Press*: "Ele nem estava lá!"

Para se alimentar, a banda devorava cheeseburgers, batatas fritas, milk shakes, queijos quentes... "Provavelmente hambúrgueres", pensa Stasium. "Era tudo o que comíamos."

"Estávamos indo bem, no auge da energia, fazendo turnês e tudo", Tommy disse a David Fricke. "Achávamos que tínhamos conseguido, que estávamos na plataforma de lançamento. Mesmo que fosse um pouco atrapalhado escrever as músicas porque tínhamos que fazê-lo em quartos de hotel – uma vez chegamos a escrever no estúdio –, sentíamos que estávamos no controle, que estávamos no auge."

Um tema principal de *Rocket To Russia* (originalmente chamado de *Ramones Get Well*) é doença mental – "Cretin Hop", a inigualável "Teenage Lobotomy", "I Wanna Be Well", "Why Is It Always The Same Way?", "We're A Happy Family" –, a dieta televisiva da banda, constituída da programação de horror mais barata da madrugada, quadrinhos pervertidos, abuso de drogas (Dee Dee) e a temporada de Joey no hospital para doentes mentais, mas era tão engraçado, tão humano. Em nenhum lugar era possível detectar paternalismo por parte dos Ramones aos seus objetos disfuncionais e dançarinos cretinos: os rostos maníacos e sorridentes dos desenhos de Holmstrom – devendo mais que uma simples referência aos quadrinhos de Harvey Kurtzman, criador da revista *Mad* – que acompanhavam as letras fizeram com que tudo parecesse engraçado e divertido, como desenhos de Tex Avery (Pernalonga e Patolino) de cabeça raspada e lobotomia grau A. Hilariante. As canções em *Rocket To Russia* talvez tenham sido as mais engraçadas do rock'n'roll desde que Bonzo Dog Doo Dah Band e os Beatles gravaram "You Know My Name" nos anos 1960.

"Não sei de onde a coisa da doença mental veio", diz Tommy. "Acho que estávamos tentando fazer nosso som menos mental possível. Os caras eram superfãs de filmes B – e talvez fossem também de instituições mentais. Não tenho certeza."

"Joey e Dee Dee não pensavam em si mesmos como anormais", sugere Arturo, "mas sabiam que as pessoas os consideravam *outsiders*. E isso é algo que é agora relacionado diretamente tanto a doentes mentais quanto à arte *outsider*. Acho que eles pensavam que era engraçado que houvesse pessoas como aquelas e que era normal elas conviverem no mundo. Essa era a mensagem – tá tudo bem. Tudo vai dar certo."

Caso fosse para escolher oficialmente, *Rocket To Russia* é o melhor álbum (de estúdio) feito pelos Ramones. Sem dúvida contém algumas de suas melhores músicas.

"Se há uma grande música gravada por mim, deve ser 'Teenage Lobotomy'", disse Ed Stasium a Fricke para *Anthology*. "É uma minissinfonia dos Ramones. Tem todos os elementos do que é grande neles em uma única música: a introdução da bateria e o canto 'Lobotomy'; os discretos uuuus na harmonia de fundo, o assunto." Stasium também aponta as desconcertantes mudanças de tempo e de tom na belamente trabalhada progressão de acordes de Johnny, sincronizada de modo perfeito com o tempo rígido de Dee Dee e Tommy. Johnny escreveu algumas das passagens, Tommy escreveu outras. "Não havia muitas bandas com modulações em suas músicas", o engenheiro explica. "Os Ramones sempre tiveram modulações. Estavam sempre mudando de tom."

"Lobotomy" é um clássico dos Ramones solidamente construído – rima "cerebellum" com "tell 'em", caramba! O mesmo vale para "Sheena" e o canto de "Cretin Hop."

"1-2-3-4/Cretins wanna hop some more" [1-2-3-4/Os cretinos querem pular mais], Joey canta com satisfação evidente em "Cretin Hop". O hi-hat de Tommy se ultrapassa enquanto Johnny e Dee Dee cuidam da sólida base rítmica do rock. "Foi algo que veio quando estávamos em St. Paul, Minnesota", Joey explica. "Fomos a um lugar pra comer e havia esses cretinos por toda parte. E havia uma Avenida dos Cretinos, por onde entramos na cidade."

"Rockaway Beach" é ainda melhor, se isso é possível – insanamente cativante, com harmonias e um final falso no refrão que deixaria Brian Wilson orgulhoso. Dois minutos e seis segundos de absoluto nirvana pop. Um assunto natural para uma banda tão apaixonada pela América dos anos 1960 e as guitarras surf dos Ventures – um hino à costa marítima ao sul do Queens, escrito por Dee Dee (excursionando pela Inglaterra, dentro de uma van).

"Dee Dee costumava pegar o ônibus pra lá – ele era o mais praieiro de nós", Tommy Erdelyi disse a Ira Robbins. "Estive lá talvez umas três vezes na vida. Dava uma boa pernada de Forest Hills (Queens)". Joey concorda. "Dee Dee passou mais tempo lá do que eu", diz ele. "Era mais do que lazer para ele e para Johnny."

É claro que "Rockaway Beach" foi lançado como *single* em novembro de 1977 – tempo sazonal perfeito para seu clima "mastigando chiclete bubblegum no mesmo ritmo", de acordo com o esplendor do verão. Nada disso.

"Saiu do nosso controle", diz Joey. "Muitas coisas ficavam ridículas quando eram lançadas." O compacto alcançou as alturas do número 66 na parada *Billboard* e ganhou a alcunha dúbia de ser o maior sucesso dos Ramones nos Estados Unidos.

"Você já esteve em Rockaway Beach?", o ex-punk residente da revista *Punk* e autor de *Please Kill Me*, Legs McNeil, pergunta nas notas de capa do relançamento em CD de 2001 de *Rocket To Russia*. "O lugar é um esgoto. Multidões de garotas depravadas de biquíni e salto alto, garotões bebendo cerveja escondida em pacote de papel pardo, esperando pra entrar na próxima briga. Todos loucos de bola... romantizar um boteco desses seria como escrever uma balada sobre encontrar o verdadeiro amor em Spahn Ranch".*

Mas esse era o gênio dos Ramones: eles podiam encontrar beleza nos lugares mais improváveis.

Uma das primeiras reportagens sobre *Rocket To Russia* na *NME*, datada de 15 de outubro (um mês antes do surgimento do álbum), dizia que "Here Today, Gone Tomorrow" representava uma ruptura com os dois primeiros álbuns: "É uma lenta balada de amor cantada com certo grau de ternura". Ainda mais surpreendente era o solo de guitarra – o primeiro dos Ramones –, não exatamente longo, perceptível, uma frase justa em brevidade, mas chocante porque, como o crítico do *Village Voice*, Tom Carson, escreveu, "pela primeira vez em 15 anos, não se esperava um solo".

Ironicamente, essa música foi uma das primeiras que Joey escreveu antes de os Ramones existirem. "Era sobre alguém ter de pagar o preço", explicou o cantor, de alguma forma, literalmente. "Você sabe o que eu quero dizer?"

Outros destaques incluem uma dupla de canções de amor em ritmo rápido. "Locket Love" e "Ramona" – a última ilustrada com um desenho de Holmstrom de uma doce punkete vestida com a clássica jaqueta de couro e *jeans* rasgados, encostada em um desolado muro de prédio nova-iorquino.

Em outro lugar, "I Don't Care" traz de volta o minimalismo negativo das primeiras músicas "I Don't Wanna" para levá-lo à sua conclusão lógica – "I don't care", Joey lamenta com uma assustadora intensidade vezes seguidas, "about that girl. I don't care", diz novamente, incontáveis vezes, "sobre este mundo". Está dito. "Por que ficar empacado

---

*N.T: Rancho da Califórnia que serviu como locação para produções *westerns* para cinema e TV. No final dos anos 1960, já em decadência, alojava Charles Mason e seu grupo, famosos por assassinar a atriz Sharon Tate, esposa do diretor Roman Polanski, em 1969.

especificando?", McNeill pergunta retoricamente. "Simplesmente despeje a coisa de uma vez."

Dois destaques são capas: a versão inteira de "Do You Wanna Dance?" – um sucesso gravado anteriormente por Bobby Freeman, pelos Beach Boys e por Bete Midler, mas nunca com semelhante alegria descontrolada – que teve lançamento como compacto no começo de 1978 nos Estados Unidos e na Inglaterra com faixas raras no lado B (nos Estados Unidos, "Babysitter"; na Inglaterra, "It's A Long Way Back To Germany", uma magnífica fala fora de ritmo sobre solidão). Então, há o arrasador de público "Surfin'Bird", *cover* do sucesso de 1964 do Trashman com seu "papa um mau mau" e o riso insano e gutural da pausa – escolhido depois que os Ramones ouviram os Cramps tocando uma versão igualmente rouca.

"Tivemos de gravar 'Surfin'Bird' algumas vezes", Stasium disse a David Fricke. "Acho que Joey não estava cantando sozinho (na faixa básica) e é difícil seguir sem o vocalista. É basicamente um acorde só. E para a pausa do meio – os ruídos vocais do Joey – simplesmente paramos e tentamos prever o tempo que essa parte levaria."

"Quando estávamos tocando 'Surfin'Bird' na Califórnia, em 1977", Joey lembra, "um garoto amarrou uma corda nos pés de uma gaivota morta e começou a girar como se fosse um laço de rodeio. Ele estava girando e girando e soltou. A coisa acabou se enroscando no pescoço de Dee Dee."

"We're A Happy Family" é a música que resume a perturbada visão de mundo dos Ramones – um engraçadíssimo conto do dia a dia no Queens, encarando tiozinhos gays e comprando maconha. É como o tema dos Ramones, uma lição de história para os fãs que ficam imaginando de onde vem o panteão de aberrações dos *bro*. É claro que todos existem na realidade – é a clássica família disfuncional norte-americana representada em filmes como *Beleza Americana* e *Os Excêntricos Tenenbaums*, de 2001 (que continha "Judy Is A Punk" na trilha sonora) – por que não existiriam?

"Provavelmente a doença mental no álbum estava lá por conta da doença mental na banda", diz Stasium, antes de acrescentar apressadamente, "tô brincando. Não havia nada de errado com os Ramones, com exceção da desordem obsessiva/compulsiva de Joey. Toda vez que Joey deixava uma sala, ele tinha de por seu pé para trás por um segundo, não importa onde a sala ficava. Isso se tornou um problema, particularmente quando Monte tentava tirá-lo de um camarim ou colocá-lo em um avião, mesmo doce como ele era."

"É como um filme de horror engraçado", o engenheiro explica pacientemente. "Eles não estavam pensando seriamente em uma lobotomia adolescente. É uma piada."

"Cresci em New Jersey em uma vizinhança suburbana", diz Carla Olla (guitarrista de Deborah Harry e de Dee Dee Ramone durante os anos 1990), "então *Rocket To Russia* era como achar uma peça de ouro aos 14 anos. Toquei por vezes a fio. Fiquei feito uma criança em uma doceria. Era engraçado em primeiro lugar. Não havia muitas bandas que não levassem a si próprias incrivelmente a sério. Fui vê-los tocar o maior número de vezes que consegui – cabulei aula, fugi de casa e fiquei surda por três dias. Era uma grande fã do Johnny, gostava da altura em que ele segurava a guitarra e do fato de ele beber Yoo Hoo. Ele me intimidava. E ainda me intimida. Ele é quem manda, quem grita com os empregados dizendo que ganham demais."

Steve Pond, da *Rolling Stone*, considera *Rocket To Russia* um dos discos essenciais dos anos 1970. Robert Christgau deu um "A" no *Village Voice* (como se rock'n'roll fosse uma matéria como matemática ou biologia). Na *NME*, Nick Kent não estava tão entusiasmado: "Este álbum é um pouco mais que o resumo do que já foi citado", escreveu, "(ou) talvez o fato de o último movimento dos Ramones ter acontecido quase ao mesmo tempo em que o LP dos Pistols tenha me aborrecido; ou então paixão, neurose e frustração sejam os verdadeiros significados do rock'n'roll."

Pode até ser, como os Ramones expressaram em cada uma de suas primeiras músicas – mas com doses liberais de humor? Karl Tsigdinos, colega crítico inglês, estava perto da verdade quando afirmou: "A única coisa que importa quando tocamos um disco dos Ramones é o disco em si... A reação de Kent, entretanto, foi uma justa indicação da divisão que começou a haver entre os Ramones e seus primos britânicos – não eram 'sérios' o suficiente para a politizada imprensa musical, e nem artísticos o suficiente para serem catalogados junto com seus antigos pares no CBGBs, como o Talking Heads; os Ramones estavam se tornando párias da cena que eles próprios tinham ajudado a inspirar. Ninguém gosta de ser visto se divertindo com desenho animado, embora todo mundo goste". (Não foi até o advento dos Simpsons, duas décadas mais tarde, que essa arte que vinha sendo subapreciada passou a ter alguma respeitabilidade no *mainstream* dos Estados Unidos.)

A situação dos Ramones também não foi ajudada por dois incidentes que ocorreram no final do ano.

"Why Is It Always This Way?" [Por que é sempre assim?], pergunta a última música de *Rocket To Russia*.

A Sire assinou um contrato de distribuição com a Warner Bros., conseguindo assim o apoio de uma das "grandes" da indústria do entretenimento pela primeira vez. Em agosto, os Ramones tocaram em duas datas no nordeste dos Estados Unidos com Tom Petty And The Heartbreakers; em outubro eles se comprometeram em uma miniturnê com Iggy Pop. Mas quando estavam prontos para sua grande temporada, os Sex Pistols lançaram *Never Mind The Bollocks* e se tornaram o estereótipo do punk: alfinetes, táticas de choque, overdose de drogas, cuspidas, linguagem de baixo calão, calças de *bondage*, empresários rufiões esperneando por aí, dizendo que a banda tinha inventado a roda. Qualquer chance que os Ramones tinham de tocar no rádio se evaporou em uma nuvem de afrontas.

"Entrei na Media Sound no primeiro dia", Stasium contou ao jornalista da *Mojo*, Michael Hill, "e Johnny estava com o disco dos Pistols, de 'God Save The Queen', dizendo: 'Esses caras nos deram uma rasteira e quero ser melhor que eles'. Pusemos o disco pra ouvir e dissemos: 'Sem problemas'".

"A Warner estava empenhada em romper com os Ramones", explica Seymour Stein, "e, quando não aconteceu, infelizmente eles ficaram manchados com a imagem de banda *cult*. Com somente um grande sucesso poderiam ter vendido milhões de álbuns. Isso é tudo o que teria acontecido."

Em 19 de novembro, Joey sofreu um acidente antes de entrar no palco do Capitol Theatre, em Passaic, New Jersey, que provocou no vocalista queimaduras de segundo e terceiro grau, levando-o ao hospital – depois de terminado o show.

"Joey fazia esses exercícios de respiração", explica Linda Stein. "Ele sofria de asma e tinha de cuidar da garganta. O que lembro é que ele foi gravemente queimado pelo vaporizador e o levamos mais tarde ao hospital, onde ficou durante uma semana, em agonia. A água do vaporizador deve ter espirrado nele... Não sei como conseguiu fazer o show nesse estado."

"Joey saiu com esse creme branco, feito o Bob Dylan no *Rolling Thunder Revue*", lembra-se Stasium.

Janis Schacht tem lembranças um pouco diferentes dessa noite: "Foi algo que sua professora de voz tinha dito para ele fazer, aspirar vapor para aliviar a sinusite – o que deve ser feito sobre um recipiente aberto e não um bule. Alguém tinha posto plástico no bico do bule e ele explodiu no rosto de Joey".

Joey foi levado ao hospital, onde puseram pomada em seu rosto.

"Infelizmente", Schacht continua, "é a pior coisa que se pode fazer em caso de queimadura; o certo é por gelo. Então ele voltou, fez todo o show sem perder o ritmo uma única vez – aquela pomada derretendo em seu rosto, feito um palhaço, branco, branco, branco. Eu estava ao lado de Linda Stein, que não tinha ideia de como a queimadura era grave. Eu queria matá-la – por que ele estava no palco? Em vez de levá-lo ao hospital depois do show, eles o levaram para casa. Ele não podia falar no dia seguinte. Foi muito sério."

"Ele acabou no Centro Hospitalar para Queimaduras de Nova York por três semanas e não uma", ela corrige. "Toda a sua garganta estava cheia de bolhas. Dei a ele um livro infantil para colorir, *Little Paint By Numbers*, do Snoopy, para mantê-lo animado. Durante a turnê britânica, no mês seguinte, ainda dava pra ver a queimadura em seu peito. Ele nunca gostou de falar sobre isso."

O resto da turnê nos Estados Unidos teve de ser cancelada. Durante a primeira apresentação, depois do acidente, em Carlisle, na Inglaterra, Joey aproximou demais o microfone do corpo, deixando pendurado nele um pedaço de pele de cerca de 15 cm.

Joey, entretanto, fez bom uso do trauma ao escrever "I Wanna Be Sedated" nos bastidores do show em Canterbury, na Inglaterra, em dezembro (é a cidade relatada, mas é mais provável ter sido em Cambridge). "Ele me telefonou do hospital e me pediu para escrever as linhas 'I wanna be sedated/And Matt tried to have cremated' [Eu quero ser sedado/E o Matt tentou me ver cremado] (Matt era o *roadie* que armou a chaleira explosiva)", Schacht ri. "Era o normal de Joey. Ele frequentemente me ligava para tocar coisas em sua guitarra de duas cordas, coisas que tinha ocorrido a ele."[23]

---

23. Joey tocava em uma Yamaha de braço curto, de duas cordas – às vezes quatro – roubada de um frequentador do *loft* de Arturo. Tinha intenção de comprá-la, mas por algum motivo o cara roubou 500 dólares de Arturo e Joey ficou tão aborrecido que decidiu que "o único jeito de devolvê-la ia ser na cabeça dele". Joey não era o guitarrista mais comprometido:

"Eu estava lá quando Joey escreveu 'Sedated'", diz Stein. "Ele estava sentado, escrevenda, todo curvado, como costumava fazer, em uma página arrancada de um caderno."

Também, por volta de outubro, a banda teve seu caminhão e todo o equipamento roubado, incluindo a querida Mosrite azul de Johnny, que nunca foi recuperada.

"Perdemos quase 30 mil dólares em equipamentos", Dee Dee disse a Colin Keinch da *Zigzag*. A banda revelou, então, que ganhava um salário de cem dólares por semana – "dá cerca de 55 libras", Johnny traduziu. "A turnê custa 750 dólares por dia, e às vezes somos pagos somente com 250 dólares. Em São Francisco (onde 'Rockaway Beach' era número um nas paradas do rádio), provavelmente vamos tocar no Winterland para 4 mil pessoas por apenas 750 dólares." Alguém estava sendo roubado.

Johnny disse a Keinch o que tinha achado do show dos Sex Pistols na Universidade de Brunel, duas semanas antes, "terrível... terrível... eles são uns chatos. Não podia acreditar que pudessem ser tão ruins."

O sentimento era recíproco: o vocalista dos Pistols também achou os Ramones entediantes. "Caras", Rotten disse a um jornalista da *Circus*, cuidando para não perder sua frieza sarcástica. "Eu trabalhava em uma fábrica de sapato e ouvia a mesma porcaria de martelação o dia inteiro. Não preciso dos Ramones pra repetir a experiência."

No Natal, os Ramones assistiram ao concerto de inverno dos Kinks no teatro Rainbow, em Londres.

No dia seguinte à entrevista da *Zigzag*, a banda também tocou no Rainbow – véspera de Ano-Novo, 1977. O escritor Victor Bockris, que passou a noite com o grupo, assim os descreve: "Eram inocentes, jovens e sensuais. Era muito agradável vê-los, porque normalmente pessoas que passam tanto tempo na estrada acabam queimadas. Dee Dee era o mais atraente porque era naturalmente animal. Tinha uma forte vibração sexual em sua alegria de viver".

Também estavam presentes os Rezillos da Escócia, os "punks de meio período", Billy Idol e sua Generation X: "Havia algum buchicho em torno deles àquela época", explica Linda Stein, "então achamos que poderíamos alimentar isso. Jogamos balões do teto durante 'Pinhead' – para nós, uma grande produção. Eu estava parada ao lado do palco com Danny Fields quando Billy Idol espirrou uma garrafa de champanhe na minha cabeça achando que fosse algo punk para se fazer. Fiquei verde de

---

"Algumas delas [das cordas] ficaram velhas, você sabe", ele disse a Lester Bangs. "E tive que arrancar com alicate, sabe". Ele também tocava "esfregão" e "taco de sinuca".

raiva, peguei-o pelo colarinho para encostá-lo na parede e disse: 'Você é um tremendo de um idiota'".

"Fui ao camarim depois que eles saíram do palco", continua Bockris, "e Sid Vicious estava sentado em uma banqueta com Nancy ajoelhada em frente dele, com a cabeça enterrada em sua virilha. Ele parecia muito lindo, vibrante e cheio de vida. Johnny Rotten também estava lá, cercado por sua trupe, mantendo seu silêncio de pedra."

Depois, a banda entrou em três enormes limusines com o jornalista e o empresário e foram ao restaurante do Elton John: "Eles estavam putos com o Seymour porque achavam que não havia pôsteres suficientes nos arredores", Bockris relembra. "Achei patético – lá estavam os Ramones logo depois de uma grande apresentação e não havia nenhuma festa preparada para eles, nenhuma recepção. Em vez disso, foram arrastados para um restaurante chique, sentaram-se em um salão vazio e esperaram para ser atendidos por homens usando *kilt*. Só o Dee Dee tinha uma garota com ele."

Linda Stein discorda: "Havia várias festas em lugares diferentes para eles – no Morten's, em Covent Garden, o restaurante do John Reid. Sir Elton apareceu em um dos shows. Tenho uma foto dele nos bastidores, todo de preto com um quepe de policial. Eu estava usando roupas da Seditionaries, um conjunto. Ele pensou que fosse algum tipo de vaia aos Ramones."

"Você tem de saber quando é hora de parar", Elton disse a Johnny Ramone. "Estou exausto e só tenho 30 anos. Não quero parar quando for um roqueiro velho."

A garota com Dee Dee possivelmente era Vera Colvin, com quem o baixista se casou em setembro de 1978. (Uma edição de 1976 da *NME* afirma que Johnny estava vivendo com sua mulher Rosana no Queens, mas os Ramones eram muito zelosos com sua vida pessoal. A banda era um time, uma gangue, e era só isso que o público precisava saber.) Uma reportagem de 1980 da *Melody Maker* afirma que Dee Dee encontrou Vera pela primeira vez no Max's Kansas City e não a procurou novamente até que a garota com quem ele estava vivendo o chutasse. Tommy lembra-se do casamento: "Foi muito bom, uma cerimônia religiosa tradicional seguida por uma festa. O padre fez um discurso sobre a santidade do casamento. Foi um casamento dos grandes... a noiva devia ter família grande. Acho que foi em Long Island."

Dee Dee tinha o nome Vera tatuado no ombro e o casal ficou junto até 1989, um mês antes de o baixista sair dos Ramones. Johnny, em um eco distante dos Beatles – temia pela imagem do grupo e se recusou a tornar seu casamento público.

"Gostei quando Dee Dee se casou com Vera", diz Arturo. "Ela ajudaria a mantê-lo sob controle. Além disso, eu também gostava dela, e acredito que o amor é um bom remédio para muitas doenças."

Danny Fields e Linda Stein acham que Dee Dee deve ter tido uma série de casos com estrelas como Farrah Fawcett, "então quando soube que (ele) estava se casando", Linda disse em *Please Kill Me*, "mal pude acreditar. Mas ele escolheu ser completamente domesticado e se estabelecer em Whitestone, Queens – com seu faqueiro, sua porcelana, seu conjunto de sala de jantar...".

"A melhor coisa sobre Dee Dee", explicou, "é que ele dormia com todo mundo... e fazia com que as pessoas se sentissem bem. Ele era uma piranha profissional! Dee Dee e eu tivemos um caso – e sou mãe de dois filhos!"

VOCÊ JÁ SE SENTIU amargo pelos Ramones serem pouco reconhecidos?

"Bem, eu me sinto muito feliz com o que nos tornamos. Sempre fizemos tudo da nossa própria maneira, nunca nos comprometemos. Sempre mantivemos altos ideais e integridade. Revolucionamos o rock'n'roll e trouxemos uma nova atitude e energia à música e transformamos o mundo à nossa volta, influenciamos quase toda banda que surgiu depois de nós desde 1975. Nosso álbum em 1976 realmente agitou o panorama. Fomos catalisadores da nova música e nunca tivemos o reconhecimento que merecíamos, mas também me sinto confortável. Não nos coloco no mesmo nível que ele, mas sempre gostei do jeito com que David Bowie manteve o que queria fazer sem virar um grande astro futurista. Vários músicos se tornaram mega-astros, mas não há credibilidade que os sustente mesmo que sejam incríveis. Nunca tocamos nessa magnitude, mas o fizemos indiretamente. Todos nos têm em consideração. Ando pela rua e garotos vêm me dizer: 'Caras, vocês são o máximo. Vocês nos inspiraram e começamos uma banda'. Isso faz com que me sinta bem e queira manter e praticar minhas crenças iniciais. Muitas bandas perderam de vista sua razão de ser."

Quais eram seus objetivos iniciais?

"Ser uma das bandas mais incríveis por aí... É uma coisa muito verdadeira. O rock'n'roll durante os anos 1950 e 1960, desde a infância até o período experimental, era entusiasmante e vivo, além de divertido, um prazer. Nos anos 1970, tornou-se um grande negócio, muito planejado e envernizado, polido. Foi contra isso que reagimos

quando começamos. O ano de 1976 foi o auge da era disco na América com a Donna Summer e o rock corporativo feito o Boston, o Journey, o Foreigner e as bandas do Sul, como os Eagles e a Linda Ronstadt. Também havia bandas como os Styx e o Pink Floyd, que não estavam tocando música animada, não estavam tocando para o público. Estavam tocando com alguma arrogância. Estávamos fazendo música para recuperar o rock'n'roll, examinando a fundo, extirpando para montar tudo outra vez. Era quase como um cano entupido que você precisasse desobstruir. Deixar o ar fresco entrar. Deixar respirar. Foi o que fizemos. Também há o fato de os roqueiros estarem se levando muito a sério. Trouxemos a diversão de volta para o rock'n'roll. Foi isso que tínhamos em mente – fazer música divertida, excitante e com colhões. E foi o que conseguimos fazer. Desde então, as coisas me parecem mais promissoras. Tudo está mais pauleira e excitante."

Depende do que você está examinando.

"Os anos de 1976 e 1977 nos Estados Unidos e na Inglaterra me lembram demais a British Invasion de 1964 e 1965. Havia muitos artistas inovadores e imaginativos como os Pistols, o The Clash, os Damned e os Saints, da Austrália. E tinha também os Pretenders. Era muito forte. Agora tudo está voltando para a época em que as coisas começaram a ir pelo ralo – as bandas de metais, o entretenimento corporativo, a música totalmente superficial. É uma merda. Há uma pequena minoria que faz som realmente bom e palatável e imaginativo e inovador."

Isso torna importante os Ramones estarem presentes na cena?

"Sim. Provavelmente nos torna mais importantes que nunca, porque não puxamos o saco de ninguém. Por isso não temos álbuns triplos de platina Número Um. Nunca nos dobramos ou nos comprometemos com o intuito de seguir em frente. Temos substância. Sabemos o que é bom, sabemos do que gostamos e estamos pouco nos fodendo."

(Entrevista do autor com Joey Ramone, 1989)

A turnê inglesa foi gravada e posteriormente lançada em abril de 1979 como o álbum duplo de 28 músicas *It's Alive*. (A 17,821428 *pennies* por faixa – como a campanha publicitária britânica alardeava –, o álbum deve ter custado na época 4,99 libras). A maior parte das músicas foram tiradas do show no Rainbow, onde dez fileiras de assentos foram arrancadas e atiradas no palco. Surpreendentemente, o álbum não foi lançado nos Estados Unidos até os anos 1990 – apesar de ser considerado um dos maiores álbuns ao vivo de todos os tempos, ao lado dos dois volumes de *Live At The Apollo*, de James Brown, *No Sleep Till Hammersmith*, do Motorhead e *Live At Leeds*, do The Who – sabe Deus o que a Sire estava planejando ao não fazê-lo.

It's Alive retrata a banda em pleno auge: as músicas incluem... realmente tudo. Os hits se seguem, incansáveis, um após outro. É o álbum perfeito dos Ramones.

"Você sabe como é ouvir os Ramones?", perguntou Charles Shaar Murray[24] na *NME*. "É como comer cerejas, amendoim ou Confeti: impossível comer só um."

"Um álbum duplo ao vivo dos Ramones!", diz, entusiástico. "São 28 faixas de diversão ininterrupta! Por que o rádio não é assim? Por que temos que comprar discos dos Ramones para podermos ouvir músicas pop perfeitamente simplificadas ao enézimo grau, detonadas a uma perfeita velocidade roqueira com precisão de armas de fogo? Por que os Ramones não existiam antes de Jerry (sic) Hyman, Derek (sic) Colvin, Tommy Erdelyi e John Cummings tê-los inventado?"

Murray apontou (corretamente) que *It's Alive* soa menos um álbum duplo padrão do que um Top Five verdadeiramente espontâneo – "a melhor lição na arte da construção do *single* pop de um grupo que ainda tem a conquistar um hit propriamente dito". A crítica acaba apontando que "ramonear" é um verbo e que "esse álbum ramoneia mais que qualquer outro disco já o fez".[25]

"Gravamos *It's Alive* no estúdio móvel da Island Studios", recorda Stasium, que finalmente conseguiu um crédito de coprodutor (junto com Tommy). Ele ri. "Lembro que havia várias revistas pornográficas suecas no ônibus. Além disso, o resto estava muito calmo. O álbum é uma maravilhosa representação da banda em 1977 – os Ramones sempre tocam mais rápido ao vivo do que em disco. Isso vem da filosofia do Johnny de 'Ir lá, cair fora, ver quantas músicas você pode usar em 30 minutos'. Ocasionalmente Joey para de cantar porque perdeu o fôlego ou pulou palavras por conta da velocidade."

---

24. O jornalista foi um fã dos Ramones de longa data, que uma vez teve a coragem de perguntar a Art Garfunkel em uma coletiva de imprensa no Savoy Hotel, em Londres, se ele achava que sua música havia se beneficiado pela influência dos Ramones. Todos riram embaraçados. Art ficou sem palavras.

25. Incidental. Procure um vinil e não um CD quando for buscar sua cópia: o som é muito superior.

Falando com o cantor e ativista gay Tom Robinson, Dee Dee revelou que adquiria seu alto grau de energia durante a gravação *overdub* de seu baixo tomando xícaras e mais xícaras de café forte.

POR QUE AS MÚSICAS eram tão mais lentas nos primeiros álbuns de estúdio do que em It's Alive?

"Porque não queríamos nos distanciar totalmente das pessoas. Quando tocamos ao vivo, tocamos mais rápido porque simplesmente sentimos as músicas mais rápidas. Temos que, conscientemente, tocar mais devagar quando estamos em estúdio. Gostaríamos que fossem tocadas no rádio."

Por que Inglaterra?

"Porque naquele tempo não tínhamos tocado em muitos teatros grandes e aquele, o que usamos no álbum, foi um dos maiores. Foi em Londres, então ficava perto de tudo."

Você viu a propaganda da época: dois álbuns, 28 músicas, 54min36s... a velocidade era importante?

"Era importante para o Johnny – ele pensava nisso como sua virtuosidade, que ele podia tocar mais rápido que outras pessoas. E também porque ele gostava de tocar rápido. Eu também gosto, mas prefiro rápido e sólido – se tocadas rápido demais elas se rompem, então meu trabalho é garantir que isso não aconteça. Deve ter sido duro para o Joey. Ele não reclamava, mas deve ter sido duro. Você precisa entender como isso era único naquela época, tocar rápido. Foi antes das bandas hardcore e speed metal. Nós éramos os únicos a fazer isso."

(Entrevista do autor com Tommy Ramone, 2002)

9

Na Estrada, Parte 1

"...VOCÊ ESTÁ FALANDO de 23 anos atrás. Que turnê? Fizemos de tudo. Você tem que ser específico."

Certo – quando eles estavam em turnê pelo Reino Unido, como foram essas primeiras vezes?

"As primeiras turnês pela Europa foram difíceis porque estamos falando dos anos 1970 e, vindos dos Estados Unidos, estávamos acostumados com conveniências – TV a noite toda, lojas abertas 24 horas. Mas na Europa daquele tempo não havia nada disso, essas coisas por lá aconteceram mais tarde. Sentia saudade dos chuveiros, coisa que os europeus não ligam de ter – de repente, com sorte, podia-se achar uma mangueira ou coisa parecida. E isso em todos os banheiros. E não havia torneiras que misturam água quente e fria, outro conceito que não consigo entender – por que você tem que abrir a de água quente e depois a de água fria e misturar na banheira? Eu quero abrir a torneira e receber a água já misturada. Coisas que importavam pra nós, americanos, na Europa dos anos 1970. Foi difícil pra gente."

Sei que a Inglaterra tem má reputação com bandas em turnê.

"Sim, e a comida também. A comida na Inglaterra é... por isso eles desenvolveram o gosto pela comida indiana, porque é o melhor que você pode conseguir em qualquer cidade."

Relatos sobre as primeiras turnês dos Ramones dizem que eles iam para a cama cedo. É verdade?

"Bem, não eram uma banda baladeira. Não conseguiam ficar acordados até muito tarde – e foi por isso que duraram tanto tempo. Quero dizer, esse grupo durou mais de 20 anos. É incrível – nem empresários duram tanto tempo. Então, eles realmente não poderiam. Quer dizer, na estrada, você levanta cedo, viaja normalmente longas distâncias, faz a passagem de som, volta ao hotel, se apronta, vai ao lugar, toca, come, e então você está exausto."

E não há lugar para ir depois, de qualquer jeito.

"Exatamente – e se houvesse, bem, eles não eram mesmo uma banda baladeira. Eles tinham suas coisas, mas basicamente as mantinham sob controle."

Certamente, porque bandas que não saem da balada podem durar uns dois anos no máximo. Você estava lá quando os Ramones exerceram influência na cena punk inglesa?

"Estava na segunda turnê. Só perdi uns três shows com os Ramones. Em 1976, fizeram dois shows na Inglaterra, mas não tinham cacife para carregar tanta gente junto, então vieram com Mickey (Leigh, irmão do Joey). Vieram uma segunda vez à Inglaterra... O The Clash, Johnny Rotten e Sid Vicious – sim, eu estava lá para isso."

Também li uma reportagem dizendo que a turnê europeia de 1977 foi como no *Spinal Tap* – as discussões sobre a namorada de quem vai sentar onde na van. É verdade?

"Não, não foi tão mal. Houve momentos em que alguém não falava com alguém, mas, basicamente, quando as namoradas estavam na estrada, elas os mantinham mais calmos do que quando elas não estavam."

Os Ramones se davam bem durante as turnês?

"Bem – eles cresceram juntos. Sim, eram todos amigos e se davam bem. Todos faziam o que tinham de fazer. Johnny é fã da pesada dos Yankees e de beisebol em geral. Ele colecionava fotografias de jogadores, figurinhas, e por aí vai... Sempre que tinha jogo, ele sentava na frente e ouvia o jogo."

Ele já jogou beisebol?

"Não sei."

George Tabb disse que os viu jogando futebol de toque* algumas vezes.

"Eles promoviam uns joguinhos de vez em quando. Nunca os vi fazendo nada muito atlético, nenhum deles."

Então eles se davam bem...

"Passamos por diferentes fases. Houve épocas em que podíamos ter um grande ônibus com compartimentos separados, o que era bem

---

*N.T.: Tipo de futebol americano em que os jogadores, em lugar de derrubar os oponentes no chão, apenas os tocam.

melhor, e também fases em que éramos obrigados a viajar apertados em vans e havia gente que não estava falando com outra gente. Era dureza."

Sim.

"Mas eles nunca eram mal-educados."

O jeito como isso está sendo descrito pra mim é como uma família disfuncional que ainda se ama.

"Sim, exatamente."

O que...

"Você sabe... ódio e amor."

O que faz sentido – pessoas que ficam juntas por 23 anos têm seus altos e baixos.

"Sim. É preciso usar de muita diplomacia, saber quando falar ou não falar alguma coisa e simplesmente mantê-la para si próprio. Nunca passou de conflito verbal. Eles nunca tiveram uma verdadeira briga."

Não – nem posso imaginar algo assim.

"Quer dizer, eles me davam nos nervos e também já os mandei se foder. Vou contar minha piada favorita. Qual a diferença entre um vaso sanitário e um gerente de turnê? O vaso sanitário tem que lidar com um cuzão por vez."

É uma boa piada.

"É uma velha piada."

(Entrevista do autor com Monte Melnick, gerente de turnê)

10

Os Limites Urbanos de Flatbush

NO COMEÇO, OS RAMONES eram a banda do Tommy. Não dá para negar. Veja na capa dos álbuns – o baterista está sempre no centro, brilhando. Era seu impulso e sua liderança. Ele entendeu o talento dos outros. Era mais velho. Mais experiente no estúdio e no palco. É claro que Joey e Dee Dee escreveram a maioria das músicas e contribuíram com a parte da criatividade da banda. E Johnny era o capataz, o general; Johnny e Joey mais tarde desenvolveriam um relacionamento Jagger/Richards, de ódio mútuo, que deu combustível para os mais de 2 mil shows ao vivo, e garantiu que a banda continuasse por um longo tempo – tinham muito para provar uns aos outros. Com certeza Dee Dee serviu como intermediário entre os homens de frente, e Marky foi um baterista que funcionava como rocha sólida, e CJ mais tarde proporcionou uma nova onda de entusiasmo entre os fãs, que possibilitou aos Ramones continuarem além de todas as expectativas quando ele se juntou ao grupo tocando baixo, nos anos 1990.

E, obviamente, os Ramones nunca poderiam ter persistido sem a fé, determinação e força de heróis de bastidores como Arturo e Monte e o resto da equipe que atuava na estrada – além de músicos como Daniel Rey, Ed Stasium e Andy Shernoff.

Mas foi Tommy quem deu início a tudo, quem criou um ideal forte o suficiente para que durasse por ininterruptos 23 anos, embora sua posição na liderança tenha sido esquecida por 18 desses anos.

Atente para as evidências.

Os três primeiros álbuns dos Ramones (quando Tommy estava na banda) são clássicos reconhecidos, não há como discutir a respeito. Ninguém nega o fato. No quarto álbum, *Road To Ruin*, de 1978, Tommy deixa a banda, cansado das turnês, mas fica por perto para contribuir com Stasium dando sua visão sobre produção – confiavelmente clássica, de pouca discussão, inclusive com guitarras acústicas. Poucos seriam idiotas o suficiente para negar isso.

Então, o que aconteceu?

Os Ramones são uma gangue. Foi isso que Tommy ensinou e é no que acreditam tão fervorosamente que não podem perder essa mentalidade mesmo em detrimento próprio. Assim fecham questão e decidem que não podem ter nada a ver com desertores, seria sinal de fraqueza: depois de *Road To Ruin*, é o que se aplica a Tommy – com exceção de um breve retorno em 1984, no álbum de retomada *Too Tough To Die*, o último grande disco feito pelos Ramones.

Da mesma forma que os Ramones definiram seu estilo no começo – bubblegum punk-pop, com letras insanas e saudável senso de humor –, *Too Tough To Die* marcava os novos tempos para os *bro* remanescentes: punk hardcore, o mínimo de bubblegum, com as mesmas letras insanas, mas sem tanto senso de humor, porque a vida tinha se tornado mais séria, tratava-se de trabalho.

Deixar Tommy de lado pode não ter sido uma atitude deliberada – o legendário produtor da Muralha de Som, dos anos 1960, Phil Spector, apareceu na cena e um fã de pop como Joey não deixaria passar a oportunidade de trabalhar com um de seus ídolos. Mas, novamente, atente para as evidências. Em primeiro lugar, veio aquela fileira de álbuns controversos em que os Ramones estavam empenhados na busca do "sucesso perdido": *End Of The Century*, *Pleasant Dreams* e *Subterranean Jungle*. Os fãs discutem sobre eles. Definiria os dois primeiros como genuínos clássicos e quanto ao último, apesar do som de bateria desonesto (desculpe, Marky), tem músicas fantásticas. O fã escocês Lindsay Hutton diz: "'The KKK Took My Baby Away'... caramba, é tão boa quanto o título deixa transparecer". Mas, como é uma música pós-Tommy, as rachaduras começam a aparecer.

Primeiro, a banda começou a exigir créditos individuais para as músicas. Dee Dee e Joey queriam crédito e reconhecimento como letristas. O dinheiro dos direitos de publicação, no entanto, ainda era dividido igualmente. Então, Joey e Johnny tiveram um grande desentendimento. Por volta de março de 1980, Joey e Johnny pararam de vez de falar um com o outro (o que se fortaleceria mais tarde). O mito dos Ramones diz que foi graças aos seus participantes. A banda

não renovou os contratos de Danny e Linda. Apesar disso, não pararam de excursionar.
Em 1978, 154 shows.
Em 1979, 158 shows.
Em 1980, 155 shows.
E assim por diante... até 1996 e a última turnê.

Pouco importa se após *Too Tough To Die* os álbuns de estúdio tenham se tornado desiguais, ainda com *flashes* de brilho, mas, no principal, versões requentadas de velhas glórias. Os Ramones há muito não acreditavam mais que o estúdio fosse uma representação real – eles pertenciam ao palco, onde podiam se comunicar diretamente com seus fãs, ignorando as maquinações da indústria do disco que nunca os apoiou, tocando em países como Argentina, Brasil, Espanha, Japão e Finlândia, onde eram considerados deuses do rock. Os Ramones eram uma gangue insanamente turrona em relação a isso.

"Diziam que eles não durariam mais um álbum", explica Janis Schacht, "então eles mostraram. Continuaram por pura teimosia – talvez fossem muito estúpidos para fingir, mas não precisavam enquanto o público aparecesse para vê-los. A melhor parte é que esse mesmo público os regenerava."

Dee Dee explicou em seu livro: "Nós apenas precisávamos de alguma coisa para fazer".

Os Ramones estavam fazendo dinheiro e gostando do palco – então por que parar? Viajar cinco ou mais horas por dia, semanas a fio, em uma van em que alguém não fala com alguém, pode soar uma boa razão. Mas milhares de pessoas estão em empregos que odeiam e ficam neles por uns 20 anos.

"Os Ramones não tinham pretensões artísticas", sugere Roberta Bailey. "Era melhor que trabalhar em uma mina de carvão. Também, a disfunção de se sentir miserável – se você é Johnny Ramone e está dizendo 'desliga o rádio, quero ouvir beisebol' e torturando outras pessoas, você deve gostar disso. Você e eu podemos não entender isso, mas algumas pessoas sentem prazer em fazer com que outras se sintam miseráveis."

"O que mais eles poderiam fazer?", pergunta Rachel Felder, redatora do *NYC*. "Se você está excursionando consistentemente desde seus vinte e poucos anos, parar com tudo pode não parecer como uma opção óbvia."

Em janeiro de 1978, os Ramones se comprometeram em uma turnê de três meses nos Estados Unidos, com as Runaways como banda de apoio.²⁶

Os críticos ainda estavam indecisos sobre o valor dos Ramones. Sobre o show de ingressos esgotados no New York Palladium, o crítico do *The New York Times*, Robert Palmer (nada a ver com o homônimo cantor de soul), sugeriu que "[Os Ramones] são o tipo de piada da qual a gente se cansa depressa". Em Madison, Wisconsin, o clube recebeu o piquete do grupo de pressão musical Comitê Contra o Racismo pela "ideologia fascista" dos Ramones. Em relação a isso, até o fã confesso Charles Shaar Murray, da *NME*, foi reticente, dizendo que "Today Your Love..." era o único ponto em que o humor negro dos *bro* resvalou em genuíno mau gosto, "seriamente fora de ordem, cara, mesmo vindo de alguém fingindo ser um *pinhead*". (Curioso que, se a mesma piada tivesse sido feita em uma história em quadrinhos ou filme – veja *O Grande Ditador*, de Chaplin –, teria sido saudada como sátira divertida.)

Rocket To Russia falhou comercialmente: era para ser o álbum que levaria os Ramones ao seu auge. Não levou. O senso de sentimento, de liberação enquanto a banda estava gravando, transformou-se em frustração. Nuvens começaram a se juntar. Essa era uma boa notícia para os Ramones artisticamente falando: eles trabalhavam melhor quando havia alguma coisa atuando contra – mas má notícia para as pessoas envolvidas.

Sua imagem de *cartoon* também estava afetando a banda.

"Uma vez, em Chicago, eles atiraram bananas em nós", Joey contou a Lester Bangs. "Nós pegamos e levamos pra casa, naquele dia houve bananas suficientes para comer."

Cynth Sley, do grupo de punk/funk dub Bush Tetras, viu os Ramones em Cleveland, em 16 de janeiro: "Minha amiga Barb e eu andávamos ouvindo Ramones sem parar. Ela estava namorando a distância o [diretor de cinema] Jim Jarmusch, então, quando ele aparecia, íamos fazer o que havia de mais legal em Nova York. Éramos as únicas no show a não usar roupas de flanela – e também as

---

26. A vocalista das Runaways, Joan Jett, tornou-se a personificação viva do rock'n'roll durante os anos 1980 com seu gigantesco hit-solo "I Love Rock'n'roll" – "então ponha outra moeda na *jukebox, baby*". É irônico ter cabido a uma mulher definir o rock, um estilo de forte tradição patriarcal. Jett seguiu inspirando toda uma geração de Riot Grrrls nos anos 1990, incluindo as fãs dos Ramones Sleater-Kinney.

únicas garotas. Acho que o público de Cleveland pensou que ia ser uma dessas bandas de bar, bem masculinas. Eles ficaram chocados e, nós, no céu".

A pressão das turnês estava atingindo Tommy. Em primeiro lugar, ele nunca quis tocar bateria. Só começou porque estava cansado de explicar sua visão musical a completos idiotas. "Era difícil para mim", ele diz, "preso na van e em camarins e quartos de hotel. Senti que poderia ser mais produtivo nos bastidores. E, também, eu fumava naquela época e isso costuma irritar outras pessoas."

"Apesar de estarmos indo bem na Europa e na Inglaterra", Dee Dee relembra em *Coração Envenenado*, "a vida na estrada com os Ramones não era fácil. Johnny costumava gritar com todo mundo fora do palco. Quando voltamos aos Estados Unidos, íamos tocar em lugares no mesmo nível do CBGBs. Não podíamos vencer. Às vezes parecia que as pessoas iam nos shows só para nos odiar e procurar briga."

"O Tommy não saiu realmente", diz Ed Stasium. "Ele ainda estava envolvido em escrever músicas. Ele nunca se considerou um baterista. Eu considero – seu estilo influenciou tanta gente –, mas ele queria ficar por trás do console e produzir."

O último show que Tommy tocou com os Ramones foi em 4 de maio, no CBGBs – um show beneficente para Johnny Blitz, baterista dos Dead Boys, que havia sido esfaqueado em uma briga de rua. Michael Sticca, *roadie* dos Dead Boys e do Blondie, foi preso em Rikers Island por conta desse mesmo incidente.[27]

A essas alturas, os Ramones – depois de pensarem em vários músicos, incluindo Paul Cook, do Sex Pistol, Clem Burke, do Blondie, e Jerry Nolan, ex-Heartbreaker – já tinham seu baterista: Marc Bell, do Voidoids, de Richard Hell.

"Marky é o personagem que sai para o jardim, brinca, fica todo sujo e enlameado, entra assim na sala de estar, e se chacoalha todo, sujando os móveis e a família", ri Arturo Vega. "Dá vontade de pular no pescoço dele, mas você se contém – ele é seu bicho de estimação, e é assim que esses animaizinhos se comportam..."

---

[27] A predileção da cena nova-iorquina por táticas de choque quase resultou na morte de Blitz no hospital, de acordo com *Please Kill Me*: "Os médicos começaram a tratar Johnny imediatamente", Sticca conta no livro. "Mas, quando o cirurgião viu a suástica do Johnny, simplesmente parou – ele era judeu. Veio um médico negro e disse: 'Não podemos parar, cara'. O médico negro salvou a vida de Johnny".

Marky Ramone nasceu Marc Bell em 15 de julho de 1956 no Brooklyn, Nova York – e cresceu na Flatbush.

"A Flatbush era uma região de gangues de valentões", diz o baterista. "A turma da brilhantina ainda estava por lá quando eu tinha nove anos – imaginando se eles eram *hippies* ou o quê. Se você deixasse seu cabelo crescer um pouco, era chamado de veado ou bicha, e eu dizia 'Vá se foder', então arrumei muita briga. Usava jaqueta de couro e *jeans*. O que eu ia vestir – calças glam e salto alto? Desse jeito iam acabar me matando."

Marc é filho de um estivador sindicalizado (agora advogado, graduado pela Brooklyn Law School), enquanto sua mãe dirigia a biblioteca musical do Brooklyn College. Adolescente, foi à marcha de 1963 pelos direitos civis em Washington, DC, e participou de muitas outras com seus pais liberais.

"Havia sempre música por perto. Quando tinha oito anos, minha mãe me chamou para assistir aos Beatles no *Ed Sullivan* – foi o que me fez querer tocar bateria, o Ringo. Ele mantinha a batida e tinha um bom som – essa é toda a ideia, manter a tensão e botar o som de sua bateria onde ele pertence. Amava o Mitch Mitchell (baterista do Jimi Hendrix) também e Buddy Rich. Posso segurar minhas baquetas de ambos os modos, do militar e do estilo convencional."

Marc era jovem o suficiente para ser parte da geração dos anos 1960, mas ele não era uma criança *hippie* – gostava de Beatles, Dave Clark Five, Searchers, The Rolling Stones, The Kinks, The Who, Cream e do primeiro álbum do Led Zeppelin.

No Colégio Erasmus, Marc gravou dois álbuns com o trio adolescente de metal progressivo Dust. Os outros dois membros eram Richie Wise, que produziu os dois primeiros álbuns do Kiss, e Kenny Aronsen, que mais tarde tocaria com Joan Jett e Billy Idol.

"Eu tinha 16 anos, usava jaqueta de couro, *jeans* e franja", Marky diz. "Você pode conferir nas capas. Até hoje as pessoas me perguntam de onde os Ramones tiraram aquela imagem. Johnny me disse que chegou a me ver no Village, mas não o conhecia naquela época. Você pode imaginar – aqueles álbuns saíram cinco anos antes dos Ramones."

O Dust acabou em 1972 e Marc começou a andar no Nobody's, na Rua Bleeker, um covil do New York Dolls. Depois que o baterista original dos Dolls, Billy Murcia, morreu de *overdose*, Marky tentou ganhar o emprego – foi preterido por Jerry Nolan. "Toquei 'Pills', 'Personality Crisis' e 'Trash'", ele se lembra. "Comecei fazendo todos aqueles floreios de bateria e a ideia era simplesmente manter a batida. Por isso, Jerry conseguiu. Ele era cinco anos mais velho que eu, mas estava mais sintonizado."

"O que eu gostava dos New York Dolls?", ele ri. "Eu gostava do fato de serem baladeiros. Tinham carisma e um estilo que era a cara de Nova York. (Johnny) Thunders era um guitarrista muito elegante, nascido em 15 de julho como eu, mas quatro anos antes. Eles desciam até China Town para pegar o bagulho que gostavam. Uma vez Jerry e Johnny quiseram que eu fosse com eles. Fui, mas fiquei esperando em um bar, tomando uns drinques – não queria me envolver demais. Uma vez Dee Dee entrou em uma roubada com Richard Hell no Lower East Side, tipo briga de faca, mas conseguiram escapar. Nunca experimentei heroína, mas era uma droga que estava em alta na época."

A cena mudou-se para o Max's Kansas City – onde artistas como Dolls, Teenage Lust, Kiss e Harlots Of 42nd Street enchiam a cara na sala dos fundos. Foi no Max's onde Marc – com identidade falsa porque era menor de idade – encontrou Wayne County, o transexual roqueiro da Georgia, com seu *baby-doll*. Mais tarde, ele se uniu ao seu grupo, os Backstreet Boys.

"A melhor coisa que aconteceu quando eu estava tocando com o Wayne County foi quando arrebentou o Dick Manitoba no CBGBs", diz Marky. Wayne/Jayne mais tarde atingiu um grau de infâmia ainda maior com o título autoexplicativo do compacto 'If you don't want to fuck me baby, fuck off' [Se você não quer me foder, baby, foda-se]. "Dick estava insultando Wayne por ser gay. Então, Wayne mostrou a ele que era homem o suficiente para mandá-lo para o hospital."

"Encontrei Joey em 1975 no CBGBs", revela o baterista. "Ele era muito sensível, muito quieto – dava pra dizer que ele havia sido atormentado pelos outros desde criança. Não que tenha acontecido em família, mas com certeza na escola – ele usava a música como válvula de escape. Nós costumávamos zoar por aí juntos. Politicamente ele era liberal. Não podíamos aguentar os republicanos. Ele era o oposto do John, basicamente – talvez seja por isso que criamos tantas músicas ótimas. Tínhamos essas diferenças."

Na primavera de 1976, Richard Hell perguntou a Marc se ele gostaria de entrar para seu Voidoids, mais conhecido por seu *single*-definição de época (e também álbum da Sire), "Blank Generation": "Não tinha ideia de que a música tivesse alguma coisa especial, mas foi abraçada em Nova York, Londres e Los Angeles – na verdade, fez mais sucesso em Nova York do que qualquer música dos Ramones. Gostei da letra e da mudança de tom dos acordes. Richard começou punk, com suas roupas rasgadas e alfinetes, não por causa da moda, mas porque não tinha dinheiro para comprar quase nada. Era uma escolha difícil entre cigarro, comida e roupa – entre outras coisas".

"Excursionamos pela Europa com o The Clash por seis semanas em setembro de 1977, e nos divertimos com Joey, Mick e Topper, mas Richard não gostava de ser cuspido. Eu não ligava. Amo a Inglaterra porque é o país de onde vieram todos os meus ídolos. A cerveja era ótima. Os restaurantes indianos também. Mas, quando voltamos pra casa, Richard disse que não queria mais excursionar."

Uma noite no CBGBs, em 1977, Dee Dee mencionou a Marc que Tommy estava deixando os Ramones: então, se ele quisesse... "Dee Dee era um grande parceiro de bebida", Marky lembra. "Nunca seria muito próximo do Dee Dee, mas fumava maconha com ele. Dee Dee era como uma bomba esperando para ser detonada."

Marky foi oficialmente convidado por John para se juntar aos Ramones em março de 1978, no Max's Kansas City. Johnny Thunders, sua namorada e a mulher de Marky também estavam presentes. O teste aconteceu no dia seguinte em um estúdio na Rua 27 Oeste: o baterista tocou "Sheena", "Rockaway Beach" e "I Don't Care". Uma vez aceito, Marky teve três semanas para aprender o show: 31 números antigos e nove músicas novas. Sua primeira apresentação aconteceu em Kansas City, em 29 de junho. Algumas noites depois, os Ramones foram perseguidos por uma gangue de fãs do The Grateful Dead, zangados com os *bro* por não terem tocado por três horas. Tommy presenteou Marky com sua bateria branca Rogers (a favorita de Dave Clark, do Dave Clark Five), que ele usou com caixas Slingerland, Ludwig e Rogers. Mais tarde, ele substituiu essa bateria por uma Tama (como pode ser visto no filme *Rock'n'roll High School*) e, depois ainda, uma Pearl.

"Toco tão rápido com os Ramones que não tenho tempo de rodopiar uma baqueta", ele exclamou descrevendo seu novo estilo. "Não era difícil de aprender porque eu sentava lá com a bateria, os fones de ouvido e o *tape* dez horas por dia. Tommy sentou ao meu lado até eu aprender, então aprendi as oitavas depressa – é algo que muitos bateristas punk tentam fazer e não conseguem. Bateristas heavy-metal normalmente tocam com seus braços e ombros. Eu toco com meus punhos e dedos."

Os Limites Urbanos de Flatbush

Em 31 de maio, os Ramones voltaram ao Media Sound para gravar seu quarto álbum – o primeiro a caprichar na "busca do hit americano perdido". Mas como ser bem-sucedido na tarefa se músicas tão boas de tocar no rádio, feito "Sheena...", "Rockaway Beach" e "Blitzkrieg Bop" haviam falhado? Essa era a grande questão.

"Tommy e os rapazes decidiram que precisavam fazer um disco que tivesse apelo comercial", diz Ed Stasium. Foi isso ou a pressão que vinha de cima: já era tempo de retribuir em vendas à Sire a fé nos Ramones. "Decidimos que Tommy e eu tentaríamos diferentes partes de baixo e guitarra – queríamos manter a posição dos Ramones, mas alcançar um público maior."

"Era difícil saber como vender os Ramones", admite a relações-públicas na Sire, Janis Schacht, que saiu da companhia em janeiro de 1979. "Quando tínhamos os Paley Brothers,[28] estávamos prontos para criar um *marketing* voltado para um público adolescente, do mesmo modo que se fazia no começo dos anos 1960, colocando-os em revistas voltadas para esse segmento e no show do Shaun Cassidy, no Madison Square Garden. Não podíamos fazer isso com os Ramones, embora soubéssemos que eles teriam maior apelo em alguns setores – 50% da nossa correspondência vinha do Japão, onde uma única garota nos mandava os desenhos mais incríveis..."

"Mas os Ramones era tão criticamente orientados", ela suspira. "É duro quando uma banda está na estrada e não há discos dela nas lojas, que era o caso quando a ABC era distribuidorada da Sire."

As 12 músicas de *Road To Ruin* levaram três meses para serem produzidas e o álbum foi o primeiro da banda a romper a barreira dos 30 minutos por 61 segundos.

"Tínhamos um orçamento maior, sabíamos o que estávamos fazendo e havia o novo baterista, com um estilo diferente", explica Tommy Erdelyi. "Marky era um baterista profissional. Tinha um som poderoso e dinâmico. Podíamos fazer um bom uso disso. Eu estava livre para formatar o som e ficar no controle."

---

28. Os Paley Brothers foram contemporâneos pop de Boston dos Ramones, anteciparam em um ano a gravação de "C'Mon Let's Go", de Richie Valens, com eles no estúdio Beach Boys' Brother, em Santa Monica, enquanto Joey estava no hospital amargando uma crise de asma. Andy e Jonathan o substituíram no vocal. "Estava impressionado com o completo preparo e rapidez dos Ramones", diz o produtor David Kessel. "Eram 100% profissionais. Pareciam tropas atingindo a praia do inimigo." "C'Mon Let's Go" foi a última gravação da qual Tommy participou e toca no filme *Rock'n'roll High School* durante a passagem dos créditos na tela.

"A gente se esforçou conscientemente para conseguir músicas maiores que a marca de dois minutos", explicou Johnny. "Era duro ter sempre que escrever 14 músicas por álbum. Todo mundo faz oito."

Havia um café-restaurante no andar térreo do prédio, onde os Ramones pediam hambúrgueres, batatas fritas, sanduíches, comida chinesa...

"Engordei bastante comendo aquele lixo", Erdelyi reclama. "Você senta atrás de uma mesa de som por 12 a 14 horas por dia. Não é saudável. Eu saía às vezes e assistia a um pouco de TV a cabo, mas a maior parte do tempo era trabalho e mais trabalho. As faixas básicas levaram dois dias para serem gravadas em dois ou três *takes*: sem vocais para nos orientar. Isso não era problema porque, como Tommy explicou: "Ensaiamos assim porque Joey queria poupar sua voz. Gastamos um pouco mais de tempo gravando os vocais – em cada álbum, esse tempo foi aumentando. Meu palpite era três ou quatro dias".

Havia guitarras acústicas em *Rocket To Russia* – "Locket Love", "I Can't Give You Anything", "Why Is It Always This Way?"; Johnny instruiu Stasium tocar mais no estilo de Steve Miller – mas em *Road To Ruin*, seu uso se tornou mais óbvio, especialmente no *take* romântico dos Searchers "Needles And Pins", em "Questioningly" e no primeiro *single* do álbum, a perturbadora canção de amor de Dee Dee "Don't Come Close".

"'Don't Come Close' não é apreciada por muitos fãs dos Ramones, incluindo o próprio Johnny: 'Johnny odiava aquela música', ri Stasium. Sua irritação é fácil de entender: uma música country e western cantada por um garoto do Queens desajeitado e de voz estranha, aparecendo no álbum dos punks americanos mais famosos... como vender tal bizarrice? Como Legs McNeil aponta na reedição de seu livro: 'Ecoou o desespero da situação. Se você tem alguma dúvida do quanto as companhias de discos estavam em pânico com o punk, lembre-se de que Seymour Stein colocou anúncios em revistas comerciais especializadas dizendo: 'Não chame de punk, chame new wave'."

Mesmo assim é uma ótima faixa, tão boa (e odiada) quanto a emotiva "Questioningly" (uma música que não soa deslocada em uma gravação misturada, próxima a "Massachusetts", dos Bee Gees). "Questioningly" foi uma das primeiras músicas escritas por Dee Dee (no violão). A imagem de solidão em Manhattan, com seus filmes de TV encharcados de uísque e memórias engasgadas de antigos amores é tão evocativa: "In the morning/I'm at work on time/My boss tells me/

That I'm doing fine" [De manhã/Não me atraso para o trabalho/Meu chefe diz/Que estou indo bem].

"Needles And Pins", no entanto, é pura dor de cotovelo. *Cover* de uma música de Sonny Bono/Jack Nitzsche, cabe lindamente no tom melancólico do álbum – apesar de a música ter sido originalmente cortada de *Rocket To Russia*.

"Ajudei Joey com a letra de 'Needles And Pins'", revela Schacht. "Estávamos sentados ao lado da piscina do Hotel Tropicana em Los Angeles. Eram 3 da madrugada e Joey estava desesperadamente bêbado e preocupado com a possibilidade de ser descoberto – os Ramones eram multados se fossem pegos bêbados em turnês. Era tipo um tema, pesquisando músicas em hotéis. Lembro de atirar pilhas na piscina enquanto Joey estudava as palavras de 'Surfin'Bird'. Não é exatamente uma música difícil de aprender."

O fato de "Don't Come Close" ter se tornado *single* nos Estados Unidos depois de "Needles and Pins" aborreceu parte do fã-clube dos Ramones. Havia a preocupação de que eles "imitassem o *status quo*" e dessem as costas para o hard rock, identificado ao seu som; favorecendo, em vez disso, baladas de soft rock, com potencial para lotar estádios.

Foi daí, provavelmente, que surgiu a grande segmentação de público – alguns fãs dos Ramones apreciavam a versatilidade da voz de Joey e imaginavam que o forte dos Ramones residia nos grandes *singles* de pop punk. E também havia aqueles que, como Johnny, sentiam que os Ramones tinham um som único, raro – e que deveriam persistir nele.

No Reino Unido, o *single* que se seguiu era um som mais reconhecivelmente no estilo dos Ramones. Com suas harmonias de surf rock e guitarras rápidas, "She's The One" foi um sucesso menor. Soa fácil o tipo de música que se imagina que uma banda possa tocar uma vez e dificilmente voltar a fazê-lo. Da mesma época, é equivalente aos arrepios pop com que tanto os Undertones quanto os Buzzcocks (duas bandas inspiradas pelos Ramones) viviam galgando as paradas britânicas, sem serem desvalorizados.

A música de abertura, "I Just Want To Have Something To Do", no entanto, começa com uma imagem evocativa de "Hanging out on Second Avenue/Eating chicken vindaloo" [Andar pela Segunda Avenida/Comendo frango vindaloo] e a frustração juvenil habilmente captada de estar cheio de energia e sem meios de extravasar: cacos de guitarra e *feedback* ricocheteando em suas orelhas enquanto o som cresce inexoravelmente. A frustração da banda por sua situação estava começando a se mostrar – e o sentimento continua no hino de Dee Dee à sua infância difícil, "I Wanted Everything". O título está no passado: os Ramones parecem conscientes de que certas ilusões da vida ficam para trás. O triste conto da traição, "I Don't Want You", tem o mesmo sentimento.

Na próxima música, os diálogos de quadrinhos de "I'm Against It" sobre "odiar esquisitos de Jesus e chatos de circo, Burger King e tudo" soam puramente retardados. É estúpido, estúpido e estúpido, não é estúpido sacado. Os Ramones estavam rapidamente expondo suas raízes; e a honestidade de músicas como "Questioningly" e "I Don't Want You" soam ainda mais verdadeiras ao lado de odes à insanidade como "Go Mental" e "Bad Brain" (aliás, ambas ótimas músicas para "pogar").

"'Go Mental'", escreveu Lester Bangs na *NME*, "celebra a escapada da miséria universal pela regressão psicótica e assassinato resultando em uma catatonia barbitúrica enquanto se está olhando um aquário de peixinho dourado." Ele provavelmente estava muito louco.

"It's A Long Way Back" fecha o disco de forma perturbadora – uma música sobre a Alemanha, escrita por Dee Dee, a saudade de sua terra natal fica mais sugestiva porque ele, mais que ninguém, sabia do que as Shangri-Las estavam falando quando cantavam "I Can Never Go Home Anymore".

"Eu e Tommy tocamos em todas as músicas, absolutamente todas", Stasium afirma veementemente. "Não havia razão para sermos creditados – nós, ratos de estúdio, não ligamos para isso. Johnny vinha todos os dias escutar o que havíamos feito. Ele dizia: 'Eddy, você e Tommy terminem a coisa toda, ponham umas boas guitarras aí e eu venho escutar quando estiver terminado'."

"Johnny é um guitarrista especializado", o produtor continua. "Ninguém no mundo pode fazer o que ele faz – mas os Ramones queriam ampliar o que estava lá e ele não estava muito a fim disso ou não achava que era capaz de fazer, essas coisas. Por exemplo, o jeito como "I Wanna Be Sedated" foi duplicada com minha Stratocaster."

"Sedated" é um clássico dos Ramones – memorável, engraçado, com todos os elementos que formam o arquétipo da banda: a oitava no prato, as guitarras, as harmonias de fundo e a letra.

"Meu sobrinho de dez anos conhece essa música", ri Stasium.

Além do incidente da "chaleira explosiva", outra inspiração para "Sedated" veio de ficar apertado em uma van minúscula por horas. "Veio de algo que Dee Dee disse", Joey me falou, "sobre se sentir como se estivesse em uma cápsula espacial. Isso e a forma como a Inglaterra estava completamente parada no Natal, com tudo fechado, quando estávamos lá."

"Gastamos pouco tempo tornando 'Sedated' mais produzida", diz Tommy. "Estávamos tentando fabricar um *single*. O que é um pouco chato, porque sabíamos que não seria tocada com a palavra 'sedated' na letra."

É verdade que você e Ed tocaram as guitarras extras em *Road To Ruin*?

"Sim", o músico suspira, "mas não sei se John quer isso impresso. Ele é sensível a esse respeito. Não importa, de qualquer forma. São músicas dos Ramones porque eles escreveram, eles as fizeram – mas eles são uma extensão porque não têm o som dos Ramones. No entanto, isso ainda é Ramones."

"As pessoas gostaram de *Road To Ruin*", Stasium insiste no encarte de *Anthology*. "Uma vez eu estava conversando com o Slash, do Guns N'Roses, e ele falou: 'Cara, esse é o melhor disco de todos os tempos. Aprendi a tocar guitarra escutando *Road To Ruin*'."

Houve algumas músicas gravadas durante as sessões de *Road To Ruin* que não foram lançadas na época – "I Walk Out" e "Slug", um hino pop dos anos 1950-1960 com um memorável gancho "S-L-U-G". Teve de sair porque, como Johnny explicou em *Zigzag*, "estávamos tentando nos livrar daquelas velhas canções". Significantemente, o forte do Joey eram as "velhas canções".

A música inicialmente apareceu como um programa de computador no K-Power, uma revista para crianças editada por John Holmstrom que foi lançada quando os computadores caseiros ganharam o mercado pela primeira vez.

"A música era perfeita para a garotada", diz Holmstrom. "Tínhamos vários adolescentes *hackers* no escritório, andando por lá, testando *games* de computador, causando problemas. Eles queriam fazer um número sobre música – então Chris (Frantz) e Tina (Weymouth, ambos do Talking Heads) revisaram muita coisa e Joey nos permitiu usar 'Slug'. Não havia muitos *softwares* de computador naquela época; então, a revista imprimiu o código. A versão Atari de 'Slug' era a melhor, porque o programa fez um pequeno verme dançante que rastejava pela tela ao som da música. Fiz minha primeira e única aparição na MTV para falar sobre isso."

A imprensa não sabia o que fazer com *Road To Ruin* quando o álbum foi lançado. Alguns tomaram a presença de músicas como "Questioningly" e "Don't Come Close" como indício de que o punk estava, na verdade, morto.[29]

Outros eram mais positivos. A *NME* elegeu "She's The One" o *single* da semana, enquanto fazia de tudo para evitar descrevê-lo; Tom Carson, do *Village Voice*, sugeriu que "o que já foi um final morto de uma só piada é agora uma vista infinita"; Kurt Loder, da *Circus*, chamou o álbum de "uma ação exploratória, graciosa e de boa índole".

"Os *breaks* de guitarra me deixaram com lágrimas nos olhos", escreveu outro crítico do *Village Voice* (sem sarcasmo – a crítica era favorável).

No entanto, no *Trousers Press*, Scott Isler não foi elogioso: "Rejeitando o papel de idiotas da inteligência new wave, eles se tornaram (apenas) outra banda de rock barulhenta", ele escreveu, depois de detonar "o moral das histórias imorais" em músicas como "I Wanted Everything" e o "romantismo careta" de "Don't Come Close". "Esperamos banalidades dos Ramones, mas não mundanidade."

A última frase vai direto ao ponto: "O que os Ramones precisam é tempo para saber o que querem ser agora que não querem mais ser os Ramones".

"É o nosso *Berlin*", Joey disse a Lester Bangs – referindo-se ao igualmente melancólico e desacreditado (e agora geralmente aceito como clássico) álbum de Lou Reed.

Bangs queria saber se o grupo havia se sentido frustrado pela falta de aceitação massiva. "Bem, tem sido constante, mas lenta", Johnny observou. "Mas quando se vê grupos que acabaram de se estabelecer fazendo o que todos estão fazendo e estourando de repente, sentimos que somos um dos poucos que estão fazendo alguma coisa realmente original..."

Ele deixou a sentença em aberto.

"Não me sinto desesperado, ainda não", o guitarrista acrescentou, "apesar de não achar que eu vá aguentar outros dois anos desse jeito."

---

29. A frase "punk is dead" [o punk está morto] surgiu quase ao mesmo tempo que o movimento começou e novas reivindicações ocorreram todas as semanas até por volta do começo de 1979, quando, com Sid Vicious fisicamente morto e os Sex Pistols separados, o The Clash fazendo discos de base dupla e os Ramones lançando *singles* com cores country, foi declarado oficial. Isso, é claro, significava que estava apenas começando. Como Holmstrom apontou em uma entrevista com George Tabb: "Quando o punk saiu dos negócios em 1979, nunca tivemos vendas melhores, mas todos esses idiotas continuaram insistindo no assunto e a próxima coisa que aconteceu é que todo mundo estava tocando música disco".

"Acho que todos estão prestes a desistir", ele disse em outra ocasião. "Quando se está caminhando em uma linha estreita, é possível acabar caindo. Estamos pendurados."

"*Road To Ruin* é provavelmente meu álbum favorito dos Ramones", diz George Tabb, "exatamente porque tem toda a energia da banda e ainda ótimas guitarras acústicas. É lindo. É rock'n'roll na veia. Todos os álbuns dos Ramones são excelentes, mas *Road To Ruin*, em especial, tem um brilho que estudei por anos na tentativa de copiar. Perguntei ao John sobre isso, como tinha feito para que o álbum soasse daquele jeito, e ele respondeu em uma só palavra: 'Tommy'".

A banda de apoio do show de 21 de agosto dos Ramones em New Haven era formada por uma turma de adolescentes de New Jersey, o Shrapnel. O Shrapnel era uma banda glam de metal pop cujo artifício era se vestir com farda de exército e trazer ao palco, no clímax da apresentação, um tanque de guerra de papelão. Eles eram empresariados por Legs McNeil, o punk residente da revista *Punk*, destacando Dave Wyndorf (nos vocais – e que mais tarde faria parte da Monster Magnet, banda pesada da cena grunge de Nova York) e o futuro parceiro dos Ramones em letras, Daniel Rey (na guitarra).

"Legs não era um grande empresário", ri Daniel, "mas era uma ótima pessoa pra sair por aí. Ele nos ensinou algumas coisas vitais, como entrar em casas noturnas de graça, como beber cerveja sem pagar e como arranjar festas pra ir."

Os Ramones estavam em razoável humor flutuante ao longo de 1978, não obstante os álbuns melancólicos – ao menos em público: "Está sendo construído", Johnny disse a Kris Needs da *Zigzag*. "Finalmente podemos trabalhar por todo o país. Antes, não conseguíamos trabalho (apresentações – era o termo de Johnny para elas) no Sul."

"Vimos pântanos", disse Dee Dee entusiasmado, "e fomos comer em uma cabana, uma velha cabana – o frango frito do Sul!"

Em setembro e outubro, a banda voltou a excursionar pela Europa e pela Inglaterra. E foi em 7 de setembro, o dia do show em Estocolmo, que os Ramones descobriram que um de seus maiores heróis, Keith Moon, havia morrido.

"Quando soube que Keith Moon tinha morrido, fiquei mal, porque realmente amava o cara", recorda Marky. "Amava sua bateria doida e maníaca, amava-o como um grande maluco, mas um maluco engraçado – que pena que ele bebeu demais e morreu. Mas ele me fez sorrir, e ficar imaginando que diabos estava fazendo – era isso que eu queria ultrapassar, a energia e a resposta das pessoas a ela. E é claro, dos outros Ramones também – não é minha banda, são os Ramones."

A essa altura, os Ramones já eram profissionais consumados. Nada de drinques e drogas antes dos shows (a equipe de *roadies* inclusive), nada de *groupies* nuas no porta-malas – como Kris Needs e Colin Keinch escreveram em outro artigo da *Zigzag*.: "Esta banda prefere assistir à TV a atirá-la da janela do hotel". Em Hammersmith, Dee Dee e Johnny tiveram suas caras-metades presentes (Vera e Roxy, respectivamente). Os redatores da *Zigzag* comentaram um tanto casualmente que as datas no Reino Unido haviam sido marcadas. "Seja quem for o autor do planejamento dessa turnê, deve tê-lo feito jogando dados, vendado", escreveram sarcasticamente. "Fiquei surpreso por Penzance não ter sido marcada depois de Glasgow."

Houve relatos sobre Johnny e Dee Dee estarem indo para a cama cedo (provavelmente porque suas mulheres estavam presentes), mas Marky e Joey estavam dispostos a sentar até tarde em bares de hotéis, rearranjando letras de plástico em murais de aviso (Joey) e cambaleando, com as calças acidentalmente abertas (Marky). "Não havia sinais externos de conflitos internos", a dupla afirma. "Eles dependem uns dos outros para enfrentar as pressões. Perto, muito perto."

Em Dublin e Belfast, o jornalista do Sounds, Dave McCullough, não ficou impressionado com as *mock threats* [cenários que simulam quadros de terror, como se fosse um trem fantasma, de parque de diversões] do show e escreveu: "O aconchego em sua música é tão assustador quanto uma mãe típica do Meio-Oeste, gordinha, corada e oxigenada, empurrando sua linda prole em direção a filmes B", apesar de admitir que os garotos eram "coisa de louco". Todavia, ele elogiou a voz de Joey durante a passagem de som em Dublin, depois de ouvir sua versão de "Needles and Pins". "Aposto como ele nunca usou (aquela voz) no palco, flexionando e curvando notas, compondo um estilo requintado de *crooner*". McCullough entendeu as canções lentas de *Road To Ruin* como sinal de que a banda estava desiludida e que aquele desânimo estava tomando conta.

"Você acha?", perguntou Dee Dee, supreso. "Estamos no *show business*. As letras refletem o que se passa conosco. Talvez você esteja certo..."

Johnny insistiu com McCullough que era fácil entrar no America Top 10 e quando o jornalista observou que os Ramones ainda não tinham exatamente conseguido grandes feitos nesse sentido, Johnny replicou: "Ah, é a programação do rádio. Somos tão grandes quanto as outras bandas que estão lá". O quê? McCullough replicou atônito. Como o Boston, o Styx, o Foreigner?

Se os Ramones tinham qualquer chance de ganhar espaço no rádio nos Estados Unidos, ela se evaporou depois de 13 de outubro, o dia em que Nancy Spungen morreu no Chelsea Hotel – com o namorado Sid Vicious, ex-baixista do Sex Pistols, acusado de tê-la assassinado. Sid foi encarcerado em Rikers Island e solto sob uma fiança de 50 mil dólares. Logo depois, voltou à cadeia por atacar Todd, o irmão de Patti Smith, com uma garrafa quebrada de Heineken no clube noturno Hurrah's. Esses trágicos eventos seguiram-se a uma desastrosa turnê pelos Estados Unidos em janeiro, quando a banda de Sid implodiu, deixando uma trilha de amargura e recriminações que dura até hoje. Se a mídia americana já achava o punk repugnante, depois desses eventos passou a considerá-lo banido, *persona non grata*. Não seria um punhado de músicas cativantes dos Ramones, tingidas em cores country, que a fariam mudar de ideia. "Tivemos uma porção de trabalhos rejeitados", Johnny disse a Timothy White, da *Rolling Stone*, em um artigo publicado em fevereiro de 1979, o mesmo mês em que Sid Vicious foi encontrado morto em um apartamento em Greenwich Village, aparentemente de *overdose* de heroína. "Tivemos várias emissoras de rádio que nos rejeitavam e não colocavam nossas músicas no ar. Tivemos uma oferta de trabalho na Notre Dame com o Foreigner e a Notre Dame desistiu de nós. Fomos postos pra fora das estações de rádio depois daquele 'show de fim de semana' do Sex Pistols. Não tinha nada a ver conosco. Não nos parecemos e nem agimos como eles. Não estávamos determinados a arruinar a indústria da música. Tem espaço pra todo mundo."

Para todos, exceto para os Ramones, era o que parecia.

QUEM ERA O PINHEAD? Seria uma pessoa em especial?

"Era o roadie que cuidava da bateria. Eu fui o primeiro pinhead. Estivemos em São Francisco (28 de dezembro de 1978, com o Tubes) fazendo um show ao ar livre no Civic Centre no meio do dia. Eu não tinha nada pra fazer – não havia luzes no show –, então resolvi botar a máscara e andar no meio da multidão.

O pinhead no filme era um amigo chamado David Moon, que acabou fazendo o merchandising. Mais tarde tivemos astros convidados, como durante a última turnê, em Lollapalooza, o Lars, do Rancid".

(Entrevista do autor com Arturo Vega, diretor de iluminação)

11

Na Estrada, Parte 2

"COMO DIZ A MÚSICA, 'Touring touring was never boring' [Excursionar, excursionar nunca é chato]. Ah, era muito bom. Era a faca e o queijo deles. Era o que fazia com que sobrevivessem. O fato de seus shows fazerem tanto sucesso e o público ir ao delírio era muito importante."

Como era viajar com eles no ônibus?

"Eles não viajavam em um ônibus. Eles viajavam em uma van. O Monte dirigia."

Ele sempre guiava?

"Sim, caso a viagem fosse muito longa, Johnny também guiava. Ele era o único a guiar também. Ou então sentava ao lado do motorista – mas a primeira fila de assentos era sua se ele quisesse se deitar. Os assentos imediatamente atrás eram de Dee Dee, a seguir vinha Joey e por fim Marky. Eu viajava muito com eles. Era comum que eu me sentasse com Joey. Ou então Johnny não estava deitado e alguém sentava na fila dele e sobrava uma fila de assentos só pra mim. E.. hum... eles tinham um ritual, iam em um 7-11 [loja de coveniência em postos de gasolina] depois de todo show."

Verdade?

"Mesmo se estivessem apenas voltando para o hotel, não deixavam de parar em um 7-11 e comprar *cookies*, leite, alguma coisa para levar para o quarto. E era sempre um momento cordial, era sempre bom, sabe? Eu gostava."

Em que tipo de lanchonete vocês comiam?

"Dependia de em que parte do país estávamos. Um grande favorito para o fim dos shows era o Cracker Barrel, no sul. Se não fosse esse, seria o McDonald's ou o Burger King. Às vezes, havia pequenos estabelecimentos ou lojas de conveniência que tinham alguma especialidade. Também gostávamos das grandes paradas de caminhoneiros no Texas onde eles tinham videogames e uma loja grande – era como estar em um parque de diversões, era emocionante, especialmente no começo."

Algum deles tinha alguma dieta especial – como nos anos 1990, quando Joey começou a comer alimentos mais saudáveis?

"Só mesmo no fim. Por um tempo, mandávamos um grande bife antes do show – antes de Joey parar de comer carne completamente. Eles sempre comiam pizza antes do show. Comiam hambúrgueres, peixe. Não havia uma predileção por nada em especial, com exceção dos tacos. Quando parávamos em Los Angeles, de volta do Havaí ou do Japão, e tínhamos algumas horas para matar, todos queriam ir comer tacos em algum lugar."

Onde? No Taco Bell?

"Não, tacos de verdade, dos pequenos. Então só comíamos tacos quando estávamos na Califórnia, no Novo México, no Arizona. Nada de Taco Bell. Não estava entre nossos favoritos."

Havia algum tipo de ritual feito pela banda antes de entrar no palco?

"Joey tinha seus exercícios de aquecer as cordas vocais. Ele os fazia o tempo todo – o aquecimento, a vaporização, beber chá."

Que chá? Herbal?

"Sim, com mel e limão, esse tipo de coisa. O único ritual era a pizza antes do show e então eles se aqueciam no camarim. Johnny com a guitarra, Marky com uma pequena bateria com tambores preenchidos..."

Quantas músicas eles tocavam?

"Uma boa quantidade – quatro ou seis."

Eram sempre as mesmas?

"Não. Seria o que facilitasse o trabalho de começar a tocar. Hum... mas pizza era o único ritual antes do show – só de queijo, das redondas, nada extra. Eles sempre pediam durante as viagens e ficavam muito aborrecidos se não estava lá quando chegavam."

(Entrevista do autor com Arturo Vega, diretor de iluminação)

12

A Confusão do Filme de Monstros Mutantes

DE 11 A 13 DE AGOSTO de 1978, no curso de três noites no Hurrah's, em Nova York, os Ramones tocaram para o diretor de cinema Allan Arkush.

Arkush era o protegido do rei dos filmes B, Roger Corman – o homem que levou motocicletas, jovens enfermeiras e mulheres acorrentadas para o *drive-in*, o homem responsável por *Corrida da Morte – Ano 2000*, *A Pequena Loja de Horrores* e *Psych-Out*, a versão definitiva de 1968 sobre o *flower-power* de Hollywood em um filme com os Seeds, Strawberry Alarm Clock e Dean Stockwell usando bandana. O produtor Corman tinha feito mais de 200 filmes, e tinha um bom domínio sobre o dispositivo da cultura pop como ninguém. Johnny Ramone estava entre seus fãs. "Gostava de seus filmes", disse o guitarrista. "Tinha muita violência e ação."

Crescido em Fort Lee, New Jersey, Arkush sonhava acordado na sala de aula sobre corridas de *kart* nos corredores da escola, sobre explodirem todo o prédio e também sediarem por lá um show dos Yardbirds. Trabalhando seus sonhos de garoto, ele e Joe Dante, o futuro diretor de *Gremlins*, tentaram negociar o tratamento de um filme chamado *Heavy Metal Kids* (inspirado na música de Todd Rundgren), para ser produzido pela New World Pictures de Corman. Corman não ficou muito impressionado – era 1978, a era disco estava no auge e ele preferia a ideia de *cheerleaders* nuas saltitando em um ginásio ao som de Donna Summer.

Mas Arkush estava determinado. Ele não era muito fã de punk, mas tinha visto a fotonovela *Mutant Monster Beach Party*, na revista *Punk*, ironicamente inspirada nas produções de Roger Corman e estrelada por Joey Ramone e Debbie Harry. Ainda trabalhando no primeiro tratamento de seu filme de rock – reintitulado como *Rock'n'roll High School* e vendido como uma obra entre *The Girl Can't Help It*, filme clássico de rock'n'roll dos anos 1950 com Jane Mansfield, e *High School Confidential*, de Jerry Lewis, e ainda *Freaks* –, ele foi a Nova York para ver os Ramones.

"Fazer um teste?!", exclamou Marky incrédulo. "Não, ele nos conhecia. Bem... antes ele quis o Cheap Trick e eles recusaram. (A banda de power pop influenciada pelo The Who era provavelmente muito cara para um filme realizado com 300 mil dólares em três semanas.) Então, dissemos sim e ele fechou com a gente imediatamente. Nossa imagem tinha mais a ver com aquele clima de colégio."

"Eu sabia que *Live At Budokan* [do Cheap Trick] tinha sido um grande disco", Arkush afirmou, "mas Roger não entendeu. Então, tive de dizer a ele que os Ramones não eram uma banda disco e tiveram de batalhar muito contra a raiva e a frustração – e não contra as pessoas com dinheiro. Era como o rock funcionava na fantasia de todo adolescente."

"Allan Arkush disse que Corman queria saber quem eram os Ramones e por que eles deviam estar no filme", Holmstrom relembra. "Então Allan mostrou a ele uma cópia de *Beach Party* e isso encerrou a discussão."

Em 26 de novembro, os Ramones gravaram duas músicas em um único dia com Ed Stasium para inclusão no filme – a primeira, faixa-título, escrita por Joey como uma paródia afetuosa dos filmes de praia dos anos 1960 e ainda uma das músicas mais atrativas dos Ramones. A segunda era a água com açúcar "I Want You Around", perfeita para um filme que explora a angústia adolescente. O legendário produtor de grupos femininos dos anos 1960, Phil Spector, remixou mais tarde as duas faixas.

As filmagens começaram em dezembro, em uma escola católica deserta de Los Angeles, em Watts: "A caracterização da escola foi baseada na que eu frequentei", Arkush disse na *NME* em 1979, "a qual, por sua vez, foi provavelmente baseada no Arquipélago Gulag: nada de *jeans*, sandálias, rock'n'roll, cabelo comprido e nenhuma contestação."

Rock'n'roll High School foi fiel à representação mais antiga do rock no cinema, como um instrumento de liberação adolescente. "Quando você sair daqui", diz a heroína *cheerleader* Riff Randle, interpretada por PJ Soles (*Carrie*, *Halloween*) com vivo entusiasmo "ninguém vai lembrar se você esteve no colégio e muito menos se cabulou umas aulinhas".

O filme era uma sátira social de baixo orçamento: desde o ódio dos Ramones à diretora do Vince Lombardi High School, senhorita Togar (interpretada pela antiga atriz da Factory de Andy Warhol, Mary Woronov), que descobre que ratos explodem quando expostos à música rock a um certo volume até a explosão de toda a escola. "Era tão real", estremece Marky. "Senti até o calor, mesmo porque estávamos todos usando jaquetas de couro – a uma temperatura de 27°C. Tudo isso porque Randle, fã número um dos Ramones, é impedida de assistir à sua banda favorita."

Joey explicou a trama a Philippe Garnier no *set* de filmagem: "Tem esse bando de garotos no colegial, são todos fãs dos Ramones, e eles usam a banda como um tipo de... rebelião contra as autoridades. Mas tem uma porção de piadas, sabe, como na frente da fila de ingressos pro show tem esse índio e quando alguém pergunta o que ele está fazendo lá ele responde 'Sou um escalpelador'*... meio que idiota, mas engraçado...".

Basicamente, o filme é pura diversão, indistinguível de outros milhares, exceto por uma diferença crucial: os Ramones.

E há alguns grandes momentos com os Ramones.

A cena em que a banda está em seu ritual de comer pizza antes do show e Dee Dee solta a frase imortal: "Ei, pizza!". ("Todo o filme era uma idiotice só", suspira Linda Stein, "e eles odiaram fazer. Dee Dee tinha uma única fala e não conseguiu dizê-la direito. Tiveram de fazer umas 30 ou 40 tomadas, era demais pra ele.")

A cena em que Joey faz uma serenata para Riff nos sonhos da menina, ao som de "I Want You Around". (Riff puxa a cortina do chuveiro para descobrir Dee Dee no banheiro tocando baixo – o baixista era conhecido por tomar quatro banhos por dia.)

A cena em que Joey chora as pitangas para uma coxa de frango, para depois jogá-la fora, enquanto canta o verso "Eating chicken vindaloo", da música "I Just Want To Have Something To Do".

A cena em que a diretora Togar pergunta: "Seus pais sabem que vocês são os Ramones?"

A cena em que o professor de Ciências legal (Paul Bartel) diz: "Dizem que sua música é barulhenta, destrutiva e letal para os ratos, mas eu os considero os Beethovens do nosso tempo".

A cena em que os Ramones param em frente ao Roxy em um Cadillac cor-de-rosa dirigido pelo DJ e amigo Rodney Bingenheimer e

---
*N.T.: Escalpelador; *scalper*, em inglês, é gíria para "cambista".

andam pela rua tocando seus instrumentos. É possível ver o gerente de turnês (na vida real) Monte Melnick na cena, andando atrás da banda, falando com o ator que faz o empresário no filme. ("Johnny odiou aquela cena", diz Linda. "Ele não conseguia entender o conceito de dublagem. Não dava nem para discutir. Eles eram extremamente puros.")

"Filmamos algumas cenas no Whiskey, no andar de cima, no camarim", diz Rodney. "Há um pôster da Cherie Currie na parede que eu doei. [A banda punk] The Germs estava lá."

"Toda vez que íamos para a escola", Marky relembra, "havia fãs trazendo maconha para mim e para Dee Dee, atirando garrafas de cerveja por cima da cerca. Ficávamos fora até 5 da manhã e tínhamos que levantar às 8. Durante a maior parte do filme, eu e Dee Dee estávamos loucos de Quaaludes e de ressaca da noite anterior."

Dee Dee foi preso enquanto estava no Tropicana, mas, no caminho para a prisão, ele entrou em coma e foi levado ao hospital para fazer lavagem estomacal. "Estávamos completamente duros naquele tempo", ele comenta. "Eu só tinha dinheiro suficiente para comprar duas porcarias de Tuinals e uma cerveja por dia."

Apesar de ser divertido, de ser uma boa experiência e ótima oportunidade para os fãs verem os Ramones tocando – mesmo com o som desincronizado da imagem, com o espetáculo de Riff Randle e seus amigos pulando entre os números musicais, cabelos arrumadinhos com secador ao estilo de Los Angeles, com a aparência mais distante impossível dos tênis e *jeans* rasgados dos Ramones –, o filme prestou um grande desserviço aos *bro*. Os filmes de Corman apelavam ao mais baixo denominador *trash* – e o roteiro falava de uma banda que era D-U-M-B. E os Ramones interpretaram esse papel na perfeição devorando pizza, grunhindo em monossílabos e parecendo ranzinzas e malvados. Ajudou a reforçar o estereótipo.

Não que os integrantes da banda vissem desse jeito.

"Johnny não estava sorrindo", relembra Linda, "mas era esperto o suficiente para saber que grande oportunidade a coisa toda representava – e representava mesmo. Nós nos sentávamos naquele elegante café chamado Duke's, embaixo do Tropicana (onde Andy Warhol rodou *Heat*). Pensávamos que íamos ser grandes."

"Fui assistir a *Rock'n'roll High School* com Joey sete ou oito vezes", diz Janis Schacht. "Quando canta 'I Want You Around' é tão ele mesmo. O resto deles estava fazendo o que diziam para eles fazerem, mas ele aproveitou aquele momento e deu um verdadeiro retrato de si mesmo. Doce, sexy... Eu o achei horrível quando nos encontramos pela primeira vez – chamei-o Godzilla –, mas em um ano ele tinha se tornado o homem mais sexy do pedaço."

Corman não estava feliz com o resultado do filme – achou que tinha custado demais e não entendia por que dar aos Ramones tanto destaque. *Rock'n'roll High School* foi lançado em abril de 1979 nos Estados Unidos e falhou em causar impacto, provavelmente porque era horrível – a má distribuição também não ajudou. As atuações são ruins, o elenco também, os diálogos são "esquecíveis". Porém, em Chicago o filme marcou pontos: depois de uma crítica local favorável e uma publicidade inspirada que colocou o filme no mesmo patamar de *Grease* e *O Despertar dos Mortos*. No Reino Unido, foi lançado em janeiro de 1980, para casar com o lançamento de *End Of The Century*.

O disco com a trilha sonora também era confuso: as já mencionadas faixas com os Ramones e a colaboração dos Paley Brothers, mais uma boa miscelânea de músicas ao vivo dos Ramones (incluindo "She's The One"), preenchido com os números genéricos usuais que pouco tinham a ver com o filme – "Smoking In The Boys Room", do Brownsville Station; "School's Out" (outra vez!), da Alice Cooper; Chuck Berry; Eno.... A única música digna de nota é uma apavorante versão da faixa-título por PJ Soles, tão ruim que se tornou brilhante. A capa era um desenho ao estilo *Mad* feito por WM Stout – quando cada fã dos Ramones sabia que Holmstrom era a única criatura na face da terra digna desse trabalho.

Paul Rambali foi direto em sua crítica na *NME*: "Se *Rock'n'roll High School* fosse o equivalente cinematográfico dos Ramones, seria um filme esperto disfarçado de estúpido e dedicado à diversão, ao barulho e à delinquência. Assim como é, é um filme bobinho que tenta ser um filme estúpido. Lembra algo como um episódio longa-metragem dos *Monkees* estrelado pelos Ramones".

O videoclipe do *single* "Rock'n'roll High School", lançado em 1979, mostra os Ramones de bobeira na sala de aula, e foi um dos primeiros a aparecerem na incipiente MTV, quando a estação foi inaugurada em 1982. Não que tenha ajudado nas vendas.

"Você imagina como é chato fazer um filme?", pergunta Monte. "É muito chato mesmo. Você fica lá sentado durante horas enquanto eles fazem a cena. Então senta mais um pouco enquanto montam a próxima cena. E entre uma coisa e outra é mais chato ainda. Mas é interessante assistir a coisa toda pronta."

COMO ERA A CONVIVÊNCIA com o Joey?
Ótima. E você sabe o quê mais? Em todos os anos que conheci Joey, nunca tivemos um único desentendimento, nenhum. Tanto Johnny como a mãe do Joey disseram a mesma coisa para mim, sabe? 'Cara, você conheceu outro Joey diferente do que conhecemos.' Eles achavam que eu o idolatrava demais – mas nunca tive nenhum problema com ele. Joey amava estar com pessoas que ele gostava ou que sentia que gostavam dele. Não estou dizendo que ele era perfeito – longe disso – eu o vi sendo mau com outras pessoas. Só que isso nunca aconteceu comigo.
Sim, entendo. O que vocês faziam quando andavam juntos?
A gente assistia a muita TV.
Que tipo de programação ele gostava?
Bem... por exemplo, quando estávamos na Califórnia, quando estávamos fazendo Rock'n'roll High School *e ele escreveu "Hanging out in 100B, watching Get Smart on TV" ('Danny Says').* 100B era nosso quarto. Às vezes Joey e eu costumávamos dividir o quarto, às vezes Joey, Dee Dee e eu, dependia do tipo de dia que estávamos tendo. Assistíamos às comédias.
O que é Get Smart?
Get Smart *[Agente 86]* é uma série com um detetive maluco (Don Adams, como Maxwell Smart) que tem um telefone em seu sapato – aquele filme *[Inspetor Bugiganga]* é baseado em..."
Ah, sim, eu sei qual é. Vocês assistiam desenhos animados?
Sim, assistíamos. Não tínhamos um favorito. Gostávamos de todos. Eram todos divertidos.
O que mais vocês faziam além de assistir TV?
Saíamos e jogávamos pinball; ele gostava bastante.

(Entrevista do autor com Arturo Vega)

Um artigo que apareceu na *Rolling Stone* em fevereiro de 1979 deu uma justa indicação de estremecimentos na banda que quatro (cinco) álbuns sem sucesso e três anos de turnês constantes estavam começando a mostrar.

"Estou cansado de não vender discos", Joey resmungou enquanto o jornalista Thimothy White o observava se olhando no espelho em um camarim apertado no Walnut Street Theater, na Filadélfia. "Quero atrair mais pessoas aos shows, fazer acontecer. Se o novo álbum não for um sucesso, eu me mato."

Recém-chegados da turnê europeia de outubro de 1978, os Ramones foram para a estrada novamente para promover *Road To Ruin*. Apesar das vendas mundiais de 250 mil discos, o álbum havia falhado em alcançar a US Top 50.

"Tudo o que é novo assusta", disse Joey à *The Face* com amargura, em 1980. O fato de os Ramones já não serem mais novidade a essas alturas claramente escapava ao vocalista. "É como um processo de lavagem cerebral, porcaria heavy metal e Olivia Newton John. Tudo sem sentimentos envolvidos. Se é fácil, é tocado."

White escreveu que, depois de Tommy, Johnny parecia ter tomando o papel de líder – liderando a banda mediante de uma discussão improvisada antes do show sobre *timing* e *pacing*, pausando brevemente para repreender Danny Fields por não assegurar que havia pôsteres da banda fora do teatro e indagar sobre as vendas de discos nos mercados secundários.

"Preste atenção no começo de 'Cretin Hop' hoje à noite", ele ralhou com Marky. "Você entrou errado outra vez ontem à noite – simplesmente não está ouvindo."

"Ok", disse Marky humildemente. "Diga outra vez".

"Não, *vamos* tocar outra vez depressa", Johnny ordenou enquanto plugava sua guitarra Mosrite branca em um pequeno amplificador para ensaios.

Mais tarde, White viu Joey sussurrar apressadamente para Linda Stein, que imediatamente instruiu todo mundo a deixar o camarim: "Vocês me desculpem", disse ela em voz alta. "Por favor, todos devem sair. O Joey quer ficar sozinho para lavar o rosto!"

Os Ramones excursionavam pela América do Norte constantemente, sempre envolvidos em discussões e picuinhas entre si. "Estar na van com eles em 1979", diz Janis Schacht, "deve ter sido como viajar com os Troggs. Havia um Ronnie *versus* Reg acontecendo entre Johnny e Joey (Schacht está se referindo a uma famosa sessão de gravação dos Troggs em que até os mais insignificantes desentendimentos entre a banda inglesa foram expostos). Parei de vê-los depois de 1980. Quando eles começaram a desencadear explosões e pular os amplificadores, perdi o interesse. O sentimento tinha ido embora. Eles chegaram a um ponto em que Joey cantava duas palavras por linha ou não poderia continuar."

Os Ramones fizeram seu último show no CBGBs em 10 de abril – um show beneficente para o departamento de polícia de Nova York comprar coletes à prova de balas.

Em outra ocasião, John Holmstrom abriu para os Ramones com seu Cartoon Concerto. "Era um tipo de vídeo de rock dos Ramones com desenhos", revela o ilustrador. "Eu passava *slides* de desenhos e fazia a voz dos personagens. Levava 15 minutos. Eu não queria entediar ninguém. Usei 'I Wanna Be Sedated' com fotos de pessoas ficando loucas. Era muito traumático pra mim."

Joey começou a mencionar novas bandas em entrevistas – não bandas londrinas influenciadas pelos Ramones como os Erazorhead (precursores da cena psicobilly dos anos 1980) ou os Lukers, de Manic Esso (com suas músicas como "Just 13" e "Suzie Is A Floozie", fizeram os Ramones parecerem intelectuais – mas agora passaram a ter um charme retrô). As bandas que Joey mencionava continham amigos, parentes – o Shrapnel, empresariada por Legs McNeill, e os Rattlers (a banda de seu irmão Mickey: Joey fez vocais de fundo em um de seus discos).

Enquanto Joey gostava de sua música e de seu álcool, Johnny gostava de ser o chefe e Dee Dee gostava de suas drogas, era o mais novo membro que frequentemente se envolvia em dificuldades – na estrada ou não. Porém, não era sempre por sua culpa.

"O Sting [o vocalista hipócrita e soberbo do Police] veio falar comigo uma vez", diz o baterista, "perguntando: 'Onde você conseguiu essa jaqueta? No Woolworths?'."

"Essa loja é como o Walmart nos Estados Unidos", explica Marky. "Ele estava tirando uma da minha cara porque sabia que isso iria me afetar. Então olhei pra ele e disse: 'Qual é o problema, você não comeu sua batata frita com peixe hoje'?* Ele me olhou incrédulo e então disse: 'Agradeça a Deus pelo Bob Marley, porque sem ele você não existiria'. Ele ficou chocado com a rapidez com que eu devolvi o desaforo. Tínhamos que nos acostumar com um monte de chateações, porque estávamos fazendo algo único que as pessoas não entendiam, o único jeito que tinham de competir conosco era nos pondo pra baixo."

---

*N.T: *Fish and chips* (peixe com batatas fritas) é um prato barato e tradicional na Inglaterra, país de origem de Sting.

13

Na Estrada, Parte 3

"JOHNNY ERA QUEM cuidava dos negócios."

Certo – então Johnny organizava as excursões?

"Johnny não queria que os *promoters* gastassem dinheiro em coisas supérfluas."

Entendo.

"Os *promoters* tinham medo dele porque sabiam que Johnny não deixaria ninguém trapacear no que dizia respeito à banda. Ele exigia conferir os números de tudo. Mas, ao mesmo tempo, ele não queria que gastassem dinheiro desnecessariamente."

Ele mantinha um arquivo de tudo, não é?

"De tudo. Ele tinha um caderninho preto onde escrevia tudo sobre as pessoas e quanto estavam recebendo. Assim, as excursões não tinham nada desnecessário, não se comprava nada que não fosse ser consumido na mesma noite."

Havia um número preestabelecido de bis por noite?

"Sim – dois bis, com duas músicas para cada um deles."

Certo.

"Era o procedimento-padrão. Raramente iam além disso – às vezes podia ocorrer, mas era muito raro."

E as apresentações? Presumivelmente eram sempre iguais em cada turnê?

"As apresentações não mudavam muito. Haveria provavelmente algumas músicas tocadas em cada um dos 2.263 shows".

Tipo "Pinhead"...

"'Blitzkrieg Bop', 'Pinhead', 'Today Your Love'... estavam sempre na lista. Sempre que um novo álbum era lançado, eles tocavam três ou quatro músicas dele. Na maioria das vezes era apenas três. Eles sabiam. Havia uma razão para seus shows serem tão bem-sucedidos – porque neles as pessoas tinham o que buscavam."

Sim, posso realmente ver o Johnny sendo muito prático em relação a isso e dizendo: "Olha só – as pessoas não vieram pra ouvir o novo álbum".

"Isso funcionou com algumas bandas, mas não com os Ramones. As apresentações não mudaram muito."

(Entrevista do autor com Arturo Vega, diretor de iluminação)

14

"C'mon, Let's Rock'n'Roll With The Ramones..."*

PARA ALGUNS FÃS – e quase certamente para Joey – o quinto álbum dos Ramones, *End Of The Century*, produzido por Phil Spector, foi o auge da carreira. A Muralha de Barulho encontra a Muralha de Som.

Para outros – Johnny com certeza – era o começo do... se não do fim, de uma série de anos vazios em que o grupo vagou sem direção certa, por álbuns feitos sem interesse ou entusiasmo, até se reagruparem no final dos anos 1980 e recapturarem um público que se manteve fiel enquanto os Ramones continuaram subindo no palco. É claro que o fato de terem se tornado um *franchising*, àquelas alturas dos acontecimentos, uma banda-tributo, que mantinha dois de seus componentes dos primeiros tempos e muito pouco da vitalidade original, parece ter escapado de praticamente todos nessa escola de pensamento. Novamente, havia certas facções que consideravam a voz surpreendente e única de Joey como algo descartável – menos vital para os Ramones do que um bom som de bateria.

Porém, não importa o seu grau na cultura *camp* [kitsch], a pareceria Ramones e Phil Spector faz muito sentido – na teoria.

As raízes dos Ramones jazem no pop barroco de grupos femininos produzidos por Spector nos anos 1960, como as Ronettes e as Crystals – se bem que com uma interpretação minimalista, que suprimiu as luxuriantes harmonias e orquestras de 20 peças, as introduções e conclusões rocambólicas. Só porque Johnny tocava alto – com implacáveis acordes-pancadas, que inicialmente deixavam seus dedos em tiras –, não significa que os irmãos espirituais dos Ramones fossem o MC5 ou os Stooges ou qualquer uma das nervosas bandas punk britânicas do final dos anos 1970. Sua música era pop – The Beach Boys, The

---

*N.T.: Fala inicial da vinheta de abertura de *Rock'n'roll Radio*.

Beatles, Herman's Hermits... De fato, eles eram de um filão pop tão clássico que sua gravadora não pôde entender por que não foram uma das maiores bandas do mundo.

O problema deve estar, eles raciocinam, com a produção e a imagem – então Tommy Erdelyi, o homem mais responsável que ninguém pela visão dos Ramones, estava fora, logo após ajudar a criar quatro dos Álbuns Definitivos da Música Rock. Ponto-final. Era tempo de ganhar no nome dos "produtores" – e de perder nas jaquetas de couro, enquanto ainda a estavam usando. E quem melhor para começar do que o legendário, recluso, maníaco e controlador Phil Spector – o homem por trás de "He's A Rebel", "Be My Baby", *A Christmas Gift For You*, "You've Lost That Lovin' Feelin'", "Uchained Melody", "River Deep, Mountain High" e mais tarde o álbum *Let It Be* dos Beatles, mais álbuns-solo de John Lennon e George Harrison... e a lista continua. Phil já era herói e inspiração – e fã convicto dos Ramones.

O problema era que Spector tinha... bem... seu próprio jeito de gravar.

"EI, CARA!", DISSE Dee Dee Ramone em pânico. "Se você me bater, eu acerto você de volta! Tenho muito respeito por você...! De qualquer jeito, não sei quantos seguranças você tem escondidos na cozinha que vão sair pra me arrancar a pele se eu revidar!"

Ainda assim, Dee Dee se manteve em guarda. Braços rigidamente pressionados contra os lados do corpo, punhos fechados, olhos semicerrados, pronto para um soco que nunca veio.

"Deixe-me em paz, ok!", berra desafiadoramente para Phil Spector – que, depois de me dar sua pistola automática para que a guardasse em lugar seguro, está executando movimentos Ali Shuffle [famoso jogo de pernas do pugilista Mohamed Ali] em frente ao seu consternado hóspede.

Joey, Johnny e Tommy antecipam silenciosamente seu próximo movimento. Caso houver pancadaria, estão prontos – se bem que um pouco relutantes.

"Vim nesta noite convidado por você", vocifera Dee Dee, que já não fala com Spector, mas grita com toda força de seus pulmões, "para admirar sua casa, escutar sua música e estar na sua festa; então, pare com isso antes que alguém saia machucado!"

Acho que Dee Dee não estava se referindo a si próprio.

(Roy Carr, *NME*, 21 de maio de 1977)

"Estava na casa de Phil uma noite com os Ramones e o Rodney (Bingenheimer)", Carr começa. O crítico estava em Los Angeles escrevendo um roteiro sobre a história de Phil Spector, para ser estrelado por Al Pacino (posteriormente arquivado). A noite em questão aconteceu em fevereiro de 1977, depois de vários shows dos Ramones e do Blondie no Whiskey A Go Go como atrações alternadas.[30]

"Phil estava na ilusão de que os Ramones eram Joey e sua banda", Carr explica.[31] "Ele estava muito interessado na voz de Joey – ela o lembrava de Dion (di Mucci, responsável por sucessos clássicos de doo-wops no começo dos anos 1960, e que posteriormente trabalharia com Spector, nos anos 1970). Ele se ofereceu para assinar com os Ramones em seu selo e disse que eu poderia empresariá-los enquanto ele seria o produtor. Os Ramones não sabiam o que fazer a respeito, especialmente quando ele perguntou quantos discos já haviam vendido."

"Então, ele desapareceu em uma de suas muitas salas e voltou com um impresso de computador com as vendas deles", continua o jornalista. "Ele disse à banda que *Ramones Leave Home* vendeu menos que *Ramones* e ofereceu a cada um deles 50 mil dólares. Em dinheiro. Com Spector era: 'O que você quer? Carros, garotas?'. Ele ofereceu ligar para Marty [Machat, famoso advogado do *show business* que trabalhou com Sinatra], que estava em Beverly Hills, mesmo que fosse à 1 hora da manhã – 'Ele vai trazer o dinheiro com ele'. Então, legalmente ou não, estava oferecendo assinar com os Ramones por 200 mil dólares em dinheiro – os quatro ficaram tentando imaginar essa quantia, o que eles poderiam fazer? Tinham dificuldade em lidar com 50 dólares cada um."

Os Ramones recusaram a oferta de Spector – mas isso não impediu o produtor de telefonar depois de cada álbum lançado sugerindo que poderiam gravar o próximo juntos. "Vocês querem fazer um disco bom ou um excelente?", perguntou a Joey, um grande fã de Spector. (Como

---

30. "O Blondie esteve ótimo naquela noite", Dee Dee escreveu em *Coração Envenenado*. "Deborah Harry estava demais, usando uma minissaia bem curta (mesmo!). Todos os garotos se aglomeravam na frente, tentando olhar por baixo da saia o biquíni branco."
O baixista foi aos bastidores para cumprimentar a banda e teve seu caminho bloqueado por um homem vestido com uma capa "asa de morcego", uma diabólica barba negra e bigode e *raybans* escuros: "O príncipe coroado da escuridão, Phil Spector em pessoa". Dee Dee afirma que Spector foi tomado por uma aversão instantânea por ele – uma afirmação que provavelmente diz mais sobre sua própria paranoia do que sobre a do produtor, porque Phil voltou a convidar os Ramones para sua inesquecível vila em estilo espanhol em Beverly Hills.
31. O produtor também pensou que Debbie Harry poderia ser a Ronnie Spector dos anos 1980.

David Fricke ressalta nas notas de *Anthology*, o fato de Phil ter cotado *Rocket To Russia* apenas como "bom" foi indício suficiente para saber que algo estava errado.)

"Acontece que ele poderia fechar com os Ramones facilmente", Carr sugere. "A Sire era parte da Warner Bros., assim como o era o selo do Phil; então, seria uma transação direta. Eles não estavam fazendo muita coisa e, como Phil observou, se não tomassem cuidado, suas carreiras estariam terminadas."

Os legendários sócios de Spector e amigos de longa data, Dan e David Kessel, também eram grandes fãs dos Ramones. Eles vinham tocando músicas deles em sua banda de fraternidade Stars In The Sky antes de os Ramones sequer serem conhecidos na Califórnia. Em 1978, os irmãos produziram um *cover* de "Surfin'Safari", dos Beach Boys, com os Ramones como sua banda de fundo, sob o pseudônimo Rodney & The Brunettes.[32] Depois que terminaram, David Kessel tocou as gravações via telefone para Spector, que quis ver a banda imediatamente – junto com algumas pizzas, que eles deveriam comprar no caminho. "Paramos no Piece O'Pizza no Bulevar de Santa Monica", ele conta, "e encomendamos duas pizzas extragrandes, com *pepperoni*, cogumelos, cebolas e pimentão verde."

"Isso não está nas minhas notas", ele ri, "mas é como eu sempre peço pizza. Nós também jogamos um pouco de alho nelas. E lá fomos nós pro Phil. Houve muitas risadas, algumas armas, muita pizza e conversa sobre rock'n'roll de verdade. Semanas depois, Dan e eu fomos convidados para ir à casa do Phil participar de uma reunião com Seymour Stein. O resultado foi *End Of The Century*, no qual eu e meu irmão tocamos guitarra e muita percussão de palmas."

As gravações de *End Of The Century* começaram no Gold Star Studios em Los Angeles, em 1º de maio de 1979 – os Ramones imediatamente enlouqueceram com a presença de enormes tanques de oxigênio (desenhados por Brian Wilson) e uma piscina subterrânea que duplicava o som como uma câmera de eco. Esse lugar tinha história – assim como as próprias produções de Spector, Eddie Cochran, os Beach Boys, Sonny & Cher, Buffalo Springfield e Iron Butterfly (entre outros) tinham gravado lá. Era intimidador.

---

32. O pseudônimo combinou com uma faixa anterior que o DJ fez com o Blondie sob o título de "Little GTO". Ambas as músicas mais tarde apareceram no *Rodney Bingenheimer Presents 'All Year Party' Vol. I*. "Slug" foi gravado na mesma sessão. As três músicas foram produzidas e arranjadas pelos irmãos Kessel.

"Uma vez, lembro de uma conversa demorada com Joey Ramone ao lado da máquina de Coca-Cola do Gold Star – que, aliás, só estocava Tab* – tarde da noite no corredor", escreveu o correspondente do *Melody Maker*, Harvey Kubernik, nas notas não revisadas da capa do relançamento de *End Of The Century*. "Joey ficou aturdido quando contei a ele que o The Who tinha mixado 'I Can See For Miles' nesse estúdio, ele tirou seus óculos e chacoalhou a cabeça de puro assombro."

Na sala principal de controle, onde o volume podia chegar a 130 decibéis, Spector improvisava uma série inteira de gestos de mão elaborados para se comunicar com seu engenheiro Larry Levine – que sofreu um ataque do coração durante as gravações. Certamente era um som muito alto para o volume normal da fala.

"Phil era doido", relembra Ed Stasium, nomeado como diretor musical e convidado para exercer um papel de "mediador" a Henry Kissinger. O volume era inacreditável. Ele fez a banda trabalhar *take* após *take* após *take*. Tenho tudo anotado. Ele escutou "This Ain't Havana" mais de 300 vezes. Ninguém sabia por quê. Dava uma porção de pulos, dava mostras de que estava praguejando, fazia sinais para Larry. Caso quisesse som de caixa, imitava uma caixa. Se quisesse mais reverberação, dava uma tapa na própria língua com a mão.

"Phil não nos dizia onde estaríamos gravando", Stasium admite. "Viemos fazer pré-produção em 19 de abril e Phil tinha três estúdios reservados. Ele disse à banda para ir ao Gold Star e a Monte para ir ao Rumbo (o estúdio de Captain & Tennille, onde o primeiro disco do Guns N'Roses foi feito). Phil queria fazer o maior disco de todos os tempos – não o *meu* maior disco, dos Ramones ou dele mesmo... mas 'O' maior disco já realizado. Ele apontava para seu próprio olho com o dedo, este vai ser o Número Um, o maior em que você já trabalhou, esteja preparado."

O produtor levou o grupo à loucura – a lenda diz que ele fez Johnny tocar o acorde de abertura de "Rock'n'roll High School" durante oito horas sem parar. O guitarrista saiu e Spector mandou que voltasse. "O que você vai fazer?", Johnny perguntou. "Atirar em mim?" Ele não estava brincando: Phil já tinha apontado uma arma para Dee Dee depois que ambos tinham descambado para uma briga de garotos do tipo "minha arma é maior que a sua". Johnny chegou a marcar um voo para Nova York e houve uma série de telefonemas históricos entre Stasium, Spector e Stein antes de ele voltar. Foi uma época difícil para Johnny. Não só porque

---
*N.T.: Refrigerante com a marca Coca-Cola.

o método de trabalho de Spector ia totalmente contra o seu modo de ser, mas porque seu pai morrera durante as gravações."Não eram oito horas, mas um longo período de tempo", Stasium corrige. "Toquei algumas das guitarras. Phil estava fazendo alguma coisa na sala de controle, até hoje ninguém sabe o quê, ele estava procurando no cosmos um som e com aquele equipamento antiquado não podia achar. No fim do dia, Johnny estava tipo: 'tô fora daqui'. O resto dos rapazes estava em pé de guerra."

"Não diria que Johnny estava felicíssimo", suspira Kessel. "Não era seu ritmo usual. Johnny estava tipo: 'Ei, cara, vam'tocar de uma vez?', e Phil responderia: 'Espera, ainda não estou pronto pra lidar com você'. Eu não chamaria o que havia entre eles de discussão. Estava mais para diferentes pontos de vista expressos com paixão."

"Johnny é um guitarrista poderoso e inovador, 100% Buddy Holly com uma Mosrite e um amplificador Marshall", o guitarrista continua. "Ele deve ter puxado ferro, porque todos aqueles acordes-pancadas são por si só trabalho físico pesado."

Kessel também tem uma versão levemente diferente da história da arma: "Dee Dee seria o primeiro a admitir que ele estava um pouco descontrolado", diz ele. "Coloco assim para ser delicado. Ele era nervoso, arrogante e um mau baixista – basicamente um cara legal, usando a música como expressão de sua agressividade. Phil também era de Nova York. Ele apenas queria clarificar um pouco a relação. Sim, as histórias da arma são verdade. Não é ofensivo. É meramente informação factual."[33]

"Sim, uma hora ele estava bêbado, doidão e começava a andar pra lá e pra cá armado", conta Marky. "O lugar era um hospício. Fui à cozinha e tinha lá um são-bernardo matador na corrente. Os portões ao redor da mansão eram eletrificados, toda aquela cocaína. Ele tinha seguranças faixa preta em caratê. Talvez estivesse paranoico sobre certos negócios do passado. Talvez fosse só a bebida. Quando se bebe como bebemos, sempre há algumas razões..."

Antes do trabalho com os Ramones, Spector tinha sido assaltado no estacionamento de um restaurante italiano de Sunset Strip. Dee Dee admitiu que algumas das tensões foram criadas por ele: "Os Ramones eram um pé no saco", o baixista disse a Kubernik.

---

33. Como um pequeno arremate a isso, Kubernik se lembra de uma noite em que os irmão Kessel estavam usando coldres com pistolas 38 enquanto dedilhavam guitarras acústicas no estúdio. "Certo, seção de armas", berrou Phil "Toquem!"

"Foi legal com o Spector", Marky admite. "Não sei o que os outros pensam a respeito. Ele tinha uma foto dos filhos em cima do piano. Íamos ao Roxy com os seguranças dele beber e agitar a noite inteira. E, é claro, ele andava armado. Não se usavam detectores de metal nesse tempo."

Nas noites de folga, todos os Ramones, com exceção de Joey, iam ver *Alien*. "Os rapazes viram todo dia e noite de folga!", Spector escreveu a Kubernik. "Joey me pediu para ir ao Wiskey quando estavam filmando o vídeo, mas recusei. Ele queria que eu fizesse uma coisa tipo Hitchcock."

Spector adorou Joey por sua sonoridade nova-iorquina, sua interpretação lírica e sua atitude. Kessel também: "Ele obviamente não era um cantor de ópera", explica, "mas usava o que tinha brilhantemente e Phil ensinou várias coisas a ele sobre controle de voz".

Durante as mixagens, a banda comia sanduíches de arenque, língua e *corned-beef* da delicatessen Canter's. Joey estava no Sétimo Céu, trabalhando com uma lenda consagrada: "Joey amou cada minuto", sorri Stasium. "Ele não queria ir embora. Ele adorou Phil. Phil o adorou de volta. Joey tinha um pouco de Ronnie em sua voz. Eles eram camaradas."

Mas Spector ainda conseguiu assustar um de seus maiores fãs.

"Uma vez, Joey estava sentado ao piano perto de Phil, estudando um arranjo, com as palavras escritas para ele por Phil em um pedaço de papel", recorda a amiga Joan Tarshis. "Quando estava pronto para sair, ele dobrou o papel e guardou no bolso. De repente, soube que havia feito algo muito errado. Porque se saísse com aquele pedaço de papel, simplesmente não iria sair – se você entende o que eu quero dizer. Então, teve que dar um jeito de retornar o pedaço de papel sem Spector saber que ele sabia que Joey o estava colocando de volta."

"(Alguém) trazia para Phil esses pequenos copos descartáveis de vinho Manischevitz", Joey contou na *Rolling Stone* em 1987, "e logo Phil estaria bêbado e fora de si. Ele desabava no chão praguejando. 'Droga, merda, foda-se! Foda-se essa merda', e era o fim da sessão."

"O problema era que Phil nunca tinha trabalhado com uma banda antes, seus artistas eram mais sua própria concepção", Joey disse a Jaan Uhelszki, com o benefício da percepção tardia. "Phil gostava de dominar e manipular, então era um pouco estranho. Mas eu me senti cantando para o mestre. Ele é um apaixonado, uma pessoa dramática. Ainda o admiro – mas durante esses episódios ninguém estava gostando de nada daquilo. Estávamos todos de saco cheio de sua bebedeira, suas palhaçadas, seus dramalhões e sua loucura."

Seymour Stein – que vendeu a Sire à Warner Bros. por uma grande soma e um lugar à mesa dos diretores – foi forçado a processar Spector para ter de volta as fitas originais para lançamento.

Johnny odiou esse álbum, não é?

"Sim", diz Monte.

"OS RAMONES UTILIZARAM muito a estrutura pop, mas não foi apenas por uma questão de velocidade. Mesmo algumas das técnicas vocais de Joey eram emprestadas do estilo dos grupos femininos dos anos 1960. Meu pai foi muito tocado por Joey, lisonjeado, mas reverente. Ele se deu conta da honrosa posição de Joey no punk e na música em geral. Muitas pessoas veem os Ramones como uma entidade punk rock, mas meu pai tem um modo de vê-los que transcende esses limites."

As pessoas em volta dos Ramones sentem que, se não tivessem sido rotulados como uma banda de punk rock, teriam sido mais bem-sucedidos.

"As coisas funcionam assim com todos os gêneros – gêneros são muito restritivos."

Seu pai lhe contou histórias dos Ramones?

"Toda vez que era perguntado a respeito, ele tratava isso como uma área pouco nítida de seu passado. Dizia coisas do tipo 'Ah, você sabe, foi uma loucura. Joey era maluco. Eles todos eram uns malucos. Foi ótimo'. Ele se sente realizado com tudo o que fez e nunca trabalhou em algo pelo qual não estivesse muito apaixonado – mas não sei se considera esse um dos trabalhos que lhe trouxe mais satisfação. Suas memórias são muito mais cândidas em relação ao John ou a qualquer uma das experiências com os Beatles. Com os Ramones, ele encarnou o espírito do punk rock, esse descontentamento caótico."

Por que ele quis trabalhar com eles?

"Ele estava procurando por aquela paixão que outras pessoas com quem ele trabalhou tinham pela música e não estava achando naquele tempo. Ele é extremamente liberal e desdenhoso das convenções populares e viu os Ramones como um movimento total contra tudo, do qual ele queria fazer parte – não conduzir ou controlar, mas somente ser imerso. Era o seu meio de fazer parte simbolicamente da bandeira punk."

Então, ele estava sabendo de toda a ideia do punk?

"Sim, muito. Ele realmente via sinceridade no movimento – não era algo sobre imagem. Joey usava as mesmas roupas todos os dias. Ele era muito como meu pai no sentido de submergir dentro de sua própria presença."

A gravação daquele álbum foi de alguma forma legendária, as histórias a respeito...

"Que histórias?"

Bem, tipo sobre como seu pai os mantinha trancados.

"Que seja. Meu pai tem meios intimidadores de implantar trabalho duro, mas não consigo pensar em um artista que dirá que aquele tipo de atmosfera aprisionadora não seria, eventualmente, o meio mais produtivo de tocar o trabalho. Não sei nada sobre as histórias. Se são verdade, elas produziram algo de bom. E ainda são boas piadas."

Totalmente. Há um documentário sobre seu pai em que os Ramones estão sendo entrevistados. É engraçado porque na maior parte é o Johnny que fala...

"É a pessoa errada para falar. Ele é republicano, caramba – agradeceu a George W. Bush em seu discurso de posse (para o Rock'n'Roll Hall Of Fame, em 2002) ou algo igualmente repulsivo – coloque isso no seu livro."

Que seja. Eu entendo que o jeito de trabalhar de Johnny estava como que em disputa com o do seu pai. A ideia do Johnny é chegar, sair, ter tudo pronto em dois dias e cair fora. A história corrente é que os Ramones sempre tiveram por volta de 100 mil dólares para gravar cada álbum, mas que sempre gastaram 60 mil e dividiram o resto entre eles. 'Por que gastar mais? Não vamos vender mais'. E então você ouve histórias sobre Phil Spector trabalhando e retrabalhando o acorde de abertura de "Rock'n'Roll High School" – quanto não deve ter custado? Isso deve ter deixado o Johnny maluco.

"Ouvi tantas coisas sobre esse álbum. Alguns me dizem que foi o pior dos Ramones."

É maravilhoso. Amo esse álbum.

"Esteticamente, e em todos os outros sentidos, é soberbo."

Aquela versão de "Baby I Love You" é tão boa quanto a original (das Ronettes) e diz muito. As primeiras três músicas... lembro até hoje quando as ouvi pela primeira vez. Gastava todo meu dinheiro em discos, então nunca tinha dinheiro para uma vitrola decente. Era meu primeiro ano de colégio e eu tinha uma Dansette portátil mono, *mas os alto-falantes não funcionavam. Assim, eu me debruçava sobre o disco, tentando ouvir a agulha nos sulcos. Meu irmão e eu discutimos End Of The Century antes de sair. Eu era bem radical, ainda mais que tinha alguma relação com isso. Ele disse: "E daí? Se é bom, é bom". Essa foi a última vez que tentei ser neutro sobre alguma coisa.*

(Entrevista do autor com Nicole Spector, a filha de 19 anos de Phil)

"O álbum de Phil Spector é um dos maiores já feitos", exclama George Tabb. "Sei que John não gosta dele, mas todos os fãs o adoram – os Ramones podem pensar o que quiserem. Sim, era um álbum solo de Joey – mas você tem que ouvi-lo cantando 'Baby I Love You', e, sim, as guitarras estão no fundo, mas há uma bela muralha de cordas. Em 'Danny Says', a guitarra da introdução aparece ao lado dessa muralha em um crescendo, é lindo. Posso entender por que Johnny odiou o disco."

É claro que ele o odiou. É desrespeitoso. Phil Spector estava gravando com os Ramones, então deveria ter usado os Ramones. O álbum detonou a fórmula original da banda e destruiu todos os seus componentes. Ele deveria ter feito um álbum-solo e o chamado assim. Mas esse álbum hipotético também não teria nada a ver com a mentalidade de gangue dos Ramones. (Quando Dee Dee decidiu que precisava fazer um álbum-solo, no final dos anos 1980, ele deixou a banda.)

Mas Dee Dee, antes de morrer, disse que apreciou *End Of The Century*: "Agora entendo mais e mais", o baixista disse a Kubernik na privamera de 2002. "A voz de Joey era uma parte muito importante no som dos Ramones, muito importante mesmo – e isso começa em *End Of The Century*. Phil Spector e Joey formaram uma grande parceria. Phil ressaltou o romantismo de Joey. Nunca tinha pensado nisso como um atrativo dos Ramones. Mas ele se deparava por toda parte com suas músicas: The Cat Club, The Burger King, 7-11, bastava se virar para dar de cara com uma delas. Era um cara romântico...".

Espera aí! Foi preciso 28 anos desde a formação da banda para Dee Dee perceber que a voz de Joey era um componente vital do som dos Ramones! Cruzes! Falando em não reconhecer as próprias forças: essa atitude pode explicar por que nos últimos álbuns a banda não manteve nem mesmo um de seus mais reconhecíveis traços – a voz de Joey – e colocou o substituto de Dee Dee, fã dos Ramones, CJ, para cantar em muitas das faixas.

Que seja. Dee Dee está certo em ressaltar o romantismo compartilhado por Joey e Phil: o tema do verdadeiro amor era retomado pelo vocalista de tempos em tempos, apesar do fato de Joey nunca ter se casado. *End Of The Century* apresenta vários desses momentos: a melancolicamente devocional "I'm Affected", enfatizada por um eco inspirado na voz e ameaçador track de fundo; o *cover* das Ronettes; e uma das porradas absolutas do álbum, a minissinfonia teen "Danny Says".

"O título foi inspirado por músicas de Lou Reed como 'Candy Says' e 'Caroline Says'", Joey disse a David Fricke. O título era também tributo a Danny Fields, que, em seus últimos dias de componente da turma de Warhol, trabalhou com Reed. "Estávamos em Los Angeles, no Tropicana, encontrei alguém meio especial e, quando acordamos, realmente assistimos a *Agente 86* na TV."

Alguém meio especial era quase com certeza Linda – que logo seria a causa da maior desavença da banda –, uma das quais Joey e Johnny nunca se recuperariam. A música em si é magnífica, evocativa, versos como "Sound check's at 5.02/ Record stores and interviews/ Oh, but I can't wait to be with you tomorrow" [Passagem de som às 5h02/Lojas de discos e entrevistas/Oh, mas não posso esperar para estar com você amanhã], sintetizam perfeitamente a solidão e o sofrimento causados por grandes períodos passados na estrada, sem raízes, apenas sonhando com segurança – nenhuma segurança. Musicalmente, é o encontro entre "In My Room"* e os Ramones, Joey soando deliciosamente inocente em sua entonação quase infantil.

"All The Way" também se refere à vida na estrada: mas desta vez é o poder das apresentações ao vivo que aparece explosivo através das guitarras distorcidas e da bateria supercarregada – Monte ganha uma menção, embora depreciativa. Como "High Risk Insurance" e "This Ain't Havana", de Dee Dee, e a bastante descartável "Let's Go", com sua letra de louvor aos mercenários (escrita por Johnny e Dee Dee), a música é uma volta direta dos Ramones ao rock – ótima e tudo, mas você sabe que tanto Stasium quanto Erdelyi teriam gravado melhor.[34]

"Johnny era o novo Link Wray", Dan Kessel disse a Harvey Kubernik. "Estávamos orgulhosos de sermos os Ray-Men. Eu e David tocamos nossas guitarras acústicas a noite inteira até nossas mãos ficarem

---
*N.T.: Canção dos Beach Boys.
34. Depois que Joey contou a Lester Bangs a história de como a banda tinha sido alvo de bananas, o crítico observou: "Algum dia eles provavelmente vão escrever uma música sobre isso e sem dúvida será uma das grandes". E realmente "Havana" menciona bananas no refrão.

sangrando, em carne-viva. Fizemos principalmente guitarra rítmica, ficando fora do caminho do Johnny."

Para "The Return Of Jackie And Judy" – uma música dos Ramones autorreferente, no estilo de "Judy Is A Punk", e um sinal preocupante de que a banda começava a ficar sem novas ideias –, Spector utilizou um conjunto de batedores de palmas, incluindo Bingenheimer, Jeff Morrison, Maria Montoya e Phast Phreddie.

Como Marky diria mais tarde: "Era cafona".[35]

"Não era meu melhor álbum", Dee Dee disse a Kubernik. "Estava escrevendo e escrevendo e me dei conta de que corria o risco de me tornar um rock star frígido. Depois de *End Of The Century*, tive que voltar ao ofício de escrever música. Mas, então, não estávamos fazendo mais isso como banda. Perdemo-nos uns dos outros na estrada."

O álbum alcança seu auge incontestável quando Spector ataca com o pop – "Rock'n'Roll High School" consideravelmente renovado e reforçado. Então há os órgãos e saxofones dos anos 1960 e o que soa como uma orquestra inteira de percussão na abertura de "Do You Remember Rock'n'roll Radio?", com Sean Donahue fazendo a memorável locução do DJ que introduz: "C'mon let's rock'n'roll with the Ramones".

A voz de Joey raramente soou tão vital: a Muralha de Som anuncia cor e paixão – apropriado para uma música que revisita grandes bandas e DJ do passado e declara o desejo pelos dias em que o rock era mais simples e direto. Se existe uma música que resume o credo dos Ramones no pop dos anos 1960 e em si próprios, é essa. Que jeito de começar uma nova década!

"'Do You Remember Rock'n'roll Radio?' pode ser entendida como uma música de Joey, mas pode ser aplicada a toda banda", fala Dee Dee. "Quando estava na Alemanha, eles passaram maus bocados para ouvir música na Radio Free Europe ou Luembourg. Eu costumava ouvir tarde da noite os sons vindos do canal. Eu me escondia sobre os cobertores com um rádio transistorizado."

Todo esse movimento resultou em um grande *single*.

---

35. A faixa também foi lançada em 1980 pela RSO, como lado B de "I Wanna Be Sedated", uma combinação com *Times Square*, um filme insípido para adolescentes que incorporou alguns sucessos de *Road To Ruin* em sua trilha sonora. Quase ao mesmo tempo, a Sire lançou "Meltdown With The Ramones (EP)" no Reino Unido, por razões indiscerníveis. Entre as músicas: "Boyfriend", "Here Today", "Something To Do" e "Questioningly".

O outro *single* do álbum, "Baby I Love You", é novamente outra coisa.

Para começar, Spector era ciumento em relação aos seus trabalhos anteriores, especialmente os que envolvessem a velha banda de sua ex-mulher Ronnie – o casal esteve envolvido em uma interminável ação judicial sobre a propriedade do material por anos. Seymour Stein o convenceu a mudar de ideia.[36] Então, houve o fato de nenhum dos Ramones – além de Joey, obviamente – estarem na gravação dessa música no disco.

"É verdade", admite David Kessel. "Barry Goldberg está nos teclados e o legendário e adorável Jim Keltner, na bateria. Lembro dele virando pra mim e dizendo: 'Meus filhos não vão acreditar que eu estou em um disco dos Ramones – The Beatles, Bob Dylan, qualquer um deles, pai!'. Com certeza isso provoca controvérsia por causa das cordas e da batida, mas entrou para o Top 10 na Inglaterra. Qual é o problema com o pessoal? Eles relaxaram. Alguém ficou chateado quando os Beatles mudaram o estilo e cresceram? Não pegue esses discos, eles são bons."

"Foi um erro", Johnny disse mais tarde, "foi a pior coisa que já fizemos em nossa carreira."

Ele está errado. A produção de "Baby I Love You" é incrível – as cordas crescentes, as harmonias vocais em pista dupla, a ribombante muralha de percussão, o ritmo quase disco –, puro coração partido e negação e encantamento embrulhados em 3 minutos e 49 segundos de perfeição pop. Um dos melhores *singles* já produzidos – e não só em relação aos Ramones. Permanece como o *single* dos Ramones de maiores vendas no Reino Unido.

A visão da apresentação dos Ramones no *Top Of The Pops* na primavera seguinte foi impagável: regulamentações de sindicato estabeleciam que a orquestra da BBC tinha que tocar (ou dublar) a sessão de cordas e a câmera manteve-se cortando entre Joey, todo curvado sobre o microfone, parecia um comprido grotesco, e a banda taciturna – na verdade mal-humorada – e os músicos de *black tie* e casaca. Anos depois, para adicionar injúria ao insulto de Johnny, a faixa foi usada em um comercial de fraldas para bebês e em um anúncio das Páginas Amarelas.

Marky lembra-se de uma experiência parecida na televisão por razões diferentes: "Quando tocamos 'Rock'n'roll Radio', no *The Old Grey Whistle Test*, Roger Daltrey teve a coragem de vir até mim e dizer: 'Vocês não vão chegar a lugar nenhum nessas jaquetas de couro'.

---

36. Spector originalmente queria que a banda fizesse *cover* de "Not Too Young To Get Married", de Bob B. Soxx.

Então comecei a tirar uma da cara dele, dizendo coisas tipo: 'Roger, vai beber a sua droga de chá e não enche'. Ele tinha 1,68 metro e eu tinha 1,80 metro, e queria dar uma porrada na cabeça dele. Eu estava puto, mas consegui me acalmar e ficar na minha. Quando o The Who estava começando, ele era o Senhor Mod, e tenho certeza de que ninguém disse nada parecido a ele."

"Recebemos muita atenção por causa do sucesso daquele *single* ('Baby I Love You'), especialmente na Europa", Dee Dee disse a Harvey Kubernik em 2002. "Na Holanda e na Espanha fizemos um monte de programas de TV. Era assustador. Tocamos no Teatro Apollo em Glasgow, na Escócia; estávamos na estrada há anos e, de repente, lá estavam todas essas menininhas – não para os Ramones, mas para 'Baby I Love You'."

"Chinese Rock" também atraiu controvérsia, por diferentes razões. Dee Dee declarou que escreveu a música quando estava no apartamento de Chris Stein (que, incorretamente, disse ser o de Deborah Harry) com Tommy – mas a deu para Johnny Thunders gravar[37] depois de Johnny se recusar a deixar os Ramones tocarem uma música que faz menção às drogas pesadas, especificamente heroína. (Cola, tudo bem.) Então, os Heartbreakers disseram que a música era deles. Quem vai saber a verdade? Assim como em matéria de energia, a versão original esfrega o chão para a do disco de Spector.

"O Richard Hell só escreveu o refrão no meio da música", Dee Dee disse a Charles Shaar Murray, "e os outros não têm nada a ver com isso. Não glorificamos a heroína. Os Heartbreakers tinham orgulho de serem *junkies*, mas para nós é só um relato honesto de como é a vida de um viciado. Usar heroína é coisa para a vida inteira, mas não dá para cheirar cola mais que uns meses – porque seu cabelo cai, você não consegue fazer nada e, então, você morre. 'Now I Wanna Snif Some Glue' era uma piada óbvia."

"É como algo vindo de Andy Warhol", explica Roberta Bailey. "Andy diria: 'O que devo pintar?'. E alguém responderia: 'Pinte o que você gosta'. Então, ele pintou sangue. Escreva sobre o que você conhece. Os Ramones escreviam sobre experiências suburbanas... embora o Queens não seja um subúrbio... experiências como cheirar cola. Depois você pensa no que mais escrever a respeito... batalhar heroína é a cara de Dee Dee. Não é algo que os Ramones faziam. Isso não retratava a imagem deles, então, deram a música." No fim, eles a pegaram de volta.

"Estavam ficando sem material. Tinham que fazer alguma coisa."

---

37. Gravado em 1977, o hino dos Heartbreakers, "Chinese Rocks", foi lançado como *single* e apareceu no álbum da banda *LAMF (Like a Mother Fucker)*. Quando os Ramones gravaram a música, ela foi intitulada "Chinese Rock", sem o "s".

O QUE VOCÊ mais gosta nos Ramones?

"Tendo a gostar de arte por diferentes razões, mas estética e musicalmente amo os Ramones na forma mais essencial, não dá para descrever. Mas também tenho razões sociológicas para gostar deles, porque fizeram um trabalho surpreendente de expressar não necessariamente angústia – embora fosse angústia disfarçada –, mas descontentamento com o governo, com as convenções sociais e padrões artísticos. Eles romperam com um limite importante que era bastante firme, quer as pessoas reconhecessem ou não. Então, isso é tão político quanto simples essência."

Certo. Os Ramones não eram realmente punk rockers, como tal. Punk rock significa algo diferente. Os Ramones são arte punk – como os Talking Heads, Arto Lindsay, Sonic Youth. Não é acidental, o modo como eles soam. Eles claramente tinham uma ideia do que queriam fazer. São como pintores minimalistas. Não são como pessoas que simplesmente se deixam ir. A frase deles não é "Vou traçar uma linha em uma folha de papel" – tinham uma boa ideia de por que queriam traçar uma linha em uma folha de papel.

"Sim, mas eles ainda estão lidando com uma linha no papel. Por isso eles se reportam a uma audiência mais abrangente do que meramente a intelectual."

Quando você os ouviu pela primeira vez?

"Não sei, talvez quando tinha 13 anos."

Você ficou assustada?

"Não, fiquei fascinada. Não gostava musicalmente de nada em especial até uns 14 ou 15 anos. Eu meio que fui flutuando pra longe dos Ramones e então os reencontrei quando comecei o colegial, há poucos anos. Eles são uma força onipresente para mim. Quase me sinto contraditória por formar opiniões sobre eles. Você gosta ou não dos Ramones – e quando você gosta é pra valer. Por que você gosta dos Ramones?"

Posso cantar com eles. Porque o único cantor que gostaria de cantar igual foi Joey Ramone, não que eu consiga fazê-lo. Morei nove meses em Seattle, na minha festa de bota-fora, tinha uma máquina de karaokê. Subi no palco com uma banda punk local e fizemos uma apresentação inteira de covers dos Ramones, realizando o sonho de uma vida.

Os Ramones preenchem uma lacuna que deveria ser preenchida pelo pop – deixar a vida simples sem torná-la simplista.

(Entrevista do autor com Nicole Spector)

Depois de quase seis meses mixando o álbum (Stasium acredita que Spector fez três remixagens completas), *End Of The Century* surgiu em janeiro de 1980. A respeito do álbum, constava que foi gravado em cinco diferentes locações e custado 200 mil dólares – uma pequena fortuna para uma banda lutando para fazer face às despesas.

"Na verdade", Stasium diz, "todos ficaram comentando que dureza de três ou quatro meses no estúdio era aquele disco, mas gastamos duas semanas gravando os instrumentos, sem contar os *overdubs* e os vocais." Um fato confirmado pela agenda dos Ramones na estrada – cem shows entre 8 de junho e o final de 1979. E, apesar de que na capa estão listados cinco diferentes estúdios, isso era devido à paranoia de Spector – a banda esteve somente em um estúdio.

A imprensa o adorou. "Velhos 'fãs' que se ressentiram com a intromissão de Spector ou o lado *mainstream* dos Ramones", escreveu Scott Isler na *Trouser Press*, "estão se privando de uma deliciosa e subversiva experiência. Às vezes um pouco de camuflagem não machuca." Na *NME*, Max Bell escreveu: "É a melhor coisa que já fizeram, os dois primeiros álbuns aí incluídos" (lembrem-se, Max foi o homem que criticou seu show de estreia no Reino Unido).

A *People* sugeriu que os "Ramones soam maiores, plenos e mais lapidados que nunca. Spector não mixou a crudeza subjacente e salvação dirigida que fez o grupo o primeiro dos new wave a atrair atenção nacional. Parece que os Ramones vão entrar para o Top 40 desta vez." Kurt Loder, da *Rolling Stone*, escreveu que era "o mais comercialmente crível álbum dos Ramones já feito, além de ser um dos melhores esforços de Spector nos últimos anos." E esteve no Melhores Discos de 1980 da *Time*.

Em um nível, *End Of The Century* provou que a Sire estava certa – a presença de Spector ajudou a vender mais que qualquer outro disco dos Ramones até hoje, ao lado do *Anthology*. Alcançou o Número 44 nas paradas americanas, mas deixou a banda inteira ressentida e confusa.

De acordo com *Coração Envenenado*, Dee Dee nem se lembra de ter estado por perto. "Até hoje", ele escreveu, "não tenho ideia de como eles fizeram *End Of The Century* ou quem tocou baixo nele."

"Ele definitivamente tocou baixo", afirma Marky. "Eu estava lá com ele. E tenho boa memória."

A controvérsia não parou com o disco.
Pela primeira vez, desde o começo do grupo, os Ramones não estavam usando suas jaquetas de couro na capa: em vez disso havia uma imagem no estilo Parada de Sucessos mostrando os músicos tentando parecer sonhadores (e falhando miseravelmente: só o olhar de Johnny daria arrepios em qualquer garota púbere), vestidos com camisetas coloridas. Tirar as jaquetas foi sugestão do fotógrafo Mick Rock – e Dee Dee e Joey votaram contara Johnny, 2-1, na capa final. Marky, não sendo mem*bro* original, não teve voto. A decisão causou um enorme bate-boca entre os membros da banda: Johnny sentiu-se traído no que ele viu como crescente relaxamento e falta de comprometimento com o grupo. (Joey, nessa época, estava bebendo demais, o que estava começando a afetar suas habilidades de letrista. Além disso, ele era frágil e inclinado a acidentes. Johnny via isso como fraqueza.) O fato de "Baby I Love You" ter sido gravada depois que o restante dos Ramones deixou o estúdio não ajudou.

Mas, como Johnny mencionou mais tarde, o racha na banda começou quando Tommy saiu: "Tommy era nosso principal porta-voz", ele explicou. "Joey era o que falava menos. Dee Dee e Joey se juntavam a mim se eu estivesse com Tommy. Uma vez que Tommy saiu, isso se tornou uma luta poderosa." Johnny diz que as razões pelas quais ele e Joey nunca terem se dado bem são pessoais, mas "75% são por diferenças artísticas".

"Eles estavam tentando culpar as jaquetas de couro por nossa falta de sucesso", Johnny comentou com amargura. "Então pusemos a foto com jaquetas de couro na capa interna. Pensei que estava vendendo muito."

"Todos sabíamos que (Phil) não era a pessoa certa para nos produzir", ele continua. "Foi por isso que o descartamos em *Rocket To Russia* e *Road To Ruin*. Concordamos finalmente em fazê-lo porque pensamos que seu nome nos ajudaria. Era compromisso suficiente sem ter que tirar fotos sem nossas jaquetas. Por causa disso, eu e Dee Dee tivemos um desentendimento."

VOCÊ ENCONTROU PHIL Spector em 1977, não foi?
"Sim."
Como foi?
"Foi um evento muito complexo."

(Entrevista do autor com Tommy Ramone)

15

A Música Favorita dos Ramones

"I Wanna Be Sedated" – Andy Paley

"Aquela que é assim 'dararada dararada da da... Hey ho/Let's go'... 'Blitzkrieg Bop', primeira música do primeiro álbum – que jeito de começar uma carreira" – Captain Sensible

"'We're A Happy Family' – qualquer coisa que me faz rir é boa" – Carla Olla

"Oh, Deus, provavelmente a introdução do primeiro disco, 'Blitzkrieg Bop', 'Sheena', 'Rockaway Beach', 'Boyfriend'. Gosto deles fazendo som de surfe e da Califórnia" – Craig Leon

"'Loudmouth', é o som, a música e a mensagem definitiva dos Ramones... 'Sheena Is A Punk Rocker' e 'Cretin Hop'" – David Kessel

"'It's A Long Way Back To Germany', 'Sitting In My Room', 'Wart Hog', 'Outsider', todas dos três primeiros álbuns" – CJ Ramone

"'Commando'. Estou curtindo músicas do Vietnã" – Don Fleming

"Mudo todos os dias, hoje é 'I Don't Care'. Também adoro 'Born To Die In Berlin', 'Commando' e 'Today Your Love', de Dee Dee. Costumava ter uma memória perfeita – obrigada, Carbona, obrigada, cola!" – Donna Gaines

"'Sheena' – dá para tocar no violão" – Gary Valentine

"'Howling At The Moon' – boa letra e ótimo *riff* de guitarra. E também 'We Want The Airwaves', 'Someone Put Something In My Drink'" – George DuBose

"'Something To Do' – reflete exatamente minha vida naquele momento. Morei na Rua 4 com a Segunda e saía para comer Frango Vindaloo. Eu também tive aquela irritante apatia adolescente do East Village, vagando pelas ruas, o que fazer pra se divertir?" – George Seminara

"'Somebody Put Something In My Drink', 'Beat On The Brat', como ouvir sem dançar? 'Rock'n'roll Radio'... todos os *singles* são fantásticos" – Ida Langsam

"'Sheena Is A Punk Rocker' – Não acredito que você não me ouviu quando estou no carro, boto pra tocar, janelas abertas, cantando sozinha com toda potência da minha voz" – Janis Schacht

"'We're Happy A Family'" – Joan Tarshis

"'Danny Says' é uma. Foi sempre minha favorita. 'I Wanna Be Sedated' também. São três? 'Sheena'" – Joey Ramone

"'Carbona Not Glue', 'I Can't Give You Anything', 'Bad Brain', '53rd And 3rd', 'Loudmouth'. Todos sempre se lembram de 'Blitzkrieg Bop' e 'Sheena', mas essas são bonitinhas demais" – Kim Thayil

"'Danny Says'. Posso escolher essa, assistindo *Agente 86* na TV. Penso nessa como música natalina – 'There ain't no Christmas, if there ain't no snow'. 'I Wanna Be Sedated'" – Lindsay Hutton

"Tommy – 'Sheena'. Eu – 'Sedated'. Dee Dee – 'Today Your Love', 'Havana Affair', 'Pet Sematary', '53rd And 3rd'. As músicas de Joey também são ótimas – 'I Just Want To Have Something To Do', 'Rock'n'roll Radio', 'Sheena'. Posso continuar pra sempre" – Marky Ramone.

"'Freak Of Nature' – gosto dessa. Não sei por quê, só o ta-tá-tá-tá. 'Wart Hog'" – Monte Melnick

"'Danny Says'. Os Ramones escreveram as melhores letras do mundo" – Nicole Spector

"'Sheena', 'Beat On The Brat'. Amo os *covers* – 'California Sun', 'Needles And Pins'... 'Somebody Put Something In My Drink', 'Rock'n'roll High School'" – Rodney Bingenheimer

"'Suzy', 'Carbona Not Glue', 'Glad To See You Go', 'Pinhead'... 'Gimme Gimme Shock Treatment'" – Tommy Ramone

"Sempre foi 'She's The One'" – Mark Bannister

16

"She Went Away For The Holidays..."*

OS RAMONES PODIAM estar cada vez mais quebrados, mas ainda excursionavam incansavelmente. O itinerário de 1980 incluía uma viagem de dois meses à Europa, cinco noites em Chicago em maio, uma semana de visita ao Japão em julho seguida por uma quinzena na Austrália e Nova Zelândia e outras seis semanas na Europa para o fim do ano reforçado pelo sucesso de "Baby I Love You".

Os Ramones estavam na estranha situação de ser uma banda em uma turnê bem-sucedida sem um disco de sucesso – ao menos em casa. Encantados pelo sucesso de grupos new wave como The Police, Cars e Blondie e despedaçados por sua escolha de produtores da cena nascente do punk hardcore, começando a dominar em lugares como LA (X, The Germs, Black Flag e Minutemen), Arizona (Meat Puppets) e Washington DC (Ian MacKaye em sua banda pré-Fugazi, Minor Threat); os Ramones precisavam de uma mudança – e rápido. Então, radicalizaram – livrando-se dos elementos que os tornaram uma grande banda: Tommy, as jaquetas de couro e a visão artística minimalista.

Nada estava funcionando. O contrato de cinco anos com Danny Fields e Linda Stein precisava ser renovado e os Ramones tinham a opção de renegociar ou procurar novos empresários – decidiram pela última. Havia um novo nome nos créditos de *End Of The Century*: Gary Kurfirst Management. "Nunca tivemos nenhum aviso", suspira Linda. "Fomos demitidos através de advogados."

"Não posso dizer que os culpo", reflete Fields filosoficamente. "Cinco anos e ainda sem vender discos, mas eles tocaram no mundo inteiro e se tornaram famosos."

---
*N.T.: "Ela viajou no feriado." Referência à letra de "The KKK Took My Baby Away".

Kurfirst também era da escola Forest Hills. Era firme onde Fields era artístico. O novo empresário tinha começado nos anos 1960, empresariando artistas como as Ronettes, as Shangri-Las e Leslie West – todos grandes influências dos Ramones. Organizou o New York Rock Festival de 1968 no Flushing Meadow Park, estrelado por Hendrix, The Who, The Doors e muitos outros astros. Mudando os negócios para o empresariado, Kurfirst fechou com a banda Free e Peter Tosh e, durante a era do CBGBs, o B-52's e os Talking Heads.

"Ele era um jovem empreendedor em seus trinta e poucos anos", diz Gloria Nicholl, que deixou a Sire para se juntar a Kurfirst em 1980. "Ele é um homem duro, sempre com a mesma aparência, embora tenha certeza de que quando era adolescente não era careca – mas é como me lembro dele."

Foi através dos Talking Heads que Kurfirst conheceu os Ramones, em novembro de 1977.

"[Os Talking Heads] estavam em Boston", Kurfirst disse a Bill Werde, do *Village Voice*, "e estávamos em uma briga desagradável com a banda principal [os Ramones] – eles não queriam nos deixar usar as luzes de palco. Finalmente David [Byrne, cantor] disse: 'Dane-se!' Eles fizeram todo o show com as luzes da casa acesas."[38]

A Trouser Press queria saber do que Kurfirst era capaz, do que não estava ao alcance de Fields: "Ele tem o temperamento certo", Johnny explicou. "Ele é agressivo e tem resposta para tudo."

"É bola pra frente!", Joey palpitou.

Não que sua presença necessariamente tenha ajudado a organizar a situação. Animada com o sucesso parcial de *End Of The Century*, a Warner Bros quis manter os Ramones de bem com o rádio e estava procurando por mais produtores para amaciar seu som, o que muito contribuía para a decepção contínua de Johnny.

"Os Ramones fazem certas coisas melhor que ninguém", ele disse. "Podemos bater qualquer banda nova de speed metal. Tocamos a combinação de punk e pop do nosso som melhor que ninguém."

Speed metal? Alguém estava começando a acreditar um pouco demais em seu próprio mito: ao contrário da lenda popular, os Ramones nunca tocaram 25 músicas em 20 minutos ou fosse qual fosse a declaração ridícula feita sobre a brevidade de suas primeiras apresentações. Eles, na verdade, aceleraram conforme foram envelhecendo: quatro

---

38. "Minha primeira impressão dos Ramones", observa Byrne, "foi que se tratava de verdadeira arte rock. O conceito era tão forte e objetivo que se tornava invisível. As pessoas quase não notavam como eram irônicos."

músicas sendo acrescidas por algumas mais em 25 minutos, somando 33 em 75 minutos, o ritmo foi se tornando mais e mais rápido. Os Ramones nunca foram uma banda de speed metal.

Deixem isso para as novas bandas dessa fase.

Em fevereiro, os Ramones tiveram um momento desagradável quando um palco ruiu sob a banda em um estádio de futebol em Milão, na Itália. Junto com eles foram para o chão a banda britânica UK Subs. A Brigada Vermelha providenciou a segurança.

"Em países como a Espanha e a Itália, eles não gostam de pagar por nada", ri Arturo Vega. "Havia cerca de 40 mil pessoas dentro e 20 mil do lado de fora, tentando derrubar os portões. Tive que sair por uma janela de banheiro. Dentro estava um caos total, quando, de repente, vi tudo chacoalhando e se mexendo no palco e a banda caindo fora. A coisa foi mesmo feia. Era uma armação simples – a frente e a parte de trás reforçadas com suportes, mas a frente caiu sobre o público. Afortunadamente, os cabos seguraram e a estrutura não desabou de uma vez, mas foi caindo lentamente. Então chegaram as ambulâncias..."

"Naqueles dias", Vega continua, "se você tocava em uma cidade controlada pelos comunistas, as pessoas de direita tentavam causar problema no show para atingir a imagem de seus oponentes. E vice-versa. Em outro show em Milão, estavam atirando pedras deste tamanho. Quando uma atingiu um prato da bateria, a banda deixou o palco. Era assustador."

Esse foi o ano em que vi os Ramones pela primeira vez – 9 de fevereiro, Teatro Rainbow, em Londres – com o combo power-pop suavizado dos Boys como banda de apoio. Fora, discutimos amedrontados sobre o que deveríamos fazer se os skinheads NF [nazifascistas] (na época uma vil presença no punk britânico, com seus credos de direita e cabeças raspadas) começassem a atirar garotos do balcão, como contavam que eles faziam. Não precisávamos ter nos preocupado. O show estava turbulento, hipnótico, implacável – desde a saudação de abertura com "Blitzkrieg Bop", "Rockaway Beach" e "Rock'n'Roll High School" até o costumeiro sinal "Gabba Gabba Hey" sendo agitado no ar pelo *pinhead* na frente da queda dos corpos pesados, aos mote "Hey Ho, Let's Go" ecoando até as plataformas do metrô de Finsbury Park muito tempo depois.

Fui assisti-los duas outras vezes naquele mês, cada vez ainda melhores.

"Eu os vi no Bataclan, em Paris", lembra o jornalista Roy Carr. "Depois do show, com a multidão ainda berrando pelo bis, Joey pediu uma garrafa de Coca-Cola gelada. E não bebeu. Simplesmente a despejou sobre si. Depois do show, quando saímos para comer, ele ainda estava usando as mesmas roupas."

A relações-públicas de Nova York, Lisa Gottheil, também assistiu a essa temporada: "Tinha um cara esquisito na minha aula de matemática chamado Eric – bonitinho, mas estranho", ela diz. "Ele me convidou para ver os Ramones no *campus* da faculdade. Eu só tinha ouvido falar sobre eles – minha mãe tinha comprado para o meu irmão mais novo um disco dos Ramones por recomendação do vendedor da loja, para ele praticar bateria tocando junto. Até então, só ouvia uma combinação maluca de bandas – Frank Zappa, Pink Floyd, Journey. Ui! Amei esse disco, mas não sabia nada de punk. Então disse sim a Eric. Meu primeiro encontro! Ele tinha 15 e eu 14. O que usar?"

"Eu realmente não tinha certeza", ela continua. "Escolhi calças de exército, camiseta branca e, como cinto, uma bandana. Oh, Deus! Ele, é claro, era um cara punk rock, pogando o tempo todo. Eu sentei lá, amei o show, mas estava muito autoconsciente demais para dançar. Eu era uma tonta. Mas naquela noite conheci três caras com quem andaria pelo resto do meu Junior High e toda a High School."

Em setembro, os Ramones foram a banda principal do New Pop Festival, em Roterdã, que também teve o UB40, os Undertones e os acólitos do ska Bad Manners. "(Os) Ramones (são) uma piada da qual podemos todos fazer parte. O que explica por que os adoramos ao vivo", escreveu o jornalista Andy Gill, "mas não ficamos loucos para comprar seus discos."

Nas camisetas da equipe de turnê lia-se "Turnê Mundial Non-Stop dos Ramones" – porque, como Gill observou, se a banda parasse de excursionar, acabaria. De fato, quando os Ramones cancelaram algumas datas em agosto depois de um show ao ar livre no Central Park, foi o suficiente para render notícia de abertura da *NME*.

"Acho chato nunca termos ido à Rússia", diz Arturo. "Eles tiveram oportunidade, mas Johnny não estava a fim de negociar com os comunistas."

Outra turnê significante foi a primeira visita dos Ramones à Espanha – entre as primeiras bandas de rock a tocarem no país depois da morte de Franco, poucos anos antes. Os espanhóis estavam totalmente no "modo-festa". Haviam esperado por esse momento durante 36 anos. A ocasião foi um show da banda dividido com Mike Oldfield, em 26 de setembro de 1980, nas escadarias do velho palácio imperial em Barcelona, em frente a 200 mil pessoas.

(Mike Oldfield *e* os Ramones? Uau!)

"Todos os caras importantes do Partido Comunista estavam sentados na primeira fileira", relembra Vega. "Eles se assustaram quando viram nossa imagem de fundo de *Rocket To Russia*,[39] porque pensaram que era sua vez de exercer autoridade – fecharam bases americanas na Espanha, impediram a NATO de desenvolver novas armas. Afortunadamente, o caos na multidão foi tão grande que tudo começou a quebrar. Então, eles perderam o interesse na figura de fundo..."

Sete dias depois, eles tocaram em uma arena de touros em Madri.

Os Ramones estavam começando a alcançar o terceiro grau na imprensa inglesa de música, quando os jornalistas perceberam que havia mais para os *bro* do que parecia – especialmente no despertar de um álbum que explodiu o mito do som dos Ramones. O primeiro item da fila a ser bisbilhotado foi o distorcido senso de humor da banda.

"Gosto é uma linha delicada", John disse na *Trouser Press*. "Cantamos uma música sobre cola: está dentro dos limites do gosto. Cantamos outra sobre *pinheads* [cabeças de alfinete] porque não há tal coisa. Mas cantar sobre retardados já é mau gosto. Cretinos?"

O guitarrista olhou intrigado.

"Cretinos são engraçados", ajudou Joey.

A banda gostava de irritar críticos. Em uma entrevista da *Sounds*, os Ramones tentaram convencer a jornalista de que seu hambúrguer era feito de minhoca – "Você tem que ser racional sobre isso", sugeriu Dee Dee. Mais tarde, mostraram uma preocupante ingenuidade quando confrontados com o multiculturalismo do norte da Inglaterra: "Um lugar estava absolutamente cheio de índios", exclamou Johnny. "E continuamos vendo esses mexicanos chineses ou coisa parecida. Você acha que eles são cambojanos?"

Ronnie Gurr, do *Record Mirror*, relatou as molecagens de Dee Dee com algo parecido com reverência: "Eu ia gostá de tirá uma foto di mim dando pirulito pra mininada", Gurr escreveu imitando o jeito de Dee Dee falar. "Eu tentei onti à noite. Ofereci bala pra esse moleque, mas ele num quis poque achô que tinha LSD ou qualquer porcaria, rererê..."

---

39. É mais provável ter sido o selo presidencial dos Ramones, o mesmo que aparece na contracapa de *Leave Home*.

"Ei, vocês, mininas, vamo tirá umas foto numa petishopi?", o baixista convidou. "Podemo tirá umas foto enforcando uns coelhinho."

Testemunha dos bastidores dos Ramones, Gurr observou que não foi Dee Dee ou Johnny que tocaram as partes mais complicadas em *End Of The Century*: "Fica claro que ambos os guitarristas têm dificuldade inclusive de afinar seus instrumentos", ele escreveu, talvez com algum preconceito. Conhecido fã dos Stranglers, Gurr continuou cometendo crimes contra a música, como a assinatura de The Stereophonics e Kula Shaker. "Dee Dee tem três baixos Fender Precision idênticos e envenenados com *scratch plates* vermelhos que seu *roadie* afina", ele escreveu. "Ele toca um feito um demo até desafinar. Depois, ele simplesmente pega outro e faz a mesma coisa. Johnny faz algo parecido com sua Mosrite preta e branca e Hoey seis cordas."

Charles Shaar Murray não cometeu o mesmo engano de subestimar Johnny na *NME*: "Johnny é o instrumentista mais notável dos Ramones", escreveu. "Ele maneja sua guitarra como um piloto de corridas em uma curva muito fechada, mantendo o rugido inexpressivo tão fervorosamente imitado por cada banda de garagem de 1977. Se os Ramones não existissem, não haveria banda onde Johnny possivelmente pudesse tocar. Se Johnny não existisse, os Ramones nunca teriam conseguido o guitarrista certo."

Gurr relatou que Dee Dee era o único Ramone casado – Johnny e Marky tinham namoradas fixas (Roxy e Marian, respectivamente), enquanto Joey tinha acabado de ficar noivo de Linda. Era o final de janeiro de 1980. Murray também mencionou Linda: "Ela é pequena, loira e efervescente", escreveu, "hiperativa, sorridente. Ela cobre de atenções seu desajeitado e comprido namorado, o mima, o nina e o envolve constantemente com abuso afetuoso".

Pouco depois, Linda deixaria Joey por Johnny.

"Johnny cobiçava Linda", diz o diretor de vídeo George Seminara. "Então, acho que ele lhe fez uma oferta irrecusável e se casou com ela. Uma das grandes histórias sobre o relacionamento do casal é que ele queria que ela lhe fizesse uma espanhola... (George está apenas ilustrando um ponto, e não sendo literal)... mas não queria pagar pelo trabalho inteiro, assim pagou só pelo peito esquerdo e ela pagou pelo direito. Ou vice-versa. Ela é uma ótima pessoa, atraente, talvez uns quarenta e tantos anos, trabalha em um elegante salão de Beverly Hills como colorista – e tem uma ótima comissão de frente. Johnny parecia gostar que ela os exibisse de um jeito ou de outro. Eles ainda estão casados."

"Joey sempre falou sobre a Linda", explica Jaan Uhelszki. "Acho que ele gostou dela até o fim. Ele começou a sair com essa mulher japonesa, Lisa, acho que primeiro porque ela fazia aniversário no mesmo dia – 24 de julho – que Linda. Ele nunca perdoou Johnny. Joey sempre disse que não fazia reunião de turnê porque Johnny queria. Ele frequentemente falava sobre como Johnny era, na verdade, amigo do Mickey (Leigh). Eles nunca foram companhias afetuosas um do outro."

"Johnny era um criminoso quando garoto", suspira Gloria Nicholl. "Ele costumava jogar coisas dos telhados no Queens em velhas senhoras e coisas assim. Nunca foi pego – sobrava sempre pra alguém. Ele era horrível. Ainda é."

"Ele é um pão-duro, um cabeça de merda, e roubou a namorada de Joey", ela continua. "Eu a conheci porque costumava andar com sua prima Janis, que tinha uma coluna no *New York Rocker*. Elas falavam alto, eram divertidas, tipicamente nova-iorquinas. Janis me lembra a Ruby Wax. Johnny tinha uma namorada chamada Roxy e, quando ele queria estar com a Linda, dizia à Roxy que estava visitando seu tio na Filadélfia. Johnny era rude com todos na banda. Ele não foi bom quando era jovem e não é agora."

"Johnny Ramone?", pergunta Marky. "Ele é um bom cara, de opinião, republicano conservador, gosta de esportes, bem americano. Ele começou um estilo de guitarra que muita gente já tentou imitar e não conseguiu. Tem a mente voltada para os negócios e cuida da qualidade do grupo. Sim, ele berra com os outros. Aquela história da namorada é verdade, sim – mas que ganhe o melhor, vale tudo no amor e na guerra. Ninguém pôs no do outro e nem esfaqueou pelas costas. Você tem que ser cego ou estúpido para não enxergar o que estava acontecendo. Eu vi a coisa rolar, mas não queria me intrometer em assuntos de amor e ciúme – isso aconteceu comigo também quando eu tinha 22. O que fazer? Tem muito mais peixe no mar."

Infelizmente para Marky e para os Ramones, o vocalista não viu a situação sob a mesma luz. Johnny já estava em disputa com Dee Dee por causa das jaquetas de couro na capa de *End Of Century* e foi ficando cada vez mais irritado com Marky e as bebedeiras de Joey, que ele via como prejudiciais à banda. Agora Joey se recusava inclusive a falar com o guitarrista.[40]

---

40. Histórias como essa não são incomuns entre grupos de rock: Roger Waters *versus* Dave Gilmour (Pink Floyd), David Lee Roth e Eddie Van Halen, vários membros de banda dormiram com outros membros de banda – veja o Fleetwood Mac, o Hole – particularmente quando os grupos têm músicos femininos e masculinos.

"Johnny cruzou a linha comigo no que concerne à minha namorada, que aconteceu de ele gostar um pouco demais à época, criando um conflito total comigo em nossa situação de convivência obrigatoriamente próxima chamada Ramones", Joey disse a Uhelszki para a *Mojo* em 1999. "Ele destruiu o relacionamento e a banda naquele momento, entre muitas outras coisas. Vinte e dois anos de excursões constantes com pessoas às quais você não liga foi suficiente – estou bem mais feliz agora. Minhas razões são pessoais, [relativas a] coisas que enchem, que as pessoas não fazem com as outras, especialmente em uma banda. [Algumas] coisas são fora dos limites. Se você quer que a banda floresça, que chegue ao seu auge, você não cruza aquela linha. E nunca senti nenhum tipo de amor por Johnny de qualquer maneira. Havia pessoas de quem eu me sentia mais próximo na banda, como o Dee Dee."

ENTÃO, POR QUE JOEY e Johnny se desentenderam?
"Linda."
Fale sobre Linda.
"Ok. Linda era basicamente... todos andávamos juntos no CBGBs. Linda era uma loira baixinha, magrinha. Ela começou a sair com Joey e começou a trair o Joey com o Johnny. Isso quebrou o coração de Joey e também é essa a maior diferença entre eles."
Quando foi isso?
"Acho que foi mais ou menos quando Pleasant Dreams saiu. Joey tinha fotos dela. A revista **Punk** que nunca saiu tinha uma história de capa sobre Rock'n'roll High School e Joey bateu um monte de polaroides para ela, incluindo algumas da Linda. Então alguém me falou que 'The KKK Took My Baby Away' foi escrita sobre Johnny. Eu estava perplexo que Joey tenha ficado com os Ramones, porque ele podia ter feito uma carreira-solo de sucesso – mas, depois que Sid matou Nancy e o punk ruiu, parecia 1975 outra vez. Joey tinha um discurso tipo 'Somos a única banda de rock'n'roll que sobrou. Todos pararam, mas nós não, nunca vamos parar. Sempre seremos os Ramones'."
Também, o que você pode fazer da vida depois de ser um rock star?
"Joey sempre teve projetos. Ele não tinha problema com isso. É engraçado – Johnny falava em se aposentar desde a metade dos anos 1970. Ele sempre falava sobre como ele ia abrir um bar algum dia."

(Entrevista do autor com John Holmstrom)

17

We Want The Airwaves

A GRAVAÇÃO DO MENOS apreciado e difícil álbum dos Ramones, *Pleasant Dreams*, começou em 30 de março de 1981. A gravadora e o empresário ainda estavam pressionando a banda para que aceitassem produtores famosos, apesar de uma série de *demos* gravadas com Tommy e Ed Stasium no final de 1980, no estilo dos velhos tempos, terem ficado excelentes.

O comportamento de Dee Dee estava ficando cada vez mais errático, alimentado pelo vício nas drogas. Joey e Marky bebiam demais – de fato, o problema de Marky com a bebida fez com que perdesse um show em 10 de outubro de 1981. "Estava bebendo em um hotel com Roger Maris, um [jogador de beisebol do] New York Yankee", conta, "que estava morrendo de câncer e eu fiquei acabado. No dia seguinte, eu devia tocar em um show em Virginia Beach. Mas estava em Ohio e tinha que chegar lá por mim mesmo. Disse: 'Droga, eu não posso [beber]'. Sabia que tinha um problema. Eles sabiam que eu tinha um problema." Somado a isso, o estranhamento de Johnny com Dee Dee (musical) e Joey (pessoal) e com Graham Gouldman, do 10cc, um produtor para quem nenhuma banda em particular ligava muito e...

"O tumulto", observa Johnny secamente, "estava começando."

Johnny, que esperava se aposentar na mesma época em que *End Of The Century* foi lançado, estava quase se demitindo – mas não podia. O trabalho não estava completo.

"Tommy produziu uma *demo* e foi como o quinto grande álbum dos Ramones", disse John Holmstrom, "mas a deram para Graham Gouldman e ele a destruiu."

Joey, de coração partido, começou a voltar a atenção para a política. Sempre sozinho, em sua casa ou na de Marky, mais próximo dos preceitos da esquerda boêmia em que foi criado do que das crenças militaristas de Johnny ou Dee Dee, começou a escrever letras que refletiam seu novo senso de injustiça. "The KKK Took My Baby Away" foi o sinal – considerando que, antes, os Ramones achavam divertido ser a segunda ou terceira geração de imigrantes fingindo ser nazistas, agora estava claro onde residia o credo de seu vocalista.

Joey queria Steve Lillywhite, impressionado por seu trabalho no álbum-solo de 1978, *So Alone*, de Johnny Thunders, mas o futuro produtor do U2 não estava consolidado suficientemente para a Sire e Seymour Stein preferiu Gouldman por conta de sua experiência comprovada – nos anos 1960, ele havia escrito sucessos pra os Yardbirds ("For Your Love", "Heart Full Of Soul"), The Hollies ("Bus Stop") e Herman's Hermits ("No Milk Today"). Também o 10cc estava no limbo: o parceiro de Gouldman nas canções, Eric Steward, envolvera-se recentemente em uma batida de carros.

"Nós não estávamos realmente nos falando", Johnny disse a Colin Devenish, da *Rolling Stone*. "[Gouldman] era um cara pop peso-pena. Eu sabia que estava encrencado no primeiro dia quando ele disse: 'Seu amplificador está zumbindo demais. Dá para você abaixar o volume?' Ele não era o cara certo para os Ramones, é isso. Nós não tínhamos escolha. Uma vez que você não tem sucesso comercial, é difícil manter controle sobre as coisas como gostaria."

"John não gostou dele", diz Monte Melnick, um grande fã de Gouldman. "Eu gostei. Ele era um verdadeiro profissional, sabe?"

"Johnny", observou Dee Dee causticamente em *Coração Envenenado*, "ficaria feliz se fosse Natal e não houvesse nada além de presentes para ele mesmo na árvore de Natal."

"NO COMEÇO, VIVÍAMOS na estrada por quase 365 dias por ano. Isso provavelmente fez com que fôssemos realmente unidos, mas, ao mesmo tempo, causou muito atrito e tensão. Havia muitos sentimentos negativos no ar durante o período de Pleasant Dreams. Foi um tempo bem difícil. Provavelmente teria provocado a separação de muitas bandas. Eu e John quase não nos falávamos. Não dá para tocar uma organização, uma banda ou um governo desse jeito. As coisas tinham que mudar. Talvez eles fossem um pouco militaristas demais. Talvez os egos estivessem um pouco inflamados demais. Naquela fase, eu estava descontente com a maioria das letras das músicas. Para mim, escrever letras é algo que acontece naturalmente.

No começo, foi dito que os Ramones escreviam tudo. Não é verdade: eu escrevia. Dee Dee escrevia. Algumas músicas eram escritas em colaboração.

Quanto tudo veio abaixo, eu me senti... fodido. Talvez houvesse pitadas de despeito, inveja ou vingança àquele ponto. O equipamento começou a quebrar e apresentar problemas. As coisas continuavam, mas não do jeito que deveriam. Não era uma queda definitiva. Não me arrependo do episódio com Spector. Estou feliz por termos trabalhado com ele. Mas Pleasant Dreams *e* Subterranean Jungle... Pleasant Dreams *era um álbum forte, mas Graham Gouldman não era o cara certo para o trabalho. Queríamos produzi-lo nós mesmos...*

Fomos coagidos a trabalhar com Gouldman. Ele escreveu ótimas canções para os Yardbirds, mas ele não nos entendeu. Faltava a ele agressividade e profundidade. Algumas das músicas deram certo, como 'We Want The Airwaves', mas a maior parte não tinha a ver com os Ramones."

Eu gosto do álbum. Acho que as pessoas o subestimam.

"Não sei", Joey suspira. "Talvez minha visão dele seja apenas a interna. Há muita coisa forte nele. Então assinamos um novo contrato com a Sire e dissemos que no futuro, assim como a liberdade artística havia passado, seria do nosso jeito ou de nenhum jeito. Too Tough To Die *foi o primeiro álbum lançado sob essas condições. E as coisas continuaram assim. Durante o período de* Pleasant Dreams*, perdemos muitos fãs. Eles não sabiam para onde estávamos indo."*

(Entrevista do autor com Joey Ramone, 1989)

*P*leasant Dreams não é um álbum fraco, como foi considerado pelos Ramones.

Sua capa, no entanto, é o ponto mais baixo de sua arte gráfica – um retrato preguiçoso e precariamente formulado de... É difícil dizer. A silhueta de um homem caminhando encurvado sob um holofote com luzes verde e amarela por nenhuma razão discernível – se bem que o estilo poderia ser mal e mal relacionado à new wave. Talvez. (A pesquisa revelou que a imagem foi baseada no filme *Museu de Cera*, de 1953, mas a crítica permanece.) Não é de admirar que apareçam desconsolados, emoldurados por sombras, e com as jaquetas de couro de volta em uma pequena foto na contracapa – era um grande e óbvio insulto a uma banda de rock com a mais perfeita imagem em toda a história do rock'n'roll.

"Conte-me essa história", suspira Holmstrom. "Estive envolvido em três das quatro primeiras capas. A foto tirada para o primeiro, os desenhos para o terceiro e a capa da frente do quarto. Eu sabia o que os Ramones queriam – eu e o Arturo dividíamos essa capacidade. Eles poderiam ter vindo a mim para *Pleasant Dreams*... Não sei o que estavam pensando. É uma das capas de discos mais horríveis de todos os tempos."

As faixas de base foram gravadas no Media Sound, enquanto Joey fez muitos vocais na Inglaterra, com suporte de fundo de Russell Mael, vocalista do Spark (à moda dos anos 1950, de Joey apelando por harmonia doméstica, bem no estilo de "Don't Go", dos Four Seasons). Como sinal do quanto quebrado o grupo estava, Dee Dee não estava sabendo que Mael estava no álbum até Joey mencionar em uma entrevista dada mais tarde. Sendo também baixista, Gouldman disse aos Ramones para pensar no baixo como um instrumento melódico, e introduziu Dee Dee ao conceito de acordes menores – até então os Ramones não tinham a habilidade de utilizar nada além que os tons mais óbvios. Pela primeira vez em um álbum da banda, as músicas foram creditadas a compositores individuais – Joey escreveu sete e Dee Dee, cinco. Foi outra rachadura na fachada da banda.

"Acho que Joey quis", comentou Johnny. "Eu achava que sempre faríamos tudo juntos, como um grupo."

Gouldman cobriu a agressão com doce harmonia. Talvez as pausas vocais "bu-uap-chu-uap" não fossem novidade: Joey gravou com o grupo de doo wop The Mystics na época de *Pleasant Dreams*.

"Ele tem uma voz notável para isso", diz Holmstrom. "Na verdade, a voz de Joey fica horrível quando os Ramones mergulham no punk rock – e isso é o que há de mais estranho sobre a banda. Mas, é também o que faz com que eles se destaquem, porque há tantas bandas de punk rock com vocalistas que grunhem. É tão chato."

O único *single* do álbum nos Estados Unidos – escandalosamente –, "We Want The Airwaves", era uma explosão ligeiramente cáustica de Joey sobre a política dos DJs de tocar nas rádios apenas o mais suave dos *singles*. "Where's your guts" [Onde está sua coragem], ele pergunta, "and will to survive/ And don't you wanna keep rock'n'roll music alive?" [E sua vontade de sobreviver/ Você não quer manter vivo o rock'n'roll?] Claramente, há uma citação aos Doors na letra – a única vez que isso aconteceu, fora a exaltação aos Herman's Hermits em "Judy Is A Punk". Os Ramones estavam amargamente conscientes de que seu amor pela música pop e o rock'n'roll dos anos 1960 estava gradualmente transformando-os em uma anomalia em uma era em que remixes de discos de 12 polegadas e sintetizadores comandavam – a ironia de que o som de seu protesto tenha sofrido uma limpeza também não se devia a Johnny.

"The KKK Took My Baby Away", com a bateria potente na introdução roubada do sucesso estrondoso de 1977 do Cheap Trick, "He's A Whore", e *backing vocals* de cortesia de Gouldman, é um Ramones clássico – um coro ridículo e sugestivo ao mesmo tempo, guitarras que tramam rachar sua cabeça e doces harmonias de fundo ao estilo dos Beach Boys, arrematado por um canto áspero de "Hey! Ho!". Segundo *single* britânico do álbum, "She's A Sensation" e "Let's Go" são similares: sem esforço, a voz de Joey profunda e em controle total, o coro e os instrumentos complementando um ao outro com elã.

"'KKK' pode ser sobre a situação com Linda", sugere George Seminara. "Johnny tem algumas inclinações rígidas de direita. Uma vez em que os Ramones estavam na Alemanha, ele quis comprar um autógrafo de Hitler e as pessoas ficaram escandalizadas, porque era algo proibido por lá. Ele estava apenas aplicando a lógica: onde haveria um lugar melhor para achar um? Johnny, provavelmente, teria se tornado um Warren Buffet ou um daqueles CEO se não tivesse ouvido o chamado do rock'n'roll. Ele também é perito em pôsteres de filme, figurinhas de beisebol e autógrafos em geral. Johnny é um cara interessante – algumas vezes, ele parece educado, sofisticado, mas também é taciturno e de difícil convivência, porque ele demanda uma certa quantidade de subserviência."

Joey nega qualquer propósito escondido, porém: "Devo ter escrito 'KKK' há uns sete anos", disse à *Trouser Press*. "A ponte é recente, de um ano."

Dá para derreter o coração na canção incandescente "7-11" do vocalista. Joey detalha em honorável estilo dos grupos pop femininos dos anos 1960 a beleza do amor adolescente que acontece nos lugares mais mundanos e vulgares – lojas de conveniência, máquinas de Space Invaders, permutas de discos – antes que toda a história aconteça horrivelmente errada, novamente à moda dos grupos femininos. Os automóveis fora de controle: "It crusched my baby and it chruched my soul" [Atropelaram meu bem e isso atropelou minha alma]. Se um homem pudesse ter nascido fora de seu tempo, esse homem era Joey Ramone. Esse homem era a angústia adolescente feminina personificada.

"Sempre quis escrever alguma coisa sobre um 7-11", explicou Joey. "Não voamos, vamos por terra em nossas excursões – e depois de 15 horas, os 7-11 se tornam um lugar de boas-vindas, como um segundo lar. Eles tomaram o lugar das lojas de doces."

"Amo *Pleasant Dreams*", Marky diz com o benefício do retrospecto. "Adorei a produção. São os Ramones durante sua era punk pop e gosto muito de pop rock – melodias cativantes, muitos acordes menores. E esse álbum tem esses elementos. *End Of The Century* deveria ter sido assim. Há demos por aí. Tenho todas elas, sem os sons de fundo, as 30 pessoas no estúdio e a percussão, mas é o que é... É o Phil e não dá pra ter o suficiente dele."

"Havia álbuns que me desinteressavam completamente", Johnny admite, "e para os quais não escrevi nada, como *Pleasant Dreams*. Os Ramones estavam perdendo o respeito que havíamos ganhado através dos anos."

"Éramos esforçados com a qualidade das músicas", Dee Dee disse à *Trouser Press*. "Era como uma neurose: qualidade, qualidade, queremos qualidade. Fizemos três conjuntos de *demos*, ao menos quatro ou cinco músicas em cada."

Na sua "It's Not My Place (In The 9 To 5 World)", Joey dá nome a vários ícones da cultura pop – o crítico de rock Lester Bangs, Phil Spector, Clint Eastwood, 10cc, Allan Arkush, Stephen King... Há até um tributo a "Whiskey Man", do The Who, na lista. Enquanto isso, o *Village Voice* elogiou o salto de dez notas do vocalista no refrão da música.

"Havia uma normalidade na voz de Joey que era realmente inspiradora", comenta David Fricke. "Como Bob Dylan ou Neil Young, ele nunca foi comparado a outros cantores, mas tem uma voz nada convencional. Ele canta diretamente do seu centro emocional sem nenhum desses adornos que usualmente associamos à melodia. Aqueles primeiros discos têm melodias de peso – mas ele as canta de forma a soarem como qualquer pessoa que você conhecesse, mas não como qualquer cara que você conhecesse.

As músicas de Dee Dee também estão simplesmente ótimas – mesmo com o estilo da produção de Gouldman não se acomodando tão bem nas músicas mais extremas. "Sitting In My Room" é tédio adolescente no estilo de "I Just Want To Have Something To Do", com a diferença de que o herói, desta vez, não se anima a deixar o conforto do seu quarto para se aventurar no mundo exterior. "Come

On Now" é outra efervescente viagem sanguinária da cabeça de um *comic book boy* [garoto de história em quadrinhos], uma música pop para figurar ao lado de qualquer uma de The Dave Clark Five ou 1910 Fruitgum Company.

"You Sound Like You're Sick" volta ao tema da instituição mental, tradicional do baixista. "You Didn't Mean Anything For Me" reflete o desânimo e as dúvidas pessoais que Dee Dee estava sentindo sobre sua vida e sobre os Ramones – com versos como "Every dinner was crummy/Even the ones for free" [Todo jantar era miserável/mesmo os de graça] –, um tema que Joey também escolheu, mais obviamente, em "This Business Is Killing Me".

"Havia nuvens escuras todos os dias", Dee Dee escreveu. "Ninguém queria crescer. Tivemos nossa última chance. Acho que te disse."

Realmente.

"ELES TIVERAM PROBLEMAS com o punk em geral. O punk não era amigável com os Ramones."

Com certeza era óbvio para qualquer um que os Ramones estavam tentando seu máximo no começo dos anos 1980 para seguir adiante, tornar o punk coisa do passado? E, então, quando o sucesso não veio, eles voltaram e abraçaram o punk por inteiro, o que pessoalmente achei péssimo.

"Fico feliz que você saiba disso, porque era muito estranho o jeito de eles se posicionarem a respeito nessa fase – lembre-se, eles não chamavam a si mesmos de punk rock, nós sim. Eu os chamava e também ao Alice Cooper e aos Dictators de punk rockers. Eles nunca usaram essa palavra."

Sim, mas com Too Tough To Die, *os Ramones apertaram o botão pause, voltaram atrás e deliberadamente abraçaram o punk. Aquele álbum marca a fase em que viraram as costas para o que vinham fazendo – é ótimo e tudo, mas e depois...? Depois de* Pleasant Dreams, *parece que eles perderam o interesse em escrever canções pop.*

"Acho que na verdade foi erro do Tommy, em Road To Ruin. *Ele nunca deveria ter sugerido fazer uma música country."*

Sempre achei que o Joey tinha uma voz ótima para cantar country.

"Sim, ele tem, não tem?"

(Entrevista do autor com John Holmstrom)

A reação da imprensa em setembro foi um silêncio generalizado. Um jornal de música britânico deu quatro estrelas (em um total de cinco), sugerindo que "Gouldman teve sucesso onde Spector falhou, empurrando os *bro* para os anos 1980 em uma onda de habilidades complacentes e harmônicas. Esse é um poderoso álbum dos Ramones. Esse é um álbum melódico dos Ramones. Esse é um álbum dos Ramones *com músicas*." O jornalista também observou a ironia de escolher a faixa mais pesada, "Airwaves", para liderar o ataque à parada de *singles* com tantas outras preciosidades pop disponíveis.

A *US Magazine* chamou as canções condescendentemente de "cantigas sem mensagem" e disse que não havia nada como os Ramones – "por isso [eles] não se encaixam na parada de rock Top 40". "O que farão no futuro?", a publicação pergunta. "Oh, continuaremos a excursionar, a gravar, fazendo mais e melhor", diz Johnny. "Nada mais que isso."

Robert Palmer, no *The New York Times*, escreveu que *Pleasant Dreams* "soa como uma versão nova-iorquina dos Beach Boys – os tempos musicais são consideravelmente mais rápidos, mas a vida na grande cidade também é." Já o *Village Voice* os comparou a Buddy Holly, o que foi favorecido por David Kessel. Mas *Musician* acusou Gouldman de diluir o som dos *bro* e forçá-los a adotar outros estilos musicais.

"Para mim foi a combinação perfeita", diz Janis Schacht, que também trabalhou com o 10cc como relações-públicas. "Se eles deixassem Graham mudar um pouco as letras, o álbum teria rendido grandes sucessos. 'The KKK Took My Baby Away' tinha uma melodia fantástica, mas letra difícil – com poucas mudanças sem importância, teria sido Número Um, sem problemas."

"O problema em sujeitar-se os impediu de serem mais populares, sem dúvida", concorda George Seminara, "todo o conceito, o visual deles... O mecanismo odiado pelos Ramones desde o começo os segurou. Quando os Ramones tocaram no Forest Hills Tennis Court, Seymour trouxe consigo sua nova cantora e disse que ela seria a maior coisa do mundo. Joey respondeu algo como: 'É, ela é bonitinha, mas não consigo ver a maior coisa do mundo'. Era Madonna. Ela estava disposta a fazer o que fosse preciso. Os Ramones, não."

Apesar disso, a banda continuou a excursionar – 96 datas em 1981, menos que nos anos anteriores, porém mais que a maioria. Mark Bannister assistiu-os naquele ano: "De volta àqueles dias, a introdução deles era um *tape* de tambores militares", escreveu, "mas quando voltaram para tocar no Hammersmith Palais, era Ennio Morricone ["Três Homens em Conflito"]. Eles se tornaram minha indisputável banda favorita. *Pleasant Dreams* tinha sido lançado e amei o álbum. É um grande disco – um pouco pop, talvez, mas o que há de errado com isso?"

"Os Ramones sempre tiveram uma forte sensibilidade pop", ele continua. "É isso que os tornou os maiores. Eles entendiam o rock'n'roll. O problema era que a indústria e a maioria do público não estavam interessados. Mas gostar de uma banda que não tem muitos sucessos faz com que a gente se sinta especial, certo e centrado. Os Ramones eram *outsiders*."

"Vagamos pela vizinhança do Palais à tarde. À nossa frente, na fila, havia alguns punks franceses cheirando cola de uma sacola plástica. Foi um saco. Depois, gelamos nossos rabos andando pela Estação Victoria metade da noite esperando pelo trem do leite de volta a Canterbury, mas valeu a pena."

Os fãs podiam estar gostando e se divertido com a banda, ao contrário dos próprios Ramones. "Uma vez Dee Dee acertou Joey em um restaurante, porque ele disse algo sobre sua mulher ou coisa parecida", Marky disse à *Spin*. "Ele estava de óculos, achei que estava errado. Éramos como irmãos – irmãos lutam e têm discussões entre si. Sempre havia picuinhas o tempo todo. Toda vez que eu falava com Joey, Johnny ficava aborrecido; e se eu conversava com John, daí era a vez de Joey ficar amuado. E havia também Dee Dee e sua personalidade esquizofrênica. Ele estava tomando um monte de pílulas. Costumava saltar da van e chamar todo mundo pra briga. Johnny tinha que dizer a ele pra entrar no carro, caso contrário ele iria quebrar sua cara. Dee Dee tinha medo de John, assim ele voltava."

"Eu era odiado", Dee Dee reclama. "Ninguém durante toda minha vida ligou pra mim. Estar nos Ramones era se sentir tipo miserável. 'Sofrendo o melhor de si', como dizia Johnny."

Os músicos tinham certamente que poupar seu agudo senso de humor para se manterem... não exatamente sãos...

"Gostava de atirar cabeças de peixe da sacada dos hotéis nas piscinas quando as pessoas estavam nadando", ri Marky. "Grandes cabeças de peixe. Era cair uma e as pessoas saltavam imediatamente fora porque estavam cheias de sangue e porcaria. Eu tinha que embrulhá-las e atirar com força da sacada do apartamento porque a piscina geralmente ficava quase fora de alcance, sabe?"

Sim, certo.

"O que mais podíamos fazer?", ele pensa alto. "No Japão, eu e Dee Dee bebemos um monte de saquê e fomos andar por Tóquio perguntando a todos onde estava o Godzilla. A polícia teve que nos escoltar de volta pro hotel e rastejamos do elevador para nossos quartos."

Que tipo de piadas vocês faziam?

"Piadas?"

Sim – as bandas sempre têm seu humor pessoal.

"Nunca tivemos piadas. Só pensávamos que certas coisas na vida eram engraçadas, sabe? Os Ramones não eram uma banda de piadas. Nunca deixamos ninguém ficar nos bastidores. Nós só tocávamos no show o melhor que podíamos e, depois, voltávamos para o hotel e íamos pra balada com pessoas com as quais realmente queríamos ir pra balada. Sempre eu e Dee Dee acabávamos esticando até altas horas."

Como novo sinal de discórdia, Joey gravou um dueto com Holly Beth Vincent, a arrojada cantora do grupo pop new wave Holly & The Italians – um *cover* razoavelmente honesto da ode à união "fofa" de Sonny & Cher, "I Got You Babe". O *single* foi feito na Inglaterra, no Natal de 1981, no Estúdio Manor – o próximo trabalho do engenheiro Steve Brown foi gravar Wham! Joey estava usando uma camisa florida na capa: o suficiente como gesto simbólico para enviar ondas de choque para fãs dos Ramones por toda parte.

O que havia sido feito das jaquetas de couro? O Joey estava prestes a partir para uma carreira-solo?

"Foi um sonho transformado em realidade pra mim", disse Holly. "Comecei ouvindo um teste dos Ramones pressionada por uma amiga do ginasial que estava trabalhando para a ABC Records. Um par de anos depois estava cantando com Joey."

O *single* não decolou, apesar de uma série de classificados na imprensa musical mostrando os dois cantores envolvidos por uma bolha em forma de coração – impedindo assim quaisquer outros rumores. Holly & The Italians mais tarde excursionariam com os Ramones nos Estados Unidos.

Em um questionário da *NME*, em novembro de 1981, Joey revelou que suas preferências musicais naquele momento incluíam "Obsessed" do 999, os Swinging Madisons, "I Will Follow", do U2, Squeeze, do Iggy, todos os álbuns dos Buzzcocks, os *Greatest Hits* do Phil Spector e os Rattlers (a banda de seu irmão). Reveladoramente, entre o que não gostava, escreveu "todas essas porcarias técnicas de sintetizadores (não estou dizendo que todos são ruins) – as pessoas esqueceram sobre alma e coragem?".

"Condenação de guitarras chamado-as de obsoletas", ele acrescentou, "aqueles responsáveis pela esterilidade no rock."

Outra colaboração dos Ramones, "Chop Suey" – desta vez com Kate Pierson e Cindy Wilson, do B-52's, empresariado por Kurfirst, e Debbie Harry nos *backing vocals* –, apareceu na trilha sonora de *Get Crazy*, o seguimento de 1983 de *Rock'n'roll High School*, por Arkush. A faixa era tão fraca quanto o filme – a primeira vez em sua carreira que os Ramones tinha lançado uma genuína porcaria.

Nada mal depois de seis álbuns.

...ENTÃO JOHNNY ESTARIA ouvindo seu beisebol no camarim. O que os outros Ramones estariam fazendo?

"Joey estaria quieto, na dele. Joey era muito, muito tímido. Quando íamos a festas, Joey ficava sozinho em um canto e qualquer um pensaria: 'Vamos lá conversar com ele, parece tão sozinho'. Porque ele era um tipo de ícone, muitas pessoas tinham problemas em se aproximar dele, ficavam com medo. Uma vez que você travasse uma conversa com Joey, veria que era um sujeito brilhante, uma ótima pessoa... totalmente doce. Dee Dee e Marky eram como os garotos da sétima série da banda."

Eles eram barra-pesada?

"Sim, mas os barras-pesadas da sétima série – não do colegial. Esses caras – uns peidos de galinha – ele ri – talvez fossem mesmo da terceira série. Dee Dee começava dizendo 'peido de galinha' e Marky acompanhava: 'peidos de galinha, peidos de galinha, peidos de elefante'. 'Ha, ha, ha, peidos de elefante'. Sério. Isso podia continuar por horas entre os dois. Então, trocavam para 'garoto com bico de galinha' – eles tinham todos esses nomes bizarros que inventavam. Quando Monte fala sobre dirigir um Ônibus Special Ed, está se referindo aos dois. Eles se comportavam como verdadeiros retardados. Mas era legal. Eles se divertiam."

É interessante porque já falei bastante com Marky pelo telefone e ele é muito articulado. Não é como se fosse estúpido ou coisa parecida.

"É verdade. Marky é... Acho que a mãe dele é bibliotecária de esquerda – ele é um cara esperto. Mas no nível dos Ramones, a música era... tudo era Dada. Era muito simples, muito dadaísta, feito 'dã... peido de galinha'... Dee Dee era o idiota instruído da banda, ele instigava a maioria dessas bobagens e Marky embarcava. Isso durou anos a fio."

Eles sacaneavam com os outros?

"Sim, a coisa sobre os Ramones era – e todos vão confirmar – que eles gostavam de mijar na cerveja. Já lhe falaram sobre isso?"

Tommy negou que isso tenha acontecido.

"Bem, talvez com ele junto nunca tenha rolado, mas aconteceu comigo."

Mesmo?

"Sim, então – certo, eu só trabalhei pra eles uns poucos anos. Eu não conseguia dirigir o caminhão direito, era um trabalho duro – não era o que eu queria fazer. Eu ia ser o técnico de guitarra do Johnny, mas não estava a fim de carregar oito caixas Marshall por noite, sabe? Que se ferre! Daí o Johnny dizia: 'Ei, pega uma cerveja, pega uma cerveja'. Eu pegava e tinha um gosto horrível! E todos da equipe ficavam rindo. E eu perguntava qual era a graça e os caras respondiam que todos eles tinham mijado na minha cerveja. Eles me pegavam e eu ficava puto. Que seja.... eles me pegavam.

Meu trabalho era afinar a guitarra entre as músicas, ter certeza de que Johnny tivesse toalhas e encher suas garrafas de água... Então, no meu último show, mijei em uma delas. O cara das camisetas me viu fazendo isso. Tirei meu pinto pra fora e mijei na água dele. Johnny saiu do palco, pegou a garrafa, voltou para o bis fazendo uma careta tipo Argh!'. Olhou pra mim e sorriu. Você sabe, eles me levaram pra casa naquela noite de qualquer maneira.

Cada Ramone tinha sua própria fileira de assentos na van. John estava sempre na frente falando: 'Monte, blá, blá, blá', e os outros estariam ouvindo Hair ou alguma outra trilha dos anos 1960. Então, Johnny diria algo como: 'Você diz ao Joey pra calar a boca e tocar alguma música diferente?' e sintonizava no jogo de beisebol – então Joey ia pro Monte e falava: 'Monte, diz pro John que eu quero ouvir a trilha do Hair'. E o Monte ia lá e dizia 'Johnny, Joey quer ouvir a trilha do Hair'. Johnny respondia: 'Fala praquele cuzão que tenho que ouvir o jogo'. Monte rebatia: 'Cuzão, Johnny disse que você é um cuzão e ele quer ouvir o jogo'. Esses caras estavam lado a lado, mas a conversa corria assim. Dee Dee estaria deitado no seu lugar e Marky tentando ignorar toda essa porcaria. Era tão lindo...

Daí Monte anunciava: 'Certo – quem quer ir ao banheiro? Quem quiser, levanta a mão'. Dois caras levantavam a mão. E Monte perguntaria ao Dee Dee: 'Você também tem que ir?' 'Não'. 'Tem certeza? Porque não vamos parar até voltarmos pra cidade. Tem certeza?' 'Tá legal, eu vou.'

"Uma das minhas lembranças favoritas é: entrei no banheiro masculino em um McDonalds fora de New Haven ou coisa parecida. Eu, Joey, Johnny, Marky e Dee Dee entramos juntos no banheiro, com nossas jaquetas de couro, fomos até o sanitário e mijamos ao mesmo tempo. E eu pensando: 'Se eu tivesse uma porra de uma câmera – este é meu sonho tornado realidade. Eu em pé aqui, com meu pinto pra fora, mijando com os Ramones'. É claro que Joey e Johnny não ficavam lado a lado no sanitário, sabe? Dee Dee e Marky ficavam entre eles."

(Entrevista do autor com George Tabb,
roadie de meio-expediente dos Ramones)

18

Na Estrada, Parte 4

...NO COMEÇO DOS ANOS 1980, quando Marky estava na banda, o que teria sido um típico camarim dos Ramones?

"John não gostava que houvesse muita gente por aí, circulando. Ele mantinha tudo muito quieto. Nada de balada, mulheres ou bebida – era muito profissional. Eles faziam seu aquecimento antes do show e depois não podiam ver ninguém."

Sim. Eles faziam seu próprio... quando as bandas chegam a certo estágio, eles mandam os *roadies* fazerem a checagem de som.

"Isso é organização básica. Às vezes teríamos que viajar centenas de quilômetros, assim não podíamos fazer a checagem de som. Mas, na maior parte das vezes, eram eles que faziam. Gostavam de fazer, era muito importante pra eles."

Sim.

"Mas, se não podiam, a equipe de *roadies* testaria tudo – era muito simples, experimentar a guitarra, experimentar o baixo, cantar no microfone."

Ao longo dos anos, como o público foi se transformando? Houve alguma mudança notável?

"Tornou-se bem maior. No começo era formado na maioria por garotada bem nova, mas, conforme os anos foram passando, eram jovens e mais velhos."

Nas apresentações dos Ramones do final dos anos 1980, parte da multidão surfava.

"Sim, começou com a 'pogação', um pouco de pulos na multidão, então, de repente, estava no topo das multidões, daí os pontos de *mosh*. As cuspidas eram horríveis – era realmente nojento. Fico feliz de isso ter parado. O público foi se tornando mais e mais maluco. Alguns desses clubes em que tocamos ficavam em cidades pequenas e eles se assustavam: 'Opa, o que está acontecendo? Parem o show'. E nós dizíamos: 'Não se preocupem, é assim mesmo que essa garotada gosta'. Eu não entendo por que esses garotos querem bater suas próprias cabeças contra as de outras pessoas, cuspir em alguém, ser cuspido por alguém. Não entendo a pogação também, ficar pulando pra cima e pra baixo, ficando doido. Mas os pontos de *mosh* e a dança de bater a cabeça saíram de controle e pular sobre as pessoas usando botas de combate... oh, Deus. Uma pequena multidão flutuando, surfando – certo –, mas pular sobre pessoas de um palco de quase dois metros de altura? As pessoas se machucam. Como isso vai evoluir? Vão passar a levar armas? Vão começar a dar porrada uns nos outros?"

Eu sei – isso realmente é coisa de brutos.

"Você não vê muitas mulheres entre eles, com certeza."

(Entrevista do autor com Monte Melnick, gerente de turnê)

19

Brincadeiras e Assaltos (Não) São Divertidos...*

QUAL ERA SEU DRINQUE preferido?
"Dependia da hora do dia. De manhã, champanhe; à tarde, martinis; à noite, não importava mais, porque estaria tão bêbado que tomaria vodca pura, 100%. Eu não ligava pra mistura."

Teve algum momento em que se deu conta de que a bebida estava saindo do controle em sua vida?

"Houve alguns poucos. Estava guiando pela Avenida Flatbush (no Brooklyn) no meu Cadillac 1960 em um calor de 30°C, parei em um bar e tomei quatro martinis duplos. Voltei para o carro e comecei a dirigir, quando, de repente, apaguei. O peso da minha perna comprimiu o acelerador e eu fui direto através da vitrine de uma loja de móveis. Eram 15 horas, as pessoas estavam fazendo compras e havia crianças em um ponto de ônibus recém-saídas da escola e indo pra casa. As janelas do carro eram elétricas, não dava pra abrir do lado de fora. Os tiras estavam com as armas engatilhadas e diziam: 'Saia já ou, então, vamos fazê-lo sair'. Levaram-me pra cadeia por 'Dirigir sob influência de bebida alcoólica'. Poderia ter matado dez crianças no ponto de ônibus. Poderia ter matado pessoas que estavam no showroom da loja de móveis... fiquei na cadeia uma noite inteira e não gostei nem um pouco. Apesar disso, não aprendi a lição.

Outra vez estávamos eu, na direção, e dois roadies, um na frente e outro atrás – e bebi uma garrafa de vinho tinto. Tive poucos carros. Esse era um Cadillac Coupe de Ville 68. Senti alguma coisa quente. Achei que o roadie tinha deixado cair o cigarro, mas o assento estava todo ferrado porque a fiação estava precária. Estacionei, saí do carro e ele de repente ficou em chamas. Se eu tivesse permanecido

---

*N.T.: Referência ao verso da música "Psycho Therapy", "Pranks and muggings are fun" ou "Brincadeiras e assaltos são divertidos".

no carro uns minutos a mais, teríamos morrido queimados. Os tiras vieram, os bombeiros vieram – e fui autuado por 'Dirigir sob influência de bebida alcoólica' outra vez. Eu nem sequer tinha licença de motorista. Eu não tinha nada, sabe? Estava trapaceando. O mesmo juiz, a mesma merda, os mesmos acidentes.

A próxima coisa que lembro, foi que disse: 'Vou parar por mim mesmo'. No terceiro dia que estava sem beber, eu me sentia muito mal, sabe? Fui para a casa dos meus pais, olhei no quintal dos fundos, e vi uma imagem se formando e era uma droga de dinossauro olhando diretamente pra mim. Virei as costas, esfreguei os olhos – o que se faz como reação – e olhei outra vez e a coisa estava mais perto de mim. Eram as DTs.* Então, saí correndo da casa, voltei ao meu apartamento, que era logo ali, dobrando a esquina, e me enfiei debaixo das cobertas, na cama. Durante toda a noite vi insetos, cobras – animais voadores malucos. Eu tinha um cachorro – não o coloquei pra fora – e ele cagou por todo o apartamento. Lembro de pisar em merda. Eu estava suando sob os cobertores, gritando, mas querendo que ninguém me ouvisse.

No dia seguinte, me inscrevi em um centro de reabilitação. É onde se ouvem os gritos, os berros, os gemidos e tudo. Eles tiram seus cordões dos sapatos e você começa a ver coisas. Elas vêm do nada. Você senta em uma cadeira, quase vivendo, quase existindo. E mal pode esperar pra cair fora, mas se o fizer, vai direto procurar a bebida...

Eles queriam que eu fosse às reuniões do A.A. É onde se encontram pessoas com os mesmos problemas. Mas, no começo, não queria que ninguém soubesse dos meus segredos."

Sim, entendo.

"Não sabia quem eram aquelas pessoas. 'Oi, sou Marky, acho que sou alcoólico'. Então, um cara disse: 'Bem, por que você está aqui?'. Respondi: 'Por que estou aqui? Não é que eu queira ficar sóbrio – estou aqui porque não quero machucar outras pessoas e todo mundo fica me dizendo pra vir. Não quero mais as DTs". Daí, ele falou: 'Você é alcoólico'. E eu: 'Certo – sou alcoólico. Eu sou o Marky e sou alcoólico'. Então comecei a relaxar.

Depois de quatro semanas, saí. Fiquei bem por umas sete semanas e daí escorreguei, fui pra uma balada. Foi quando briguei com Johnny Thunders, no Clube Mudd. Estávamos todos no banhei-

---

*N.T.: *Delirium Tremens*: alucinação provocada por abstinência ou ingestão desenfreada de álcool.

ro. Johnny queria tomar um pico e eu queria mijar – porque estava bebendo, obviamente. Ele me deu um soco eu devolvi outro. Clem me segurou por trás. Outro cara segurou John. Eu podia ter acabado com a raça dele... Então caí em mim: 'Agora dei pra brigar com meus amigos?'. Tive de ir pra um programa de reabilitação radical – como um acampamento militar. Sem tolices, sem cagadas, certo? Você acorda e vai para sua reunião às 6 horas, antes do café da manhã. Depois de voltar, há tarefas para serem cumpridas – seja o que for que eles mandarem fazer. Quando saí de lá, comecei a participar de reuniões na região onde morava, absorvi tudo e foi isso que me fez parar de beber. Essa é a história toda."

Está bem... no entanto, você deve sentir falta, não é?

"Não me arrependo. Diverti-me muito. Gosto de beber. Só não gosto de perder o controle."

É difícil. Se você está em uma banda de rock, você fica sentado por horas – antes do show, depois... você precisa de alguma coisa para se acalmar depois dos shows.

"Alcoolismo afeta qualquer um em qualquer ramo – não precisa ser necessariamente no negócio das bandas de rock. Existem pessoas na indústria de entretenimento que sabem como lidar com suas bebidas. Acham coisas para fazer quando parece não haver mais nada. Sabem entreter a si mesmos, saem e vão ver a cidade, daí voltam e tocam. Eu sento com meu copo e minha garrafa. Seja em Wall Street, na indústria de construção, na política. O álcool afeta as pessoas de formas diferentes. Se você é alcoólico, você tem uma doença. Em vez de pegar um táxi, sair pra olhar os lugares, as lojas de discos, pedia ao bartender: 'Quero um Jack Daniel's. Pode deixar a garrafa, traga um copo pequeno'. E era isso. Tinha que disfarçar o hálito – comprava algo como Ambesol ou qualquer outra porcaria bem forte. Eu podia encarar o show. Estaria bem pra tocar. Algumas pessoas não conseguem. Estava inteiro o suficiente para manter a batida, sem problemas. O que eu não conseguia era controlar meu temperamento."

Então, quando você parou com o álcool, o que passou a usar no lugar dele?

"Comecei a construir carros, a colecionar pôsteres de ficção científica, brinquedos, a praticar mais bateria – tudo para manter minha mente longe da bebida. Depois de algum tempo, a fissura vai embora."

(Entrevista do autor com Marky Ramone)

Em outubro de 1982, os Ramones começaram a gravar seu sétimo álbum de estúdio, *Subterranean Jungle*, no Kingdom Sound, em Syosset, Long Island.

Tanto Johnny quanto Joey falaram sobre deixar os Ramones, mas nunca o fizeram. A Sire ainda estava determinada a trazer produtores de fora – e, a uma sugestão dos Ramones, perguntaram a Kenny Laguna, empresário e produtor de Joan Jett (nessa fase pós-Runaways, e descolando alguns ótimos clássicos do rock), se ele assumiria a produção da banda. Laguna era mais um arranjador, sugeriu usar seu coprodutor Ritchie Cordell – responsável por alguns hits favoritos dos anos 1960 dos Ramones, de Tommy James & The Shondells e do 1910 Fruitgum Company ("Indian Giver").

Cordell sugeriu Glen Kolotkin como coprodutor – Kolotkin tinha produzido o sucesso contracultural dos Chambers Brothers "Time Has Come Today" e também tinha gravado com Jonathan Richman. Com Stasium momentaneamente fora do esquema, Johnny trouxe o guitarrista dos Heartbreakers, Walter Lure, para complementar a banda.

"Ed Stasium, Daniel (Rey) e Walter sempre tocaram juntos com Johnny, tanto para acentuar alguns elementos como para trazer certos acordes harmônicos", Marky explica. "John nunca tocou guitarra solo. Walter era um amigo; Daniel era amigo; e se o produtor pudesse tocar guitarra, tocaria também. Funcionava assim."

Enquanto isso, Dee Dee ainda estava tendo problemas para dominar conceitos básicos: "Eu sigo pelos pontos e trastes, então (Johnny) tem de me dizer onde tocar", revelou. "Não sei nem o nome das cordas".

Em um artigo da *Rolling Stone* da época, Cordell conta que os Ramones ficaram descontentes com os dois álbuns anteriores, e o atacaram assim que entrou no estúdio. "Estava tão aborrecido depois de 15 minutos que tentei sair dali e entrar em um armário. Eles não confiaram em mim durante uma semana inteira, mas, a partir daí, se tornaram muito abertos a sugestões."

Subterranean Jungle é um álbum frustrante. Em alguns pontos é horrivelmente superproduzido – Spector teve sua Muralha de Som, Gouldman teve sua visão das harmonias pop dos anos 1960, mas Cordell parecia estar visando um som hard rock que teria funcionado bem com Joan Jett, mas não com uma banda cujos impulsos agressivos eram as últimas coisas com que precisavam mexer. Também é desorientador que o disco comece com duas versões *cover* – uma versão razoavelmente bem interpretada de "Little Bit O' Soul", do Music Explosion, e

"I Need Your Love", dos Boyfriends, mas com pouca força e um estilo vocal que soava estranhamente como gritaria e não como um familiar e sincero abraço. Dois *covers*? Logo no começo? Os Ramones não haviam se incomodado de colocar um único em *Pleasant Dreams*.

O fato de que as músicas de Joey tenham sido creditadas a "Joe" Ramone era uma indicação da atitude geral: alguns anos antes, alguém teria reagido frente a tamanha idiotice. Agora, ninguém parecia ligar. A Warner Bros nem sequer se incomodou em lançar um *single* do disco nos Estados Unidos.

Talvez a voz de Joey tenha enfraquecido depois de tantos anos de estrada; Dee Dee cantou um verso inteiro de sua perturbada *"Outsider"* e a totalidade de sua (francamente mais ridícula do que assustadora) "Time Bomb". Ouvir o baixista cantar era estranho: não eram os Ramones que conhecíamos e amávamos, mas uma estranha besta alienígena que, pela primeira vez em sua carreira, parecia estar respondendo diretamente à pressão de seus pares – mas pares dez anos mais novos que os Ramones, os garotos hardcore.

"Psycho Therapy", uma música da velha escola dos Ramones, feita em parceria por Johnny e Dee Dee, era o começo de um longo período de mediocridade de estúdio – infelizmente, Johnny a adorou: "Queria fazer uma música hardcore para mostrar aos hardcores que podemos tocar tão rápido quanto eles", John disse à *Rolling Stone*. "Ninguém toca mais rápido que nós."[41]

Velocidade era a habilidade de Johnny, sua marca. Era a coisa que ele sentia que podia fazer melhor que qualquer um. Não foi à toa que ele se sentiu trapaceado pela nova safra de bandas hardcore – como o Suicidal Tendencies, Minutemen e Circle Jerks –, premiados por sua agressividade e rapidez. Ainda que essas bandas e o próprio Johnny tenham se esquecido de uma verdade vital sobre os Ramones: essa não era a única coisa que faziam. Dee Dee e Joey eram dois extraordinários compositores pop.

---

41. O clipe de "Psycho Therapy", dirigido por Frank De Lea, foi o primeiro vídeo promocional a causar grande controvérsia no nascente canal MTV por ter sido censurado. O clipe contava a história de um jovem encrenqueiro colocado em um hospício e forçado a fazer uma brutal lobotomia. Assim que ele apaga, começa a alucinar que as cabeças dos médicos são crânios em decomposição; e quando fazem a incisão, um monstro irrompe de seu cérebro, grotesco e libidinoso, como uma versão distorcida de *Alien*. A MTV classificou o clipe como "ofensivo" e se recusou a exibi-lo: embora não tenha deixado claro se foi por conta dos crânios, do monstro charmoso ou da insensível representação de hospitais psiquiátricos. Apesar de várias alterações, o álbum dos Ramones, promovido pelo clipe, escorregou das paradas antes que o canal de TV começasse a exibi-lo esporadicamente.

"Um dia eu estava caminhando do consultório do meu psiquiatra pra casa", Dee Dee contou à *Melody Maker*, "e lembrei de que *psycotherapy* tinha sido um dos termos usados por ele. Fui ensaiar porque estava tudo tão bem naquele dia e comecei a cantar a frase. Foi estranho porque eu não estava brigado com o Johnny e decidi que queria voltar a amizade. Então disse: 'Quer escrever uma música comigo?'. Descemos e a escrevemos bem ao estilo dos Ramones."

"My-My Kind Of Girl", uma das três músicas de Joey no álbum, foi outra preciosidade ao estilo clássico dos grupos femininos, com *backing vocals* não creditados da cantora pop britânica dos anos 1960 Petula Clark ("Downtown"). "When I saw you on 8th Street", Joey canta, "You could make my life complete, baby" [Quando vi você na Rua Oitava/Você podia tornar minha vida completa, amor]. O cantor é tão claro em amor quanto na ideia do amor em si, de derreter o coração.

"O que o Joey mais queria na vida é ter as músicas dos Ramones usadas em filmes e comerciais", explica Janis Schacht. "Por isso ele usava referências a lugares como o Burger King. Ele queria muito que 'My-My Kind Of Girl' fosse usada em uma propaganda do Burger King."

Há outras grandes canções presentes – Joey voltou ao repertório de imagens turbulentas alimentadas por Thorazine de "We're A Happy Family", e, no fechamento do álbum, com "Everytime I Eat Vegetables I Always Think Of You" (quase uma música em um título – nos velhos tempos, teria sido); a linda e desinibida "In The Park", ode de Dee Dee a uma juventude (parcialmente) inocente que ele nunca teve; e seu hino roqueiro "Somebody Like Me", com seus versos *nonsense*, "I'm just a guy who likes to rock and roll/I'm just a guy who likes to get drunk/I'm just a guy who likes to dress punk/Get my kicks an' live up my life" [Eu sou apenas um cara que gosta de fazer rock'n'roll/Sou apenas um cara que gosta de ficar bêbado/Sou apenas um cara que gosta de se vestir como punk/passar bem e viver minha vida].

Estranhamente, o terceiro e último *cover* é excelente: uma forte versão de "Time Has Come Today" (lançada como *single* no Reino Unido), com um vocal virtuoso de Joey e guitarras sólidas, somente estragado marginalmente pela produção: "Fiz algumas *demos* para *Subterranean Jungle*", diz Ed Stasium. "Aquelas músicas são boas. Na versão final de 'Time Has Come Today', porém, o técnico de gravação cometeu algum erro maluco com a guitarra de Johnny que, se você escuta em mono, desaparece. Ausência de guitarras em uma música dos Ramones: bastante embaraçoso."

Joey, como era de esperar, era indiferente quanto ao hardcore: "Pra mim soa tudo a mesma coisa", ele disse à *Rolling Stone* em 1987. "Não ouvi nada que tivesse feito a terra tremer ou que me deixasse de quatro."

"Não entendo como alguém em uma banda punk pode ser um liberal", Johnny reclamara alguns anos antes. "Punks não devem se interessar por política ou ser de direita: ou então serão apenas *hippies* vestidos de punks."

"Tenho orgulho da política de John", disse Dee Dee. "Ele é um bom americano. Quando os tiras nos perturbavam o tempo todo, ele dizia que estavam sendo apenas bons tiras. Ele apenas não gosta de ver americanos fazerem merda."

A luta pelo poder, dentro e ao redor da banda, continuava em pé até o final dos shows, e além. De fato, depois de Joey (e agora Dee Dee) as picuinhas tinham se fortalecido. Há uma suspeita de que no começo dos anos 1980 Joey tinha a mão forte – sua busca por perfeição pop ecoando as necessidades da gravadora. Mas, então, as coisas mudaram e o sucesso falhou em materializar-se. Assim, Johnny decidiu que era hora de tomar para si o controle artístico.

Marky nunca disse uma palavra, e Dee Dee estava completamente em outro mundo.

Não é de admirar que o público dos Ramones tenha abraçado o Nirvana (e outros grunges de graus mais baixos) tão afetuosamente quando a banda apareceu – aqui, finalmente, estava outra banda capaz de unir sensibilidade hardcore e puro coração pop.

A capa de *Subterranean Jungle* – embora não fosse uma colcha de retalhos das primeiras oferendas de Roberta Bailey e John Holmstrom – ao menos mostrou a banda usando suas jaquetas de couro novamente, parados na Sexta Avenida de Coney Island. A pose dos músicos é estranha. Joey está sentado no fundo, Dee Dee usa uma camiseta branca brilhante demais para ser real e dá para se esquecer de Marky, olhando através de uma janela ao lado – e o grafite no trem foi obviamente acrescentado depois. A foto inteira cheira à inautenticidade: uma visão maquiada e simpática do punk mediada pela MTV, que pouco tem a ver com a imagem original dos Ramones.

"Fui contratado pelo diretor de arte Tony Wright para fotografar os Ramones", diz George DuBose. Ambos tinham se encontrado via B-52's: DuBose fez as imagens de capa do álbum de estreia da banda. "Os Ramones tinham o conceito de serem fotografados em um vagão de metrô e queriam que eu fosse à garagem dos trens no fim da linha."

"Fotografei diferentes fundos e então Johnny me pediu para dizer ao Marky para olhar pela janela, porque ele tinha sido despedido do grupo, mas ainda não sabia. Quando Tony começou a trabalhar na capa, o vagão estava limpinho – a maioria dos grafites foram acrescentados depois. Soubemos depois que os Ramones não estavam contentes com a capa, porque ela parecia muito artificial."

Os Ramones tocaram apenas por volta de 70 shows em 1982, refletindo sua desarmonia interna. Eles incluíram datas notáveis com a banda surpreendentemente boa de Cyndi Lauper, Blue Angel, em maio, em Jersey City com Robert Gordon (no mesmo mês), um show grátis em Virginia Beach (abril) para compensar aquele em que Marky estava muito bêbado para tocar – e ainda alguns concertos grandes em setembro e novembro.

O primeiro foi no Festival dos Estados Unidos em São Bernardino, Califórnia, onde os Ramones tocaram no segmento punk rock, para 300 mil pessoas – outras bandas incluídas eram o Police, os Talking Heads e o B-52's. Os Ramones foram a segunda a entrar, depois do Oingo Boingo, sob uma flamejante luz diurna – a abertura com "The Good, The Bad And The Ugly" [Três Homens em Conflito] foi particularmente eficiente por conta dos arredores empoeirados.

O outro show foi em Bangor, no Maine, com o Cheap Trick, promovido por Stephen King – depois, a banda foi à casa do autor dos *best-sellers* de terror, que iria culminar com uma das maiores aproximações dos Ramones às paradas americanas (a faixa-título por Dee Dee do filme de 1989 *Pet Sematary*).

Os Ramones não se aventuraram fora dos Estados Unidos durante todo o ano – uma estranha decisão empresarial, já que seu público hardcore estava sem dúvida no Reino Unido, na Europa continental, no Japão, na Austrália... em qualquer lugar que não fosse os Estados Unidos, de fato. Mas assim são os americanos para vocês – seriamente xenofóbicos quando deixam seus próprios alertas.

"Um guarda nos fez parar outra noite depois de um show em New Jersey", Dee Dee disse à *Rolling Stone*. "Ele nos revistou de verdade, duas vezes. Parecia muito chateado quando foi obrigado a nos deixar ir embora."

"Ele pôs a lanterna na parte debaixo das minhas calças", disse Johnny. "Não é justo. Fizemos um show beneficente no CBGBs para comprar colete à prova de balas para a polícia."

"Policiais de alfândega têm a mesma atitude", acrescentou Joey.

"Que país foi aquele que nos segurou por um tempão?", perguntou Johnny. "França... e Hawaí. Não gostam de americanos lá."

A data final da banda no ano era 27 de novembro de 1982, em Islip, Long Island. Também era o último show de Marky com a banda, até seu retorno em 1987.

"Comprei uma garrafa de vodca e levei para o estúdio", diz Marky, "só o Walter (Lure) sabia. Escondi no lixo. Dee Dee achou e me dedurou. Ele também não era nenhum santo. Ele estava cheirando cocaína, fumando maconha e toda aquelas drogas dele. Nunca teria feito com ele. Esqueci isso porque obviamente ainda somos amigos. A única música em que não estou é 'Time Has Come Today'. Fico feliz porque não gosto daquele álbum. De fato, esse é o álbum que mais odeio – odeio a produção, odeio o produtor, é a única pessoa que não me deixava tocar minha própria bateria. Ele queria que eu usasse essa porcaria de bateria moderna, que soa como uma máquina e, sabe, eu não ligava mais, a essas alturas, porque estava bebendo. Depois disso, recebi um telefonema. 'Não queremos mais você na banda'."

Billy Rogers, baterista de Johnny Thunders, substituiu Marky na última faixa. Ele não trabalhou como um Ramone de tempo integral, assim, após uma série de testes, a banda escolheu Richie Reinhardt – anteriormente no Velveteen, de Nova York.

Richie uniu-se ao time e apareceu nos dois clipes feitos para promover o álbum: "Psyco Therapy" e "Time Has Come Today", o último rodado em uma igreja, que reunia os "fiéis" da Gospel Revivalist Meeting, entre eles muitos dos amigos dos Ramones.

Apesar de severamente criticados por muitos fãs e sofrendo pela produção fraca, *Subterranean Jungle* não é tão ruim. "Tem a ver com a idade em que você ouviu os Ramones pela primeira vez", acha Slim Moon, chefe da Kill Rock Stars, o selo Olympia Riot Grrrl, que mais tarde lançaria um dueto entre Ronnie Spector e Joey Ramone. "É meu álbum favorito. 'Psyco Therapy' é ótima. Lembro que o vendedor, de quem comprei o disco, estava chocado. 'Este não é um verdadeiro disco dos Ramones.' Gosto dos dois primeiros discos, clássicos também. Não sou purista nesse quesito."

> *NINGUÉM REALMENTE DESCREVEU Richie Ramone para mim.*
> *"Eu nunca o encontrei."*
> *Você nunca o encontrou?*
> *"Não."*
> *Oh, ele existiu?*
> *"Sim, ele existiu."*
> *Ele foi inventado?*
> *"Não, ele era um amigo."*
>
> (Entrevista do autor com Arturo Vega)

Richie Reinhardt tocou em 400 shows com os *bro* (com Arturo Vega fazendo a luz) depois de se juntar à banda em 1983. Apareceu em vários vídeos, escreveu uma mãozada de canções – incluindo a excelente "Somebody Put Something In My Drink", *single* no Reino Unido – e até hoje ninguém com quem conversei, e que girava em volta dos Ramones nessa fase, irá falar sobre ele. É como se tivesse desaparecido da face da Terra (ele não desapareceu e foi visto pela última vez no excelente documentário de 2004 sobre os Ramones, *End Of The Century*). O mito dos Ramones deve ter embaçado com os anos – primeiro descobrimos que não são irmãos; a seguir, que mentiram sobre suas idades, que Johnny não tocava as guitarras no estúdio, que não eram uma *happy family*, que suas roupas não são as do dia a dia, e sim uniformes. Ainda assim era potente o bastante, no entanto, para cobrir suas pegadas em um último – e aparentemente sem sentido – gesto.

Horas passadas fuçando a internet atrás dos nomes Richie Ramone, Reinhardt e Beau (seu nome quando estava no Velveteen) trouxe pouca informação biográfica. O Velveteen lançou um álbum, com seis faixas, estilo dance-rock, oferecendo *After Hours*, em 1983. Sobre Richie também se dizia que tocara bateria no The Shirts, a banda new wave do Brooklyn de Annie Golden. Na biografia oficial dos Ramones, *An American Band*, de Jim Bessman, o baterista tem uma linha dedicada à sua chegada. É como se ele nunca tivesse existido. Alguém sonhou aquelas 400 apresentações, todas as entrevistas em que ele estava, as guitarras no estilo New York Dolls de "Someone Put Something In My Drink"? (Joey mais grita que canta seu vocal pela letra – ironicamente, a bebida tinha afetado suas cordas vocais naquela fase.)

Então é isso que sabemos – Richard Reinhardt nasceu em 11 de agosto de 1957.

Ele, oficialmente, se tornou Richie Ramone em um show em Utica, Nova York, em 13 de fevereiro de 1983, assinou autógrafos como Richie Beau durante a turnê daquele ano de *Subterranean Jungle* (quando a banda notavelmente não incluiu a Europa novamente, o que só voltariam a fazer em 1984), tocando com a banda até 1987, quando abruptamente deixou os Ramones por conta de uma questão de pagamento e... desapareceu.

"Não lembro muito dele. É como se... eu sempre soubesse que Marc Bell voltaria", diz Gloria Nicholl. "Ele era ótima pessoa, mas Johnny o tratava como subalterno e pagava um salário subalterno. Ele nunca foi realmente um Ramone. Ele pagava uns 150 paus por semana ou algo tão insultante quanto. Mas esse é o Johnny. Ele sentia prazer em ser ruim – algumas vezes por brincadeira e outras, não."

Em 15 de agosto, um tabloide noticiou a manchete: "Astro Punk Detonado Luta pela Vida". Johnny tinha se metido em uma séria encrenca com Seth Macklin, da banda punk Sub-Zero Construction, em frente ao seu apartamento às 4 da manhã – diz-se que ele oferecia ajuda a uma garota bêbada. Os relatos variam.

"Os Ramones tinham tocado no Glenmore (Queens) naquela noite", conta Holmstrom. "Saímos em frente ao Paul's Lounge e conversei lá com Johnny uns dez minutos. Acho que fui a última pessoa a vê-lo antes do que aconteceu. Não ouvi nada ou teria voltado. No dia seguinte peguei o jornal e dei com a notícia de que ele tinha sido chutado na cabeça. Ele chegou perto da morte."

"Johnny estava saindo com essa garota, que era alcóolica", explica Marky. "Eu sei, porque estava saindo com ela antes dele. Uma noite ele a pegou com esse cara em frente à sua casa e ameaçou atirar sua sacola nele. A próxima coisa que soube é que tinha sido atingido na cabeça e estava contundido, na UTI de um hospital. O cara sabia caratê. Johnny caiu e teve sua cabeça chutada por ele a ponto de ter que operar o crânio. (Teve uma fratura de crânio.) Seis ou sete semanas depois, estava em pé, tocando novamente. É incrível!"

"Não vi o que aconteceu e nem soube o que o levou àquela situação", Johnny declarou na época. "O garoto foi preso e foi para a cadeia."

Quando o guitarrista voltou do hospital, estava com o crânio raspado e precisou usar um capacete de beisebol por alguns meses. "A história não teve muita repercussão na imprensa britânica", diz o fã Mark Bannister, "mas rendeu manchetes de primeira página em Nova York. Fiz um cartão de 'fique bom logo', passei alguns dias coletando assinaturas de quem eu conhecia e enviei para o endereço atrás do álbum. Fiquei agradavelmente surpreso quando recebi uma carta de Johnny."

"*A GENTE SE DIVERTIA tanto jogando* pinball. *Íamos ao CBGBs mais pelo* pinball *do que pela música. Então, Joey se mudou para a Rua Nona, nesse grande prédio entre a Segunda e a Terceira. Era meio que estranho, porque Johnny morava um quarteirão acima, na Rua Décima, entre a Terceira e a Quarta. Costumávamos ir nesse lugar chamado Paul's Lounge (na frente do prédio de Joey) – eles tinham ótimas máquinas de* pinball *e o lugar se tornou nossa segunda casa. Eles tinham a máquina de* pinball *Kiss."*

Quando comecei a vir para Nova York, ia ao Max Fish só para jogar pinball. *Eles sempre tinham as máquinas mais novas lá.*

"*Sempre tentávamos jogar em quatro. Acho que era por isso que eu andava sempre com Joey, ele gostava de jogar. Dee Dee ia ao CBGBs, mas não toda noite como Joey. Para Joey era estar em casa fora de casa. Era logo do outro lado da rua e o Paul's Lounge era entre ambos. Todos o conheciam e o cumprimentavam quando entrava no Paul's Lounge. Ele praticamente era dono do lugar."*

Quem era melhor no pinball, *você ou Joey?*

"*Quando começamos, era eu porque estava jogando mais. Joey e eu éramos no mesmo nível. Nunca fui tão bom no* pinball *– um verdadeiro craque acabaria comigo. Nunca fui mestre em dar tilt. É como tudo na vida, quanto mais você pratica, melhor fica. Estávamos jogando bastante naquela época."*

Você bebe destilados ou só cerveja?

"*Só cerveja. Lembro que uma noite Joey ficou bem bêbado, atirando algumas garrafas de cerveja e atingindo alguém no bar. Ele ficou fora de si. Ninguém mais poderia... Merv era um grande bartender. Sempre tomava conta do Joey e dizia quando era hora de ir pra casa. Joey não queria machucar ninguém. Nunca o vi como uma pessoa violenta nem nada. Dee Dee podia chegar a ficar violento."*

É, também não consigo imaginar o Joey violento.

(Entrevista do autor com John Holmstrom)

Primavera de 1978: Marky substitui Tommy: "Marky é o personagem que sai para o jardim, brinca, fica todo sujo e enlameado... Dá vontade de pular no pescoço dele, mas você se contém – ele é seu bicho de estimação e é assim que esses animaizinhos se comportam..." – Arturo Vega. (*LFI*)

Dee Dee casa-se com Vera, setembro de 1978. "Dee Dee ia de um extremo ao outro", diz Gloria Nicholl. "Quando se casou com Vera, estava tentando ser um marido suburbano tradicional. Então ele oscilaria para o outro lado da balança – e qualquer droga daria o impulso." (*Bob Gruen/Star File*)

Abril, 1979. "Projete uma imagem sábia, não importa sua aparência, contanto que não seja a de um babaca. Se você tem que agir como um punk, então você não é punk. Não é uma encenação. Ou você é ou não é." – Marky Ramone. (*Bob Gruen/Star File*)

"Para Joey era como se sua vida dependesse disso. Não havia nada mais que pudesse fazer. Ser esse cara alto, de aparência bizarra e que não se parecia com nenhum outro Joe mediano da escola, forçou-o, em certo ponto de sua adolescência, a descobrir algo sobre si mesmo: se fosse fazer alguma coisa da vida, seria tornar-se astro de rock." – David Fricke. (*Corbis*)

"Éramos como irmãos – irmãos brigam, discutem", diz Marky Ramone. "Se eu falava com Joey, Johnny se chateava; se eu falava com o John, Joey se aborrecia. E havia Dee Dee com sua personalidade esquizofrênica..." (*Godlis*)

Imagem de *Rock'N'Roll High School*, dirigido por Roger Corman, o filme B de 1978 que apresentou os Ramones como eles mesmos. (*Michael Ochs Archives/Redferns*)

Johnny no palco, com a famosa insígnia dos Ramones feita por Arturo Vega, ao fundo. "[Johnny] era um ótimo cara, de opinião, republicano conservador, gostava de esportes, bem americano", descreveu Marky. "Ele inventou um estilo de tocar guitarra que várias pessoas tentaram copiar e não conseguiram. Era todo voltado para os negócios e era ligado na qualidade do grupo." (*Denis O'Regan/Corbis*)

Marky mantém o ritmo. "Tocava muito rápido com os Ramones, não dava tempo nem de girar a baqueta. Bateristas heavy metal geralmente tocam com seus braços e ombros. Eu tocava com meus pulsos e dedos." (*Ebet Roberts/Redferns*)

Diversão nos bastidores com Joey. "Ele sempre tinha tempo para os fãs", diz Kevin Patrick. "Quando saíamos para comer alguma coisa a dois quarteirões da casa dele, levava duas horas para chegar, porque todos o paravam na rua e ele distribuía autógrafos, posava para fotos." (*Jeff Albertson/Corbis*)

"Você poderia ter uma amostra do nosso público na rua. Eles não usavam alfinetes nas orelhas, cabelo espetado, visual militar – pareciam-se com garotos vestindo jeans, de cabelo comprido e talvez uma jaqueta de motociclista, se fosse possível comprá-la. Não era certamente o visual glam do heavy metal." – Linda Stein. Os Ramones no trabalho, como Johnny diria – apenas mais um dia de 2.163 trabalhos em 22 anos. (*Denis O'Regan/Corbis*)

"Os Ramones eram como uma família que você defenderia com unhas e dentes. Por isso, acho que se tornaram tão grandes no final: todos estavam ao seu lado, todo *outsider*, todo geek, todo garoto, todo esquisitão, todo nerd, todos estavam ao lado dos Ramones." – George Tabb, fã dos Ramones (*Godlis*)

Dee Dee, Joey, Marky e Johnny. John Holmstrom: "Eles não aproveitaram o sucesso que tiveram. Estavam sempre amargos pelo sucesso que não tiveram. Não conseguiram um álbum de sucesso. Não foram respeitados como a banda que começou o punk rock. Não conseguiram o respeito que mereceriam por isso e mais. Eram preocupados com o que era escrito sobre eles e sua imagem como nenhuma banda." (*Ebet Roberts/ Redferns*)

20

Na Estrada, Parte 5

"...JOEY TENTOU DE TUDO. Nós excursionávamos frequentemente, era duro pra ele."

É mesmo? O que ele tentou?

"Beber chá. Fazia exercícios vocais o tempo todo. Monte e eu estávamos sempre cuidando dele, nos certificando de que tinha um cachecol no pescoço quando saía ao ar livre, coisas assim."

Sim – não dá para se descuidar com "A Voz". Lembro de assistir aos Ramones no *The Old Grey Whistle Test* na época de *Too Tough To Die* e Joey tinha perdido a voz. Ele estava cantando muito baixo.

"Acontecia. O surpreendente era que, no meio de uma turnê, ele podia melhorar."

Mesmo?

"Suas cordas vocais se fortaleciam e ele superava o problema. No começo era difícil, mas depois ele alcançava um ponto em que, em vez de ficar muito mal, a voz melhorava. Acontecia na maior parte do tempo, porque nunca tivemos que cancelar um show por ele não poder cantar – nem uma única vez."

Inacreditável.

"Esse era o Joey. Ele superava qualquer situação. Os Ramones eram máquinas de trabalhar altamente disciplinadas e os *promoters* os amavam por isso. Nunca se atrasavam para nada; nunca cancelaram show. Um *promoter* se sentia muito seguro ao marcar um show dos Ramones."

E saberia que seria sempre o mesmo show.

"Sim. Isso era por conta do Johnny – ele não era criativo, mas era capaz de fazer as coisas funcionarem. Ele zelava pela banda e seus interesses. Ele protegia a banda de *promoters* inescrupulosos e gravadoras."

Os Ramones tinham um enorme sucesso na América do Sul.

"Total. Levou dez anos para se desenvolver, mas uma vez que pegaram por lá, foram crescendo mais e mais. Eram maiores que os Rolling Stones. As bandas excursionaram na região no mesmo ano (1995) e os Ramones venderam mais ingressos."

Sim, Monte estava dizendo que a razão disso era que os *promoters* nesses países também dirigiam os programas de rádio – eles faziam com que as pessoas ouvissem os Ramones.

"Os *promoters* argentinos tinham as estações de rádio e de televisão, mas não dá para promover tanto uma única banda. A insanidade que eles provocaram nas pessoas não pode ser implantada."

(Entrevista do autor com Arturo Vega, diretor de iluminação)

21

The Song Ramones The Same*

ENTRE 19 DE NOVEMBRO de 1981 e 24 de fevereiro de 1985, os Ramones não tocaram fora dos Estados Unidos – exceto por algumas datas no Canadá. É um longo tempo batendo a cabeça contra o muro; considerando o apelo que os Ramones tinham na Europa, no Japão e nos países de língua espanhola, parecia uma decisão absurda não excursionar no exterior.

Ao mesmo tempo, os membros dos Ramones mal conversavam, as bebidas estavam fora de controle, havia um novo baterista em cena, Joey entrava e saía do hospital por conta da fragilidade de seu corpo, Johnny esteve perto de morrer, o punk estava fora de moda, Dee Dee estava se drogando demais... mas isso era Ramones! Uma geração inteira de bandas havia brotado influenciada por seu estilo curto e grosso – de fato, a essa altura, estava se tornando mais fácil achar um músico que não fosse apaixonado por seus três primeiros álbuns do que um que fosse. NOFX, Bad Brains, Hüsker Dü, Suicidal Tendencies, Newtown Neurotics, Sniper, Billy Bragg, The Go-Go's, Sonic Youth, Shop Assistants, Membranes, R.E.M., Fear, The Vandals, UK Subs, Marine Girls, U2, Velvet Monkeys, The Germs, Black Flag, Dead Kennedys, Orange Juice, Half-Japanese... era possível ouvir elementos dos *bro* no som de todos eles. E a lista continuava mais e mais. Suas jaquetas de couro se tornaram chiques: os *jeans* rasgados e a atitude de *bad boys* já haviam sido adotados exaustivamente como garantias de credibilidade. Vestir uma camiseta dos Ramones, e você o faria – não importava o que você era ou de qual música gostava. A falta de sucesso no *mainstream* só fortaleceu os Ramones.

---

*N.T.: Trocadilho com o nome do álbum ao vivo e música do Led Zeppelin, *The Song Remains The Same*.

Uma olhada no itinerário da turnê da banda, logo após Richie ter entrado, parecia um sonho de vendedor norte-americano...

Utica, Filadélfia, Poughkeepsie, Wellesley, Boston, Middlebury, Southampton, Danbury, Burlington, Filadélfia, Filadélfia, Brooklyn, Brooklyn, Washington DC, Washington DC...

...New Haven...

...Hartford...

...Boston, Amherst, Atlanta, New Orleans, Beaumont TX, Dallas, Houston, Austin, San Antonio, La Cruces, Phoenix, Los Angeles (Palladium, com os Dickies, uma banda da cidade especializada em tocar rápido em ritmo de desenho animado), San Diego, com Tom Petty, Stray Cats e Bow Wow Wow (cambalacho *teen* divertido de Malcom McLaren pós-Pistols), Pasadena, Goleta, Santa Cruz, Palo Alto, São Francisco, Sacramento...

E tudo isso entre fevereiro e abril...

"O show deles era como uma máquina", explica Daniel Rey. "Nada era espontâneo. Foi maravilhoso abrir para eles como Shrapnel, tornamo-nos da família depois de fazê-lo umas poucas vezes. Cantávamos 'Hey Ho, Let's Go' durante nossa apresentação. Acho que abrimos para eles uns cem shows."

"Eles se encontravam em frente à casa do Joey", ele continua, "esperando Joey descer. Sempre diziam que estavam partindo às 5 horas, quando o horário certo era 5h30, porque só assim Joey desceria às 5h30. Eles se pareciam com uma trupe de comediantes. Algo interessante de participar de uma banda é que a rotina e as piadinhas que são feitas só são engraçadas para vocês. Eles eram muito engraçados e irônicos, como meninos travessos em uma excursão de escola. Monte, o gerente de turnê, parecia o professor substituto, obrigado a lidar com a molecada."

O período mais pobre dos Ramones pode ser localizado entre 1983 e 1987, mas continuaram fazendo entre 80 e cem shows por ano pela América do Norte durante esse período.

Talvez a banda tenha parado de viajar pelo exterior porque alguém – o empresário, os próprios músicos – achou que no começo dos anos 1980 o público enlouqueceu com o pop sintético e com os Novos Românticos; havia disputa por essa música. Joey indicou isso em uma entrevista na *NME* de 1985: "A última vez em que estivemos na Inglaterra era o auge da música de sintetizador e parecia que todo mundo queria ouvir isso", ele afirmou. "Talvez achassem que estávamos ultrapassados ou coisa assim."

No mesmo artigo, Dee Dee reclamou que "esta é a primeira vez que ninguém prestou atenção em nós em muitos anos", e quando o entrevistador observou que essa era a primeira vez que eles estavam no exterior em muitos anos, o baixista respondeu que o empresário tinha dito à banda que os *promoters* não queriam os Ramones. Foi claramente culpa de todo mundo, como se vê.

"Os primeiros quatro anos que fomos ao Reino Unido", Arturo Vega explica, "o público foi se tornando mais e mais louco e cheio de energia. Mas também se esquecem fácil. Envelhecemos depressa na Inglaterra. Mas, então, era como se todos (na banda) tivessem desistido, exceto por continuarem querendo excursionar porque era como ganhavam a vida. Foi um tempo difícil."

"Foi provavelmente porque Johnny estava em uma de suas fases 'Odeio ingleses' e 'Odeio europeus também'", acha Glória Nicholl, que abriu um escritório britânico para a Kurfirst Management em 1983. "Johnny era xenofóbico. Ele tinha que ficar em um Holiday Inn, assistir CNN e só ir ao McDonald's para comer. Os outros três amavam cada minuto em que estavam no exterior."

Depois do fracasso relativo de *Subterranean Jungle*, a banda renegociou seu contrato com a Sire/Warner Bros nos Estados Unidos, mas não de uma posição de força. Seymour Stein ainda tinha fé, mas a Sire era uma parte da Warners. Foi oferecido aos Ramones um pacote de três álbuns e vídeo somente, sem *singles*. Isso não agradou Joey, um fanático por *singles*: "É como se alguém cortasse minha língua fora!", reclamou. "Além disso, assim ficamos sem uma ferramenta de vendas..."

"Aquele período foi difícil", explica Daniel Rey, "porque os Ramones tinham sido uma banda em um ônibus sem parada durante anos. Havia certa animosidade. A maioria das bandas teria acabado naquele período de dois anos entre *Subterranean Jungle* e *Too Tough To Die*."

Acho que foi por isso que eles apareceram com esse título.

"Sim, você está provavelmente certo", Rey acha graça. "Somos os Ramones, fazemos o que fazemos e vocês que se fodam."

E os shows continuaram aparecendo.

1984: New Haven, Boston, Queens, Filadélfia, Roslyn... Portland, Providence, Waterbury, Brooklyn, Washington DC, Manchester, Albany, Hartford... Ithaca, Cortland, com o Cheap Trick e David Johansen, Garden City, New Haven, Mt. Ivy, Richmond...

No show do Palladium, em Los Angeles, apareceu a polícia especializada em tumultos, com helicópteros, depois que parte de uma forte multidão de 5 mil pessoas começou a atirar garrafas na segurança. "Os tiras estavam batendo em garotos com bastões!", Joey relatou, contrariado. "Foi uma bagunça."

"Está sendo definitivamente mais violento", o vocalista afirmou em outro lugar. "Os garotos lá em Los Angeles são *doentes*, entende o que estou dizendo? Tenho esmurrado vários deles na cara com meu pedestal, mas eles parecem gostar – acho que isso só me dá mais trabalho."

Os Ramones começaram a gravar seu álbum de "retorno" *Too Tough To Die* no verão de 1984, no Media Sound. Johnny estava cansado de experimentos pop e achou que era hora de os Ramones se associarem com punk, mas não só punk. Hardcore. Ensurdecedoras guitarras barulhentas, vocais guturais distorcidos, músicas cada vez mais rápidas... velocidade acima da melodia. Bateria à frente, porque era a moda nos círculos punk: qualquer sinal de emoção que não fosse negativa e desesperada era sinal de fraqueza, e não de punk.

É irônico como um movimento que tinha suas raízes em quebrar convenções rapidamente tenha se diluído em uma série de convenções musicais ainda mais rigorosas.

Se *End Of The Century* e *Pleasant Dreams* foram álbuns de Joey, esse novo era definitivamente de Johnny. Era sua visão, seu som, e ele já havia começado a escrever músicas com Dee Dee novamente. Joey estava cantando em um profundo e quase irreconhecível estilo, gritando na metade das frases. O efeito era imediatamente mais duro – complementando perfeitamente a música. Era também perturbador.

O título fazia referência direta à briga quase fatal de Johnny e também à determinação dos Ramones de que todos os seus esforços para continuar na estrada não tinham sido um desperdício de tempo.

"Todas as bandas que surgiram quando nós surgimos acabaram", Joey disse em *Hard Times* em outubro de 1984. E já naquele momento Joey estava falando em fazer um álbum-solo – estava trabalhando em um hino heavy metal chamado "Rock'n'roll Is The Answer", com Richie Stotts, ex-Plasmatics. "E também as bandas que apareceram quando aparecemos se tornaram populares, porque não estavam interessadas em seus fãs; estavam interessadas em fazer dinheiro, como o Blondie. Ainda que eu goste do Blondie, eles agora fazem disco. E o The Clash virou rock dançável. Billy Idol não é nada. É punk hollywoodiano."

As músicas de Dee Dee eram melancólicas, inquietantes em sua desesperança – a banda, amarga por não fazer sucesso, canalizava suas frustrações na música. Deixando de lado um par de fracos tapa-buracos, *Too Tough To Die* é um excelente álbum. Serve como realinhamento necessário para uma banda que havia estado atrapalhada em relação a qual caminho musical seguir. Para melhor ou pior, estava agora decidido.

A principal razão de *Too Tough To Die* soar tão bem é sua produção. Os Ramones tinham retornado à combinação dos clássicos segundo, terceiro e quarto álbuns – Tommy Erdelyi e Ed Stasium. Isso deve ter sido uma queda considerável para alguém, não que fosse provavelmente visto desse jeito. Walter Lure novamente fez uma guitarra extra com – ironicamente, considerando a suposta aversão da banda pelos sintetizadores – alguns sintetizadores tocados por Jerry Harrison, dos Talking Heads.

"Eles queriam voltar ao básico, ao som clássico dos Ramones", diz Tommy, "então me deram um telefonema. Havia uma atmosfera diferente agora. É claro que eu preferia que todos se amassem, mas eles perceberam que o que faziam era importante. Para sobreviver, você tem de fazer discos. Tentei ficar fora das políticas pessoais."

"Mixamos na Sigma Sound", relembra Ed, "com o misterioso Richie na bateria. Ele não era realmente um grande baterista para os Ramones. Ele era mais um músico de jazz. Porém, sabia segurar o ritmo."

Em uma entrevista de 1985 na *Sounds*, Richie disse que não achava muito difícil adaptar-se. "Sempre toquei no estilo deles – regular e com batida forte –, mas era mais difícil adaptar-me para alcançar a nova velocidade deles. Há três velocidades no som dos Ramones: rápido, muito rápido e super-rápido."

"É fácil se esquecer de Richie", acrescenta Stasium, "mesmo que ele tenha ficado na banda por anos, porque ele era muito quieto. Talvez eles tenham nos chamado de volta porque era o décimo aniversário da banda... Então, voltamos ao velho estúdio."

Apesar disso, o empresário não resistiu a adulterar a fórmula: Dave Stewart, dos Eurythmics, foi trazido para produzir o *single* britânico "Howling At The Moon (Sha-la-la)", uma parceria que surpreendentemente funcionou – é uma ótima música pop, escrita por Dee Dee sobre marijuana e sobrevivência, e dedicada à sua esposa Vera na capa interna. A música tem teclados (cortesia de Benmont Tench, músico de Tom Petty) em cascata na introdução e anuncia um atrativo refrão de "sha-la-la", como Joey nunca arrastou antes. (Kurfirst também empresariou Stewart

– portanto, foram criadas colaborações musicais.) O único problema era a música estar totalmente deslocada em relação ao restante do álbum. Ao menos Stewart entendeu o conceito de poder, mesmo que tenha saltado do disco na metade.

"Finalizamos primeiro aquela música", relembra Stasium. "David queria que a bateria soasse como um enorme bate-estaca – esses imensos guindastes que fazem buracos no chão para cravar as fundações de um arranha-céu. Ele queria ir pra rua e samplear uma dessas máquinas, mas nunca chegamos a isso."

Se os Ramones estavam tentando provar o quanto eram punk para a nova geração, esse *single* deve tê-los atrapalhado muito. Joey mais tarde voltou atrás em sua aversão por sintetizadores, justificando sua utilização e dizendo: "Há jeitos e jeitos de usar sintetizadores e orquestrações! Veja o Zeppelin. No som deles não havia nenhum excesso".

Dee Dee estava em ótima forma, revitalizado pela cena hardcore – ele era fã da música (mais que Johnny, que apenas a via como um desafio no seu trabalho). O baixista escreveu mais de dois terços das canções e também fez o vocal em duas faixas – "Wart Hog" (que mais tarde se tornaria a faixa ao vivo) e a ótima "Endless Vacation", com seu coro debochado – em uma voz que era mais adequada à nova sensibilidade da música dos Ramones. Sua voz como se estivesse fazendo gargarejo com lâminas de navalha.

"Estava surpreso com o quanto Dee Dee era bom como letrista e como tinha uma ótima voz para o punk", relembra Marky. Realmente, o rap a jato em "Endless Vacation" não teria soado deslocado na doida e excitante *Feeding Of The Five Thousand* dos anarcopunks ingleses Crass.

"Dee Dee foi uma personalidade muito especial", disse Johnny depois da morte do seu ex-companheiro de banda, "o baixista mais influente do punk rock. Ele estabeleceu o padrão para todos os baixistas do gênero. Era um grande letrista. Escrevi (uma música) que se chamava algo como 'Wart Hog' e dei a Dee Dee. Ele simplesmente abriu seu caderno de letras e começou a cantar usando uma delas. Suas músicas eram sempre as minhas favoritas. Todas as minhas parcerias foram com Dee Dee."

Entretanto, músicas com a parceria de Joey Ramone e Daniel Rey, como "Daytime Dilemma (Dangers Of Love)" e a abertura do álbum, "Mama's Boy", eram bom e sólido rock – a primeira ainda dando um aceno para o antigo produtor Phil Spector, cortesia do breque de bateria no estilo das Ronettes no meio da música. Pena que as letras são tão descartáveis, ao estilo das novelas de TV, e que a coda (um conceito musical que já havia sido anátema dos Ramones) se alongue demais. "Mama's Boy" (uma das cinco canções em parceria com Johnny) mostra de cara ao que veio o álbum: "Couldn't shut up, you're an imbecile", rosna Joey, "You're an ugly dog" [Dá para calar a boca, você é um imbecil/ Você é o cão chupando manga]. Se os Ramones resolveriam encarar o punk, *eles encarariam mesmo.* A capa interna foi planejada como um fanzine xerocado, com as letras deliberadamente mal datilografadas, em uma aproximação simulada da influente bíblia hardcore, *Maximum Rock'n'roll.*

"Começou sem necessidade", diz Rey sobre sua colaboração na música dos Ramones. O guitarrista do Shrapnel mais tarde se tornaria parceiro musical de Dee Dee. "A banda precisava de músicas. Eu tinha um pequeno estúdio onde fazíamos demos. Joey escrevia devagar. Dee Dee foi sempre confiável. Ele tinha uma explosão de criatividade e em uma só tarde escrevia quatro ou cinco músicas. Quase sempre eu escrevia a música e Dee Dee, as letras. Era fácil porque tínhamos que ter limites e respeitá-los."

Joey estava começando a perder suas habilidades de compositor: ele nunca conseguiu recuperar a forma responsável pelas primeiras canções, como "Judy Is A Punk", "Beat On The Brat" e "Here Today...", tão memoráveis. *Too Tough To Die* é um ponto baixo: três músicas, sendo duas colaborações. "No Go" é uma música bem no padrão dos anos 1950, no estilo Gene Vincent de roqueiros, apenas mais minimalista. Mas "Chasing The Night", uma parceria Dee Dee/Joey-sofredor (com música de Busta Jones) é um clássico – outra opereta adolescente de visão duramente realista, similar em sentimento a "Heart Of Saturday Night", de Tom Waits, que aparece como uma bem-vinda luz de alívio no fim do lado um. A bateria é rápida e energética, como se a banda estivesse com vergonha de estar tocando acompanhada pelos sintetizadores de Harrison, e a voz de Joey é detonada, mas ambos acrescentam charme à música.

"I'm Not Afraid Of Life" contém algumas das frases mais desoladas de todas que Dee Dee escreveu. "I'm not afraid of pain/But it hurts so bad", Joey canta quase em um único tom, "Don't want to die at an early age" [Eu não tenho medo da dor/Mas isso machuca demais/Eu não quero morrer jovem]. Era um momento duro de autorreconhecimento para o viciado, um que ele encarava de vez em quando. A música também aborda a ameaça de guerra nuclear. É muito claustrofóbica, mas o pensamento de Dee Dee, amadurecido, era quase mais preocupante que os sentimentos na música.

"Vi um documentário na TV sobre essas pessoas sendo demitidas de seus trabalhos justamente quando estão quase se aposentando", ele disse, "e me surpreendeu porque é muito errado. E também tipo me assustou. Quando chegar minha vez de me aposentar, vou descolar um *trailer* bem ao lado da mercearia do bairro e ter uma boa vida."

"Planet Earth 1988" continua o tema de pessimismo e alarme – discriminação racial e ameaça terrorista. Teria ficado melhor na voz do baixista do que no depressivo tom único de Joey.

"Eu costumava não ter moral", Dee Dee disse à *Maximum Rock'n'roll*, "então, há quatro anos decidi parar com a heroína e comecei a ir a esse programa, Odyssey House. Esse terapeuta, Harold, esse homem negro, começou a me ensinar sobre sentimentos humanos e que eu não era diferente de todo mundo, mesmo que me visse como um astro de rock. Eu ainda leio a *Bíblia* para ter uma percepção mais profunda sobre o mundo e parar de ter ódio de tudo."

Isso soa falso. Os Ramones sempre evitaram qualquer tom de sermão em suas canções – Johnny achava que era coisa de *hippies* – e, de repente, lá estava Dee Dee descobrindo uma consciência social que coincidentemente ecoava o credo hardcore predominante. Frases ridículas como "I'm a Nazi schatzi/Yes I am" e *pinheads* e baile de cretinos têm mais a ver com a banda que essas políticas de centro-esquerda recém-descobertas.

"Vocês estão aproveitando o estoque de memórias da adolescência agora que estão com seus trinta e tantos anos?", perguntou um crítico da *NME*.

Dee Dee: "Não, estamos escrevendo como adultos maduros".

Joey (simultaneamente): "Não, eu ainda sou um garoto".

"A América está muito desolada, não há esperança na verdade", Dee Dee explicou depois. "Quando começamos a escrever sobre política, foi um tal de dizerem: 'Hey, os Ramones estão pregando propaganda de esquerda'. Mas é assim que nos sentimos. Queremos mostrar que temos sentimentos. Levamos as coisas a sério neste álbum."

Em outra ocasião, no entanto (tão rápido quanto a divulgação para imprensa do álbum), o baixista estava tentando se dissociar de suas letras.

Outras músicas são tapa-buraco – a verdadeiramente horrível "Danger Zone", em que Dee Dee novamente tenta ser filosófico e falha miseravelmente; o breve instrumental de Johnny Ramone em

"Durango 95", que mais tarde se tornaria a música de abertura de shows (a inspiração do nome veio de um restaurante do lado oposto da rua onde ficava o Paul's Bar, que, por sua vez, era inspirado no nome de um carro de *Laranja Mecânica*); e a contribuição de Richie Ramone, a monótona "Human Kind". Richie jogava golfe: "Toda vez que passávamos em um campo de golfe, ele comentava alguma coisa do tipo: 'Ah, ali está um bom'", Joey explicou. "Joguei com ele algumas vezes na Carolina do Sul, ou em algum lugar, mas Richie leva o esporte muito a sério. Ele fazia estar nos Ramones ser divertido novamente". Joey preferia as corridas de *kart*.

Para fazer justiça, Dee Dee tinha originalmente a intenção de cantar "Danger Zone": "(A versão em que) Dee Dee canta é ótima – é mais punk", Johnny declarou. "A versão do disco, com o vocal de Joey, é mais polida."

É em canções *nonsense* e honestas como essas que uma das velhas qualidades dos Ramones – humor ácido e distorcido – está quase toda perdida. Joey, nessa fase, usava grotescas calças de couro em fotografias, na moda dos astros de rock, peça que, com a luva de couro com rebites que ele também começou a usar no palco, competia com o uniforme dos Ramones, tirado das ruas. Era estranho como esse álbum era entendido como a volta aos velhos padrões. Era e não era. Ele omitia componentes vitais. Mais que tudo, ele havia se esquecido da mentalidade de gangue que era tão vital para todo o mito dos Ramones.

Too Tough To Die [Duro demais para morrer]? Sim. Ou apenas teimoso demais.

"TORNEI-ME AMIGO do Tommy porque, quando estava na Warner Brothers, era representante A&R dos Replacements. Seymour estava louco para fechar contrato com eles e nos encorajava a ir atrás de Tommy para ser produtor da banda. Até ali ainda pensava em Tommy como outro esquisitão. Ele ainda não aparecia no meu radar como um ser humano pensante."

Como ele era como produtor? Qual era seu modus operandi?

"Era surpreendente, conhecendo-o apenas por sua história, que ele fosse incrivelmente quieto e de fala mansa, a ponto de ser afastado. Tommy tinha um ponto de vista intelectual diferente do de Joey, que era muito mais inocente. Tommy usava Warhol como referência e via os Ramones nesse panteão de arte pop assim como... arte punk.

Ele nunca parava de pensar no que estava acontecendo em qualquer momento."

Ele é mais velho que Dee Dee, Joey e Marky, não é?

"Sim. Tommy tem perspectiva. Ele sabe que quando os Ramones foram para a Inglaterra, mudaram o panorama da música popular. Ao passo que Joey estava mais tipo: 'Oh, cara, eu fui pra Inglaterra, foi tão legal! E falando nisso, essa outra coisa também aconteceu'. Ele tinha essa alegria infantil."

(Entrevista do autor com Michael Hill)

Too Tough To Die é provavelmente a última grande capa de álbum dos Ramones.

A silhueta dos quatro Ramones em pé, em um túnel com luz azul clara, suas figuras mal discerníveis, prontos para ação. Atrás deles, há uma luz cega e solitária, como o farol de uma carreta. A mensagem é curta e grossa – não há espaço para *nonsense*. A contracapa é um detalhe de uma jaqueta de couro.

"A essa altura da carreira", diz o fotógrafo George DuBose, "eles já mereciam uma capa que não mostrasse seus rostos. Foi o que aconteceu por meus *flashes* na frente terem falhado na hora de clicar a imagem. Foi outro dos meus acidentes de sorte. Johnny queria uma foto que evocasse a gangue de *Laranja Mecânica*. Eles queriam ser fotografados em um túnel. No Central Park, em Manhattan, há alguns túneis e usei o menor, ao lado do zoológico das crianças.

"Peguei um pacote de cerveja e algumas pizzas", ele continua, "e a imagem foi fotografada à noite. Pendurei mantas plásticas transparentes de um lado e tinha grandes luzes de *flash* atrás deles brilhando dentro do túnel, com gel azul. Em um momento, a luz da frente falhou e deu esse efeito das silhuetas. O grupo comeu todas as pizzas no Winnebago, mas não quiseram as cervejas. Mas, quando fui pegar uma, tinham sumido. Dee Dee roubou o pacote."

Too Tough To Die foi lançado nos Estados Unidos em outubro de 1984. A reação foi em parte favorável, em parte sarcástica.

"Quem teria pensado nisso?", sibilou o *Village Voice*. "Com a produção de Tommy de volta, esses profissionais identificados com adolescentes, de idades médias em torno dos 33 anos,[42] fazem o que pode ser

---

42. Correto, mas a banda constantemente mentia sobre suas idades – Dee Dee declarou ter 28 anos em 1984 e 31 em 1985.

seu melhor álbum, com o minimalismo saneador de sua concepção original evocada e honestamente aumentado. Dee Dee imita o Pernalonga sob efeito de esteroides em duas paródias hardcore bem colocadas..."

Infelizmente não eram paródias.

"Suas letras são perversas e muito reais", Dee Dee disse em *Maximum Rock'n'roll*, que também fez idênticas acusações contra a banda. "Elas são músicas anti-heroína e como você se sente a respeito. Como 'My skull lies bleaching in the dust' ['Endless Vacation']... Foi nossa tentativa de tocar no novo estilo. E o fizemos nas regras mais estritas do hardcore."

A *Rolling Stone* foi mais gentil, dizendo que o álbum era: "um passo significante à frente para essa grande banda americana", enquanto a *Creem* os saudou como "a banda de rock'n'roll mais influente dos últimos dez anos". Na *NME*, Mat Snow observou que "os tópicos aos quais eles se remetem são bastante livres de tais afetações distrativas como Mãezinha e Amor. Neste ano estamos falando de temas Black Flag/Hüsker Dü como niilismo, apocalipse e doenças sociais". As músicas do lado B, no entanto, "poderiam ter agraciado *Rocket To Russia* com alguma distinção. Preciso dizer mais?".

"É cheio de clichês e versos hilariantes como 'Battleships crowd the sea/16-year-olds in the army' [Navios de guerra lotam os mares/16 anos de idade e já no exército],* outra crítica escrita. "Mas não dá para criticar o coração por trás disso."

Sounds, grande fã dos Ramones, resenhou o álbum duas vezes – uma para o produto importado, no qual Edwin Pouncy chamou "Wart Hog" de inovadora, observando que a "bandeira de esquisitices dos Ramones tinha sido baixada"; e novamente, quando o disco foi lançado oficialmente no Reino Unido, depois que a banda assinou com a gravadora independente Beggar's Banquet no começo de 1985. "Quando as coisas ficam difíceis, os Ramones começam a socar. (Trata-se de) coisa atemporal, adorável e essencial", escreveu o crítico Dave Henderson. "Tipo mantém sua sanidade."

Encorajados pela reação, os Ramones decidiram atravessar o Atlântico novamente: em fevereiro de 1985, tocaram em quatro datas em Londres, seguidas poucos meses depois por uma turnê europeia que incluía um grande festival ao ar livre em Milton Keynes,

---

*N.T.: Versos de "Planet Earth".

Inglaterra, em 22 de junho, com o R.E.M. e o U2 (bandas que já tinham festejado os Ramones, mas eram agora bem maiores que eles). O mesmo alinhamento, mais a desprezada banda de sintetizadores Depeche Mode – também tocando em um festival em Werchter, Bélgica, em 7 de julho.

"Os Ramones tinham esses rápidos surtos de energia", explica o editor escocês de fanzines Lindsay Hutton. "Sem os Beatles, eles poderiam nunca ter sido os Ramones, mas, no que me concerne, os Ramones são de longe superiores aos Beatles. Eles puseram o dedo na ferida. Joey era como nosso Elvis, seu estilo vocal, suas canções, tudo... era como se ele estivesse falando com quem o ouvia. Os Ramones e os Dictators são minhas duas bandas favoritas de todos os tempos, não há dúvida sobre isso."

"Na turnê de *Too Tough To Die*", ele se entusiasma, "eles tocaram em Glasgow Barrowlands (28 de junho) para 3 mil pessoas. O lugar estava lotado como nunca vi e o som tão alto como em nenhum show. Teve um momento em 'I Wanna Be Sedated' quando tudo se desintegrou em chiado, com Joey uivando muito alto. Foi como estar em uma igreja. Absolutamente imenso. Sempre dá pra voltar àquele momento, psicodelicamente, quando escuto aquela música."

"Achei o álbum bom", diz Mark Bannister, "mas havia algumas poucas músicas de que não gostei muito, especialmente no lado B, que parece ir sumindo. Todo mundo está doido por 'Wart Hog', mas tenho ouvido bandas hardcore como Bad Brains e os Cro-Mags e, vamos falar a verdade, eles fazem isso muito melhor. Fui a dois shows durante sua temporada no Lyceum [Londres] e planejei ficar na parte de trás do teatro e dar uma espiada, mas assim que ouvi aquela batida louca...!"

"O som era espantoso", ri. "Na quarta, à noite, eles tiveram uma discussão barulhenta no palco. No segundo número, cada um começou tocando músicas diferentes, mas as pessoas nem notaram, porque o som estava muito ruim."

Essa pode ter sido a mesma noite em que, dançando como louco e suando profusamente por conta de muito dançar, nem dei conta de que Joey só conseguia cantar metade das frases da música, a banda estava tocando ridiculamente rápido e eu berrei para o Dee Dee: "Toca um solo!", durante uma pane do equipamento. Os Ramones não eram conhecidos exatamente por sua espontaneidade, mas o baixista não fez por menos. Improvisou um "solo de dente", usando os dedos dentro da boca, do jeito que as pessoas fazem. Isso certamente fez minha noite e a de algumas pessoas que estavam comigo na frente do palco: escrevi sobre isso mais tarde em meu próprio fanzine.

Nessa mesma época, Dee Dee estava em seu inferno particular: em *Coração Envenenado* ele relembra como a banda atormentava sua pobre "mãe da estrada", Monte Melnick: "Ele estava determinado a não deixar ninguém fazê-lo de bobo", escreveu. "Era um saco. Marky Bell deu a Monte o apelido de 'Carneirinho'* para enfurecer Monte de propósito. À medida que Marky fazia sua cena balindo como uma ovelha, ele próprio ia ficando cada vez mais nervoso a ponto de entrar em histeria na van. Até Monte entregar os pontos e parar intempestivamente. "Então o 'Carneiro' ameaçava sair da estrada e acabava parando em um posto gritando: 'Vamos todos nos ferrar, seus babacas. Nós vamos morrer, Marky, porque você não sabe ficar de boca fechada! Você é um Carneiro, Marky, você!"

Então, quando Monte foi requisitado para pajear o baixista e Joey em uma turnê promocional em apoio a "Howling At The Moon", Dee Dee se zangou. "Por que tenho que dar entrevistas para a horrível imprensa inglesa?", perguntou. "São os maiores bundões do mundo." Ele ficou muito bêbado no voo e foi considerado terceiro grau na Delegacia Alfandegária. Depois, ele se divertiu gastando uma grana imensa no bar do hotel Hilton de Kensington e insultando jornalistas. A relações-públicas nessa empreitada foi Gloria Nicholl.

"Ele estava totalmente impossível naquela viagem", Gloria lembra. "Dee Dee podia oscilar de um extremo a outro. Quando se casou com Vera, estava tentando ser um marido suburbano normal. Então, despencou para o outro extremo e se drogou com o que estivesse ao alcance. Lembro de Johnny sendo rude e horroroso com os jornalistas mais tarde naquele mesmo ano – insultou um jornalista alemão falando de Hitler, coisa estúpida e pueril. Dee Dee estava fora de controle. Ele bebia e caía na balada, ficava totalmente detonado e não voltava pra casa, estava louco, vivendo a cem milhas por segundo."

Ele disse a jornalistas que estava aprendendo piano com uma mulher de 80 anos: "Nunca sei que droga de notas estou tocando (no baixo)... Odeio meus pais por não terem me colocado para aprender música. Eles eram uns verdadeiros cuzões. Teriam sido úteis, incentivando-me a ser músico e tudo."

---

*N.T.: O apelido "lambie" – "carneirinho" em português – se refere à gíria para " fazê-lo de bobo" do texto; que nos Estados Unidos pode ser "pull the wool over his eyes" ou, ao pé da letra, "puxar a lã sobre os olhos dele". Daí a correlação com o carneiro.

"Estou inventando um novo estilo que chamo techno-punk", ele disse em outra ocasião. "Em que toco em uma máquina a bateria, o órgão, o rangido de uma porta abrindo e coisas assim, fazendo músicas tipo hardcore Human League."

"Howling At The Moon" foi lançado com algumas faixas desconhecidas no lado B: a primeira, "Smash You", foi escrita por Richie em o que pareceu ser quase uma paródia de uma música dos Ramones com todas aquelas frases "don't go/don't go baby"e "hangin' out on 5th Avenue" – mas, apesar disso, é uma pérola escondida. A outra faixa, um *cover* de "Street Fighting Man", dos Rolling Stones, é absolutamente horrível – a voz de Joey está, novamente, toda arruinada e a melodia é soturna, provando que esse tipo de som não combinava com os Ramones.

Dee Dee, ao menos, devia saber. Como o baixista disse na *NME* em 1985, quando perguntado sobre o que mais o atraía em Joey: "Ele foi o primeiro cantor que já vi que não estava copiando Mick Jagger". Exatamente.

"NOS ANOS 1970, estava em uma banda chamada New Math. Íamos a uma faculdade em Rochester e, quando os Ramones tocaram no norte do Estado, abrimos o show para eles. Naquela fase tínhamos uma gag em que pedíamos ao público para nos atirar dinheiro quer gostassem ou não de nós, o que funcionava bem, porque assim atingíamos todo mundo. Fizemos isso no show com os Ramones e fomos cobertos com moedas de um quarto de dólar, e assim que o fizemos, tivemos de cair fora porque era um auditório de sindicato. Foi meu primeiro encontro com Monte – ele ficava dizendo: 'Fora do palco, fora do palco'. Ele e toda a equipe pegaram o dinheiro e queriam ficar com ele. Então, os confrontamos, dizendo: 'Escutem aqui, vocês pegaram dinheiro nosso'. Ele estava bem escrotão dizendo: 'Fora daqui, tenho que pôr a banda no palco'. Mas eu não ia deixar barato pra ele, assim no fim ele tirou todo o dinheiro dos bolsos e atirou em mim.

Foi meu primeiro 'alô' para a banda. É claro que eles eram deuses para nós. Anos mais tarde, em 1984, comecei a trabalhar na Elektra. Meu amigo Michael reservou o Ritz da Rua 11 por anos. Fomos lá uma noite e, descendo as escadas, vinha Joey. E Michael disse: 'Oh, Joe, queria lhe apresentar o Kevin. Ele é um grande fã'. Então Joey disse olá e perguntou se eu gostaria de tomar uma cerveja.

Fomos um com a cara do outro de primeira. Devemos ter falado por horas naquela noite e trocamos telefones. Logo depois nos tornamos amigos."

O que vocês tinham em comum?

"Música. Amávamos bandas punk de garagem dos anos 1960. Gostávamos demais dos Seeds, Stooges, MC5, New York Dolls, Wizzard e Sparks... Joey, quando garoto, havia tido experiências muito excêntricas. Ele era um garoto desajeitado, que gostava de música diferente e se vestia do mesmo jeito que seus astros de rock preferidos na era glam. Dá para imaginar? Naquela época gostávamos de cair na balada também. Não é difícil fazer amizade quando você vive drogado e alcoolizado. E Joey também era muito gentil e amigável com quem gostava de sua banda. Até o fim ele sonhou com a possibilidade de os Ramones serem aceitos no mainstream."

Sim.

"Ele sempre tinha tempo para os fãs. Quando saíamos do apartamento dele e andávamos duas quadras para comer alguma coisa, demorava uma hora pra chegar lá, porque todos o paravam na rua e ele assinava qualquer coisa que tivessem, posava para fotos."

(Entrevista do autor com Kevin Patrick)

"MARKY E EU FOMOS amigos por um tempo porque estávamos ambos em recuperação. Foi quando parei de andar com o Joey. Não pude continuar com ele por causa de dinheiro. Ele costumava ir a lugares como o Ritz e pagar 5 dólares por uma cerveja. Eu não podia gastar tudo isso. E também não queria ficar ali sentado, enquanto ele pagava tudo pra mim. Ele começou a cheirar cocaína. Eu não queria cheirar cocaína. Não é justo quando pessoas conhecidas começam a agir diferente. O cara era muito legal e daí..."

Posso imaginar estar com alguém que está cheirando coca quando você não está.

"Ele realmente entrou nessa."

(Entrevista do autor com John Holmstrom)

*T*oo Tough To Die ajudou a restaurar a reputação artística dos Ramones, assim como o segundo *single* britânico de 1985, "Bonzo Goes To Bitburg", produzido por Jean Beauvoir – a músicaresposta de Joey à controversa visita de Ronald Reagan ao cemitério alemão que continha túmulos de membros da SS. E pôs fim de uma vez por todas com os ridículos rumores de que as imagens de vaga ideia nazitrapalhonas das primeiras músicas dos Ramones eram sérias.

Beauvoir também era membro do Little Steven & The Disciples Of Soul – Little Steven (Van Zandt), ex-guitarrista de Bruce Springsteen, ficou tão tomado pelo *single* que convidou Joey a se unir ao seu antigo patrão e Bob Dylan e Miles Davis no 50 Fortes Artistas Unidos Contra o Apartheid para gravar um álbum naquele mesmo ano. Joey cantou um verso-solo no estilo "Alimente o mundo" no *single* de protesto "Sun City".

Joey foi impelido para escrever "Bonzo" (com Dee Dee e Beauvoir) porque ele se sentiu afrontado como um judeu de Nova York. "Bonzo vai a Bitburg e então sai para tomar um chá", resmungou Joey. "Assim que assisti na TV, de alguma forma aquilo realmente me chateou." A bateria está toda errada – muito adiantada e fraca –, mas não importa, a música é tão (genuinamente) indignada e motivada: memorável e melódica, uma combinação imbatível.

"Reagan fez besteira", o vocalista disse a *East Coast Rocker*. "Todos disseram a ele que não fosse, toda a equipe *dele* disse para não ir e ele foi. Como se pode perdoar o Holocausto? Como alguém pode dizer: 'Ah, agora está tudo bem'. É loucura."

"Os Ramones nunca foram políticos", Dee Dee explicou, "mas de alguma forma sabíamos que acabaríamos atingidos por essa coisa de direita (provavelmente por causa dos primeiros comentários que Johnny fez sobre como todo punk de verdade era de direita) e era a primeira vez que poderíamos fazer uma afirmação mostrando que não éramos preconceituosos. Nós apenas tínhamos esses skinheads em nossos shows, punks usando suástica."

Johnny, um republicano empedernido, se opôs à música – especialmente à representação de Reagan como um chimpanzé – e se recusou a tocá-la ao vivo: "Acho que Ronald Reagan foi o melhor presidente de nossas vidas", afirmou. Como forma de acordo, quando o *single* apareceu no álbum de 1986 *Animal Boy*, foi reintitulado "My Brain Is Hanging Upside Down (Bonzo Goes To Bitburg)".

O lado B contém "Daytime Dilemma" e a composição de Dee Dee/Mitch (Mickey) Leigh "Go Home Ann", um hard rock bem no padrão dedicado a uma *groupie* indesejada, com frases como "Never said I love you/Never said I care" [Nunca disse eu te amo/Eu nunca disse que me importo], notável principalmente pela presença do vocalista de garganta nervosa do Motorhead, Lemmy, na mixagem.[43] Os Ramones e o Motorhead (uma banda de hard rock matadora, na tradição do Black Sabbath). Eram grandes fãs recíprocos: "Há apenas duas bandas no mundo que são boas", Dee Dee disse à *Sounds* em 1995. "Nós e o Motorhead. Eles são uma banda verdadeiramente importante tocando genuína música áspera, crua."

"Tive de entrevistar Lemmy uma noite, anos atrás", relata o jornalista Mark Spivey, "quase imediatamente depois que o Motorhead tocou no Rock City. Foi a menos de 10 minutos depois do show que Lemmy veio para ser entrevistado, suado, e perguntou o que eu achava."

"Vamos falar a verdade, vocês nunca serão a maior banda de rock'n'roll do mundo, não é?", eu repliquei.

"Lemmy não ficou muito feliz. Então esperei e não disse mais nada, aguardando que ele perguntasse o que eu queria dizer antes de me socar. Gostaria de dizer alguma coisa sobre a ira sendo gravada em seu rosto, vasos sanguíneos rompendo em pura raiva, a fervura subindo, e toda essa merda, mas tudo que eu lembro claramente é esperar mesmo estar jogando certo ou estaria fodido. Estou bem certo de que sua raiva estava temperada pela curiosidade e simples descrédito, mas talvez fosse porque sei que alguma coisa o deve ter impedido de perder."

"'O que você quer dizer?', ele perguntou."

"'Bem, os Ramones existem', eu disse, ainda não muito certo sobre como aquilo ia acabar, 'então você só pode esperar ser a segunda melhor'."

"'É justo', disse Lemmy, antes de acrescentar, 'é a única resposta com que você poderia sair daqui...'"

---

43. DuBose acha que Mickey Leigh nunca teve o que merecia: "Mickey é o irmão de verdade de Joey e ele fez a voz de fundo na música que foi usada na propaganda da Budweiser", alega. DuBose diz que ele colaborou em "**Blitzkrieg Bop**", no primeiro álbum: Craig Leon (que produziu o disco) nega que o irmão de Joey estava lá, entretanto. "Simplesmente não havia tempo para ajuda externa", ele explica. DuBose permanece firme. "Alguém uma vez perguntou a ele se estava fazendo algum dinheiro com as porcentagens", continua, "e ele respondeu: 'O que você quer dizer?' Então, Mickey perguntou a Joey se poderia receber uma parte do dinheiro. Joey foi ao Johnny, que disse: 'Nem fodendo. Nem uma migalha'. Mickey perguntou ao seu pai se ele achava que estava certo, e seu pai perguntou se ele tinha um contrato. 'Não? Então você não deve ser pago.'"

22

O Álbum Favorito dos Ramones

"*Ramones* – porque são os Ramones. As pessoas dizem que o álbum soa muito simples, mas o som da banda é assim." – John Holmstrom

"*Ramones* – o álbum em que eu trabalhei. Eles poliram seu estilo em *Rocket To Russia*, mas a exuberância de *Ramones* é tudo. *It's Alive* é ótimo também." – Craig Leon

"*Ramones*. Eu não fiquei muito ligado neles depois que Tommy saiu. Foi como quando Brian Jones deixou os Rolling Stones, nunca mais eles foram os mesmos desde então." – Gary Valentine

"*Leave Home* ou *Ramones*." – Kim Thayil

"*Ramones* ou *Rocket To Russia*. *Road To Ruin* era muito bom também. Os quatro primeiros são incríveis. A grandeza insana de *End Of The Century* é subestimada." – David Fricke

"De *Ramones* até *End Of The Century* – gosto de todos igualmente." – George Seminara

"*Rocket To Russia* e *End Of The Century*. E também *Ramones*. Os dois primeiros me deixam fora do ar." – David Kessel

"*Rocket To Russia* – os quatro primeiros são todos muito sólidos para mim." – Don Fleming

"*Rocket To Russia*, mas amo a todos. Eles estão comigo por toda minha vida. Quando amei assim meus próprios pais?" – Donna Gaines

"*Rocket To Russia*. Acho que nesse álbum está a maioria dos clássicos dos Ramones." – Johnny Ramone

"*Rocket To Russia*." – Brijitte West

"*Rocket To Russia*, porque foi meu primeiro." – Carla Olla

"*Rocket To Russia*." – Janis Schacht

"*Rocket To Russia*." – Rodney Bingenheimer

"*Rocket To Russia*. Está entre o período de transição dos Ramones de rua de Ramones e os *Ramones* sofisticados de *Road To Ruin*." – Ed Stasium

"*Rocket To Russia* – são os Ramones no auge, na composição das músicas, na produção e na performance. Meu segundo favorito fica entre *Ramones* e *Road To Ruin* por diferentes razões. O primeiro álbum tem ótimas músicas e é quase uma produção caseira de vanguarda. *Road To Ruin* é um disco bem feito e bem gravado. E tem *Leave Home*, algum tinha de ser deixado por último. Mas os Ramones nunca fizeram um disco ruim." – Tommy Ramone

"*Road To Ruin* – tem toda aquela força e ainda guitarras acústicas. Depois *Ramones* e *It's Alive*." – George Tabb

"*Road To Ruin*. Um, estou nele. Dois, adoro a produção e foi a primeira vez em que a guitarra solo esteve presente." – Marky Ramone

"*Subterranean Jungle* é realmente subestimado e, é claro, a música 'The KKK Took My Baby Away' – caramba, é formidável." – Lindsay Hutton

"*Subterranean Jungle* – e os dois primeiros álbuns clássicos." – Slim Moon

"Não tenho. Dá pra imaginar, eu os escutei por 22 anos, 2.263 shows. Não sento em casa pra ouvir Ramones, acredite." – Monte Melnick

23

My Brain Is Hanging Upside Down*

OS RAMONES COMEÇARAM a gravar seu nono álbum de estúdio, *Animal Boy*, em dezembro de 1985 – tirando um tempo para tocar em seu show semianual de Ano-Novo em Nova York. No público, o humor estava otimista: os músicos entusiasmados com a recente turnê europeia. "As coisas estão ótimas quando está só a banda", riu Joey. "O problema são as garotas, umas encrenqueiras."

Com a lógica típica dos Ramones, eles dispensaram os serviços de Erdelyi e Stasium novamente, apesar de *Too Tough To Die* ter sido seu mais aclamado álbum – pelos críticos e pelos fãs – em anos, trazendo Jean Beauvoir, o produtor de "Bonzo Goes To Bitburg" para supervisionar os procedimentos no Intergalactic Studios em Nova York. O grupo começou a tocar em uma fórmula mais hábil e convencional. Era mais fácil e barato.

Joey, continuando sua crise de composição, escreveu apenas duas novas canções para o álbum – "Mental Hell" (um sumário de seus sentimentos sobre os Ramones durante o começo dos anos 1980) e o lixo absoluto "Hair Of The Dog". "What's so wrong with hair of the dog?" [O que tem de tão errado com o pelo do cachorro?], ele canta. Se Joey estava cantando sobre o que conhecia, ele precisava parar de ser tão indulgente consigo e redescobrir seu agudo senso de humor. Ao menos "Mental Hell" tem uma parte ótima ao estilo dos Buzzcocks.

"Não é justo", Dee Dee reclamou para Bill Black, jornalista da *NME*. "É o Johnny, cara. Joey apresenta uma ótima melodia e Johnny não quer por causa disso ou daquilo. 'Não vou tocar acordes menores.

---

*N.T.: Primeira parte do título da música "Bonzo Goes To Bitburg", no disco *Animal Boy*, de 1986. Em português, "Meu cérebro está pendurado de ponta-cabeça".

Não vou tocar guitarra-solo. Não vou pra Inglaterra'. Ora, pelo amor de Deus! É por isso que Joey vai fazer seu disco-solo."

"Não é conflito", atenuou Joey, sempre diplomático, "mas tenho ideias que gostaria de explorar, porém ainda estou amadurecendo. Ainda estou comprometido com esta banda."

"Eu também", concordou o baixista. "Tenho um álbum-solo a caminho, mas não posso trabalhar nele agora porque tenho que escrever letras para os Ramones." A banda explicou suas razões para terem demitido Tommy como produtor com a usual indiferença. "Ele endoidou, cara!", Dee Dee declarou. "Ele fez o álbum dos Replacements e depois eles o demitiram. Mas ele faz isso em todos os álbuns. Mantém tudo nos eixos durante a gravação; então, no meio da mixagem, começa a falar consigo e estapear a si mesmo."

"Ele gosta de comer, sabe?", disse Joey. "Nunca teríamos nada pronto porque ele sempre tinha de ir a algum lugar pra comer. Foi uma verdadeira reunião de trabalho com esses caras, um disco muito bacana, mas..."

"É divertido trabalhar com Jean também", acrescentou defensivamente.

O principal problema de *Animal Boy* era que nele não havia mais um único som discernível dos Ramones: ele soa tão deslocado como os membros da banda provavelmente se sentiam. A guitarra poderia ter sido tocada por qualquer um (e possivelmente era – Walter Lure novamente) e a bateria de Richie estava fugindo ao modelo original de Tommy. Os Ramones estavam se tornando um emprego em que (quase) não era preciso bater cartão.

Ouça "She Belongs To Me", uma doce balada de Dee Dee em parceria com Beauvoir. É uma linda canção de amor não correspondido, Joey faz com a voz o mesmo que Ronnie – o que foi absolutamente arruinado por sintetizadores, que seriam substituídos por guitarras, se dependesse de Tommy; ou Phil Spector teria usado cordas de verdade para acompanhar. Poucos anos antes, Johnny teria vociferado contra sua inclusão: seu silêncio é indicativo de que ele pouco estava ligando, contanto que o trabalho fosse completado, o disco estava finalizado e os Ramones poderiam cair na estrada mais uma vez.

"Crummy Stuff", de Dee Dee, é uma franca e divertida explosão pop-punk sobre a mediocridade da vida, no velho estilo dos Ramones – de novo desperdiçado pelos pretensiosos teclados repetitivos. "Animal Boy" e "Apeman Hop" são "Cretin Hop" com um milésimo de sua qualidade (sinto muito, cretinos e retardados são muito mais divertidos que idiotas) – para usar aqui, mais uma vez, a analogia de George Tabb novamente, isto é estúpido-estúpido, e não estúpido-esperto. Como Mark Bannister observou, para Dee Dee em 1994, era como se alguém tivesse dito: "Vamos escrever sobre aleijados ou coisa parecida porque é o que costumávamos fazer".

"Eu sei", ele replicou. "Era o que falávamos, tipo: 'Caso você tiver visto um anão, será um bom dia'. Mas aquela história (de homem-macaco) estava me dando nos nervos. Foi uma ideia de Johnny Ramone..."

"Love Kills", escrita para inclusão no (bastante risível) filme de Alex Cox, *Sid And Nancy* (não foi usada); poderia ter saído de *Too Tough To Die*, mas está longe de ser boa. "Sid and Nancy were a mess/When you're hooked on heroin/Don't you know you'll never win/Drugs don't ever pay" [Sid e Nancy estavam acabados/Quando você é viciado em heroína/Sabe que nunca vencerá/Drogas não valem a pena], Dee Dee cantava algo hipocritamente. Ele cantava em um estilo que não era próprio, mas de um sarcástico canalha punk cuspidor tirado de uma *sitcom* de TV dos anos 1980. Coisa que os Ramones nunca foram.

As faixas que Dee Dee escreveu com Johnny não eram muito boas. Vasos sanitários e ereções de 25 centímetros soam fora de lugar em um disco dos Ramones. Novamente, é estúpido-estúpido, e não estúpido-esperto.

O muito superior tributo a Sid, "I Don't Want To Live This Life (Anymore)", foi relegado ao lado B do segundo *single* britânico de 12 polegadas do álbum, "Crummy Stuff" – uma surpreendente decisão, já que é uma das músicas mais fortes dos Ramones dessa fase. Não é paródia ou enganação, e sim uma franca visão da mente de Sid após Nancy, por alguém entre os mais qualificados para tanto – mas Dee Dee e Alex Cox tinham se desentendido, assim ele se recusou a permitir que a música fosse usada no filme. Mais tarde, foi colocada em seu lugar por direito, na *Anthology* dos Ramones – com a devida menção do crítico David Fricke sobre seu "dedilhado de vidro moído e uivo de julgamento (da guitarra)".

"Com dor vívida e anasalada na voz de Joey", ele escreveu, "'I Don't Want To Live This Life' eleva os fatos sobre a triste história de Vicious e Spungen ao drama pop de primeira: morte sem sentido, o fardo esmagador da responsabilidade, obsessão incontrolada. Foi para ele também muito real."

Fricke, como sempre, estava sabendo das coisas.

As três melhores músicas, preocupantemente o bastante, haviam sido feitas por Ramones não originais – Beauvoir e Richie. "Bonzo Goes To Bitburg" – agora reintitulada "My Brain Is Hanging Upside Down" por insistência de Johnny – foi premiada como melhor *single* independente no New York Music Awards em 1985. Mas, quando foi lançada para promover o álbum, a crise na Líbia tinha eclodido e Dee Dee estava lamentando a letra: "Pobre Reagan, nunca deveríamos ter falado mal dele. Está indo *tão bem* agora. Deveríamos explodir todos eles. Matá-los. Vamos explodir a Inglaterra, se preciso."

Os Ramones, como todos os ianques, estavam temerosos de estar na Inglaterra por conta das represálias terroristas à América que tinham novamente criado uma crise para todo o mundo, exceto eles: Dee Dee continuava proferindo longos discursos vazios contra qualquer um que esboçasse a menor inclinação a ser "antiamericano" (como ele mesmo dizia) e batendo na tecla de como os Ramones poderiam ter sido explodidos quando tocaram em Berlim, porque eram um alvo muito visível."

E havia o excelente *single* no estilo new wave, "Something To Believe In" (Beauvoir/Dee Dee outra vez) – quase sufocado por seu igualmente ótimo clipe, filmado em forma de paródia de todos os *singles* de caridade tipo Live Aid, na moda por essa época. Reintitulado "Ramones Aid" e introduzido por um locutor convincente explicando por que se deveria contribuir para com a causa dos Ramones – "Vamos fazer deste o maior evento dos anos 1980!" –, era reasseguradamente bobo, um retorno bem-vindo ao senso de humor dos *bro*. Há um coral de sósias de celebridades; Monte Melnick algemado a um policial; gays se dando as mãos em banheiros e, ainda, um grande número de convidados, incluindo Rodney Bingenheimer, Toni Basil, Holly Beth Vincent, os B-52's, Spinal Tap, Sparks, Afrika Bambaataa, X, Weird Al Yankovic, Penn & Teller, os Circle Jerks, Ted Nugent... todos dando os braços em uma paródia do evento nauseantemente doce e doente "Hands Across America".[44] Tão forte, que teve o infeliz efeito colateral de fazer as palavras sinceras e solitárias de Dee Dee parecerem quase uma piada: mas a música ainda é ótima com seu profuso teclado.

A Warners gostou tanto que lançou o clipe como o primeiro *single* americano em cinco anos junto com "Animal Boy".

Seu lado A, duplo no Reino Unido, "Somebody Put Something In My Drink" é também ouro puro: humor negro do mais novo membro

---

44. Patrocinado pelo *The New York Times*, que incentivou as pessoas a darem as mãos por todos os Estados Unidos durante um dia – domingo, dia 25 de maio de 1986.

dos Ramones, grunhido e berrado de forma chocante – pobres cordas vocais de Joey! – com um gancho matador.

"Queríamos que Richie se sentisse parte da banda: amamos o cara", Joey explicou. "Nunca deixamos o baterista escrever antes, porque John, Dee Dee e eu sentíamos quase como se nós três apenas fôssemos a banda. Marc Bell tentou nos dar canções, mas não eram muito boas – ele nem as tinha escrito, seu irmão foi quem o fez. Mas Richie é um Phil Collins regular."

"Sim", o baterista riu. "Escrevo no piano."

"Aquilo foi uma experiência pessoal", Richie disse em *East Coast Rocker* sobre o *single*. "Foi muito mal, era LSD. Foi uma brincadeira, mas poderia ter me levado ao suicídio. Mandei pra baixo meu Tanqueray com tônica e, antes que pudesse perceber... Tive de ser internado por duas semanas em uma instituição: tiveram de me levar em camisa de força. Escrevi a música lá."

Ao falar, o baterista deu a impressão de estar abusando do humor e sarcasmo dos Ramones durante a entrevista. No mesmo artigo, conta sobre ter sido amarrado em um túmulo no cemitério Woodlawn, em State Island, como parte de sua iniciação nos Ramones. "Ainda não me recuperei. Ainda volto a cada 20 dias como parte do tratamento. Por isso insistimos em ter refrigerante em lata em nosso camarim e não deixar ninguém abrir, nunca."

A regra realmente existiu – mas foi mais devido à predileção da equipe dos Ramones, nas excursões, em temperar os refrigerantes com outras bebidas. Nada deixado aberto estava livre de ser visto como receptáculo para um xixizinho, como parte ativa de um jogo muito justo de sacanagens mútuas.

Animal Boy foi lançado em maio de 1986, com uma capa que mostrava os Ramones em frente a uma jaula de um gorila, com Richie segurando um chimpanzé. "Queria usar o Zoológico do Bronx como locação", lembra George DuBose, "mas eles nos deram um 'não' categórico. O plano B era alugar Zippy, o chimpanzé, que estreou no *David Letterman Show*. Construí uma casa de macaco com estacas de madeira e uma corrente pendurada. Botamos Legs McNeil e outro *roadie* fantasiado de gorila, ao fundo, parecendo bem real."

O álbum entrou nas paradas britânicas como Número 31, provavelmente por causa dos intensos esforços de marketing em favor de seu selo independente inglês. A maior parte da imprensa britânica de resultados permaneceu centrada nas diferenças do momento entre os Ramones – e no fato de a banda ainda não ter acabado.

"Tínhamos apartamentos em andares diferentes", gracejou Richie.

"Podíamos nos odiar, mas saíamos do hotel para tocar unidos e era muito bom", comentou Joey. "Nas últimas turnês, tínhamos um ônibus, mas nesta economizamos e usamos uma van. Excursionamos pela Inglaterra em uma van e foi divertido – é claro que houve brigas, era como um psicodrama sobre rodas. Mas toda essa merda é só parte disto."

"Acho que seria uma verdadeira vergonha", o vocalista disse a *East Coast Rocker*, "se nos separássemos sem um único verdadeiro sucesso. Gostaria que os Ramones fossem lembrados em um nível maior."

No *The New York Times*, Jon Pareles disse que os Ramones "falam por indivíduos perturbados e excluídos", elegendo *Animal Boy* álbum da semana, enquanto Robert Christgau do *Village Voice* – um velho fã dos Ramones – "não tinha tanta certeza, dizendo que se sentiu abominavelmente atingido ou esquecido", em especial ao comparar o álbum aos trabalhos anteriores da banda. A banda, entretanto, ainda estava otimista.

"Não queremos nos tornar paródias de nós mesmos", Joey disse ao jornalista Jonh (sic) Wilde da *Sound*, "continuando apenas porque temos de continuar. De jeito nenhum." Ele, então, contradisse a si mesmo. "Não precisamos romper com a banda, podemos continuar para sempre."

A banda estava ansiosa para corrigir alguns equívocos.

"Quando quatro pessoas levam os créditos, por algo que apenas uma fez, é quase como ser roubado", Joey comentou sobre o espinhoso problema dos créditos das músicas. "Se você tem algo a oferecer que é único, é sua personalidade. No começo, sentíamos que tudo deveria ser dividido por quatro – e depois por três, quando Tommy saiu –, então, uma vez que decidimos, todos aceitaram. Na maioria das bandas, se você escreve uma canção, fica com todos os *royalties* para si. Uma boa parte do motivo de ainda estarmos juntos é que tudo é dividido igualmente." Assim, a generosidade de Joey (e Johnny, o principal parceiro não criativo) não se estendia aos bateristas: essa situação logo criaria problemas.

Depois que os Ramones terminaram de gravar, tocaram em várias datas na Costa Leste em abril – o que se seguiu rapidamente a uma grande turnê britânica em maio, incluindo três datas em Londres. Richie, apesar de seu cabelo loiro, coube perfeitamente. O resto do ano foi tomado por excursões nos Estados Unidos, incluindo shows com os Smithereens no começo de julho e uma apresentação em Los Angeles com os punk-hardcore de primeira linha Social Distortion – mais uma visita à Europa em tempo da temporada de festivais em agosto.

E, é claro, o ano acabou com show de Ano-Novo, desta vez em Roslyn, Long Island.

David Keegan foi um fã que viu os Ramones nesse ano. Ele estava, então, tocando guitarra com os superpoderosos Ramones–encontra–Velvet Underground–que encontra–o feminino Mary Chain–defrontado com a banda pop escocesa Shop Assistants.

"O Shop Assistants evoluíram como grupo", explica David. "Eu gostava do Swell Maps, Raincoats quando comecei, e os Ramones estavam em marcha lenta – por volta da metade dos anos 1980, quando seus discos eram bons. Construí todos esses pedais fuzz e coisas que soavam como os Ramones e me tornei obcecado com o modo como suas guitarras soavam – três acordes, mas havia tanta coisa acontecendo através deles, todas essas melodias e harmonias maravilhosas. Então, recomecei a ouvi-los o tempo todo novamente.

"Peguei David e Laura (baterista do Shop Assistants) e Rocky (da grande e desconhecida banda escocesa dos anos 1980 no estilo Ramones, os Dragsters) para nos encontrarmos com Joey e eles estavam muito empolgados com a ideia", lembra Lindsay Hutton. O encontro aconteceu em 14 de maio no Playhouse de Edinburgh.

"Joey estava como uma grande madame apatetada", diz Hutton. "O entusiasmo dele era contagiante."

"Alguém deve ter dado a Joey uma cópia de "Safety Net" (*single* do Shop Assistants) e ele estava dizendo: 'Oh, realmente gostei do seu disco'", diz David. Keegan tinha começado na mesma época, no selo 53rd And 3rd, com Stephen, do Pastels – assim, eles mostraram ao vocalista um disco do BMX Bandits com o logotipo do selo, destacando sua foto. "Eu estava atrás dele, subindo as escadas, e ele levou um tempão, e pensei: 'Oh, não, o que há de errado com Joey?' Era realmente estranho. Joey era fantástico, afetuoso e amigável e natural – estava muito nervoso por encontrá-lo, mas foi ótimo. E Dee Dee também era legal."

"O primeiro álbum dos Ramones de que posso me recordar apropriadamente foi Rockaway Beach", David continua. "Tinha uns 12 anos e gostava do Abba. Eu o ouvi e era tão melodioso e perfeito. Eu tinha esse radinho no qual só conseguia sintonizar a rádio Luxembourg – gravávamos as músicas de que gostávamos e eles as cortavam pela metade. As únicas bandas punk de que gostava eram os Ramones e também os Sex Pistols – mas isso era o gosto dos meus amigos, e não o meu."

Keegan morava na pequena vila de Newtonmore, nas terras altas da Escócia: ele lembra que ninguém precisava ter seus próprios discos, porque eram compartilhados por todos. Quando formou uma banda, com seus colegas da escola, fizeram *covers* das músicas dos Ramones e disseram que eram suas, mas as músicas de *End Of The Century* eram complicadas demais para que aprendessem a tocar.

"Eu realmente comecei a gostar dos Ramones na época de *Road To Ruin*", diz David. "Todos na escola amavam os Ramones, alguém tinha o disco de vinil amarelo, alguém tinha os *singles* e, então, alguém comprou *It's Alive* quando foi lançado. *End Of The Century* foi quando todos começaram a ter seus próprios discos dos Ramones."

Em outras partes aconteciam negócios (peculiares) como era de costume, particularmente quando chegava a época de marcar as datas de shows...

"John Giddings, da Solo, assinalou na única data que eu tinha livre para um show dos Ramones", diz Mark Spivey, ex-divulgador da Nottingham Rock City, "mas deixou claro que isso era improvável de acontecer pois eles estavam somente tocando em grandes lugares. E, de fato, algumas semanas depois, ele telefonou para dizer que não poderiam fazer aquele show, mas se não teríamos outra data possível. Tentei, mas não consegui. Assim, liguei para John e, com sorriso amarelo, disse que tinha desapontado minha gata. Disse que ela se chamava Ramona porque, como uma gatinha, ignorava qualquer música que ouvisse, exceto *Rocket To Russia*, que a fazia andar até o alto-falante e se esfregar nele. O que era absolutamente verdadeiro. Dias depois, John ligou e me disse para rearranjar toda a turnê para conseguir a data – acrescentando: 'Isso é para sua gata'."

"Quando a banda chegou, Joey mal podia andar. Ele perguntou se nós podíamos achar um médico que fosse vê-lo lá mesmo. Levou algum tempo, mas achei um e coloquei Joey ao telefone para falar com ele, dizendo que eu sairia de sua frente. Ele respondeu que tudo bem e disse isso também quando o médico chegou. Entretanto, fui avisado de que nunca deveria contar a ninguém o que eu estava para ouvir ele dizer, porque isso poderia destruir sua imagem. Ele contou, então, ao médico, que tinha ido dormir na noite anterior e tinha se esticado na cama, de forma a prender um dedo do pé em um pequeno rasgo no lençol e se sentia estúpido porque estava doendo muito. Parece que ele tinha deslocado esse dedo."

"Havia algumas coisas que eu ouvi que podem não ser verdade, mas que diriam muito sobre os Ramones como uma banda, se realmente tivessem acontecido", Spivey acrescentou. "Primeiro, que cada membro tinha um *roadie* capaz de cantar/tocar suas respectivas partes. Esses *roadies* frequentemente fariam checagem de som para a banda, tocando todas as músicas do show. Segundo, que eles costumavam ensaiar para as turnês sem usar monitores, assim, não importa quão ruim os monitores em palco estivessem, estariam acostumados a tocar em situações ainda piores. Acho essas abordagens impressionantes."

"JOEY TINHA POR HÁBITO ser muito generoso. Ele nunca era pão-duro e amava dar festas, até o ponto de... 'Você não conhece essa gente, Joe'. Adorava procurar presentes e carregá-los pelo mundo para seus amigos.

Quando voltamos do Japão, ele trouxe pequenos cachorros ou relógios com a inscrição 'Nihow'. Ele gostava de engenhocas. Costumávamos nos encontrar em frente ao seu prédio, no Paul's Lounge, o bar da vizinhança. Era bem na esquina da Avenida Terceira com a Rua Décima e, mesmo sendo muito agitado, era um desses lugares que você não nota, a menos que esteja procurando por ele: era um restaurante italiano com um bar na frente, muito quieto, discreto. Era nosso ponto de encontro – a gente se cruzava por lá e Joey pagava jantares para as pessoas quase toda noite.

Às vezes, os Ramones tocavam no Ritz, mais acima, na mesma rua, e bandos de garotos passavam mal sabendo que Joey Ramone estava sentado lá. Em uma tarde, estávamos no bar e Joey disse: 'Olha aquele cara lá fora'. Era um vagabundo indo direto no latão de lixo na rua. Joey estava olhando na direção da rua – e então seu olhar, de repente, mudou, como se dissesse: 'Ai, meu Deus!'. E se ouviu um estrondo. Olhei pra trás e ele disse: 'O cara atirou o latão de lixo na janela'. É claro que esta história o Joe deve ter contado a dez mil pessoas na semana seguinte."

Quando foi isso?

"Foi em 1986 ou 1987. Paul's fechou há anos, mas tinha músicas dos Ramones na jukebox – Joe levava pessoas pra lá e tocava músicas dos Ramones. Parece que passamos uma vida no Paul's."

Você estava me contando sobre essa festa de aniversário surpresa que ele deu pra você.

"Certo. Nós estávamos no Paul's e ele deve ter gasto uma fortuna... Eu gostava dos Georgia Satellites nos anos 1980 e ele os trouxe de Atlanta para me fazer uma surpresa. Ele tinha o Holy & The Italians vindos da Costa Oeste. Ele preparou um número com Daniel Rey e Richie Stotts fazendo backing pra ele. Eu não sabia nada sobre a festa. Sentia-me péssimo, e queria ir pra casa dormir. O pobre Joe ficava inventando razões tipo: 'Vamos até a Rua Oitava dar um rolê', e eu respondendo: 'Acho melhor ficar aqui. Não me sinto bem'. E ele contra-atacava: 'Bem, talvez haja alguns discos novos para ver por lá'. Finalmente, ele disse: 'Ouvi dizer que há esse novo clube e Alice Cooper está tocando incógnito'. E eu disse: 'Nossa, eu odeio o Alice Cooper'. Então acabei indo – porque ele é uma pessoa tão amável, é fácil deixar Joe feliz. Fomos lá e dei de cara com a minha festa.

Muitas vezes ele fez festas pro Arty, pro Monte. Ele gostava de ver todo mundo feliz, socializando em harmonia. Ele era muito generoso."

(Entrevista do autor com Kevin Patrick)

Um ótimo artigo que apareceu na *Rolling Stone* naquele ano, escrito pelo ex-punk leal Legs McNeil, em parceria com John Holmstrom, dá uma ideia de como era frequentar o Paul's...

Joey, desajeitado, marcava ponto encurvado sobre a jukebox. *Estava lendo a seleção de músicas como um analista de Wall Street estuda o Dow Jones. "Então, o que você quer fazer hoje à noite?", alguém pergunta através de pratos de hambúrgueres meio comidos, camarões, ostras cruas e carne de caranguejo com abacate. "Pig Vomit está tocando no Ritz", alguém responde. "King Flux está tocando no Cat Club". Ambos estão a passos de distância.*

A conversa na mesa torna-se reminiscências de foda-se a música dos Ramones enquanto 'Danny Says' cresce na jukebox. *Todos têm uma história para contar e, finalmente, Joey é persuadido a contar uma: "Sim, fui para casa com essa verdadeira maluca uma vez. Ela era legal, sabe, mas era uma maluca e queria nos ouvir enquanto estávamos na cama".*

"O que ela queria que você tocasse?", a mesa toda perguntou em coro.

Joey explode numa gargalhada pensando nisso: "'I Wanna Be Sedated'".

Aquela entrevista praticamente inócua, embora pessoal, deixou Holmstrom em maus lençóis depois de ser publicada. "Estava desesperado", o ex-editor da *Punk* explica. "Precisava de dinheiro. E era a primeira vez que alguém ia falar dos problemas dentro da banda, porque... eram todos bons amigos no começo. Seria um artigo divertido. Não queríamos que ninguém pensasse que eram más pessoas. Só coisas engraçadas – tipo quanto tempo Joey leva no chuveiro."

"Se você anda com Joey", ele continua, "garanto que você vai passar duas horas sentado em seu apartamento esperando que ele seque o cabelo. Ele também tinha essa coisa obsessiva-compulsiva, toda vez que andávamos pela rua. Se ele passasse por um meio-fio, tinha que parar e tocá-lo com o pé. Ele tinha várias manias como essa, que tornam as pessoas interessantes, exceto pelo fato dessas pessoas não gostarem de ver de essas mesmas manias relatadas nas revistas. Eles nos diziam coisas como essas – acho que Joey disse que Dee Dee cheirava mal ou coisa parecida.

Então, dissemos tudo isso no artigo e, logo depois de sair, fui ao Paul's Lounge e eles estavam sentados lá com suas namoradas e pensei: 'Droga, eles estão aí, não dá para eu sair, vou fazer o melhor que puder'. Fui até lá e levei uma gelada. Dee Dee estava numas de 'Vou quebrar a sua cara'. Vai quebrar minha cara? Por quê? 'Aquela merda de artigo que você escreveu'. Realmente foi mau. Fui embora antes que ele me quebrasse a cara, mas nunca mais vi os Ramones ao vivo depois disso.

Legs ainda é amigo deles. Ele disse que é terrível estar com eles porque tudo o que Johnny diz é: 'Estou muito velho pra isso'. Eles não desfrutam do sucesso que tiveram. Estão sempre amargos pelo sucesso que não tiveram. Não tiveram o disco de sucesso. Não foram respeitados como os fundadores do punk rock. Não obtiveram o respeito que mereciam por isso e aquilo. Eram tão preocupados com o que diziam sobre eles como nenhuma outra banda que já conheci."

Isso me surpreende. Não pensava que eles se importavam.

"O fato é que eles estavam todos nos enchendo de montes de histórias porque todos queriam dizer coisas ruins uns dos outros em página impressa. Mas, uma vez que a coisa veio à tona, tornou-se minha culpa."

Joey também entrevistou a atriz Pia Zadora para a *Spin* em agosto de 1986 – bom para ele, sem dúvida, mas um pouco dócil demais para todos os demais. Ao estilo típico dos músicos, ele se absteve de comentar uma única questão mais controvertida.

24

Gabba Gabba Rey

VOCÊ ERA PARCEIRO musical e muito chegado de Joey. O que o inspirava a compor?

"Costumava ser alguma coisa, algum acontecimento sobre o qual ele ficava pensando até transformar em letra. Jamais começou perguntando: 'Tudo bem, sobre qual assunto devo escrever?'

Já Dee Dee diria: 'Certo precisamos de músicas para o novo disco', e ficaria possuído, escrevendo uma meia dúzia de músicas, das quais duas seriam péssimas, mas três seriam geniais."

Eles costumavam descartar muito material?

"Sim, embora jamais gravássemos mais do que pretendíamos botar no disco. Normalmente, escolhíamos dentre umas vintes músicas. Todos gravavam demos simples e a gente votava. Havia bastante política, mas, no fim, quase sempre gravamos as melhores. Jamais gravávamos todas, porque Johnny diria: 'Ora, temos treze gravadas, chega'."

Existem bandas que poderiam aprender uma lição aí.

"Poderiam. Algumas vezes Johnny diria: 'O disco está ficando melado demais, precisamos de umas mais pesadas', e então Dee Dee escrevia mais. Sempre havia um certo equilíbrio em um disco dos Ramones. Uma ou duas canções vinham de Joey, coisas mais doces, no estilo dos anos 1950, ao lado das músicas totalmente barras-pesadas de Dee Dee."

Você chegou a tocar guitarra em alguns dos discos?

"De vez em quando, pequenos toques, lá e cá. Como já disse, era o jeito pragmático de Johnny que determinava. Se eu poderia acabar em três minutos a mesma tarefa que ele levaria 20, seria desperdício de tempo não fazer. Mas ele sempre estava presente."

Que tipo de comida os Ramones gostavam de comer durante as gravações?

"Nos anos 1990, Joey cuidava mais da saúde, assim bebíamos muita água e comíamos comida vegetariana. Marc comeria qualquer coisa e Johnny não comia muito no estúdio, na verdade. Se era hora de comer, para ele era hora de parar de trabalhar."

Pode descrever o apartamento de Joey?

Quando eu o conheci, em 1989, estava como se ele tivesse acabado de mudar. Havia um monte de caixas; e ele abriu uma delas e tirou todos aqueles cartazes psicodélicos dos anos 1960: foi impressionante.

"É, ele gostava muito daquilo, o que tinha uma certa lógica bacana dentro da tradição do rock'n'roll. Jamais queria abrir mão das coisas, que guardava por meses e meses até eu chegar dizendo: 'Joey, vamos jogar isso fora'.

Nos primeiros dias, porém, quando Joey ainda curtia balada de vez em quando, eu frequentava a casa dele... Ele sempre pedia café da delicatéssen, dois copos, logo de manhã. Também encomendava duas garrafas de água mineral Evian, porque sentia culpa por fazer uma encomenda tão pequena. Mas, como ele bebia muito mais café do que água, acabaria com dez garrafas de Evian, dez sacos da delicatéssen e uma montanha de copos vazios de café. Eu voltaria duas semanas depois e haveria 200 sacos brancos da delicatéssen e 50 garrafas de Evian. No meio desse lixo todo, a gente se entreolhava, e Joey, com aquele humor seco dele, diria: 'Cara, quer água?' Durante as turnês, comprava discos e revistas e tal. Voltaria do Japão com algum pacote maneiro de discos dos Stooges. O cara era doido por rock'n'roll."

Ele tocava para mim as fitas de um monte de bandas desconhecidas; estava sempre entusiasmado com elas. Ele dava bastante apoio às bandas novas, não dava?

"Com certeza. Gostava da energia, da vitalidade delas. Era um Ramone em tempo integral. No momento que ele mudou seu nome para Joey Ramone, Jeff Hyman deixou de existir."

Foi o caso com os outros também?

"Não sei. Dee Dee sempre tinha sido Dee Dee. Quando você vira uma celebridade tipo um Dee Dee Ramone, as pessoas começam a esperar um determinado estilo de comportamento, e às vezes você acaba se conformando com essa expectativa. Mas Johnny era Johnny, e apenas se apresentava como um Ramone quando precisava, para conseguir entrar em algum lugar, coisas desse tipo."

Pode descrever as personalidades dos Ramones?
"Claro. Dee Dee muitas vezes se comportava como um moleque maldoso, e chegou a ficar meio instável. Trabalhava na base do instinto, dava palpites. Eu o respeito muito. É o melhor letrista com o qual já trabalhei. Johnny, enquanto isso, é um estrategista, pragmático em tudo que ele faz. Gosta de soluções simples e rápidas. Mas Joey era o cara mais rock 'n' roll que conheço. O rock 'n' roll salvou a sua vida e eu acho que ele sabia que estava salvando outras com sua música. Mantinha a fé no rock 'n' roll até o último respiro, algo difícil de fazer para quem estava no ramo por tanto tempo."

O que manteve a banda na ativa por tanto tempo?
"Os Ramones eram como um batalhão do exército. Tinham uma missão que era divulgar a música. Após uma década, quando perceberam que jamais fariam grande sucesso comercial, caíram em uma rotina na qual ainda ganhavam bem e tocando nos empolgavam."

(Entrevista do autor com Daniel Rey, 2001).

É difícil dizer quem era o maior trouxa de 1987.

A indústria pop, por jamais dar uma boa oportunidade aos Ramones, apesar de apoiar artistas muito menos divertidos?

Os Ramones, por seguirem adiante, lançando discos e fazendo shows, apesar da imprensa que insistia em ignorá-los?

Os fãs, por continuarem a apoiar uma banda que nem acreditava mais em si, contente em lançar um novo disco a cada dois anos como uma solução mambembe de um problema?

Joey, por ainda acreditar que cada novo disco dos Ramones traria o sucesso comercial que sempre o iludia, e que, no fim, a indústria lhe daria seu merecido lugar como um músico talentoso e de grande influência?

Ritchie, por acreditar que, após quatro anos e centenas de shows, conseguiria ser aceito como igual pelos outros integrantes da banda? Era uma crença ingênua, talvez, mas ainda razoável. Aliás, ele não tinha composto mais músicas que Johnny nos últimos discos?

Arturo e Monte, e outros membros da família estendida dos Ramones, por continuarem lutando por uma causa que deu todo sinal de estar moribunda – ou talvez ainda se divertissem com isso?

Algo, com certeza, teria que mudar.

Johnny já havia largado a banda, artisticamente. Para ele, havia sido um simples emprego, um trabalho que fazia bem e continuaria fazendo até o fim. Assim como muitos músicos, sofria de um medo quase doentil de ter que voltar ao mundo real. Já estava de saco cheio com os empregos de merda que tinha nos anos 1970. Se pudesse permanecer na banda mais alguns anos, poderia se aposentar. Sabia que os Ramones nunca fariam sucesso naquela altura da carreira. Tinham mais dois discos para gravar sob o contrato com a Sire, e já era tempo de encarar os fatos e dar um basta. Com certeza, se tivesse a capacidade, a banda teria produzido seus próprios discos. Mas não tinha. Portanto, buscaram uma solução aquém do ideal, mas melhor que nada: contrataram, por quase nada, como produtor um fã consagrado e colaborador da banda, o guitarrista do Shrapnel, Daniel Rey.

"Johnny ouviu algo que gravei no porão da casa dos meus pais para uma banda de punk [The Dirge], e achou-o melhor que o último discos dos Ramones", Daniel conta. "Além disso, dava-me bem com cada um deles, algo bastante incomum", diz, rindo. "Por fim, não tinham que me pagar muito, sendo aquele meu primeiro disco. Puxa, eu teria feito de graça!"

A gravação do disco *Halfway to Sanity* começou no início de 1987, de novo no Intergalactic Studios, uma vez que poupar dinheiro era uma prioridade. "Era uma espelunca suja e escura na região de Midtown onde alguém conseguiu um desconto. Deixou de existir faz tempo", diz Rey, com um sorriso. A banda gravava as trilhas básicas de tarde, com Joey acrescentando os vocais à noite. Era mais rápido aprender as músicas sem vocais, e assim faziam – apesar da vontade de Joey de ensaiar a entoação das letras.

"Os outros três estavam sem paciência", confessa Rey. "Naquele momento, não se davam muito bem. Havia desentendimentos entre Johnny e Joey."

Apesar de *Halfway to Sanity* ser um dos preferidos de Rey, o disco marca um ponto baixo na carreira dos *bro*. Não foi culpa de Rey. Ele fez o melhor possível com o material disponível, e, pelo menos, trouxe uma consistência renovada ao som da banda. Joey quase não compunha mais; porém, Dee Dee produzia letras sem inspiração. Também havia de lidar com o novo estilo de guitarra de Johnny, mais sofisticado. Os Ramones ainda estavam tentando reproduzir o som punk da linha dura, mas sem a paixão ou o poder dos anos 1970.

"Não havia dinheiro", diz Ida Langsam. "Todo mundo sempre tinha receio de investir nos Ramones – tudo era feito do jeito mais barato possível. Isso não quer dizer que foi mal-feito. Apenas todos perguntavam : 'Onde podemos pagar menos? Quem fará o serviço por menos?' Os Ramones nunca receberam o merecido respeito pela banda do calibre que era, um respeito que muitas bandas menores receberam. Todo mundo pensava neles como uma banda local, amigos de todo mundo. Não paravam de perguntar: 'Quando vão estourar, quando chegarão a ser uma grande atração, quando serão astros de rock?'."

"Havia problemas entre as pessoas diferentes", explicou Johnny. "A produção, Richie. Era um saco fazer isso. Ninguém ouvia o Daniel, não o deixavam fazer o que queria e algumas pessoas estavam reclamando. Ficou muito difícil."

Joey escreveu pelo menos uma música de qualidade para *Halfway to Sanity*: "Bye Bye Baby" (uma música que depois apresentou a Ronnie Spector quando os dois gravaram juntos nos anos 1990). Era uma música lenta e chorosa, no estilo dos grupos vocais femininos dos anos 1950 e 1960, com a guitarra imitando um lindo carrilhão. Foi fora do lugar entre tantas músicas sobre "homens-vermes" e "caras de fuinha". Nela, Joey realmente canta, em vez de gritar em uma voz descrita, com razão, pela revista *Stereo Review*, como "um barítono esdrúxulo de sapo, como se Mick Jagger estivesse imitando um velho negro caipira."

A música "A Real Cool Time" também foi boa – uma música homenageando o espírito da festa de praia e o New York Cat Club, apesar, ou talvez até por causa, de uma melodia bem parecida com "The Kids are Alright", do The Who.[45] Virou o primeiro *single* do disco na Inglaterra, numa bolacha de doze polegadas com uma versão fiel de "Indian Giver", do 1910 Fruitgum Company, no lado B. (Infelizmente, Joey parece o comediante inglês Vic Reeves imitando um cantor de boate barato.) Também no lado B, a inconsequente "Life Goes On" (com coro obviamente colado de "Cum On Feel The Noize", da banda Slade).

---

45. Joey atuava como DJ e apresentava noites temáticas no Cat e no Ritz, apresentando amigos como Handsome Dick Manitoba, Motorhead e Debbie Harry. Uma das famosas aconteceu na sexta-feira, 13 de janeiro de 1989, com o nome de *Holy Inquisition Circus of the Perverse*. Ela teve a participação de 15 bandas ao vivo, inclusive a Wild Kingdom de Manitoba, Cycle Sluts From Hell [uma banda trash-glam feminina de Nova York], Lords of the Dead, mais mímicos, arte de rua e decapitações rituais. Lemmy foi escalado para o papel de Santo Inquisidor. "Se Joey não estava fazendo as coisas do Ramones", diz Manitoba, "ele estava ocupado planejando algo. Ele foi um grande festeiro de Nova York. Eu cresci na mesma cena que Debbie Harry e tudo aquilo, mas nunca ligaria para ela para dizer: 'Venha para a minha festa'. Joey podia. Joey era a ligação social."

Algumas das outras trilhas, em especial as músicas "divertidas" de Dee Dee, como "Bop 'Til You Drop" e "Go Lil' Camaro Go" (nessa última, outra cliente de Kurfirst, Debbie Harry, pode ser ouvida cantando baixo no fundo), deixam a impressão de terem sido compostas em poucos segundos – como provavelmente foram. Ainda assim, o baixista foi capaz de tirar sarro da sua própria situação em alguns trechos: "You tried and tried/But you're a flop/You're 35/Still pushing a mop" [Você tentou e tentou/Mas é um fracasso/Tem 35 anos/E ainda empurra um esfregão], Joey cantou com uma voz devastada pelo álcool na primeira das duas.

"John foi rapidinho no estúdio", lembra George Tabb, que estava gravando no Intergalactic na mesma época de *Halfway to Sanity* com sua banda, False Prophets. "Era muito engraçado, porque John vivia dizendo: 'Chega, chega, está ótimo, não gaste mais do meu dinheiro, o som está perfeito'." Entretanto, Joey, sempre o artista, dizia: 'Preciso fazer meus vocais, preciso fazer meus vocais!' enquanto o baterista reclamava da bateria. E Johnny dizia: 'Dane-se, isso é os Ramones, e o som é assim mesmo'."

"E tinha razão", acrescenta George. "Eram os Ramones. John era um bom homem de negócios nesse sentido. Ouvi falar de outras pessoas, outras figuras do rock, que não gostavam de John, mas quer saber uma coisa? Ele sempre tratava bem a rapaziada, os fãs adolescentes... ele sempre respeitava as cartas. Ele me mandava um cartão de Natal todo ano, assinando: 'Um abraço, Johnny' – minha nossa, recebi um cartão de Natal de Johnny Ramone!'"

Duas outras canções do disco merecem destaque, ambas colaborações entre Dee Dee e Daniel Rey. A primeira, "I Wanna Live", é veloz, dura e barulhenta. Os versos "As I load my pistol/Fine German Steel" [Enquanto carrego minha pistola/De fino aço alemão] foram repetidos depois em uma entrevista que Dee Dee deu a Ken Hinchey e Mike Vought, para uma sessão de foto. Mesmo com 2 minutos e 39 segundos, a música é longa demais.

Esse foi o segundo single do disco no mercado inglês. O clipe mostrava a banda tentando se aproveitar da popularidade do estilo hardcore, com cenas um tanto amadoras filmadas propositalmente, em preto e branco, durante a turnê da banda (baseada em *Wanted Dead or Alive*, de Jon Bon Jovi): foi filmada em sua van, com os *bro* visivelmente cansados e no palco com os skinheads dançando e Joey vestindo uma camiseta da banda Corrosion Of Conformity e aquela maldita luva de couro de sempre. Os garotos estavam pogando e fazendo *mosh*: duas coisas que os Ramones odiavam na vida real.

"Eles detestavam e tentavam impedir dentro do possível", afirma Arturo, "mas rolava apesar disso. A garotada sabia dar um jeito. Mas quando os processos começaram a chegar, vários clubes tentaram proibir também. Às vezes, os seguranças também dificultavam a vida da banda, sabe. Uma vez estávamos em Tijuana – e, claro, era Tijuana, vale tudo! Eles estavam pulando de um mezanino de, pelo menos, uns 6 metros de altura! Pulando sobre a multidão. Era demais, era legal."

Dee Dee aparece assustadoramente ensandecido no clipe, um pequeno demônio. Não chega a ser surpreendente: em seu livro, ele conta que apareceu para a sessão de filmagens em um macacão de veludo bordô, correntes de ouro e um boné, curtindo uma baita ressaca. Os outros músicos se enfureceram.[46]

Entretanto, a música "Garden of Serenity" é uma tentativa razoável de produzir uma música no estilo hardcore e melhor de longe de qualquer trilha do péssimo lado B do disco, como "I Lost My Mind", na qual Joey imita cantores ingleses, como Johnny Rotten, e fica audivelmente entediado com a falta de qualquer coisa interessante na música. Também chatas eram "I Know Better Now" e "I'm Not Jesus". Esta última, com som parecido à banda Black Flag, teria saído melhor se Dee Dee tivesse cantado.

Para capa do disco, George DuBose transportou os Ramones para o bairro chinês de Nova York, onde encenou a foto numa escada dentro de um prédio antigo. "Meu primo e seu amigo foram alistados a controlar a multidão", segundo George. A dupla é citada como os Husky Brothers no disco. "Tinha luzes vermelhas e uma máquina de fumaça, tudo estava prontinho às 16h30. Após expor três rolos de filmes, Johnny quis encerrar a sessão. Eu dizia para ele que a gravadora Warner Bros. me pagara uma puta grana, mas ele não estava nem aí. Monte disse que se não queriam fotografar mais nada, não haveria mais. 'Está protegido, eu sirvo de testemunha', ele me disse. A coisa toda durou uns dez minutos. Depois, fui a um cemitério chinês e fotografei algumas lápides esverdeadas, que acabaram na contracapa. Finalmente, tirei algumas fotos de patos estilo Peking, pendurados nas janelas dos restaurantes, com molho pingando dos rabos, que acabou no encarte."

---

46. Dee Dee, então, continua narrando uma fábula especialmente louca envolvendo fogos de artifício, pêssegos, crocodilos e um carro que explodiu em chamas antes de afundar lentamente em um poço de areia movediça. Ele e seus amigos se viram rodeados por crocodilos em uma rodovia na Flórida, a quilômetros do pântano incendiado e completamente queimado. No fim, o bando miserável conseguiu chegar a um show em Miami, no bagageiro de uma velha caminhonete. Vindo do Brooklyn, ainda trazia consigo o bando de *pinheads* que havia salvo do pântano.

Pouco tempo depois, Dee Dee gravou seu primeiro disco-solo sob o nome Dee Dee King – uma bolacaha de 12 polegadas com a música "Funky Man" (Rock Hotel). No mundo do rap, o antigo Douglas Colvin teria sido melhor empregado como segurança. Canta terrivelmente mal e seu improviso não tem graça. Ainda assim, o disco tem seu charme. Como os artistas citados por Dee Dee como influências – Beastie Boys, Run DMC, Suicidal Tendencies (hein?) –, foi muito autoconsciente e adotou uma pose machista ridícula.

"Foi muito estranho", diz Daniel, diplomaticamente. "Dee Dee foi internado para manutenção cerebral". (O baixista contava que teve um surto de pneumonia.) "O nome real dele é Douglas; assim, os outros pacientes começavam a chamá-lo de Doug E. Fresh – e, quando saiu, tinha se tornado rapper. Sendo amigo e parceiro de composição, eu apoiava seu novo empreendimento artístico."

Após receber alta, a primeira pessoa que Dee Dee procurou foi Richie, ao qual deu o novo nome de Broadway, e rebatizou a própria esposa de Baby Doll King. "Na verdade, eu nunca tinha ouvido um disco de rap", confessou o baixista. "Tinha escutado o *Rappin' Rodney* (disco satírico do comediante Rodney Dangerfield), *White Lines*, do Grandmaster Flash, e *Genius of Love* (do Tom Tom Club, ex-integrantes de Talking Heads). O nome Dee Dee King é quase igual ao de B. B. King, pois pensei, o que veste o B.B.? Seda e um terno de couraça de tubarão de 700 dólares. Eu, portanto, saí e comprei dez roupas de atleta da Adidas com tênis que combinavam. E compus dez músicas de rap e resolvi fazer um disco com Richie. Gosto de Richie: acorda cedo e joga golfe."

Os dois cruzaram com Chubby Checker uma noite em Atlantic City, de onde Dee Dee tirou a ideia de regravar "The Twist" – conceito que depois vendeu aos Fat Boys, segundo ele.

Mais tarde, houve o boato de que Debbie Harry tivesse gravado algumas músicas desse tipo com o baixista ("King of Swing" e uma versão de "Foxy Lady", de Jimi Hendrix, com Debbie rapeando em francês e Dee Dee em inglês), mas jamais foram lançadas. Joey, entretanto, apareceu junto com a cantora no palco de um show beneficente pelas pesquisas sobre Aids em dezembro, cantando três músicas dos Ramones – "Go Lil' Camaro Go", "I Wanna Be Sedated" e "Loudmouth". Uma bolacha pirata do evento logo apareceu, creditado a "Joey e amigos". Foi chamado "Live in NYC: April 1st, 1988" e indicava que Joey havia sido apoiado por músicos como Andy Shernoff e Daniel Rey, com a presença estranha do compositor e guitarrista do Blondie, Chris Stein, na bateria.

Os Ramones viajaram pelo país inteiro em 1987, fazendo shows, e chegaram a fazer algumas poucas apresentações na América do Sul em fevereiro – onde venderiam mais ingressos que os Rolling Stones.

Então, Richie saiu. Sua saída foi inesperada – só é possível imaginar, se bem que a banda discutia, tanto quanto os boatos diziam, que ninguém esperava a saída de ninguém. Richie, porém, estava cheio. Descontente com o seu salário – e com o fato de ter um salário –, demitiu-se depois de um show em East Hampton, em 12 de agosto, justamente antes de três shows em Nova York (cancelados em seguida). Como a banda contou depois, o problema era que Richie foi direto ao empresário com suas reclamações – as quais tinham sido reforçadas por sua companheira, sem nenhuma necessidade –, o baterista já estava decidido a fazê-las. Na mesma época, Richie tinha deixado sua namorada por outra, com quem se casou – então, os Ramones imediatamente botaram a culpa na moça. Mulheres não eram muito rock'n'roll, ao menos no mundo de Johnny.

É difícil saber precisamente o que aconteceu, já que Richie tem estado incomunicável desde então – ele foi visto pela última vez trabalhando em um hotel na Flórida. E não houve certamente nenhum contato por parte dos Ramones para que Richie pensasse ou não em responder. Uma gangue, lembram-se? Tempo de fechar as comportas novamente.

Culpe a mulher, é mais fácil.

"Senti-me ferrado", Joey disse. "Eu e Richie éramos amigos. Ele era bem mais que um baterista. Mas estava fora de si. Disse que faria os shows de Nova York por 500 dólares cada. Tenho certeza de que achou que nos tinha na palma da mão, já que o novo álbum estava a caminho."

Acontece que se Richie foi ao empresário, Joey tinha apenas a versão do empresário do que se passou: mas fosse qual fosse a realidade, o incidente deixou um gosto amargo para todos, o que resultou em a família Ramones não falar sobre Richie até hoje, apesar de todos concordarem que – deixando de lado a saída abrupta – ele era um cara legal.

Um empresário mais sensível talvez tivesse agido abertamente.

"Ele era meu favorito", diz DuBose. "Escreveu algumas das melhores músicas também. Achei que foi uma grande vergonha quando ele saiu. Em vez disso, deveriam ter demitido Johnny. Richie foi demitido porque estava ganhando 250 por semana e queria 25% das vendas das camisetas e os outros três não ficaram muito felizes com isso, mas ele se demitiu bem antes de uma grande apresentação, e isso não foi muito profissional. Lembro de ter pensado, por que eles não demitem Johnny? De qualquer forma, ele nem é um bom guitarrista – apesar de tocar guitarras Mosrite, as mesmas usadas pelos Ventures e pelo B-52's. Johnny não tocava porcaria nenhuma."

"Eram uma típica família disfuncional", diz Tabb, "mas havia entre eles verdadeiro amor. Quando Richie foi embora, John me ligou e disse: 'Ei, você conhece alguns bons bateristas?'. E eu pensei: 'Eu poderia tocar bateria", mas sou ruim. Então comecei a perguntar por aí: 'Ei, você gostaria de tocar nos Ramones?'. E todos respondiam: 'Bem, quanto eles pagam? Os Ramones estão tão passados. É muito simples pra mim. Ficaria entediado'. Cuzões! Idiotas! Era a maior chance do mundo! Assim, acabaram fechando com o Clem Burke (Blondie), e pegaram Marc de volta. Eu liguei pro Johnny e disse: 'Quem é o novo baterista?'. E Johnny respondeu: 'Você vai saber'. Imediatamente pensei: 'Caramba, é o Marc!'."

Clem – considerado um dos melhores bateristas new wave – durou apenas dois shows (28 de agosto em Providence e 29 em Trenton). Johnny descreveu sua estada como um desastre. Seu estilo na bateria não estava adequado: era muito frouxo para os Ramones. "Tempo duplo nos hi-hats era algo totalmente estranho para ele", explica Johnny. Um vídeo sem créditos de Clem no show de Trenton em <http//:www.ramonesonline.com/clem.htm> proporciona uma leitura interessante: ao menos dá uma visão da performance dos Ramones no palco.

(O texto a seguir é editado).

"Durango 95"(tocou errado muitos trechos); "Teenage Lobotomy", "Psycho Therapy"; "Blitzkrieg Bop" (não teve grandes erros, mas são músicas fáceis); "Rock'n'roll Radio" (Clem destruiu completamente a introdução, forçando Johnny e Dee Dee a improvisar); "Freak Of Nature", "Gimme Gimme Shock Treatment" (não foi capaz de manter o tempo necessário); "Rock'n'roll High School" (esqueceu passagens entre o primeiro e o segundo verso); "I Wanna Be Sedated", "The KKK Took My Baby Away", "Crummy Stuff" (no final, Clem continua tocando e (finalmente) termina com um som rock'n'brega), "Rockaway Beach" (não tocou exatamente como Tommy)... e assim por diante no longo das 19 músicas.

Agora, isso é fanatismo.

"Eu estava na sessão de fotos com Clem Burke. Era meu primeiro trabalho com eles", diz a relações-públicas Ida Langsam. "Eles estavam brincando com nomes. Disseram que não dava pra ser Joey, Johnny, Dee

Dee e Clem Burke; e também não poderia ser Clemmy Ramone, assim iam chamá-lo de Elvis Ramone."

"Eu vinha falando com Andrea Starr (a empresária pessoal dos Ramones na Overland, a empresa de Kurfirst) por um bom tempo para pegar a conta deles", ela continua. "Não era amiga deles, mas os conhecia, por ter tido contato com a indústria da música em Nova York. Eles pareciam muito distantes. Outros artistas com que eu tinha trabalhado comiam, dormiam e bebiam na indústria da música. Os Ramones eram os Ramones. Esses caras eram sempre o que eram."

Durante o tempo em que esteve fora dos Ramones, Marky andava tocando na banda heavy metal King Flux, de Richie Stotts, e também na sua M-80. Menos de uma semana depois de ter sido chamado de volta, estava no palco como um Ramone uma vez mais, em 4 de setembro, em Oyster Bay.

"Era a mesma coisa de sempre", diz Marky. "O novo *roadie* se apresentou. Usei a bateria dos Ramones porque tinha me livrado de tudo o que tinha – todos os meus kits de bateria, eu não estava nem aí. Vendi tudo. Eu me livrei daquele conjunto porque não gostava do acabamento de madeira e da cor. Então, as baterias Pearl me patrocinaram gratuitamente – eles me mandaram um conjunto preto quando me juntei à banda, a cor que eu queria, e um azul para ser usado no estúdio. Depois pedi um conjunto prateado feito sob encomenda, que ficou por anos na banda. Excursionei com ele durante cinco anos. Agora está no Hall Of Fame do Hollywood Rock, perto das baterias do Keith Moon e do Kiss."

Qual era a grande diferença da primeira e da segunda fase de experiência com os Ramones?

"Foi tudo a mesma coisa. Eles se aqueciam uns dez minutos antes do show, a contagem dava início e era isso. Os *roadies* montavam a bateria – eles mexiam na sua maconha ou na sua bebida de vez quando, mas sempre fizeram bem o trabalho. Na primeira fase, era a bebida e a maconha: eu e Dee Dee acordados até às 6 da manhã. Eu era um bebum. Quando bebia, bebia mesmo. Entretanto, sempre tocamos bem. Ainda é difícil de acreditar."

"Uma vez vi Marky beber 16 martinis duplos em Cleveland", confirma Monte. "Na manhã seguinte, durante as entrevistas, ele vomitava a cada 10 minutos. Eu tive que dar a ele crédito por ter mudado sua vida. Ele tinha um grande problema com bebida."

"Quando voltei, eu estava sóbrio", continuou Marky. "Não queria ser tratado diferente, não queria que eles pisassem em ovos. Só fiz o que tinha que fazer. Eles tentaram com Clem Burke e não deu certo. Então, me chamaram – eu fui ao estúdio e pronto. Nada tinha mudado além de mim. Estar sóbrio é tão melhor: por 80 minutos é preciso bater 16 notas constantemente no hi-hat, além de estar pronto para aqueles 1-2-3-4s. É preciso ficar atento para o que se passa o tempo todo."

Alguma coisa mudou durante o período em que esteve fora do palco?

"Não – sabia que tinha um trabalho para fazer, deixar as pessoas felizes. Tudo o que eu queria era ver a garotada sorrindo."

Então, tratava-se de negócios, como sempre, com exceção de George Tabb, que tinha começado no seu emprego dos sonhos – como técnico de guitarra, na mesma noite do primeiro show da volta de Marky: "Conheci os Ramones por causa do Johnny", conta. "Ele era sempre bacana comigo quando eu era um garoto rondando a banda. Alguns dos outros Ramones foram rabugentos comigo naquela turnê e ainda quebrei a guitarra de Johnny. Deixei cair a droga do cavalete em um vento de ar-condicionado em New Jersey. Pensei que ele ia me matar. Todos os *roadies* estavam dizendo: 'Johnny é terrível, ele vai acabar com você'. Johnny veio, pôs a mão no meu ombro e disse: 'Hey, cara, você quebrou, então conserte – não tem problema'."

"Vi John olhar feio para outros caras no palco quando cometiam um erro", Tabb continua. "Essa era a grande coisa dos Ramones. Johnny é um cara que gosta de ter sua banda muito ajustada. Mas, novamente, os Ramones eram assim. Todas essas imagens fascistas e a música fascista que funciona tão bem. Ele queria que todos vissem um show dos Ramones perfeito, todas as vezes. Ele estava certo. Johnny era muito legal."

As críticas de *Halfway To Sanity* em setembro eram surpreendentemente favoráveis, considerando tudo – certamente na cidade dos Ramones: a *Billboard* criticou a Sire por não lançar "Go Lil' Camaro Go" como *single*, o *The New York Post* o considerou um grande álbum... mas a imprensa inglesa estava calada. De fato, apesar de outra turnê de 11 datas no Reino Unido, era como se os Ramones tivessem desaparecido do mapa... um álbum ruim podia ser perdoado, mas dois? A imprensa de música britânica não é tão instável como as pessoas dizem, apenas seletiva.

"Esses álbuns não soam bem sem algumas das músicas de Joey para contrabalançar as de Dee Dee", explicou o fã Mark Bannister. "Não havia equilíbrio. Na Academia de Brixton, em outubro de 1987, eles pareciam estar indo 'no automático' e eu estava muito puto. Não comprei nem uma camiseta! No verão seguinte, os Ramones tocaram em Brixton novamente, mas fui ao show de retorno do Damned e só tinha dinheiro para um show. Senti um pouco de culpa..."

E ainda estava cheio de entusiastas por aí: em um show lotado em Paris, houve tumulto, policiais com gás lacrimogênio, fãs atiradores de pedras (eco distante de Johnny em shows dos Beatles, talvez?) e impedidos de se juntar às 2 mil pessoas já dentro; em novembro, os Ramones foram impedidos de tocar na Universidade de Boston, as autoridades temiam "tumultos, destruição e uso de drogas", que a música supostamente iria encorajar. O Consul do Programa da Universidade liderou um comício anticensura em resposta, na Marsh Plaza, onde Joey e Marky se dirigiram a uma multidão de estudantes. "Estamos aqui para apoiar a honra dos estudantes e dos Ramones", Joey disse antes de observar que os shows de sua banda sempre tinham acontecido sem violência.

Os Ramones tocaram em 53 datas em 1987, depois que Marky se juntou à banda – na Europa e nos Estados Unidos –, antes de terminar com seu show tradicional em 31 de dezembro, desta vez em Bayshore, Long Island.

Duas gravações notáveis apareceram quase ao mesmo tempo.

A primeira foi o disco-solo de Dee Dee.

A segunda foi a maravilhosa música de Natal de Joey, "Merry Christmas (I Don't Want To Fight Tonight)", repleta de sinos de trenó badalando durante a introdução, e uma produção sob medida, ágil, sólida, de Jean Beauvoir, com Marky na bateria. Um lado A duplo no Reino Unido com "I Wanna Live" foi a pedida certa para o Número Um de Natal – como uma canção pop perfeita –, tão perfeita quanto as de *A Christmas For You*, de Phil Spector, e cantada apenas com uma alegria ingênua – que de alguma forma falhou nas vendas. Mais tarde, tornou a aparecer no álbum *Brain Drain*.

"É uma canção clássica de Joey em uma veia Phil Spector", concorda Rey, "e foi ideia de Joey colocar sinos de trenó, é claro. Ele era judeu. Faz muito sentido, porque os judeus escreveram a maioria das boas canções de Natal – Irving Berlin e 'White Christmas'. Foi gravada no auge do verão, como todos os bons *singles* de Natal."

"É uma verdadeira experiência", Joey me disse. "É sobre uma noite de véspera de Natal, uma noite em que minha ex-namorada e eu tínhamos uma pequena reconciliação a ser feita. Sempre achei legal se os Ramones tivessem uma canção de Natal, porque o Slade tinha aquela 'Merry Christmas (Everybody)'."

Com Marky de volta ao barco, era como nos velhos tempos. Exceto, é claro, por não ser.

Apesar de seu show público de solidariedade, e uma turnê em 1988 marcada com mais de cem shows em países tão díspares quanto Finlândia, Estados Unidos, Porto Rico (no Campeonato Mundial de Surfe, onde havia mais de 2 mil surfistas de 64 países diferentes), Japão e Inglaterra, os membros da banda mal se falavam e transformaram em apresentações em pé de boi. Foi um período sombrio, mas a turnê seguiu incansavelmente – na "Turnê Mundial Non-Stop dos Ramones", como pôde ser lido nas camisetas dos *roadies* em uma época. Sentia-se que, caso parassem por apenas um segundo, eles se separariam. Marky estava bem, mas Joey continuava bebendo demais e só Deus sabe em que mundo estava Dee Dee. Johnny, é claro, foi embora assim que o trabalho foi completado: você não anda por aí com seus colegas de trabalho depois que o dia termina.

Um momento brilhante foi o lançamento em maio do mais do que esperado Grandes (Não) Sucessos dos Ramones – o *Ramones Mania* de 30 faixas, empacotado com a usual indiferença desrespeitosa a alguma lógica ou planejamento. As músicas como que escolheram a si mesmas – canções dos quatro primeiros álbuns, quase nada dos anos 1980 –, mas a ordem não era cronológica, e uma boa quantidade de faixas "raras" parecem que foram incluídas apenas para enfurecer verdadeiros fãs procurando por novo material. Não havia *slug*, *demos* alternativas do primeiro álbum, nem *outtakes* de nada – apenas poucas versões de *singles* ("Sheena", "Needles And Pins", "Howling At The Moon"), um mix "estéreo" inédito de "Rock'n'roll High School" e alguns lados B.

E, ainda, o álbum serviu como lembrete do quanto os Ramones já haviam sido geniais, mas rendeu seu primeiro disco de ouro – 14 anos depois. "Aquele é meu primeiro e único disco de ouro dos Ramones", suspira o designer de capas George DuBose. "Sei que eles têm discos de ouro no Brasil e na Holanda, mas nunca vi as placas."

"I Wanna Be Sedated" foi relançado nos Estados Unidos, junto com um ridículo "Ramones On 45 Mega-Mix", um *pot-pourri* composto de "Sedated" e várias outras músicas antigas da banda, com o canto "Hey Ho Let's Go" em batida disco – uma ironia que presumivelmente não estava perdida na banda, nos empresários ou na gravadora. Espera-se. Foi gravado um clipe com os Ramones sentados em uma mesa de café da manhã, comendo, lendo quadrinhos, parecendo entediados (especialmente Johnny!), enquanto uma doida trupe de circo anda e faz mil coisas em torno deles em maníaca confusão.

Uma compilação ainda mais desconcertante foi lançada logo depois, *End Of The Decade* – uma caixa de edição limitada a 2.500 cópias, contendo uma coleção de seis *singles* de 12 polegadas, lançados no Reino Unido entre 1984 e 1987, mais uma camiseta e um pôster da banda. Foi a combinação mais estranha do século.

Em 26 de agosto, os Ramones se apresentaram no Festival Anual de Reading, apoiando Iggy Pop e os Smithereens. Entretanto, isso foi antes do festival ficar na moda (o que aconteceu nos anos 1990, com os grunges e o Nirvana), então eles tocaram para a multidão costumeira de fãs de die-hard metal e a mídia alternativa. Dois meses mais tarde, viajaram pelo Japão, tocando durante uma semana para alguns de seus fãs mais entusiasmados.

"Houve algumas situações em que tudo estava incrivelmente sob controle", explica Arturo. "Eles estavam como estéreis, como no Japão. Eles mudaram depois de alguns anos, mas, no começo, a garotada achava que era falta de educação fazer barulho. Daí batiam palmas durante um curto tempo depois das músicas e caíam em profundo silêncio. No fim, saíam comportados, sem confusão – e sem pedir bis. Ficávamos passados: 'Oh, Deus, o que está acontecendo? É muito controle pra cabeça. Mata totalmente a energia'."

Joey e Marky fizeram uma aparição no vídeo de Bobby Brown da música tema de *Ghostbusters II*. Joey, no papel de um músico de rua, tocava tuba, enquanto Marky coletava dinheiro – outros astros convidados incluíam Grace Jones, Christopher Reeve e Donald Trump. "Acho que os produtores nos queriam lá", Marky explica, "porque era em Nova York e os Ramones são símbolos da cidade." O vocalista também fez uma ponta no *road movie* canadense em branco e preto *Road Kill*, sobre uma garota chamada Ramona e em um *single* do rei do funk George Clinton.

Outras bandas com quem os Ramones tocaram em 1988 incluíam os Dickies, Grandmaster Flash (o que deve ter sido um estranho Búfalo Bill), os amigos punks dos anos 1970, Stranglers, e a turma do hard rock britânico The Godfathers. Em Los Angeles, quando os *bro* tocaram no John Anson Ford Theatre, atraíram reclamações quando "I Wanna Be Sedated" afogou o "Alexander's Ragtime Band" no Hollywood Bowl do outro lado da rua, onde acontecia uma festa de aniversário para Irving Berlin. "Foi nosso jeito de dizer: 'Feliz Aniversário, Irving', declarou Joey."

Como não poderia deixar de ser, os Ramones terminaram o ano com outro Show de Ano-Novo – desta vez na legendária sala Irving Plaza, em Nova York.

Décimo quarto ano, igual ao último.

25

Em Busca do Sucesso

Os Ramones eram motivados pela busca do sucesso?

"FOI QUASE UMA bênção eles nunca terem alcançado nenhum sucesso massivo – as coisas teriam sido tão diferentes se tivessem conseguido sucesso em 1978. Bandas como o Blondie têm sucesso, ganharam e perderam milhões e estragaram suas carreiras. Também o público os conhecia como a banda de um único sucesso em lugar de um grande e consistente grupo. Se você tem um grande sucesso, pode depois se sentir um fracasso. Isso significa que os Ramones permaneceram esfomeados durante toda a sua carreira – o que faz as pessoas irem trabalhar é o fato de que precisam do salário.
    Joey sempre achava que o novo *single* seria um estouro. Os outros não eram tão otimistas – Johnny estaria no fundo revirando os olhos. Eles eram um pouco pessimistas sobre isso. Havia algo como 20 músicas dos primeiros quatro álbuns que seriam sucessos hoje. É tão óbvio tocar e cantar 'Blitzkrieg Bop' hoje em eventos esportivos por todo o mundo." – Daniel Rey

"Falta visão à indústria da música nos Estados Unidos. Se fossem ingleses, seriam deuses. Eram muito espertos para as gravadoras, com exceção de Seymour Stein. A indústria da música americana realmente desrespeitou minha banda favorita. Não dá para calcular o impacto dos Ramones usando medidas banais como se fossem porcentagens de venda." – Donna Gaines

"O que é fantástico sobre o legado dos Ramones é que não é baseado em algo efêmero como um sucesso de rádio. Eles riram por último porque terminaram fazendo história e sendo amados. Não tiveram um sucesso; o que poderia significar que há 10 ou 20 anos você estaria dizendo: 'Oh, Deus, estou realmente envergonhado de gostar disso'. As memórias não foram barateadas. Os Ramones terminaram tendo uma qualidade de sucessos que pode ser equiparada à dos Beatles, dos Stones e do The Who, sem nunca terem conseguido um *single* de sucesso, quando, de fato, tudo o que fizeram foram *singles* de sucesso.

Isso retorna a de onde eles vieram – a noção do 45 rpm e a coisa dos Bay City Rollers, e 'Blitzkrieg Bop'. Os Ramones foram uma banda pop, mas não estavam fazendo apenas música pop do jeito que muita gente a define. Fizeram música pop de ponta e era tão de ponta que não cabia no rádio. Era muito real. Em certo sentido, a estação de rádio para os Ramones ainda não fora inventada. Mas, uma vez que estiver no ar, vão tocar Ramones o tempo todo, todos os dias. Todas matadoras – nada de encheção de espaço." – David Fricke

"Os Ramones queriam um disco de sucesso, queriam o sucesso. Queriam ser astros de rock. Não sei se conseguiram, mas, com certeza, tornaram-se lendas. Nunca se venderam, os legendários Ramones. Todos os amam." – Ed Stasium

"Se todos com quem você falou têm um ou dois álbuns; ou dois ou três ou dez – por que eles só têm um único disco de ouro? Nunca saberemos por quê. Os diretores de programação nas estações de rádio ignoraram maciçamente sua música. Não havia sequer uma preocupação consciente de compor sucessos. Eles compunham e estava ótimo. Decidir qual música seria lançada como *single* ficava a cargo do selo. Nunca vi Joey ou nenhum deles dizer: 'Vou compor um sucesso'. Quando trabalhava com o Kiss, era frequente vê-los dizer isso. Como os Ramones estavam sempre lá, as pessoas sentiam que podiam relaxar, não se preocupar com um orçamento para eles. Isso era muito 'faça você mesmo' e permaneceu desse jeito. Os Ramones usavam seus amigos para tudo – direção artística, fotografia, design... Por isso, eles se referem a todos com quem trabalharam como parte da família."
– Ida Langsam

"É frustrante. Isso ainda permanece do mesmo jeito, mas tenho que me lembrar de que fui mais longe do que jamais pensei quando comprei minha primeira guitarra. Estou aposentado e não preciso mais trabalhar. Tenho que lembrar isso a mim mesmo porque, caso contrário, começo a pensar que não consegui o que queria. Quando se é um atleta, a pessoa sabe que foi bem-sucedida ao ganhar um campeonato. Com música é mais difícil. Como saber se foi bem-sucedido ou não? Pelo número de pessoas que influenciou? Certo, ótimo... mas e se você não vendeu discos? Porque você vendeu discos, significa que é realmente bem-sucedido, se você não influenciou ninguém e todos pensam que sua banda é péssima? Não sei. Não há uma definição real para 'bem-sucedido'". – Johnny Ramone

"Os ingleses têm uma aceitação melhor para coisas diferentes, o gosto é mais aberto e não se chocam com o som. Nos Estados Unidos, eles odeiam os Ramones – mesmo pessoas como Ozzy Osbourne e Alice Cooper, com comportamento muito pior. Patti Smith fez xixi no palco, enquanto os Ramones não fizeram nada além de grandes shows, e continuaram sempre tentando, mas foram rotulados como ovelhas negras. O rádio não tocava suas músicas... não tocava... e não tocava. Ainda não acredito como foram tratados desse jeito." – Linda Stein

"Cada música que fazíamos, esperávamos que fosse um sucesso, mas não tínhamos consciência disso. Não achávamos que fosse necessário. Tínhamos nossa base de fãs. Pensávamos: 'Que se dane se o rádio não toca a gente'. Exemplo perfeito, Phil Spector. O mais perto que chegamos de um sucesso foi o Número 50 nos Estados Unidos e o Número 7 ou 8 na Inglaterra, mas não ligávamos muito – somente queríamos fazer álbuns decentes." – Marky Ramone

26

All Screwed Up

"PAREI COM AS DROGAS e o álcool em 1988", diz Joan Tarshis, "e Joey parou com tudo no final de 1989 – lembro dele me ligando no Ano-Novo dizendo que as pessoas estavam esfregando cocaína na sua cara. Ele não sabia como recusar sem parecer esnobe. Disse a ele para dizer que 'adoraria cheirar umas carreiras, mas a cocaína está machucando minhas narinas. Talvez outra noite'. Também o avisei que, se ele cheirasse, ia acabar bebendo. Ele provavelmente cheirou naquela noite, mas no Ano-Novo seguinte fomos de clube a clube e não bebemos, passeando com o pessoal do Blondie e a Joan Jett.

Ficamos caretas porque quisemos. Ele chegou à conclusão de que não era saudável para ele, mental ou fisicamente. Uma vez, no Cat Club ele estava em uma mesa com três ou quatro garotas e Mickey (Leigh) – não sei quantos Chivas ele tinha virado, mas estava na horizontal quando o vi de novo. Não acho que ele fosse alcoólatra. Nunca teve que ir ao AA. Ele apenas parou – assim como fez com o cigarro. Ele tinha muito orgulho disso. Celebrávamos nossos festivais de sobriedade juntos.

Joey tem um senso de humor pesado – humor negro, meio babacão, tínhamos várias sacanagenzinhas que fazíamos um com o outro. Ele sempre chamava: 'Jo-o-o-o-o-an'. Eu fumava em seu apartamento e ele queria que eu fosse fumar na janela, e, de alguma forma, tinha que ser o 'Deus janela' que se desenvolveu a partir do 'vá para a janela' ao estilo dos Beatles em Help. São coisas pequenas de que sinto mais falta. Ele gostava de humor inteligente. As pessoas não faziam ideia, porque não tinham paciência, do quanto inteligente ele era. Eu nunca conseguia soletrar: pedia a ele para soletrar palavras e em sua escrita à mão de 5cm ele me diria. Por causa do jeito como ele falava e como media suas palavras, pessoas ignorantes não imaginavam *como ele era sagaz. Era totalmente versado em tudo em matéria de música, mas fora disso sempre podia aparecer com alguma observação afiada e inteligente.*

Ele era muito frágil. Olhava seus tornozelos e dizia: 'Posso quebrar seu tornozelo com um lápis'. Tivemos uma grande briga uma vez, em 1989. Ambos atiramos coisas um no outro. Eu estava tão puta da vida que chamei a polícia – e eles vieram ao apartamento. Ele não era uma pessoa muito organizada – haveria uns 50 ou mais CDs no chão, capas por todos os lados. E ele ainda tinha no chão uma toalha souvenir do motel Bates, que parecia que estava empapada de sangue seco. Então os tiras examinaram o apartamento e a toalha sangrenta e disseram: 'Uau, vocês devem ter tido uma grande briga. Onde está o ferimento?' E começaram a perguntar: 'Você fez isso?'. Eles pensaram que tínhamos atirado tudo o que podíamos um no outro.

Depois dessa história, nós tipo paramos de falar um com o outro, e então, após alguns meses, Dick Manitoba disse: 'Tenho uma ideia. Por que você não compra um martelo, põe um cartão nele dizendo: "Se eu voltar a sair da linha outra vez, me acerta com isso."?' Joey me ligou imediatamente e disse: 'Estou mantendo aquele martelo em um coldre pra quando eu estiver com você.'"

(Entrevista com o autor, 2002)

"Nos anos 1980, eu era baladeiro demais", Joey disse a Jaan Uhelszki para a *Mojo* em 1999. "Comecei com algumas drogas mais tarde. Nos anos 1970 todo mundo estava cheirando cocaína, que não batia pra mim. Então, eu terminei com essa garota e por alguma razão comecei a cheirar demais e daí comecei a gostar. Minha namorada seguinte gostava também. Havia esse produtor que nós tínhamos, ele tinha um químico que misturava drogas para ele, todos os tipos de drogas estranhas que faziam com que você se sentisse andando na lua. Cerveja era minha droga, minha bebida. Gostava de sair, tomar umas cervejas com amigos. Então, eu me sentia interessado por aquela (garota) e comecei a desenvolver um gosto por Chivas, e as coisas começaram a ficar um pouco pesadas demais."

"Depois tive um acidente maluco", continua, "caí de um palco alto (janeiro de 1990). Eu estava bem louco. O palco era bastante alto. Pensei que, para sair, poderia apenas dar um passo para fora dele. Machuquei feio. Rompi ligamentos no tornozelo. E foi isso que me fez parar. Aconteceu três dias antes de uma turnê dos Ramones, eu fiquei enlouquecido por isso, porque estava com o joelho engessado. Isso fez com que eu visse uma luz. O problema não era a bebida, eu não tinha um problema real com a bebida. Eu sempre havia sido bom em parar com coisas como essa. Eu dava uma parada de tempos em tempos. Passei três semanas de cara limpa."

"Era quase como se as coisas acontecessem por alguma razão. Às vezes você está tão ocupado na vida que não percebe que alguma coisa importante está acontecendo com você e é preciso um poder maior para fazer você enxergar. E o jeito de você enxergar é sofrer uma porcaria de acidente. Acho que aquele poder maior estava tentando me dizer alguma coisa. Sofrer aquele acidente mudou tudo para mim. Eu tinha 39 anos, quase 40, e decidi que não queria estar acabado aos 40 por aprontar maluquices. Então, parei antes de fazer 40."

Em março de 1989, Dee Dee lançou seu álbum-solo *Standing In The Spotlight* (Sire/Red Eye), com o nome de Dee Dee King. Nele, o baixista rapeia hard rock com *backing vocals* de amigos como Marc Bell, Daniel Rey e Chris Stein (que toca guitarra na autobiográfica "German Kid", com backing vocals de Debbie Harry). Debbie também reforçou os vocais em "Mashed Potato Time", uma fusão divertida do sucesso de 1962 do cantor de rhythm and blues Dee Dee Sharp com "The Monster Mash", outro sucesso da época, temperada com uma letra que beira o absurdo. Mesmo o solo do sax é como algo tirado do filme-revival *Hairspray*, de John Waters.

O álbum, apesar de ser absolutamente ridículo – talvez porque a voz de Dee Dee se parecesse com a de um rato de desenho animado –, possui uma vitalidade e calor marcadamente ausentes dos álbuns dos Ramones do final dos anos 1980. Fica muito claro que o baixista é dono da bola – liberto do regime restritivo de Johnny, ele canta com humor alegre e afiado. Os Ramones não soavam assim desde *Rocket To Russia*.

Enquanto fã, Mark Prindle observou: "Ele não tem nenhuma pista, por isso o álbum é tão interessante. Honestamente, uma pessoa não poderia ouvi-lo sem franzir a sobrancelha e perguntar para alguém: 'Ele achou que isso era bom?'".

"Fizemos juntos uma porção dessas músicas rap bobas", diz o produtor Rey, "e, para minha surpresa, Dee Dee decidiu juntá-las em um álbum. Alguém uma vez o considerou como o pior álbum do ano em um fanzine e disse: 'Incluiria o álbum de Dee Dee, mas só estamos listando álbuns em inglês'. Achei engraçado."

É um pouco injusto também. *Standing In The Spotlight* contém músicas melhores que os dois discos anteriores dos Ramones juntos – a ressaca de "2 Much 2 Drink" (um cruzamento caótico entre *The Prince Of Bel-Air* e, obviamente, "Fight For Your Right To Party", dos Beastie Boys),[47] a balada gostosinha ao estilo dos anos 1960, "Baby Doll" (apelido carinhoso dado por Dee Dee à sua mulher, Vera), "Commotion In The Ocean" (onde o surfe encontra o rap, ao estilo B-52's), "The Crusher" (na velha escola trash), "Brooklyn Babe" (prima mais chocante de "Genius Of Love").

"Como meu alter ego, King é capaz de fazer várias coisas que sempre quis", explicou Dee Dee em um comunicado à imprensa lançado na época. "Em 'The Crusher', ele se torna lutador profissional. Já em 'Commotion In The Ocean', vai à Califórnia e vira surfista, e em 'German Kid', rapeia em alemão. Mas, o mais interessante para mim, era a chance de ser realmente romântico em baladas como 'Baby Doll'. As pessoas sempre me veem como alguém que está sempre no limite. Na verdade, o amor é a coisa mais interessante sobre a qual posso pensar em escrever e cantar. Talvez alguns fãs dos Ramones fiquem chocados com os sentimentos expressados por Dee Dee King, mas essa é apenas uma parte de quem sou e de como me sinto."

Em entrevistas, Dee Dee fez paralelos entre o punk e o rap: acreditando que ambos poderiam ser "música rebelde das ruas", passando por cima do fato de que uma pertence à tradição dos brancos e a outra, dos negros. Não que isso signifique que as raças não possam se misturar – a origem do rock tem sido localizada na incidência de músicos brancos estruturados pela herança negra – o que é estranho é uma raça copiando os maneirismos da outra por atacado. Como Dee Dee e os rock-rappers brancos que o seguiram nos anos 1990, como House Of Pain, Kid Rock e Limp Bizkit, fizeram.

Não importa, porém.

Involuntariamente, Dee Dee tinha redescoberto uma das regras de ouro do pop – uma a que muitas bandas perderam de vista –, que é ser divertido. Não é para ser levado a sério, sanar os males do mundo. É um meio efêmero, digerido em um segundo para ser esquecido a seguir...

---

47. Os Beastie Boys samplearam "Suzy Is A Headbanger" em "High Plains Drifter" no álbum *Paul's Boutique*, de 1989.

até ser redescoberto atrás do sofá vários anos depois e proporcionar alegria renovada.

Os Ramones, desde o começo, *nunca* foram sérios: de fato, estavam em uma missão de trazer o humor e a paixão de volta ao rock'n'roll, lutando na retaguarda para salvá-lo de bandas pretensiosas e sem senso de humor como Emerson, Lake & Palmer e Genesis. Agora, tinham se transformado em uma banda tão grave e séria como aquelas que uma vez haviam combatido: e, ainda pior, como algumas bandas que tratavam a música como rotina – não sentindo mais entusiasmo pelo rock'n'roll.

É estranho que um novo álbum totalmente descartável de seu errante baixista tenha sido necessário para que as coisas fossem postas em contexto. Não que ninguém tenha percebido na época.

"Aquele álbum solo foi um grande choque", diz Ida Langsam. "Os fãs dos Ramones não estavam prontos para aceitá-lo. O que você faz com um garoto branco do Queens tentando rapear? A resposta ao trabalho foi muito estranha também. O álbum não teve boa aceitação. Distribuí uma grande quantidade de cópias quando mudei o escritório e agora escuto dizer que está valendo um bom dinheiro."

Não era realmente um álbum de rap: estava mais para uma coleção de músicas pop no estilo rock dos anos 1950, embalada pela novidade do rap – mas, por causa da maneira de Dee Dee se vestir na capa, recebeu tratamento de rap.

"Se fosse 20 anos mais novo", diz Arturo hoje, "e não tivesse nenhum compromisso com outra banda, conseguiria o que o Kid Rock conseguiu. Estava muito avançado em outra direção. Parecia ridículo para Dee Dee Ramone fazer aquilo. Era confuso, e alguns fãs se sentiram insultados. Rap era visto como o inimigo. Artisticamente, ele tinha os instintos certos – mas, uma vez que você escolhe seu patamar como artista, não pode se desviar muito dele. Seu público não vai permitir. Especialmente o público hardcore."

Os Ramones apresentaram a mesma quantidade usual de shows na primeira metade de 1989.

Em janeiro, os *bro* excursionaram pelos Estados Unidos, finalizando com dois shows no Ritz, nos dias 27 e 28. Em fevereiro, a banda esteve uma semana na Espanha e voltou à Costa Leste dos Estados Unidos em abril – e depois partiram para a Itália, onde estiveram durante as duas primeiras semanas de maio. A próxima cidade agendada era Atenas (embora não fique claro no itinerário de qual Atenas se tratava, de Atenas na Grécia ou Atenas na Geórgia; provavelmente tenha sido na Grécia – por que raios uma banda de rock se apresentaria por quatro noites em uma cidadezinha da Geórgia?), e então foram à Costa Oeste e ainda a Tijuana em 23 de junho.

"Foi louco", Joey disse a Tarshis. "Havia muita pogação pesada e *mosh*. (Tihuana) fica exatamente do outro lado da fronteira com San Diego, onde menores de 21 anos não podem beber; e no México não há proibição de bebida por faixa etária. Então, a garotada atravessou a fronteira para a Terra da Felicidade!"

Evidentemente, as memórias de Arturo, de 22 anos, excursionando fundem-se em uma coisa só, mas o técnico de iluminação tem boas lembranças de alguns países em que estiveram nos anos 1980: "Éramos grandes na Espanha durante certa época", ele se recorda. "Era um pouco diferente excursionar na Espanha. Bastava sair das cidades grandes... bem... os espanhóis eram nossa única equipe local que parava tudo para almoçar ou jantar..."

"Não se tratava de sesta: era para comer mesmo. Eles se sentavam e faziam sua refeição com vinho e muita comida. Eles não faziam nada voando – porque não importava se as portas fossem abertas duas horas mais tarde", ri. "Era o esperado! Uma vez que estivéssemos em algum lugar do Hemisfério Sul, e os portões estivessem programados para abrir às 20 horas, eles os abriam às 23 horas! Não importava.

Com os brasileiros era a mesma coisa. No Brasil, desisti de cara. Era impossível. São pessoas tão legais, tão felizes e de boa índole. Simplesmente não dava para ficar bravo, porque é quase impossível para eles até pensar em chegar na hora certa. Com os espanhóis, fiquei puto algumas vezes. Não dava para acreditar como eram pouco profissionais. Mas é um modo de vida. Os italianos também eram um pouco assim, mas melhoraram – e a comida era tão boa que era fácil perdoá-los por tudo."

É chover no molhado, mas *Brain Drain*, o último álbum dos Ramones na Sire, é o melhor trabalho entre as fracas produções da banda no final dos anos 1980.

O equilíbrio estava de volta.

Joey, amparado pela adição do ex-Dictator Andy Shernoff em seu time de compositores, participou com seis músicas, Dee Dee entregou o mesmo número, incluindo o excelente *single* "Pet Sematary" (parceria com Daniel Rey). A letra, escrita para uma adaptação cinematográfica de uma novela de Stephen King de mesmo nome, está entre as suas composições mais maduras: "Under the arc of a weather stain boards/ Ancient goblins, and warlords" [Sob a arca de madeira marcada pelo tempo/Antigos duendes e guerreiros] – assustador e evocativo do cemitério de Sleepy Hollow,[48] onde foi gravado o famoso clipe. Conta a lenda que Dee Dee escreveu a música sob encomenda, enquanto Stephen King estava sentado na sala ao lado.

"Stephen King era um grande fã dos Ramones", Joey me disse naquele ano. "Ele nos contatou diretamente e perguntou se faríamos a música tema do filme." Recentemente, a banda tinha assinado com a Chrysalis na Europa e o vocalista parecia muito feliz: "Estão fazendo um ótimo trabalho", disse. "Fizemos o clipe na primeira noite de lua cheia com todos os nossos amigos – Cycle Sluts, Daniel Rey, Cheetah Crome (ex-Dead Boys), Debbie Harry e Chris Stein. Eles encontraram um verdadeiro cemitério para nós e fomos enterrados vivos. Fomos levados em um carro funerário e o motorista disse: 'Vocês são as primeiras pessoas vivas que transporto'."

"No dia seguinte, tocamos em Buffalo, Nova York, e nosso caminhão de equipamentos explodiu na rodovia. Derreteu completamente. Tivemos sorte, porque esses policiais estaduais estavam por perto, eram nossos fãs e ajudaram a equipe a descarregar o equipamento – tenho certeza de que a equipe deixaria queimar. O tráfego ficou interrompido por horas. Enquanto o caminhão estava queimando, escorregou por uma encosta da estrada... Houve um monte de coisas estranhas acontecendo nessa época."

A voz de Joey tinha voltado ao normal: talvez porque ele estivesse cuidando melhor de suas próprias músicas. Certamente, números como a pérola *slow-fuse bubblegum* "All Screwed Up" – parceria entre Joey, Marky (pouco usual) e ainda Shernoff e Daniel – e o *cover* "Palisades Park", o sucesso adolescente de 1962 de Freddy Cannon, com sua barraquinha de cachorro-quente, possuíam vigor e charme que há muito andavam ausentes no som dos Ramones.

"É divertido fazer *covers*, se for a música certa", Joey explicou. "Estávamos na estrada indo para um show na Filadélfia ou algum lugar da região, ouvindo a estação de sucessos antigos, e ouvimos 'Palisades Park'. Então, resolvemos gravar rapidinho."

---

48. Local onde estão enterrados os Rockefellers, famoso pelos contos de Ichabod Crane.

"I Belive In Miracles", de Dee Dee/Daniel Rey, é uma música pra cima, otimista, uma música aberta ao extremo, a mínima guitarra-solo mal soando fora do lugar – "A vida é dura", diz Joey. "E daí? Algumas pessoas estão curtindo música soturna, mórbida, gótica. Não é o que eu quero para os Ramones."

Mesmo as faixas trash ("Zero Zero UFO", o speed metal "Ignorance Is Bliss") soam menos forçadas, mais naturais. Joey disse a Tarshis que "Ignorance" era sobre a desintegração da humanidade: "É sobre tomar alguma atitude antes que seja irreversível", ele disse. "Fiz na época em que fui convidado para participar do Rainforest Benefit."

Alguns fãs não gostaram nada do novo álbum – George Tabb acha que *Brain Drain* soa muito mal, "como se o som estivesse saindo por latas de metal. Foi o cara de cabelo moicano que fez isso? Ou foi aquele produtor do Motorhead?".

Foi "aquele produtor do Motorhead", Bill Laswell. Laswell também tinha trabalhado com o PiL e Iggy Pop e era um aficionado da world music. Produziu todo o *Brain Drain*, com exceção de "Merry Christmas" (incluído presumivelmente para manter os custos baixos). Pessoalmente, acho que Laswell fez um ótimo trabalho – ou talvez tivesse material melhor.

Apesar de a música de dor de cotovelo de Dee Dee/Joey/Daniel Rey "Don't Bust My Chops" parecer horrivelmente vingativa – dirigida a uma ex-namorada, com frases como "Dirty mouth/Is all I can bear/Get out of here, bitch/'Cos you're nowhere" [Boca suja é tudo o que eu posso suportar/Cai fora daqui, vadia, porque você não está em lugar algum] –, há mais que ótimas melodias para retificar a situação. "Can't Get You Outta My Mind" e "Come Back, Baby", ambas de Joey, são músicas para derreter corações com performance vocal combinando. Laswell também fez com que a guitarra soasse menos bruta e mais simpática – graças, sem dúvida, ao coordenador musical Daniel Rey e também Artie Smith e Robert Musso (guitarras adicionais).

"Quando fui ao Sorcerer Sound Studios para falar sobre a capa", o designer George DuBose relembra, "Monte disse que tinha que esperar até que houvesse uma pausa na gravação, e então deveria me esgueirar até a sala de controle sem que Bill Laswell me visse, porque nem ao grupo era permitido entrar enquanto ele estivesse trabalhando. Eu estava jogando bilhar com Monte no andar de cima, quando ouvi algumas linhas de baixo. Olhei para lá através da janela de vidro e havia um cara tocando baixo – 'Quem é aquele, Monte?' 'Ah, aquele é o Daniel Rey. Ele está só gravando algumas partes de baixo'. Então, continuamos a jogar e meia hora depois ouvi som de guitarra, olhei e... 'Quem é aquele cara?' 'Ah, é o Daniel tocando guitarra'. Monte fechou a persiana e disse: 'Acho que você já viu demais'."

"Essa é uma música de perspectiva otimista", Joey me disse sobre "I Believe In Miracles". "É sobre ter fé em si mesmo, não desistir." Durante o vídeo da música, montes de *slogans* e nomes de bandas apareciam em *flashes* na tela em uma cena ao vivo da banda: silêncio = morte: "You Only Live Once", "Here Comes Trouble", The New York Dolls, Motorhead, *Viva Las Vegas*, The Shangri-Las, *I Was a Teenage Zombie*, "What's Your Sign?", The Heartbreakers, Howie Klein, Lisa Robinson, AC/DC, Sonic Youth, Dead Kennedys, Agnostic Front, DOA... uma visão do que mantinha o mundo dos Ramones girando.

Para a capa, os Ramones usaram uma imagem perturbadora de Matt Mahurin. O nome da banda aparece em tipologia grande e quadrada, e o título do álbum em uma fonte com respingos de sangue como se encharcada de sangue. "Somos fascinados pelo bizarro", disse Joey. "Todo mundo é fascinado por alguma coisa. Algumas pessoas gostam de carros, outras adoram arte e museus. Com a gente, é um pouco de tudo – carros, aberrações, arte."

"Vimos o pôster original de *Pet Sematary* que foi rejeitado pela Paramount Pictures", o vocalista contou, "e caímos de amores por ele. No dia anterior ao que a arte seria finalizada, a Paramount decidiu, porque gostamos tanto que eles iam usá-la na Europa. Então, liguei para o artista em Los Angeles e pedi para fazer algo similar. Ele fez um ótimo trabalho."

Brain Drain foi lançado em maio de 1989, promovido na mídia dentro de uma touca cirúrgica. A reação da imprensa foi, como sempre, variada. O DJ polêmico de Nova York Howard Stern escolheu "Pet Sematary" como música do ano – mas olhando para Howard, com seu cabelo comprido ao estilo de Joey, e altura e calça de brim, não era de se estranhar. A *Stereo Review* saudou sem alarde o "boot-stomping crypto-metal" de Dee Dee e as sensibilidades pop de Joey; o *Melody Maker* escreveu que "(este) não é apenas outro álbum dos Ramones. Tem no mínimo dois minutos de glória sublime, as baladas de angústia adolescente 'All Screwed Up' e 'Come Back, Baby', e um momento kitch 'de parar o coração' ao estilo de Spector, "Merry

Christmas". A *NME* disse que era "uma boa razão de por que Deus deu aos homens a guitarra".

"Pet Sematary" falhou nas paradas, mas parecia que as coisas estavam melhorando uma vez mais para os Ramones. Dee Dee estava mais feliz do que havia estado em anos e era aplicado em negar quaisquer rumores sobre uma potencial carreira-solo: "Eu não estou deixando os Ramones", ele disse em alto e bom som para alguém ao telefone. "Quantas vezes tenho que dizer?"

Então, em julho, John recebeu um telefonema do escritório do empresário da banda: "Dee Dee está saindo".

27

Na Estrada, Parte 6

"SEMPRE GOSTEI DE estar na estrada, nunca parei de me divertir com isso. Eles fizeram 2.263 shows. Perdi apenas dois deles."

Uau.

"Uma vez, estávamos indo ao Canadá e eles implicaram com minha identidade e não me deixaram entrar no país. Outra vez, eu e os *roadies* de guitarra e de bateria passamos a noite na cadeia. Estávamos indo para Maryland para o primeiro show da turnê, em um carro alugado. Eu estava atrás dormindo. Fomos parados porque eles estavam correndo demais e os tiras acharam maconha com eles. Então, fomos levados para a cadeia.

Excursionamos quase todo o ano. Só parávamos quando estavam gravando. Ou, mais tarde, se Joey estava doente, mas nunca tivemos que cancelar uma... ah, sim, duas vezes, já quase no fim, tivemos que cancelar duas turnês europeias, ou postergá-las. Excursionávamos constantemente. Eles gostavam, sabe."

Posso imaginar.

"Sim."

Que coisa legal de se fazer. Qual era o tamanho da equipe que viajava?

"A equipe permanente de *roadies* aqui nos Estados Unidos era o técnico de som, o técnico de retorno, o técnico das guitarras, *o roadie* da bateria, eu, como diretor de iluminação, e meu assistente. Havia seis de nós, só isso. Quando estávamos em turnê no exterior, havia apenas cinco – som, retorno, bateria, guitarras e eu. Ah, e aqui nos Estados Unidos também tínhamos o cara que dirigia o caminhão. Quando fazíamos grandes excursões pela Europa, alugávamos uma equipe local. Acabamos usando alemães mais que quaisquer pessoas de outras nacionalidades."

Por quê?

"Éramos respeitados na Alemanha, especialmente durante os anos 1980. A maior equipe que tivemos tinha 40 pessoas, incluindo cozinheiros. E foi para a turnê na Alemanha. E, humm, nós os levamos para outros países também, como Áustria e Suíça ou Holanda. Senão seria uma equipe local. Mesmo mais tarde."

Havia alguma coisa especial que vocês faziam com as luzes durante o show?

"Muita luz sobre eles! Fui um dos primeiros a usar muita luz branca. Quando começamos a tocar no Whiskey, em Los Angeles, tive que pedir a Pete, o cara da iluminação da casa, para tirar um monte de gel. Ele reclamou: 'Arturo, por que você quer tanta luz branca?'. Ele achava que não ficava bom. Mais tarde ele se tornou diretor de luz do Van Halen e uma vez o vi usando, tipo, umas 300 luzes brancas (ele ri). A única banda que conheci que usava tudo isso de luz branca era The Who. Usava muita luz no público, porque eles são uma parte grande do show. E nos grandes shows de hoje, especialmente nos televisionados, há mais luz no ambiente do que no palco, ou ao menos a mesma quantidade.

Também, havia certos padrões que as pessoas associavam aos Ramones. Sabe, o vermelho, o branco e o azul no começo do show, a introdução com as barras paralelas. Algumas pessoas dizem que eles eram verdadeiros fascistas. Eu penso nas silhuetas, nas sombras. Esse é meu visual favorito dos Ramones."

(Entrevista do autor com Arturo Vega, diretor de criação dos Ramones)

28

"I Don't Wanna Be A Pinhead No More"*

FALE-ME SOBRE OS eventos que levaram à saída de Dee Dee.

"Havíamos estado em turnê durante todo o ano, desde 1º de janeiro. Fizemos uma grande turnê pelo Japão, pela Espanha, pela Itália e pela Grécia. Estava tudo certo. A banda estava mais coesa e unida que nunca. Havia muito entusiasmo no ar. Fizemos a faixa 'Pet Sematary' e o álbum com Bill Laswell... Quando o filme foi lançado, ficou em primeiro lugar em venda de ingressos nos Estados Unidos e na Escandinávia, em sétimo na Inglaterra, e a música estava indo muito bem. Fizemos uma turnê exaustiva na Costa Oeste – Califórnia, Noroeste, Vancouver, Canadá, México... O álbum atingiu o 40º lugar na Alemanha... Tudo estava indo muito bem, menos para mim. Estava tendo problemas com meu pé, então, nos últimos três ou quatro meses, tive que deixar a banda para me tratar no hospital.

Quando o álbum estava para ser lançado, os médicos me disseram para tirar seis semanas de folga para ser operado. Disse a eles: 'Não tem jeito. Não quero que o álbum vá por água abaixo'. Meu médico era um sujeito legal, entendia minha profissão, mas havia outro que me deixava apavorado. Ele disse: 'Basta doze horas para que a infecção se espalhe do pé para o coração e mate você'. Então fiquei abalado. Não exatamente nervoso, mas pensava nisso o tempo todo. Depois dos shows voltava para o hotel, pegava leve.

Fizemos a turnê e tudo estava bem, mas Dee Dee estava encantado com a possibilidade de se tornar rapper. Acho que estava recebendo muitas ofertas e andava saindo com essa garota, apesar de ser casado... então, ele queria se divorciar. Achamos que Dee Dee estava tendo uma crise de meia-idade e precisava de um tempo – estava casado há 12 anos. Precisava botar as mangas de fora, aprontar por

---

* N.T.: "Não quero mais ser um microcéfalo", verso de "Pinhead".

aí, sem problemas. Ao menos estava se livrando de suas frustrações e se sentindo feliz pela primeira vez em muito tempo. Isso estava até nos ajudando, de um jeito engraçado.

Eu tinha projetos paralelos também. Gosto de criar noites e situações temáticas, expor novos artistas. Quando não estou fazendo algo criativo, caio na rotina. Não sou o tipo de cara que fica sentado em casa vendo TV numa boa. Então, estava trabalhando com essa banda chamada Tribe 375 (a banda de Mickey Leigh). Eles se apresentariam em shows no New Music Seminar, em Manhattan. Dois dias antes, o evento foi cancelado, achei esse lugar ótimo na Rua 4 Leste e comecei a montar um show. Organizei como um happy hour de rock'n'roll – tacos e cerveja por um dólar – para que o público fosse cedo. Contratei sete ou oito bandas – os melhores entre os novos, Cycle Sluts From Hell, Tribe, Sprocket, a nova banda de Dee Dee, os Waldoes (Walter Lure, ex-Heartbreakers) e alguns outros. Arturo Vega estava fazendo a iluminação de todas as bandas. Foi um evento poderoso.

Então, Dee Dee apareceu e tocou cinco músicas e foi tudo muito bom. No dia seguinte, ele enlouqueceu, reclamou que eu sabotei o som e saiu da banda. Eu me tornei o bode expiatório da saída de Dee Dee. Eles me culparam, culparam o Cycle Sluts também, por sabotar Dee Dee. Era doente. Saiu um artigo uma semana depois no Village Voice sobre como nós ferramos com Dee Dee. Dizia um monte de besteiras.

Era irritante negociar com Dee Dee. Ele pensava que era um genial deus do rock e ninguém poderia prescindir dele. Queria escrever todas as músicas e ter todo o controle da banda, o que era uma verdadeira piada. Quando saiu, achei muito estranho. As coisas estavam indo tão bem, não havia problemas. Era como perder um membro próximo da família, como quando alguém morre e você se sente vazio por dentro. Eu não podia realmente encarar o fato de que ele tinha saído. Marc ficou me dizendo...

Acontece que não nos ajoelhamos pra pedir que Dee Dee voltasse. Fizemos testes com uns 70 baixistas. Não queríamos alguém com nome de peso. Tentamos obter alguma recomendação. Vieram nomes como Paul Simonon [The Clash]. Não queríamos isso. Queríamos alguém desconhecido, sangue novo para a banda. Esse garoto é novo. Nunca tocou com ninguém. Tem 23 anos. Ele se juntou aos marines aos 18 e é um grande baixista, com o visual das ruas. Ele tem aquele jeito do Dee Dee, mas é novo e totalmente entusiasmado. Um bom garoto, sem pose, sem um grande ego.

Ouvi dizer que Dee Dee fala mal de nós a cada chance que tem. Dee Dee está sóbrio, e diz que teve que sair da banda ou não conseguiria manter sua sobriedade, fazendo-nos parecer com um bando de filhos da puta, quando Marc foi o primeiro a colocá-lo na linha. Ele diz às pessoas que os Ramones estão se acabando, que estamos indo fundo nas drogas e que qualquer um ao nosso redor acaba fazendo o mesmo. Assim são as coisas. Estamos empolgados, a banda nunca esteve melhor. Você pode ouvir o baixo agora. Acho que não ouvimos o baixo por anos a fio.

Não me sinto mais aborrecido. Estou empolgado com esse garoto, ele está indo para a Inglaterra e tocando com a gente. As pessoas não sentem falta do Dee Dee. Estamos mais fortes que nunca. As coisas estão finalmente acontecendo para os Ramones."

Há quanto tempo o baixista está ensaiando com os Ramones?

"Há uma semana. Dee Dee tem sua própria banda agora. Ele quer ser rapper e mudou-se para o sul do Bronx. Acho que Dee Dee quer ser negro", Joey ri. "Não vejo isso. Para mim, a música rap é uma expressão do gueto nos tempos difíceis. Dee Dee nunca passou por nada assim. Não o odeio, porém. Ele é um compositor talentoso."

Houve choques entre os Ramones sobre qual direção deveriam seguir?

"Não. Não discutimos sobre qual diretriz a banda deveria tomar."

Por exemplo, Dee Dee cantou mais nos últimos álbuns.

"Dee Dee estava mais na dele nos últimos anos. Compus quase tudo nos primeiros álbuns. Nunca tive os créditos, mas isso fazia parte de um acordo que tínhamos. Johnny e eu tivemos um desentendimento, e foi quando Dee Dee tomou o controle. Agora está tudo ótimo. Muita gente diz: 'Você escreve as baladas?', e não é verdade. Eu talvez seja um pouco mais sentimental, mas escrevo coisas mais pesadas também."

Os fãs não vão ver na saída do Dee Dee o começo do fim?

"Não, porque é um novo começo novamente. Não quero dizer 'novamente'. Estes são tempos emocionantes. Falando pessoalmente, não estou cansado, mas... não sei. A composição vai ficar toda sob minha responsabilidade. Sinto-me bem com isso, não estou preocupado. Estou é entusiasmado com a ideia. Nossa garra não poderia estar mais forte do que agora. Sempre houve garra nos Ramones. As pessoas devem pensar como ainda mantemos esse pique depois de tantos anos, mas não somos como os outros. Isso pode ser visto em nossa performance. Nunca iremos nos transformar no Whitesnake.

Chris veio altamente recomendado pelo baixista da Tribe 375. Ele foi a primeira pessoa que vimos e John gostou muito dele. Então, fui ao hospital para fazer uma cirurgia. Eles trabalharam com ele três ou quatro vezes e marcaram todos esses outros testes e Chris foi o último a comparecer. Ele nunca apareceu. Então Monte, nosso gerente de turnê, o contatou em sua casa, e por volta de uma hora mais cedo os MPs [Marines Police, ou Polícia da Marinha] tinham vindo e o colocado em correntes, em algemas, e levado ele para Virginia do Oeste para sua base do exército, raspado seu cabelo e jogado ele no navio. Ele ficou preso por sete dias. É uma loucura. Depois de testar 70 baixistas, finalmente, achamos um, e ele estava em uma roubada. Duas semanas depois, soubemos que iria sair com certeza em uma semana (da Marinha). Esperamos muito que isso acontecesse porque, caso contrário, teríamos que pegar Dee Dee de volta... e ninguém queria Dee Dee de volta!

Chris é perfeito. O jeito como ele e John se parecem é perfeito – o mesmo jeito de ele e Dee Dee serem vistos como os gunners [garotos maus] nas primeiras críticas inglesas. Ele é perfeito em altura, peso, imagem e atitude. Segura o baixo bem arrastado, como Dee Dee costumava fazer. Vamos chamá-lo CJ. Não queremos fazer nada que não seja genuíno. Isso está no passado... É uma banda diferente agora. É real."

(Entrevista do autor com Joey Ramone, 1989)

Em seu livro, *Coração Envenenado*, Dee Dee enumera várias reclamações contra sua antiga banda: que Johnny estava tomando muitas decisões sobre a parte musical da banda para alguém que sequer era músico; que o escritório do empresário ligava todos os dias às 6 horas da manhã durante as turnês pedindo novas canções (soa exagerado); que pessoas ficavam em seu quarto por quatro horas cheirando cocaína, falando sobre como se sentiam miseráveis e como gostariam de deixar a banda (Joey, quase com certeza).

"Isso estava acabando com meus nervos", Dee Dee escreveu. "Johnny só sabia criticar tudo. Parecia o jeito dele de se divertir. Isso tornou difícil gravar *Brain Drain*, porque todos viviam para me atazanar. Isso me afastou – eu sequer toquei no álbum." Nessa fase, diferentemente do que aconteceu em *End Of The Century*, a impressão era de que Dee Dee estava falando a verdade. "Fico surpreendido com pessoas que continuam acreditando na imagem de família feliz dos

Ramones. Todos na banda tinham problemas: com a namorada, com dinheiro, problemas mentais."

Dee Dee declarou que estava sóbrio há alguns anos, porém o fato de estar sempre vomitando por conta do coquetel de antidepressivos Stellazine, Buzzbar e Trofennial que tomava, contrapunha-se a essa sobriedade. Em *An American Band*, de Jim Bessman, sua ex-mulher Vera confirmou sua história: "Ele estava sóbrio por um bom tempo, (mas) estava sóbrio por mim e por todos, não por ele mesmo. Diziam que ele estava em uma crise de meia-idade precoce... Quando nos conhecemos, ele fazia cem dólares por semana e tinha hábitos de cem dólares por dia. Mas nunca soube que ele era *junkie*. Era mais mental que qualquer outra coisa. Sofria de mudanças de humor muito rápidas, depressões. Às vezes ficava violento, mas sempre lidamos com isso".

Vera relata que Dee Dee sofria de paranoia profunda e tinha uma personalidade obsessiva: em uma fase, usava oito relógios de uma vez; em outra, queria fazer duas novas tatuagens todos os dias. Era coberto de tatuagens: um escorpião, um coração com a inscrição "Mãe" e "Vera e Dee Dee", outra destacando o *slogan Too Tough To Die* no alto de uma imagem de um diabo chifrudo empunhando um tridente, o Mickey Mouse proclamando "Let's Dance" e uma para sua "Baby Doll".

"Dee Dee é maníaco-depressivo e também sofre de síndrome de personalidades múltiplas", acha o diretor de vídeo George Seminara.[49] Dee Dee legal, Dee Dee amuado, Dee Dee colérico – são manifestações de uma mesma personalidade, porém todas muito dramáticas. "Ele parece não ter compreensão do que constitui a realidade. Ele compõe toneladas de canções, escreve dois ou três livros, cria arte. A falta de sucesso causa a forma depressiva. Por que ele não faz mais sucesso?"

A gota d'água para o baixista aconteceu quando os Ramones tocaram com o Murphy's Law em Santa Clara, Califórnia, em 14 de julho. Houve confusão e o vocalista da banda de apoio, Jimmy Gestapo, ameaçou quebrar a cara de Johnny Ramone: "(Ele) disse que John nunca estaria seguro em Nova York", Dee Dee escreveu. "Achei que isso incluía os outros Ramones. Estava preocupado."

Então, depois do voo de volta a Nova York, ele caiu fora.

A banda Murphy's Law era o mais puro hardcore nova-iorquino. Eles matavam a cobra e mostravam o pau. Eles viajaram com os *bro*

---

49. Todas as entrevistas foram feitas antes da morte de Dee Dee.

por anos. "Os Ramones apoiavam todo mundo em Nova York", diz George Seminara, "qualquer banda punk boa, honesta e verdadeira. Mas o Murphy's Law cuspia no palco e Johnny odiava isso. Ele não ia apoiar a cusparada de Jimmy Gestapo nem a pau."

"Joey ficou doente naquela turnê", Seminara continua. "Ele tinha problemas de circulação porque sofria de síndrome de Marfan, a mesma doença de Abraham Lincoln. Era o motivo da forma alongada de seu corpo e do visual esguio e ligeiramente elástico. Ele machucou o pé e foi parar em um hospital. Enquanto isso, Johnny queria chutar o Murphy's Law da turnê, mas teve que voltar atrás porque Joey tinha prometido a eles as datas remanescentes."

"Dee Dee saiu porque queria ser um astro do rap", diz Marky. "Aquela era sua chance. Quando retornei à banda, levei-o a esses encontros em que as pessoas dizem pelo que já passaram – e ele escutou. Mas parou de frequentar após umas poucas reuniões, e acabou fumando maconha. Ele não tomou mais uma gota de álcool – mas se afundou em todos os tipos de drogas possíveis. Foi o mesmo com Joey durante certo tempo."

Johnny culpava o elemento feminino na equação, como tinha feito com Richie alguns anos antes: "Nunca soube de verdade o que ia pela cabeça dele", disse. "Tinha deixado sua mulher um mês antes – era um mau sinal. Mas nunca pensei que ele chegaria a se demitir."

"Estava cansado daquele visual de garotinho – o corte de cabelo 'tigela' e a jaqueta de couro", Dee Dee escreveu na *Spin* naquele ano. "Quatro homens de meia-idade tentando bancar os adolescentes. Estava ficando doente de tocar esse número passadista. Eu me visto como quando achava que era um inútil. Esses caras são um bando de vagabundos. Joey nunca toma banho, ele fede."

"Sabia que estava partindo naquela última turnê na Califórnia", escreveu destilando todo o veneno depois de anos rezando conforme a cartilha dos Ramones. "Acho que eles estão felizes porque os Ramones sempre ficam felizes depois que alguém sai. Isso traz vida nova para o grupo, o que possibilita saírem por aí dizendo que estão com a corda toda..."

Depois que deixou os Ramones, Dee Dee foi para Paris, onde ficou com os amigos e ex-(mas nem tanto) *junkies*, Johnny Thunders e o ex-Dead Boys, Stiv Bators, e tentou formar uma banda, The Whores Of Babylon – uma cena triste. Quando seus companheiros morreram em seis meses, um depois do outro, o Ramone errante foi à Inglaterra e tentou montar uma banda de metal, com a ajuda de Gloria Nicholl (entre outros), mas estava muito paranoico para conseguir tocar o projeto.

"Dee Dee estava engraçado", recorda Ida Langsam, "mas não como um cômico. Seu cérebro estava sempre a mil por hora e às vezes achava que não estava no mesmo planeta que ele. Você esbarrava nele pelas ruas, e ele falava como se estivessem juntos conversando há um tempão e você soubesse em que página estavam. Ele era atraente? Era, sim. O tipo de fã feminina que os Ramones atraíam era sempre um pouco estranho. Eu só o vi casado dentro da banda."

Dee Dee ficou na Inglaterra seis meses antes de voltar a Nova York e formar várias bandas, incluindo os Spikey Tops, com a baixista Carla Olla (ex da banda feminina hardcore PMS). No outono de 1990, foi preso por posse de maconha no Washington Square Park. Duas semanas depois, disseram que ele foi expulso de um clube por estar se drogando. Em 1992, ele formou a banda de punk rock Chinese Dragons, com seu cabelo, que havia sido cortado, já crescido.

Durante todo esse tempo, porém, ele esteve em contato – escrevendo músicas para os últimos álbuns dos Ramones. Ele tinha que fazer isso. A quem mais a banda pediria músicas? Para Johnny?

EM SEU LIVRO, Dee Dee conta que sonhava em cair fora dos Ramones enquanto estava na banda.
"É verdade – você quer dizer, sair fora dos Ramones? Ele saiu."
É...
"Ele é do tipo que não gosta de ser... quer dizer, ele era controlado, mas precisava disso. Ele era um gênio e às vezes os gênios... há uma linha de insanidade e eles podem ultrapassá-la. Ele navega naquela loucura, mas é um grande compositor. Ele é incrível. Mas precisava da estrutura dos Ramones. John – ele é estruturado. 'Dee Dee – é isso o que estamos vestindo'. Sabe como é? E durante todos esses anos desse esquema ele queria dar o fora e acabou dando. Fez seu disco de rap. Ele apareceu em uma turnê, nos dois últimos shows, usando uma corrente de ouro e calças de abrigo. Eles ficaram passados, tipo: 'Qual é a sua, tá louco? Tira isso. Não tem a ver com os Ramones'. Ele não gostou da reação e foi por isso que se demitiu. Saiu para fazer o que queria. Certo, ótimo. No fim, ele não estava mesmo no esquema dos Ramones, era óbvio. Graças a Deus o CJ veio para a banda, porque revitalizou os Ramones, deu a eles uns

dez anos. Todos tiveram que encolher suas barrigas para dentro para fazer frente a ele. Foi ótimo ele ter entrado."

Sim – por isso eles o admitiram, imagino.

"Sim. Dee Dee estava caindo e os levando junto. Caso não tivessem achado outra pessoa, teria sido o fim."

(Entrevista do autor com Monte Melnick)

ENTÃO, CONTE SOBRE o CJ...

"CJ foi uma injeção de sangue novo na banda. Ele foi a melhor coisa que poderia ter acontecido naquela época. Não tenho nada contra Dee Dee, mas... ele estava muito infeliz. Continuou compondo para a banda, então tivemos o melhor dos dois."

Exatamente, não foi como se ele tivesse sumido.

"CJ fez a banda parecer bem, jovem e vital, e não tínhamos mais os problemas que Dee Dee estava criando. Todos eram afetados por eles. Na última vez estávamos na Inglaterra para uma turnê – Monte me ligou no meio da noite para me dizer que ele tinha que sair porque alguém tinha que cuidar de Dee Dee."

Foi quando Dee Dee conheceu sua segunda mulher, Barbara? Como ela era?

"Muito bonita. Ele a conheceu na Argentina. Ela é ótima. Um pouco jovem demais, mas muito em sintonia com Dee Dee. Até aqui tudo bem."

Grande fã dos Ramones?

"Fãnzona, mas das espertas. Eles são muito felizes, apesar da diferença de idade, ou talvez por causa disso."

Você acha que ela teve alguma influência na decisão dele de deixar os Ramones?

"Não, de jeito nenhum. Eles só se conheceram muito depois."

Mas ele conheceu alguém mais nessa fase?

"Na época em que deixou a banda, ele decidiu largar, nas palavras dele, todos que diziam a ele como devia viver. Ele queria dizer sua mulher, seu psiquiatra e a banda. Ele queria romper com a sua história e foi o que fez. Ele tinha essa linda e jovem namorada. Nem lembro o nome dela. Foi um caso passageiro."

O nome dela era Brijitte?

"Sim, era."

Ela estava no NY Loose. Eles eram uma boa banda. Saí com eles algumas vezes.

"Sim, Dee Dee estava com ela na época em que deixou a banda. Ela era muito bonita. Ele não conheceu a Barbara até a metade dos anos 1990."

(Entrevista do autor com Arturo Vega)

"Conheci Dee Dee por volta de 1989", diz Brijitte West. "Ele estava saindo dos Ramones e precisava muito de amigos. Quis um pouco mais que isso comigo, e eu disse a ele algo como: 'Você é um pouco velho demais pra mim'. Não era fácil ser amiga de Dee Dee, especialmente quando ele ligou para o meu trabalho dizendo que tinha uma arma enfiada na boca e que, se eu não fosse para casa, iria disparar. Liguei para Chris Stein e perguntei se era sério. 'Não, Dee Dee é assim mesmo', ele respondeu. Era triste. Ele era uma lenda, mas não era respeitado por seus iguais – o que, provavelmente, em grande parte, era culpa dele mesmo. Dee Dee aprontou tanto com os outros – tinha um temperamento estourado, e isso às vezes sobrava para quem estivesse por perto. Era uma pessoa triste."

"Não sei realmente por que ele deixou os Ramones", ela continua. "Ele estava sofrendo uma crise de meia-idade. Tinha deixado sua mulher. Estava passando por várias mudanças e, por ter decidido se demitir, estava sendo hostilizado por seus amigos e começou a andar muito pelo East Village. Ele estivera vivendo em Long Island e de repente apareceu na cena. Eu fui uma das pessoas em quem ele esbarrou entre seus novos amigos. Era tudo muito unilateral, tudo tinha a ver com ele. Costumávamos sair juntos e ir ao *loft* do Arturo – ele definitivamente era alguém que ainda amava o Dee Dee.

Fiquei com ele por um ano."

"QUANDO DEE DEE se demitiu, John me ligou e disse: 'Dee Dee foi embora, precisamos de um novo baixista'. Pensei um pouco e disse: 'Eu'. Ele retrucou: 'George, você toca guitarra'. E eu: 'São duas cordas a menos, John'. Ele concordou: 'Certo, vamos tentar'. Então, fiz um teste com eles..."

Tive a impressão de que eles escolheram a pessoa que mais se parecia com Dee Dee.

"Eu me parecia com Dee Dee – quando entrei lá, usava óculos e cabelos escuros e espetados. Fiz a voz e tudo. Só o Marky continuou a reclamar: 'Palhetadas para cima, sem palhetadas para cima, isso é trapaça'. Certo, sem palhetadas para cima. Mas eu não era mais nenhum garoto. Estava nos meus vinte e tantos anos e eles me achavam muito velho – apesar do fato de eu ser uns 10 ou 12 anos mais novo que o Johnny Ramone. Eles provavelmente acharam que não aceitaria ordens. E fiquei sabendo que pagavam uma porcaria... ninguém duraria muito se não fosse um garoto. Mas os Ramones são a maior banda de rock'n'roll do mundo e eu teria adorado entrar como baixista.

Eles puseram um anúncio no Village Voice, 'Banda punk mundial em turnê procurando baixista', e várias pessoas apareceram para fazer teste – garotas, garotos, negros, brancos, asiáticos... Toda aquela merda racista sobre os Ramones é besteira. Durante todo o tempo, John ficava me dizendo: 'Dee Dee vai voltar – só estamos fazendo isso para fazer ele voltar'. Monte falava: 'Esta é sua família, ele não tem ninguém – ele vai voltar'. Estavam errados."

Ele provavelmente acabaria voltando.

"Também acho."

(Entrevista com George Tabb)

CJ Ramone nasceu Christopher Joseph Ward, em 8 de outubro de 1965, no Queens – mudou-se para Deer Park, Long Island, quando tinha uns 10 anos.

"Quando morava no Queens, era um lugar com muita mistura de raças", ele diz. "Éramos quase a única família branca do quarteirão. Havia muitos latinos e filipinos, mas era um lugar integrado, havia um verdadeiro sentimento de vizinhança. Todos se conheciam. Long Island era uma região tipicamente habitada por operários predominantemente brancos. Quanto menos você ganha, mais perto você mora de uma vizinhança formada por minorias. A primeira namorada que trouxe para casa era negra. Meus pais não entenderam por quê – com quem mais eu poderia sair?"

CJ começou a tocar baixo aos 13 anos, quando seus pais o presentearam com um por ter terminado a oitava série. "Quando eu era mais novo, tocava bateria, mas acho que era muito barulhenta", ri, "porque cheguei em casa um dia e ela tinha sumido." Ele cresceu ouvindo rock clássico (The Beatles, Creedence Clearwater Revival, Neil Young) e também rock de sua época, rock mais pesado como as bandas da Nova Onda do Heavy Metal Britânico, Judas Priest e Iron Maiden. Em 1980, CJ conheceu uma loira doidona que o apresentou ao mesmo tempo ao seu primeiro baseado e ao primeiro álbum dos Ramones: "Não sei se foi a erva, meus hormônios em ebulição ou o alinhamento dos planetas, mas fui imediatamente fisgado", diz. "Já tinha ouvido punk antes, mas não tinha ficado especialmente impressionado. E, então, de repente, tudo fez sentido."

Quando foi para o colegial, CJ passou a curtir mais a primeira safra das bandas punk – The Clash, Sex Pistols, Damned. "Eu gostava muito do Blondie", conta, "e o PiL, de John Lydon, mas não gostava tanto do som hardcore da Califórnia, embora gostasse dos Dickies e dos Dead Kennedys. Também era um grande fã do Minor Threat – respeito muito Ian MacKaye por tudo o que fez pelo Fugazi, porque eles são exemplo de banda 'faça-você-mesmo'."

Buscando uma válvula de escape para sua "honesta e virtuosa angústia adolescente", CJ começou a tocar com músicos heavy metal e gravou dois álbuns para o selo americano de heavy metal britânico Axe Attack: "era impossível montar uma banda de punk rock sendo de uma cidadezinha habitada pelo operariado", explica. Mesmo assim, seus três exemplos eram Paul Simonon, Sid Vicious e Dee Dee Ramone.

"Gostava dos Ramones por causa da quantidade incrível de energia que emanava do palco – a coreografia e, é claro, as músicas. O show corria sem parar. Joey tinha uma presença muito forte e Dee Dee e Johnny ficavam em movimento constante... era incrível."

"Então, nove anos depois de tê-los ouvido pela primeira vez", continua, "fui chamado para fazer um teste para os Ramones. Achei que seria uma boa história para contar para meus netos; e então fui." Ele recebeu o chamado às 3 da manhã, com instruções para estar lá às 6. O estúdio ficava a uma hora e meia de sua casa em Long Island. CJ teve uma hora para aprender algumas músicas dos Ramones. "Fui o primeiro a ser ouvido. Senti-me como se estivesse indo encontrar Elvis. Eu não tocava baixo há algum tempo e nunca tinha usado palheta antes. Mas eles disseram que eu era bom e poderia começar na semana seguinte. Nas primeiras imagens com os Ramones, apareço usando uma bandana porque ainda estava com a cabeça raspada. Estava há uma semana fora da cadeia."

CJ era tecnicamente um *marine* e um desertor quando foi testado, esperando por uma prometida licença por motivo de doença na família (seu pai havia perdido o trabalho como mecânico de aviões militar quando a fábrica fechou). Ainda por cima, ele tinha contraído febre maculosa de uma mordida de carrapato em um campo de treinamento em Paris Island, na Carolina do Norte, e tinha ficado hospitalizado com uma febre de mais de 40°C – tão mal, que em um estágio seus sinais vitais falharam. Os Marines concordaram que CJ tinha justificativa para uma dispensa honrosa – mas continuaram pegando no seu pé como antes. Ele tinha sido convocado para ir ao Japão, mas, em vez disso, visitou sua irmã em Hollywood – uma corte marcial se seguiu em Camp Pendleton, na Califórnia, onde foi novamente acertada sua dispensa... mas, novamente, nada aconteceu. Então CJ retornou a Nova York e permaneceu em contato...

Johnny decidiu que tinha gostado do garoto imediatamente, mas ele e Marky passaram pela charada de testar outros 40 (segundo Marky) baixistas.

"Ele deu um aperto de mão", relembra Johnny, "e tudo que pude fazer era esperar que não precisasse apertar a mão de cada um que fosse testado – não queria ir pra casa com um resfriado. Mas ele era ótimo. Soube imediatamente. Marky e nosso gerente de turnê ficaram dizendo: 'Que nada, ele não é tudo isso. Ele é muito novo, inexperiente. Ele usa cabelo moicano. Ele toca com os dedos'. Eu não ligava. O que realmente importava era a imagem, e isso ninguém entendia. Joey também não apareceu. Pensei: 'Ótimo. Menos interferência'."

CJ contradiz essa versão dos eventos, dizendo que Joey apareceu na metade, durante a segunda tentativa de "I Wanna Be Sedated": "Foi muito louco", ele diz. "O sentimento que eu tinha se realizava o tempo todo em que estava com os Ramones. É uma sensação estranha estar em uma banda que você idolatrava durante a adolescência. Muitas vezes você se despedaça, faz negócios com eles e vê lados que não veria. É uma situação surreal, especialmente porque só fui lá para encontrá-los. Nunca imaginei que ia passar no teste."

"Todo o processo desses testes foi um absurdo", relembra Ida Langsam. "Foi quase como uma banda de garagem procurando por um novo membro. Havia um anúncio no *Village Voice*. Eles fizeram testes durante três dias. Quando o Limp Bizkit precisou de um novo membro alguns anos depois, fizeram uma grande busca na MTV e gravaram clipes de todos os participantes – e algumas dessas pessoas saíram em revistas. Os Ramones estavam no mesmo nível que o Limp Bizkit. É de dar nó no cérebro. Tudo com os Ramones era meio esquisito."

De fato. Tome a chegada de CJ na banda: em consequência de ligar para os Marines para avisá-los de que tinha arrumado um emprego nos Ramones e logo deveria deixar o país, ele foi prontamente colocado novamente em detenção. A grande confusão acabou sendo resolvida, mas não antes de dar ao novo membro dos Ramones alguns momentos tensos.

Umas das razões por que Johnny escolheu CJ foi sua experiência militar. CJ, também, encontrou uma vida com os Ramones similar à que levava entre os Marines: "Musicalmente, as coisas com os Ramones são muito regimentadas – muito como a vida militar", diz ele. "É preciso muita concentração para tocar mais de 30 músicas que soam todas iguais e tocá-las bem. E havia o uniforme – tênis, *jeans*, camiseta e jaqueta de couro. Johnny desenvolveu muito de suas qualidades de liderança quando estava na escola militar. Ele era bastante rígido em como dirigia as coisas. É uma parte importante de como os Ramones conseguiram manter uma carreira de 22 anos. Eu realmente o respeito por isso. Talvez ele pudesse ter relaxado um pouco com os outros, mas sabia o que estava fazendo..."

Você ganhava salário? Pode me dizer quanto?

"Acho que não", ri.

Nas notas de capa de *Anthology*, Johnny descreve como treinou CJ para estar no palco: "Tínhamos, à nossa frente, um espelho na sala de ensaios. Eu dizia: 'CJ, olhe para lá e não para Marc. Olhe para o espelho. Quando você me vir avançando, avance também. Mantenha o baixo abaixo da cintura. Abra as pernas. Olhe pra frente, toque pra frente'. Sempre detestei bandas que tocam pra si mesmas."

"Ele na verdade não me ensinou como me portar", CJ ri, "mas ele tentou me dar pistas. Eu não precisava dele. Já sabia a coreografia."

A estreia do novo baixista como Ramone aconteceu durante a maratona televisiva de Jerry Lewis no Dia do Trabalho, em 4 de setembro. Sammy Davis Jr. introduziu a banda (de outro estúdio). Johnny estava tipicamente crítico: "Estava péssimo", resmungou. "O dedo (de CJ) estava cortado depois de uma música, ele estava rodando pelo palco. Mas ele foi ótimo no segundo show."

Esse novo show aconteceu em Leicester, em 30 de setembro, no começo de uma turnê britânica de duas semanas. Não foi o mais fácil dos começos: "Tive muitos problemas com as pessoas porque elas queriam ver Dee Dee", admite CJ. "Fui cuspido constantemente.

Fui bombardeado com merda. Foi brutal, mas sabia que uma hora venceria, porque tinha confiança em minhas habilidades e não deixaria que ninguém as arruinasse. No meu primeiro show apareci para o bis coberto de merda e suado e tirei minha camiseta e Johnny me detonou por causa disso. 'Nunca tiramos nossas camisetas!', ele gritou, mas para mim era uma questão de higiene, e obviamente fui pego pela emoção. Estava todo sujo de merda que jogaram em mim no palco, mas isso não era nada com que não pudesse lidar."

Relatos sobre a noite seguinte, em Liverpool, pareciam provar Johnny direto em sua máxima de que profissionalismo importava mais que tudo: "Nunca os vi melhor", destilou o crítico Dave Galbraith, "porque nunca os vi mais ajustados, sob controle. "

CJ começou batucando com seus dedos porque estava tocando tão forte que quebrou as cordas – e um conjunto de cordas de baixo custava 25 dólares, isso significava que ele podia gastar cem dólares por semana (quatro shows) só em cordas. "No começo", diz ele em *Ramones: An American Band*, "deixava pedaços de pele no baixo e dava curto circuito nos captadores com sangue porque eu sangrava mesmo. Uma vez quebrei uma unha bem na metade do dedo."

"CJ era bom e entusiasmado", lembra Mark Bannister, que viu um dos shows de 1989 na Brixton Academy, com os Almighty como banda de apoio, "embora eu não tenha entendido o porquê de ele ter cantado 'Wart Hog'. Mais tarde descobri que muitas pessoas não faziam ideia de que Dee Dee (que aparecia nos anúncios e nos ingressos do show) tinha saído da banda."

A turnê continuou na Austrália e na Nova Zelândia, para em seguida se apresentar em uma Alemanha unificada – sua primeira data em Offenbach, em 22 de novembro, ocorreu logo depois da queda do muro de Berlim.

"Foi uma doidera", relembra o novo baixista. "Estávamos no muro um dia com a MTV e havia um buraco pequeno do tamanho de uma bola de basquete, e havia dois guardas do outro lado. Eles me ofereceram para vender uma fivela de cinto e um quepe militar, e comprei deles e apertamos nossas mãos através do buraco. Era tão estranho ser parte de uma situação onde você é parte da história. Fomos uma das primeiras bandas a tocar na Alemanha Oriental depois da queda do muro. O lugar em que tocamos era uma fábrica onde construíam submarinos para os nazistas. Àquelas alturas tinham esvaziado tudo – a multidão estava muito louca, dançando com um pouco mais de violência do que no lado Ocidental. Todos da Alemanha Oriental pagavam meio ingresso."

Quase todo mundo concordou que a vinda de CJ tinha trazido aos Ramones uma adição de sangue novo – literalmente. A partida de Dee Dee esteve longe de ser o fim para os Ramones: de fato, havia surtido um efeito inverso. E os Ramones poderiam agora excursionar por vários anos mais, Johnny seguro por saber que com Marky sóbrio, Joey na linha e Dee Dee fora não haveria mais confusão para perturbar seu novo modelo racionalizado.

O fato de os Ramones terem perdido seu principal compositor e esse processo ter feito a transição de banda presente para banda tributo (completado com um fã tocando baixo e outro produzindo) parecia escapar a todos. Isso não é para denegrir as contribuições de CJ e Daniel – ambos grandes músicos entusiastas e talentosos, e Deus sabe que os Ramones não teriam continuado sem eles, mas... talvez a banda não devesse ter continuado? Difícil como imaginar a vida sem os Ramones era a ideia de vê-los tornarem-se paródia de si mesmos.

Pensamentos como esses eram heresia. Especialmente diante de cerca de 130 datas programadas para o ano seguinte.

29

Joey Fala

Extrato de uma entrevista do autor com Joey Ramone, feita no começo de setembro de 1989.

...ESTAVA LENDO UMA entrevista com a banda em um fanzine da Costa Oeste, falando sobre um álbum pirata dos Ramones que traça o desenvolvimento de sua voz entre 1976 e 1989.

"Oh, sim. Bem, minha voz mudou um pouco. Para mim... sempre soube o que eu queria, que patamar desejava atingir. Estou envolvido com improvisação, com a essência. Admiro cantores que têm personalidade em suas vozes, que me deixam louco com sua paixão e emoção crua. Iggy sempre causou isso em mim. Ele tinha aquele germe, como uma faca enfiada no coração. Ele era muito louco, mas sempre primal, você podia sentir aquela sensibilidade e emoção crua e energia, e é como quero soar para os outros também. A maioria dos cantores são tão estéreis."

Acho que as pessoas percebem a energia dos Ramones e se esquecem da sua voz.

"Já notei isso", Joey ri. "As pessoas têm a mente estreita. Não estão vendo o que os Ramones são. Não acredito em nada classificado, ordenado. Nada tem que ser igual a nada. Pode-se criar."

Você fez alguns desenhos para revistas...

"Costumava fazer. Perdi o interesse. Ainda atuo como DJ, e estou interessado em shows de novos artistas, e criando festas e situações. Descobri duas bandas novas recentemente e estou tentando vendê-las, conseguir contratos para elas. Tive uma oferta de fazer A&R para a Island Records. Tive uma oferta para fazer publicidade para a Public Eye. Há uma banda que vou ver hoje à noite, New Breed, esses garotos negros de New Jersey, eles são incrivelmente ótimos. Vou tocar pra você duas faixas. É algo totalmente livre. É hard rock, mas tem essências de funk, blues e jazz. Pra dizer a verdade, estive hoje no CBGBs e ouvi esse pessoal mixando uma fita e o som era bom demais. Então fui falar com o garoto e ele me deu seu telefone."

Há alguns anos, mais ou menos na época de *Pleasant Dreams*, havia rumores de que você ia fazer um álbum-solo.

"Sim. Estou trabalhando nisso agora, no meu tempo livre. Quero trabalhar com vários produtores diferentes. Montei uma banda – Daniel Rey na guitarra, Andy Shernoff, dos Dictators, no baixo, Marc Bell na bateria. Vai haver alguns convidados também, mas estou mais interessado em ter uma banda forte do que em convidados. Vai ser um disco de rock'n'roll, mas com várias emoções e sentimentos diferentes. Quero trabalhar uma música de cada vez. Não quero apenas marcar território com um álbum-solo. Quero fazer de cada música algo especial. Tenho uma balada que realmente capta o isolamento. Eu a chamo de 'Waiting For That Railroad To Go Home'. Tive uma ideia há um bom tempo de formar um dueto com Axl [Rose, vocalista do Guns N' Roses e fã dos Ramones] e eu, fazendo um *cover* de uma música dos Righteous Brothers. Falei com ele recentemente quando ele estava em Nova York e ele topou. Imaginei ele sendo o Bill Medley e eu, o Bobby Hatfield, porque ele tem uma voz verdadeiramente alta. Tenho uma música em mente, mas acho que já falei demais."

Nota do autor: Mais tarde, Joey tocou para mim algumas demos caseiras e elas soaram soberbas. Uma era no estilo country, uma balada – a outra tinha elementos de doo wop: nenhuma incorporando nenhum elemento do hardcore. Caso algun leitor esteja com esses tapes, por favor, entre em contato. Eles precisam ser gravados.

"Nosso público nunca foi tão grande como é agora. Nossos fãs gostam de todos os tipos de música. No começo, a garotada perguntava: 'Ei, caras, vocês curtem Grateful Dead?'. Nosso público agora é de uma nova geração. A gente se tornou uma grande banda. Qual era a pergunta?"

Você se sente estranho cantando para garotos com a metade da sua idade?

"Não. Eles são muito jovens, fãs persistentes. Muitos ouviram os Ramones do começo e outros tantos só os trabalhos mais recentes. É meio estranho, mas é legal. O bom é que todas as bandas em nossa volta são nossas fãs. Você vê nossas camisetas em todos os tipos de gente: Axl Rose, do Guns N' Roses, Metallica, Anthrax – todas as bandas de metal altamente energéticas... e então todas as bandas do passado, universitários. Com a gente, você pode curtir jazz e Ramones, blues e Ramones, é como deve ser."

Você alguma vez imaginou que ia fazer mais de 12 álbuns?

"Nada. Queríamos apenas fazer um show. É natural, uma coisa de cada vez. Lembro de John dizendo: 'Devemos fazer um álbum, assim teremos um álbum pra gente'. Isso foi o que sempre quis fazer desde que tinha 13 anos. Sempre soube. Era música."

ÁLBUNS FAVORITOS

Brain Drain: "Um ponto alto dos Ramones. Era muito estimulante trabalhar com Bill Laswell. Cada música é ótima e diferente. É muito forte em substância e execução."

Fun House: "Amo os Stooges. Iggy é um dos meus heróis de todos os tempos. O fato de ele ser tão primal e responder ao que sente. Ele é muito animal. O pique excitante realmente me liga e as músicas emocionais, pesadas, então, viram você ao avesso."

No Remorse: "Adoro o Motorhead. São fortes e genuínos. Gosto um pouco mais da formação com o Fast Eddie, mas gosto também do novo Motorhead."

The Slider: "É meu álbum favorito do T-Rex. Gosto de gente original, inovadora e colorida. Por isso amo o Marc Bolan. Havia algo tão místico sobre ele, sua voz melódica, suas maneiras. As músicas realmente mexem com as pessoas, são melancólicas e tocantes."

A Quick One: "Vi o The Who em Nova York em 1967. Eles realmente me deixaram de quatro e Townshend era tão visual e Keith Moon. Suas personalidades, as músicas, eles eram demais. Era uma liberação total. O The Who era minha primeira grande banda favorita depois dos Beatles."

The Kinks: "Um dos meus favoritos de todos os tempos. Como o The Who, eles foram uma grande influência."

Alice Cooper: "Quando Alice apareceu, era um tipo de herói, só que eu achava que ele era realmente doente como seu personagem. Quando descobri que era armação, que ele não era um verdadeiro necrófilo, fiquei muito chateado. Estou feliz que esteja de volta e indo bem."

AC/DC: "Uma de minhas bandas favoritas de todos os tempos. Eles são do caralho. Como o Motorhead e os Ramones, permanecem fiéis às suas intenções e credos iniciais e nunca desapontam os fãs. Eles são tão soturnos e mal-humorados e intensos. Eu admiro muito o Bon Scott, mas gosto do cara novo também – ele me lembra o Noddy Holder [vocalista do Slade]."

Buzzcocks: "Nos primeiros tempos do punk, entre os ingleses, o Sex Pistol era ótimo, mas eu preferia os Buzzcocks. Eles lidavam melhor com sentimentos, eventos, relações e situações que ninguém queria discutir. Sempre admirei Pete Shelley. 'What Do I Get?' Eles são divertidos, mas lidam com assuntos com que todos temos a ver."

The Rolling Stones: "Os Stones eram mais soturnos e um pouco mais realistas que os Beatles. Era sempre 'It's All Over Now' [Está Tudo Acabado Agora] e não 'She Came Back' [Ela Voltou]. Ela não voltou. Gostava de como eles eram contra o sistema e não queriam se conformar."

30

Ficando *Loco*

"OS RAMONES ERAM BONS tanto em arte como em negócios, e isso era reflexo das habilidades de John e Joey. Era o gênio de marketing da parte de John. Poderiam ter sido uma banda fogo de palha, mas não foram. John dizia: 'Mantemos nossos uniformes. Mantemos nossa identidade viva. Não falamos com a mídia sobre nossas picuinhas'. Ele era muito rigoroso sobre isso e estava certo. Ninguém soube de verdade sobre as brigas dos Ramones até a morte de Joey. Johnny foi responsável por isso. É assunto de família. Era uma mentalidade de máfia e funcionou. Dee Dee podia cantar rap e usar correntes de ouro, mas com os Ramones ele tinha que usar o uniforme. Joey usava uma camisa de estampa florida com Holly Beth Vincent – ótimo, mas com os Ramones ele se vestia de preto."

Lembro de ficar chocado com aquela capa de Joey e Holly.

"Joey parece um hippie. John era esperto o suficiente para dizer: 'Ótimo, disco-solo, não ligo para o que vocês fizerem – você pode ser rapper e você, hippie, mas quando voltar pra casa será um Ramone'. Caso os Ramones tivessem mudado seu uniforme, sua música, ou tivessem tentado experimentar com o que vinham fazendo – e os shows ao vivo nunca mudaram –, teriam se dado mal."

Você está certo, claro.

"Aquela era a visão do que eram os Ramones – e do que os fez funcionar tanto quanto a visão criativa de Joey. Joey era o tipo do cara que nunca diria que sua banda era ruim. Ele era muito legal. Era o artista dos artistas e Johnny era o homem de negócios dos homens de negócios. Johnny estava fazendo muito pela cena *do punk rock, não apenas sob o aspecto artístico. O movimento dele era dizer: 'Ei, vocês são uma banda de Boston e ninguém nunca ouviu falar sobre vocês. Estamos indo pros seus lados, vocês gostariam de abrir pra gente?".*

(Entrevista do autor com George Tabb)

Em 17 de janeiro de 1990, Joey machucou o tornozelo saindo do palco em Wetlands, no Estado de Nova York, depois de uma aparição como convidado em um show dos Raging Slab. A próxima rodada de shows dos Ramones foi cancelada enquanto ele se recuperava no hospital: durante sua estada por lá, o vocalista escutava o show de rádio matinal de Howard Stern, quando ouviu sobre a Praça da Paz Celestial (Tian'anmen) – reforçando seu senso de justiça. "O povo já está cansado de opressão e quer democracia", disse ao jornalista Rob Cassatto de sua cama no hospital. "Mesmo que o governo consiga reprimir os estudantes, eles vencerão no final, porque o futuro está com eles." O vocalista parou de comer carne, chocado com os folhetos da PETA.*

Joey já tinha tomado parte em um painel de discussão sobre a infame censura da música de Tipper Gore o PMRC (Parents' Music Resource Centre),** com Marky e os rappers do Run DMC. "Tenho orgulho do meu país", ele explicou em agosto de 1989, "mas fico imaginando para onde estamos indo. Tudo está tão conservador, com peso moral de direita. Eles sempre pegaram no pé do rock'n'roll desde o início, queimando discos e chamando de 'música do diabo'. A ignorância envolvida nisso tudo é horrível."

O vocalista também participou de movimentos beneficentes pelas florestas tropicais, pelos sem-teto, contra a Aids, pelo meio ambiente... enquanto organizava festas, gravava com os Mystics e aparecia na TV com sua mãe. O último evento foi parte de um quadro do programa *Geraldo*, onde Charlotte cantou versos de "I Wanna Be Sedated" e "Beat On The Brat".

---

*N.T.: PETA (People for the Ethical Treatment of Animals), organização não governamental sediada nos Estados Unidos que luta pelo direito dos animais.
**N.T.: O PMRC, ou "Centro de Recurso Musical dos Pais", foi um comitê formado em 1985, nos Estados Unidos, pelas esposas de vários deputados, inclusive Tipper Gore, esposa de Al Gore, vice-presidente do país entre 1993 e 2001 e hoje ativista pelo meio ambiente. Defendia que o rock fazia apologia da violência, do consumo de drogas, do suicídio, das atividades criminais, etc.

Os Ramones também apareceram em um filme canadense, *Car 54*, dirigido por Bill Fishman, onde tocaram "I Believe In Miracles" em um clube. Enquanto isso, Marky estava começando a acumular sequências dos Ramones dentro e fora dos palcos e que mais tarde seriam usadas no vídeo *Ramones Around The World*.

Em junho, *All The Stuff (And More) Volume One* foi lançado (seguido no ano seguinte por *All The Stuff (And More) Volume Two*. Não se tratava de um pacote de "maiores sucessos", apesar do título, mas a união de *Ramones* e *Ramones Leave Home* em um único CD. "Carbona Not Glue" ainda estava banida e foi novamente substituída por "Sheena" – mas havia algumas *demos*, incluindo "I Can't Be" e "I Don't Wanna Be Learned".

Até onde se admitiu, pode ter havido confusão por parte do produtor executivo Howie Klein na adição das faixas "California Sun" e "I Don't Wanna Walk Around With You", no final do álbum. Não são as mesmas versões do álbum *Live At The Roxy*, usadas no lado B do *single* "I Remember You", mas de *It's Alive*. É um triste exemplo do desdém com que os Ramones foram tratados: por que se incomodar em incluir aquelas canções se elas não eram do *single*? Na segunda compilação (*Rocket To Russia* e *Road To Ruin*) "Slug" foi incluída.

Outro lançamento dos Ramones de 1990 era muito melhor: a compilação em vídeo *Lifestyles Of The Ramones*, dirigida por George Seminara – com entrevistas feitas com fãs, como Debbie Harry, Tina e Chris, dos Talking Heads, e com o Anthrax, além do estranho lançador de beisebol (Dave Righetti, do New York Yankee, um pouco "estranho no ninho" nessa lista).[50] Seymour Stein falou sobre seu entusiasmo pelo grupo, o mesmo ao longo dos anos. Little Steven observou que "rock'n'roll do bom é muito simples e manter aquela simplicidade depois de gravar é de fato muito difícil."

"Conheço Joey desde 1972", diz Seminara. "Eu tinha 12 e ele 22. Meus pais costumavam ir ao Max's Kansas City em *happy hours*, dois drinques ao preço de um, com chilli e arroz de graça. Ainda tenho boas memórias daqueles grãos de bico... Um dia, Joey Ramone apareceu por lá quando eu estava. Nunca tinha visto um cara com aquele visual glam como David Bowie em espelhos de parque de diversões.

---

50. Os Ramones costumavam promover sessões de autógrafos de tempos em tempos; fazia parte de sua rotina. Mas a sessão que tomou lugar na Tower Records, em Manhattan, para promover o lançamento do vídeo em setembro foi incomum, mesmo para seus padrões. Entre os usuais mocassins e botas Doc Marten, tiveram que assinar um crânio, um quipá, guitarras elétricas e membros humanos. "Ao menos vinham ligados aos corpos de pessoas", Joey riu. "Na Europa, um fã tirou sua perna artificial e nos entregou para assiná-la."

Então, fui checar mais de perto. Ele me viu e convidou para me sentar com ele no bar. Falamos sobre música, bandas e discos. Ele me deixou com boa impressão."

Anos mais tarde, Seminara começou a ir a shows no CBGBs, onde tinha a mão estampada com um carimbo de "proibido de consumir bebida alcoólica" por ser menor de idade. "Eu era fã. A qualidade visceral do punk rock era o que me atraía, e a inteligência da música, especialmente para minha geração de 1976 a 1982, o período inicial do hardcore. Pedi minha mulher em casamento em um show da banda Bad Brains em que eles estavam queimando um boneco do Reagan. Estávamos na frente do palco, saímos e eu disse: 'Vamos nos amarrar'. Dezenove anos depois ainda estamos casados."

Mais tarde, ele gravaria vídeos para (o primeiro diretor de vídeo dos Ramones) Bill Fishman, e gravou um vídeo para o Agnostic Front no CBGBs frente a toda a comunidade hardcore. Joey gostou e ligou para Seminara. Este, achando que fosse trote, bateu o telefone.

"Seymour me ligou", ele ri, "e perguntou se eu estava louco. Meu primeiro trabalho foi 'I Believe In Miracles', que foi quando dei conta da animosidade entre Joey e Johnny. Tive um grande trabalho pra me manter de boca fechada, então passei a evitá-lo. Pessoas como Daniel Rey têm a habilidade de andar na linha, mas eu não. Trabalhando com Bill, percebi que Johnny odiava perder tempo, então limitei a interação da banda."

"Alguns dos vídeos não eram tão bons quanto gostaria, mas se você não pode ter a banda trabalhando com você, o que fazer?", pergunta Seminara. "Sua vontade de trabalhar era limitada, então frequentemente escolhia outra coisa depois de eles saírem. Tivemos Liv Tyler, aos 14 anos, Bebe Beull, os BoDeans, os Dictators. Acho que nunca gastamos mais que 10 mil dólares em um vídeo – talvez 15 em um com quatro *cameramen* e eu viajando pela Europa. Alguns são bem soturnos, porque vêm daquela cultura de quadrinhos dos anos 1950 da EC Comics, de clima dark, do tipo 'a vida é dureza e daí a gente morre', que também permeou toda a estética do punk rock. Nenhuma outra banda explorou conceitos tão tenebrosos como o da lobotomia. Seus objetos eram sempre medonhos."

A compreensão de Seminara sobre a necessidade de contenção financeira impressionou o guitarrista: "Johnny me disse que eu era seu diretor favorito porque eu o liberava das gravações em no máximo uma hora", George ri. "O melhor clipe que já fiz foi o de 'Blitzkrieg Bop', no relançamento de *It's Alive*. Gravamos sequências de shows na Bégica e na Alemanha, onde uns fascistas chatos tentaram zoar o show de Iggy. A gente se concentrou em coisas que achamos que os fãs iriam gostar – pessoas nos bastidores e fãs verdadeiramente hardcore como o cara na Europa que se vestia e comportava como Johnny tão perfeitamente que quase sempre entrava em shows como se fosse ele."

"Falo com George por apenas alguns minutos e é o suficiente para saber de que lado da divisão Joey/Johnny ele está: Johnny é um cara difícil", diz, "e acho que sei por quê. Muito cedo Johnny e Tommy estavam em uma banda, mas foram expulsos porque em uma apresentação em um colégio Johnny fez uma garota cair e se cortar. O tempo passou e ele queria sua própria banda. Então, ele e Tommy montaram os Ramones, com Dee Dee como vocalista, Joey na bateria e Johnny como chefe. Queriam tocar rápido e alto, serem melódicos e atrativos para garotos como eles – serem normais, porque o rock tinha se tornado tão místico, tão especial, tão chato..."

"Então Dee Dee ia ser o vocalista e era alguém fácil de ser controlado – tinha problemas com drogas, era fácil obrigá-lo a fazer o que se queria. O problema era que Dee Dee não podia tocar e cantar ao mesmo tempo – ele levou até a metade dos anos 1980 para conseguir fazer isso, ainda que se aplicasse muito; foi daí que saiu o 1-2-3-4 – mas Joey podia, então o promoveram como homem de frente. Mas Joey era um cara esperto e tinha suas próprias ideias. Então, a banda de Johnny se tornou a banda de Johnny e de Joey. Durante toda a carreira dos Ramones, Johnny sempre planejou despedir Joey e botar seu próprio vocalista no lugar dele."

Essa última parte da teoria de George Seminara explica a decisão desconcertante da banda (e dos empresários) de ter gravado faixas com CJ cantando nos três últimos álbuns dos Ramones, e tê-lo substituindo Joey em *Top Of The Pops*, a última aparição dos Ramones em 1996. Johnny estava preparando o baixista para ser um eventual sucessor de Joey: um que ele (finalmente) poderia controlar.

"SEMPRE QUE JOEY andava por Nova York, as pessoas o reconheciam.

Uma noite estávamos no St. Mark's Place, famintos, e um cara da minha altura – 1,60m – começou a conversar com o Joey. O cara estava nervoso, balbuciando, e queria dar a Joey algumas fitas, e deve ter falado com ele uns 15 minutos. Eu estava morrendo de fome, então achei que seria má conselheira, apressando tudo. O garoto ouviu os toques de Joey e, ao se despedir, disse: 'Obrigado, cara senhor'. Ele obviamente pensou que 'cara' seria muito informal e tentou consertar dizendo 'senhor' em seguida. Não queríamos começar a rir na frente do garoto, mas intuitivamente sabíamos o que cada um estava pensando: 'cara senhor' se tornou uma brincadeira constante.

Levei Joey para assistir Waterworld, e ele estava achando tão chato que começou a cabecear e finalmente dormiu. Então eu disse: 'Você tá parecendo o Concorde com esse nariz cabeceando pra baixo. Volte a dormir'. Quando saímos, ele observou: 'Waterworld? Eles deveriam ter chamado esse filme de Water Main'.*

Joey era uma pessoa muito generosa, ao contrário de Johnny, que tinha o primeiro centavo que ganhou na vida – a única exceção é que Johnny gostava de comprar na excelente mercearia Bal Duchi no Village (Avenida Sexta entre as Ruas Oitava e Nona). Johnny ia lá e saía com duas enormes sacolas de compras com o logotipo verde da loja. Ele se deliciava com aquela comida caríssima, mas só pagaria implante de um seio apenas [Joan não está sendo literal aqui, apenas se divertindo]. Havia algo nele que era duro como pedra, ele podia botar seu rosto no Monte Rushmore que serviria perfeitamente.

Joey formou uma banda política, The Resistance, para tocar em manifestações públicas... ele tocou durante as primárias do primeiro mandato de Clinton, apoiando Jerry Brown – 'Fascists don't suck, they screw' [Fascistas não enchem, eles ferram]. Eu acrescentei um verso: 'They go to church on Sunday/They'll prey on you on Monday' [Eles vão à igreja no domingo/Eles te caçam na segunda]. Fiquei achando que jamais faria nada tão bom novamente. Joey disse: 'Isso ficou muito bom. Como você fez? Foi até o Deus Janela pedindo pela frase?'"

(Entrevista do autor com Joan Tarshis, jornalista)

A agenda dos Ramones para 1990 beira o brutal: uma enorme quantidade de datas na Escandinávia em março, um grande número de shows nos Estados Unidos durante os cinco primeiros meses, um grande festival em Lorelei, na Alemanha, em 23 de junho. CJ, consciente de sua estranha posição na banda, andava com a equipe de *roadies* – batendo bola, jogando taco.

---

*N.T.: "Water main" significa em inglês "encanamento central". Joey usou essa expressão para fazer um trocadilho com o nome do filme *Waterworld*, que, traduzido ao pé da letra, significa Mundo Aquático.

Em 28 de junho, os Ramones uniram-se com os velhos amigos do CBGBs, Debbie Harry, Tom Tom Club e Jerry Harrison, para a turnê-nostalgia de sete semanas *Escape From New York*, começando em Columbia, MD. As bandas jogaram cara ou coroa para decidir quem iria abrir a noite, e a turnê reuniu uma multidão respeitável – entre 5 mil e 10 mil fãs por noite, com 25 mil em Austin.

"Alguns de nós aqui, hoje, ainda se lembram da rádio rock'n'roll", Joey gritou como introdução. Não CJ, porém. Ele era muito jovem para se lembrar dos dias aos quais agora os Ramones viviam se referindo, atacando tudo que fosse novo ou fora do ordinário, uma triste reflexão de seu estado de espírito.

"Em lugar de saber sobre Jon Bon Jovi ou New Kids On The Block, da mesma forma que uma vez souberam do Ohio Express e The Trashmen", o crítico Chuck Eddy escreveu, "tudo o que os Ramones fazem hoje é desprezar os adolescentes como garotos que 'não sabem nada sobre música de verdade e apenas são manipulados pelo rádio' (de acordo com Johnny) ou que 'compram discos só porque gostam do visual da banda' (de acordo com CJ)."

Em oposição aos Ramones, que escolheram seu novo baixista porque... bem... por causa do seu visual.

"Esses caras estão perdendo a piada, perdendo a graça", Eddy continua, "fingindo que o mundo parou de girar." Discutindo as contradições inerentes nos Ramones em CD, Marky diz: "Não dá para lutar contra o progresso. Hoje o punk rock está tentando de tudo para fazer exatamente isso."

Carla Olla tocou guitarra com Debbie Harry na turnê: "Tocamos em vários lugares ao ar livre, parques de diversões", disse ela. "Era como se eu estivesse viajando com uma grande família em uma caravana de bandas. Uma vez, Debbie e eu caímos na risada porque estávamos sentadas no meu quarto e Joey estava no andar de cima, aquecendo. Podíamos ouvi-lo através da ventilação. Em primeiro lugar, achamos engraçado o vocalista dos Ramones precisar aquecer a voz – então começamos a imitar as escalas, 'Ei, ei, ei, ho, ho, ho', no chão, morrendo de rir. Então me dei conta de que ele realmente tinha melhorado sua voz ao longo dos anos."

"Ficamos amigos naquela turnê – demorou um pouco porque eu não o entendia: ele era tão distante, alto, e ainda resmungava. A primeira vez em que tivemos um bom bate-papo foi quando me ajeitei em uma cadeira e falei com ele. Até então era: 'Oi, tudo bem?' Dava pra falar com ele sobre qualquer coisa – política, música, ele era um cara esperto e interessado."

Joey apoiava as bandas de Carla – Trashaholics, Shiny Mama, sua velha banda de metal especial PMS, e até mesmo os Spikey Tops, a banda de Dee Dee. "Ele foi um dos poucos caras que apoiavam mulheres na música", diz ela. "Joey apenas gostava do que gostava. Ele não ligava se era homem ou mulher tocando, ele era orientado pelo seu gosto, e se gostava, ia à MTV falar sobre a banda."

Em uma ocasião, Joey tocou com Joan Jett, Dee Dee e Daniel Rey em um show beneficente para mulheres chamado *Rock For Choice*.

Os Ramones tocaram no Japão em setembro (antes de ainda outra turnê europeia, que desta vez incluía a Iugoslávia), onde os fãs os seguiam por todo lugar: no *lobby* dos hotéis, na estrada, no trem-bala, cobrindo os músicos de presentes. "Parecia a segunda vinda dos Beatles", Joey comentou.

"O Japão e seu povo é totalmente diferente dos Estados Unidos – exceto pelo McDonald's", CJ disse no fanzine *Ramones Ramones*. "Mas havia coisas que não entendi. Tive que usar uma camisa de mangas compridas, assim minhas tatuagens não ficariam à vista, e éramos proibidos de levar garotas aos nossos quartos. E ainda se pode comprar 50 dólares de uísque de uma máquina."

CJ mostrou que era adepto de uma sacanagem tanto quanto Marky e Dee Dee: "Fui nadar pelado na piscina do hotel em Austin, Texas, às 5 da manhã com os caras da Trouble", ele lembra, "e fomos pegos pela segurança do hotel. O guarda disse: 'Ia tirar vocês, mas como estão pelados é melhor ficarem aí'".

O baixista também era conhecido por jogar bombas de água do alto dos ônibus de teto aberto em pobres pedestres.

Em Birmingham, a banda tocou em uma velha fábrica do século XVIII, enquanto em Wilmington, Julia Roberts e (o então parceiro) Kiefer Sutherland deram uma passada e admiraram as tatuagens de CJ, que as explicou para ela.

Toneladas de músicos de velhas (porém populares) bandas de metal estavam apoiando os Ramones abertamente através de suas camisetas com fotos da banda estampadas – Skid Row, Wrathchild, Cult, Anthrax, Def Leppard, LA Guns, Megadeth, Alice Cooper, Georgia Satellites, Poison – em uma forma de reconhecimento tardio. O Motorhead, uma das poucas bandas decentes dessa lista (ao lado do Metallica, o qual a tarimba roqueira de Lemmy modernizou e rendeu um brilho amigável da MTV), ainda lançou uma canção tributo aos *bro* em 1991,

"R.A.M.O.N.E.S." – uma faixa que Joey chamou de "uma honra definitiva, como se o John Lennon tivesse escrito uma música para nós."

"Blitzkrieg Bop" foi usada em um comercial de Budweiser Light: "É o ritmo e a batida que estávamos procurando", explicou o produtor Fred Smith. "(Os Ramones) são representativos da geração atual." Se isso não for reconhecimento do *mainstream*, fica difícil saber o que é.

Na verdade, havia muitos músicos legais que consideravam os Ramones e gostavam deles – desde Sonic Youth (que fez *cover* de "Beat On The Brat") e The Wedding Present às bandas de Seattle, como Nirvana, Soundgarden e Mudhoney – mas seu apoio não era tão notado. As outras bandas venderam mais discos.[51]

Mas essa situação iria mudar em breve.

"TENHO UMA VISÃO diferente da maioria em relação ao grunge. O grunge era um tipo de CD, essa novidade incrível que revitalizou a indústria da música, mas que a longo prazo acabou por matá-la, porque transferência digital de música significa que seu catálogo será inútil em algum momento. Sempre ouvi grunge como heavy metal. Não gostei quando o metal começou a dominar, e vieram o Black Sabbath e o Deep Purple com seus primeiros discos."

Certo.

"Assim que o metal se tornou popular, foi se transformando em inimigo. Aquela safra – Journey, as bandas cabeludas – expulsou a música que eu gostava das rádios americanas. Matou o punk rock aqui e os Ramones foram sabotados. Eu era divulgador nessa época e me demiti para voltar à escola e me tornar um engenheiro eletrônico. Mas eu gostava tanto de música, não conseguia comprar nada do que eu queria, então, voltei e tive que encarar esse pessoal do rádio.

---

51. O Sonic Youth foi uma banda incrível de pop barulhento de Nova York do princípio dos anos 1980, influenciada pelo começo da arte dos *lofts*, punks como os Ramones, James Chance e Patti Smith. Eles batiam com chaves de fenda sobre as cordas da guitarra e viam seus instrumentos na beirada do palco. Considerados precursores do Nirvana e das bandas que vieram a seguir, o Youth sempre teve por Joey Ramone o máximo respeito. Os Ramones, na verdade, tocaram "Commando" no filme da banda, *1991: The Year Punk Broke*, de 1992, ao lado do Nirvana e do Dinosaur Jr., filmados no circuito de festivais europeus. O título se refere sarcasticamente ao sucesso do Nirvana, 15 anos após os Ramones inventarem a forma e o Sex Pistols terem balançado o Reino Unido.
O Wedding Present era uma banda do norte da Inglaterra, renomada por suas letras profundas e guitarras maníacas. Eles uma vez lançaram e descartaram um *single* no mesmo mês por 12 meses, assim poderiam ser incluídos no UK Top 40 por 12 vezes em um ano, e, dessa forma, ir parar nos livros de recordes. O Mudhoney é uma excelente banda, no estilo dos Stooges.

Odeio essa gente. Estavam destruindo a música enquanto parte da cultura americana – e eles conseguiram!

O formato da rádio alternativa era rival e foi, durante um tempo, mais bem-sucedido que o da rádio rock. Mas, então, começou a ser infestado pelo grunge e logo apareceu toda aquela gente que manteve os Ramones fora do rádio nos anos 1970. Eles se apossaram do formato e o transformaram em veiculadora de som para machos estúpidos, cheios de testosterona, voltados para a coisa do metal. Todas as vezes que ouço bandas como Soundgarden me dou conta de que não passa de metal. O que há de tão genial nisso?"

Para mim, há dois tipos de grunge – o grunge como começou e o grunge da moda, o grunge da MTV, como o das bandas Silverchair e Bush.

"É o que se transformou em porcaria metaleira."

Como fã dos Ramones, achei terrivelmente insultuoso que Eddie Vedder os tenha introduzido no Rock'n'roll Hall Of Fame [em 2002, sob o comando de Johnny], porque... Eddie Vedder é o inimigo. O Pearl Jam é o Journey. Não tem nenhuma diferença. Não entendo por que Eddie Vedder – ou mesmo Bono – sairia por aí dizendo: "Oh, os Ramones são a melhor banda de todos os tempos". Se é o caso, por que não estão fazendo boa música?

"É uma questão lógica. A quem você ligou o Pearl Jam?"

Ao Journey.

"Journey. Certo. Tem espaço pra todo mundo. Stone Gossard [guitarrista do Pearl Jam] é um cara adorável. Não vou criticar seu potencial criativo por causa do meu gosto."

É claro.

"O Pearl Jam do começo tinha um som dark ao estilo dos Doors, então não sei como relacionar a banda aos vocais supérfluos do Journey, mas... entendo porque você conecta esses pontos. É interessante como o público de heavy metal acatou os Ramones, mesmo antes do grunge. Os Ramones tinham uma originalidade especial – seus discos e shows ao vivo eram duas coisas completamente diferentes, experiências fantásticas. Ao vivo, era como estar em frente a uma turbina de jato por uma hora e dez minutos. Os Ramones tinham um denominador comum de sonoridade oculto que toca tanto os fãs de hard rock quanto os de metal. Eu prefiro que Eddie Vedder, o pessoal do Green Day, Bono e todo mundo sejam honestos e admitam que os

Ramones tinham muito a ver com o motivo de todos terem carreiras do que não."
É justo.

(Entrevista do autor com Kevin Patrick, executivo de gravadora, 2002)

No final de 1991, o Soundgarden pediu a Joey que apresentasse a banda no show que abririam para o Guns N' Roses no Madison Square Garden.

Era um público consciente do legado dos Ramones – e levado a um improvável alinhamento das duas bandas com o que restava dos Ramones.[52] Improvável? Com certeza. O Soundgarden tinha um som parecido com o do Black Sabbath e os Ramones não tinham sido expulsos do palco nos anos 1970 pelos pais dos mesmos fãs que agora vinham saudar Joey no palco? O punk já tinha sido algo oposto ao heavy metal: agora parecia que os dois gêneros sofriam de uma miopia similar e se preparavam para unir forças na batalha ao novo inimigo – rap, hip-hop, a nova cena dançante nascida nas garagens e armazéns do Reino Unido, qualquer coisa que mirasse para frente, na verdade.

Tudo isso não tem intenção de denegrir o Soundgarden, uma ótima banda, muito mais culta e liberal em suas atitudes que suas predecessoras – mas, sim, chamar a atenção para a rica ironia da situação.

Muitos fãs viram o abraço das bandas grunges nos Ramones – e vice-versa – como uma traição dos *bro* ao que já tinham defendido. Com certeza, quando o Nirvana apareceu no começo dos anos 1990, foram uma lufada de ar fresco, um retorno momentâneo à ideia do rock como música viva, passível de ser criada com inteligência, humor e alma. Mas e as bandas que se seguiram e se autoproclamaram "grunge" – Pearl Jam, Silverchair, Bush, Garbage, Stone Temple Pilots, Saw Doctors, Temple Of The Dog (e outras piores ainda)? Por mais que se forçasse, era impossível colocá-las em uma categoria separada das ojerizadas bandas cabeludas dos anos 1970 que o punk – e mais particularmente os Ramones – supostamente teria expurgado.

Mais ainda: para um músico que clamava punk como sua herança, e deu sustentação aos Ramones, era como uma grande festa de fraternidade universitária: "Ei, somos todos roqueiros debaixo da pele". Mas os Ramones – e o Nirvana – eram originalmente uma banda pop, com

---

52. O Soundgarden fez *cover* de "I Can't Give You Anything", que está no lado B de seu *single* "Outshined", de 1992.

suas sensibilidades firmemente em sintonia com as clássicas melodias de dois minutos do rádio dos anos 1960. E NÃO NENHUM TIPO DE SOM METALEIRO, apesar de todas as tentativas aplicadas de Johnny com o speed-metal e o punk hardcore: com exceção de que os Ramones (e o Nirvana) tocam no palco com mais paixão e vigor e poder que mil bandas metaleiras ruins. E, também, Kurt Cobain e Joey Ramone estavam claramente em contato com seus lados femininos: um fato que os eleva muito acima da postura clichê de uma centena de Axl Roses, Sebastian Bachs e Bonos.[53]

Pós-Nirvana, pós-1991 (*The Year Punk Broke*) e o sucesso de *Nevermind*, e o punk tornou-se massivo nos Estados Unidos. O fato de que esse punk tinha pouco ou nada a ver com as origens dos Ramones, e que tinha seguido regras sufocantemente restritivas, não parecia importar. Como Patrick observou, os Ramones ao vivo eram muito diferentes dos Ramones no estúdio. Bandas como Green Day, Rancid e Blink 182 pegaram o som dos Ramones e o mudaram sutilmente – sem o radicalismo e as letras bizarras sobre lobotomia –, e foram premiados com vendas de milhões.

Era o suficiente para encher uma banda de amargura.

"Os Ramones ficaram chocados como qualquer um quando essas bandas começaram a se tornar populares", diz Daniel Rey. "Quinze anos depois de terem começado tudo, eles se acostumaram com a ideia de serem um grupo cult – com um público limitado e acreditando que era realmente limitado. E não mais que de repente o Green Day vende nove milhões de álbuns. Johnny ficou feliz porque isso deu ao gênero um certo impulso. Joey estava puto no começo, mas, depois de um tempo, mudou sua postura, porque eles citaram os Ramones como principal influência."

Havia um mínimo de arte no que os Ramones fizeram no começo – as letras simples, muitas repetições, os milhares de melodias escondidas em três acordes. Nenhuma das bandas dos anos 1990 tinha isso. (O Nirvana tinha um pouco, mas não era exatamente a mesma coisa.) Não era de se admirar que o público de massa nunca entendera os Ramones.

"Kurt Cobain era um talento maior", diz Tommy, "e não havia um talento do seu calibre há muito tempo. Não sei se os considero uma banda. A conexão é que obviamente ele era muito influenciado pelo punk, então, quando se tornou campeão de vendas, o mundo finalmente se deu conta

---

53. Cobain escorregou em um tributo a Joey no coro "Hey! Wait!" em "Heart-Shaped Box", do álbum *In Utero*, uma inteligente inversão de "Wait! Now!" de "I Just Want To Have Something To Do".

de que o gênero podia vender. Seu sentimento e angústia eram punks, mas não necessariamente a música."

Website Addicted To Noise: "Qual é a sua opinião sobre a nova banda Silverchair?"

Joey: "Propaganda exagerada."

O terceiro ano dos Ramones com CJ a bordo foi tipicamente ocupado: sem álbum para lançar em turnê, a banda viajou pelo mundo em 1991 – Austrália (janeiro), Tóquio (fevereiro), Espanha (março), Estados Unidos e Argentina (abril), Brasil (maio), Estados Unidos (junho), Itália e Suíça (julho), Canadá e festivais europeus (agosto), mês de férias (setembro), Estados Unidos (outubro), Europa novamente (novembro) e, finalmente, Reino Unido e Estados Unidos (dezembro).

Na América do Sul, 15 mil pessoas foram ver os Ramones em Buenos Aires, encorajados pelos divulgadores que também eram donos das estações de rádio do país: "Não podíamos sair do hotel por causa dos fãs", disse Joey. "É um povo apaixonado. Querem um naco da sua carne como *souvenir* – literalmente. Depois que o avião aterrissou, estávamos andando até o terminal, olhamos pra cima para ver o *deck* do aeroporto lotado com fãs cantando "Hey ho! Let's go!"."

Outros 20 mil viram os *bro* em três noites no Brasil.

No Canadá, Joey e CJ foram ver o circo de rock itinerante de Lollapalooza (destacando Jane's Addiction, Siouxsie & Banshees e o Living Colour) em uma noite de folga. Entraram por trás e foram reconhecidos pela multidão, que os saudou com uma ovação. Quando perguntado por que os Ramones não estavam na turnê, o vocalista do Jane's Addiction, Perry Farrell, disse: "Tenho muito respeito por vocês. Vocês deveriam estar à frente da turnê".

"Quando começamos o Hole, havia vários fãs dos Ramones na banda", escreve Eric Erlandson, guitarrista da banda. "Em certo momento, Courtney [Love, vocalista] decidiu que seríamos uma banda livre-de-Ramones, provavelmente em reação ao estilo bublegum punk pop da (banda de rock só de mulheres) L7. Então, ela demitiu todo membro que fosse pego mastigando chiclete no palco ou usando sebentos tênis Converse." Ele não está falando completamente a sério aqui. "Tipo quando John Lydon demitiu Glen Matlock por ouvir os Beatles. Nossa antiga baterista sugeriu que fizéssemos *cover* de 'Carbona Not Glue' e no dia seguinte ela tinha sumido. Ainda não sei o que aconteceu com ela. Aprendi depressa a esconder meu fetiche pelos Ramones, traficando um som aqui e ali no meu carro a caminho do ensaio com a banda.

Vi os Ramones ao vivo uma vez no começo dos anos 1990, mas tudo o que me lembro era o olhar de tubarão de Johnny, Perry Farrell na minha frente batendo cabeça durante as duas horas de show e eu imaginando que jamais seria capaz de tocar guitarra daquele jeito. Formavam uma banda incrível. Ainda amo os Ramones. Mas, por favor, não digam a ninguém."

Em Bruxelas, os Ramones foram a primeira banda do festival Pukkelpop, acima do Sonic Youth, do Nirvana e da turbulenta, veloz e barulhenta banda de J. Mascis, Dinosaur Jr. Na Escandinávia, a banda tocou em rinques de hóquei no gelo – "Ramones no gelo".

Claramente o que estava em falta nesse momento era um grande álbum ao vivo, que refletisse a paixão e o poder dos Ramones no palco, algo na linha de *It's Alive* treze anos depois. Um que mostrasse aos jovens fingidores do que os punks originais eram capazes.

A resposta foi *Loco Live*, lançado em outubro de 1991 – "33 faixas de clássicos trash em 67 minutos", o anúncio dizia, entregando o jogo. Trash? Da imagem borrada da banda ao vivo na capa – Marky está usando uma peruca? – à distorção na voz de Joey, dez vezes mais alta e soando como se ele estivesse em outro auditório, este é um pacote péssimo, descuidado, pobremente executado. Como a gravadora ousou mencionar este álbum no mesmo fôlego de *It's Alive*, um dos melhores álbuns ao vivo de todos os tempos? Como puseram Adam Yellin e John A. Markovich para destruir completamente o som dos Ramones no Electric Lady Studios, em Nova York? O som da multidão pode ter sido gravado em Barcelona (11-12 de março de 1991), mas é a única paixão genuína do álbum.

Loco Live é horroroso. É um insulto a tudo o que a banda já havia apoiado. Se havia uma prova de que os Ramones estavam trabalhando por obrigação estava aí. Desde quando Joey praguejava no palco? Desde quando ele desistia de cantar na metade de "Sheena" porque a música estava muito rápida?

"O som está péssimo", suspira CJ Ramone. "Em termos de som, é inacreditavelmente horrível e, é claro, foi o primeiro disco em que toquei com eles. Não estava nada contente com isso. É provavelmente o pior disco dos Ramones. Mas não foi culpa nossa. Fomos forçados a trabalhar com um produtor que não tinha ideia de como era o som dos Ramones, além de Marky ter posto *overdub* em todas as faixas de seus hi-hats e ficar no estúdio durante a mixagem para ter certeza de que as faixas de bateria estariam mais altas que tudo."

Por alguma razão, a versão americana e a inglesa do CD são diferentes: tanto as capas quanto as músicas. (O lançamento inglês inclui "Too Tough To Die", "Don't Bust My Chops", "Palisades Park" e "Love Kills", mas omite "I Just Want To Have Something To Do", "Havana Affair" e "I Don't Wanna Go Down to The Basement". A versão americana faz o oposto.)

"Não tenho ideia de por que eles deixaram passar", CJ acrescenta. "É muito ruim porque o show era muito forte. Oh, Deus, não sei o que fizeram nesse disco. O som ficou super, super-ruim..."

Marky, por outro lado, gosta do álbum: "*Loco Live* foi um ótimo álbum ao vivo", ele me disse. "Destaca minha bateria."

Se *Loco Live* soa como uma obrigação contratual – um álbum lançado para honrar um acordo prévio – é porque era. O acordo com a Warner Bros./Sire estava terminando uma vez mais – e desta vez não seria renovado. Havia um sentimento, justificado, de que o selo havia desistido dos Ramones depois de 15 anos de vendas estáveis, mas dificilmente sensacionais. Os Ramones estavam trabalhando em músicas para seu próximo álbum de estúdio, mas a Kurfirst Management tinha um motivo inconfesso para garantir que a Sire estivesse fora da jogada.

No final de 1991, os Ramones deixaram seu primeiro selo americano de discos e assinaram com um novo, o Radioactive, dirigido por Kurfirst. Normalmente, selos de discos são diretamente opostos ao empresariado e vice-versa (um está sempre tentando ferrar com o outro). Foi uma sábia decisão na carreira, ter o selo e o empresário unidos?

Os Ramones pensaram que sim.

31

Na Estrada, Parte 7

"NA ÉPOCA EM QUE eu entrei para a banda, eles tinham sua própria rotina. Já tinham aproveitado bem e visto de tudo. Nunca senti que estava no mesmo nível dos outros Ramones. Minhas origens são simples, pra mim era mais fácil andar com o pessoal da equipe. Viajei mais com eles. Eu era doido, jovem e danado. Era bom poder dar vazão à minha fúria noite após noite, ter altas ofertas de sexo.

A equipe de *roadies* era parte da família disfuncional, cada qual em seu papel. O técnico de guitarra Rick era um maníaco por controle, um selvagem da Louisiana fumador de maconha. O resto da equipe era de Youngstown, Ohio – garotos caipiras de Ohio com ótimo senso de humor. Era um prazer sair com eles. Havia Moon, que vendia as camisetas – ele tinha encontrado a banda logo no começo, e eles o mantinham por perto porque era maluco, imprevisível. Ele acabou se mudando para a Califórnia.

Tinha o Arturo – designer de iluminação, no comando dos trabalhos de arte, do design das camisetas, um artista e uma lenda. Os Ramones nasceram em seu *loft*, assinaram seu primeiro contrato e escreveram boa parte de suas músicas lá. Ele foi uma grande influência na vida de Joey e Dee Dee.

A equipe de *roadies* é uma entidade separada da banda. Eles não têm tanto crédito quanto deveriam. Mas a equipe – e Arturo, em particular – tinha muito a ver com a duração da carreira dos Ramones e sua qualidade. Pode soar ridículo e não sei se Joey, Johnny, Dee Dee e Marky iriam concordar. Por exemplo, uma vez o pai de um técnico de som e um técnico de alto-falantes – que eram irmãos – morreu quando estávamos em turnê do outro lado do oceano. Eles acharam que não conseguiriam chegar a tempo para o funeral, então decidiram continuar com a turnê. Isso estava acima do que se esperava deles.

Monte deveria usar uma camisa Everlast [marca famosa por fazer equipamentos e vestuário para boxeadores]. Ele vivia apanhando de tudo e muito raramente ganhava crédito por alguma coisa. Fazia um verdadeiro malabarismo como nosso gerente, assistente pessoal de Joey e coordenador dos shows, apesar de termos um agente que marcava as datas. E ele fazia tudo isso, dia após dia. Monte fez muito trabalho pesado, como impedir a entrada nos bastidores de ex-namoradas e pessoas indesejadas em geral. E, às vezes, quando se está cansado, é muito difícil lidar com isso. Você não quer gastar seus primeiros dez minutos saindo do palco pra falar macio, sorrir, mesmo com os maiores fãs."

Como era sua rotina nas turnês?

"Descíamos para tomar café, passeávamos na área local de compras, fazíamos checagem de som... tudo era muito organizado. Se você não tem uma rotina, você se entedia rapidamente. Eu era tão novo e impressionado com tudo, saía para beber até às 6 da manhã e estava pronto pra tocar à noite – mas não era infalível. Uma vez, no Canadá, eu tive coma alcoólico e vomitei no palco duas noites seguidas. Não podia me mexer. Mas, na maioria das vezes, estive sempre bem."

(Entrevista do autor com CJ Ramone, 2002)

32

Strength To Endure

EM 29 DE DEZEMBRO de 1991, os Ramones tocaram em um show no Ritz, em Nova York, quando mostraram músicas de seu novo álbum, *Mondo Bizarro*. A banda vinha trabalhando em material novo desde 1990: Marky (que, depois da saída de Dee Dee, passou a contribuir com composições, apesar das dúvidas no começo sobre sua habilidade) tinha um trabalho em andamento chamado "Rat Race", enquanto Joey tinha escrito "There's Gotta Be More To Life Than This", deprimido pelo que chamava de "o Natal mais miserável da minha vida".

Nenhuma dessas músicas viu a luz do dia, mas o primeiro álbum de estúdio dos Ramones em três anos – gravado com equipamento analógico nos estúdios Magic Shop e Baby Monster em Nova York, a partir de 20 de janeiro – ficou bem acima da expectativa gerada em muitos por *Loco Live*. Ed (*Road To Ruin*) Stasium estava de volta apenas levemente atrapalhado pela insistência do empresário para que a banda fizesse um comercial no estilo *jangle** de rock alternativo.

"Eu tinha me mudado para Los Angeles em 1989", Stasium recorda, "e lá os vi pela primeira vez com CJ. Estava impressionado pela energia revigorada. Eles estavam ajustados, muito bons, tocando o melhor que eu já tinha visto – e então disse a Gary que eu queria produzir o próximo disco. Naquela época estava por cima por conta do meu trabalho com os Smithereens e o Living Colour, eles me escutaram. Tentei fazem um disco dos Ramones para os anos 1990."

Johnny queria chamar o álbum de *Condemned To Live* – obviamente, o guitarrista ainda tinha algum senso de humor negro – ou

---

*N.T.: Gênero do pop sem guitarras distorcidas, muito comum nos anos 1960.

Mondo Deprovados, mas a pronúncia foi considerada difícil para os americanos. Então, encurtaram o título.

Dee Dee podia ter saído, mas continuava contribuindo com grandes músicas – ele tem três composições com Daniel Rey em *Mondo Bizarro*: o *single* triste, inspirado e desesperado "Poison Heart", "Main Man" e "Strength To Endure". As últimas duas foram cantadas por CJ – sua voz era boa, mas com certeza não era a de Joey.

"Não importava quem cantava", CJ explica, "porque eram grandes músicas."

"('Strength To Endure') é sobre viver a vida nos termos da vida", Dee Dee disse no *Boston Rock*. "Somos responsáveis frente à nova geração. Outro dia vi um anúncio do Metallica que dizia 'Alcoólica'. Não acho legal", ele afirmou, soando como seus pais, "bandas encorajarem pessoas a beber."

"Acho que todos têm um tempo", Marky disse a uma revista alemã, "talvez em um relacionamento, talvez por causa da morte de alguém ou por alguma questão pessoal, quando é preciso força para resistir. E isso tem um gosto amargo. Dee Dee precisou dessa força quando decidiu deixar os Ramones."

Ainda havia rancor: Dee Dee declarou que os Ramones estavam se recusando a pagá-lo até que assinasse um papel abrindo mão de todos os direitos sobre o nome Dee Dee Ramone: mais tarde ele escreveu em seu livro *Coração Envenenado* que foi forçado pelo empresário a vender os direitos de publicação de suas músicas em *Mondo Bizarro* em troca de alguns poucos milhares de dólares para que pudesse contratar um advogado para tirá-lo da cadeia (a prisão em um ponto de venda de drogas em Washington Square Park).

Seja qual for a verdade, "Poison Heart" é de longe a melhor música que os Ramones gravaram nos anos 1990: a voz de Joey clara e emocionada em frases como "I just want to walk right out of this world/'Cause everybody has a poison heart" [Eu só quero estar fora deste mundo/ Porque todo mundo tem um coração envenenado], as guitarras gritando em contraponto melódico.

"Gravamos o álbum em uma sala pequena e barata em Nova York", diz Stasium, "e mixamos em East Hill. Daniel pode ter escrito algumas músicas e tocado um pouco de guitarra – ele estava sempre por perto." Daniel, de fato, escreveu algumas músicas, as três com Dee Dee e mais duas com Joey, "Tomorrow She Goes Away" (uma tradicional música pop dos Ramones, simpática e poderosa) e a obviamente autoplagiada

"Heidi is A Headcase" (mais uma indicação da crescente autoparódia dos Ramones). Os créditos para outros músicos incluem Vernon Reid, guitarrista do Living Colour (outro cliente de Kurfirst), Andy Shernoff, claro (parceiro de Joey no adorável número acústico ao estilo dos anos 1950 "I Won't Let It Happen"), os ex-Turtles Flo & Eddie (harmonias em "Poison Heart") e Joe McGinty do Psychedelic Furs (os horríveis teclados do *cover* sem propósito dos Doors "Take It As It Comes").

"Estava em uma loja de roupas um dia", Johnny disse, "ouvi (a música dos Doors) vinda de um gravador e pensei que seria uma música boa para os Ramones. Normalmente não gosto do jeito como fazemos *cover*s, mas esse ficou bom."

Reid tocou um igualmente horrível solo de guitarra na brincadeira diferente de Joey "Cabbies On Crack", uma música inspirada por uma infernal corrida de táxi do escritório do empresário.... corrida de táxi! Cruzes! Os Ramones estavam sem contato com seus fãs.

Tão autorreferente como "Heidi", não há nada tão ruim como a última música do álbum, "Rock'n'roll High Sch..." – desculpem – "Touring". Com certeza, é uma barulhenta "cantem comigo", um tributo às canções-festa ao estilo dos anos 1960 dos Beach Boys e intermináveis versos de Holiday Inns, mas também foi escrita 14 anos antes – mesmo se a gatunice com Wilson não fosse tão descarada da primeira vez, e a original não roubasse frases inteiras de outras músicas ("Rockaway Beach", "California Girls"). Estranhamente, a música é tão desavergonhada em seu autoplágio que quase funciona: "Well, we've been to London and we've been to LA" [Bem, estivemos em Londres e estivemos em Los Angeles], Joey canta alegremente sobre uma base de guitarras surfe e doces harmonias de gola olímpica, "Spain, New Zealand and the USA ... [Espanha, Nova Zelândia e nos Estados Unidos...]

Não é de se surpreender, então, que a banda tenha originalmente feito uma *demo* da música em 1981, pela época de *Pleasant Dreams*. Era um refúgio dos Ramones ganhando vida nova. Outra *demo* gravada na mesma época é "I Can't Get You Out Of My Mind", revivida em *Brain Drain*, de 1989. Pelo visto, os Ramones acreditavam em reciclagem.

As guitarras em "The Job That Ate My Brain" e "Anxiety", de Marky Ramone/Skinny Bones, parecem suspeitamente terem saído do terceiro álbum dos Buzzcocks – certo, mas outro sinal da esterilidade artística da banda que talvez explicasse os roubos: antes isso tudo era parte do som dos Ramones.

QUE TIPO DE COISA divertia o Joey?
"Ele tinha um senso de humor dos mais doentes – não era humor escatológico, mas distorcido. Ele mandava cartões de aniversário ou Natal que sempre continham... não uma piadinha sem graça, mas distorcida, feito aquela da revista Mad. Ele adorava rir."
Sim – ele estava muito envolvido pela alimentação natural nos anos 1990, não estava?
"Sim, ele tinha essas fases... havia essa casa de suco na 11ª Avenida com a Rua 2 que ele costumava ir o tempo todo. Ele tinha essas fases de suco, mas então ele tinha esses períodos de Ben & Jerry."*
Certo.
"Ele estava realmente interessado nessa coisa de saúde e comia na Angelica's, que é um superlugar de comida natural."
Ele gostava de sushi também, não gostava?
"Adorava sushi. Tinha um restaurante de sushi muito na moda em que íamos ocasionalmente – era um desses lugares em que você precisava dizer um nome para fazer uma reserva, que devia ser feita um mês antes. Ele sempre decidia três horas antes que precisávamos ir, claro, então eu ligava e dizia: 'Estou ligando do escritório de Joey Ramone, ele gostaria de uma mesa'. Uma vez, o funcionário que fazia as reservas ainda quis ajudar e falou: 'O sr. Ramone gosta de sentar em tal e tal mesa'. E eu falei logo: 'Sei, sei... estou sempre com ele, sabia?'. Também costumávamos ir a uma lanchonete polonesa na esquina de casa quase todas as manhãs. Comíamos panquecas e mingau de aveia. Ele comia alimentos muito saudáveis. Ocasionalmente se oferecia para cozinhar pra mim, mas nunca aceitei a oferta."
O que ele queria cozinhar?
"Ovos."
Ovos?
"Sim, como eu disse, saíamos muito para tomar café da manhã."

(Entrevista do autor com Rachel Felder, jornalista)

A música mais interessante de *Mondo Bizarro* é "Censorshit".
Em setembro de 1991, os Ramones escreveram um artigo para a *Musician*, detalhando sua oposição ao movimento liderado pelo PMRC de censura à indústria de discos por meio da colocação de adesivos nos álbuns alertando pais e responsáveis sobre conteúdo ofensivo:

---
* N.T.: Marca de sorvete.

"Adolescentes querem ouvir música. Faz parte do crescimento experimentar coisas diferentes. Não se pode tirar isso deles. A garotada gosta de rock'n'roll, beisebol, Burger King e de ir a shows... Eles não querem que a repressão comece a acontecer aqui, porque (assim) é como começa. Certas liberdades são tiradas, e, então, tem-se a revolta".

Marky e Joey também tomaram parte nos painéis *Rock The Vote*: outra música de protesto estava nas cartas. No entanto, "Censorshit" é muito mais direta (e odiosa) do que "Bonzo Goes to Bitburg", que dá conta de sua mensagem utilizando humor negro. "Ah, Tipper come on" [Ah, Tipper, vamos lá], Joey destila. "Ain't you been getting it on?" [Você não está entendendo?] A melodia é Ramones puro – brava, motivada, grande bateria; é uma pena que as palavras – que dariam um bom artigo – estejam em forma de versos de canção. No entanto, era um sinal bem-vindo de que ainda havia paixão no punk velho de guerra.

CJ, como fã dos Ramones – e também mais em sintonia com o que engrandecia a banda do que os outros membros – achou a experiência de gravar *Mondo Bizarro* difícil: "Não estou me desfazendo das habilidades de Ed", diz, "porque ele era ótimo trabalhando com elas. Ele fez o que queria, ele os fez soar *mainstream*. Mas eu preferia meu rock mais de garagem. Ficou meio seboso".

"Eles acharam que era seu grande momento, um importante avanço", continua. "Foi muito frustrante. Foi como o último show em Los Angeles – por que raios fazer do último show dos Ramones um evento salpicado de estrelas? Os fãs não querem isso. Sem desrespeitar ninguém que subiu ao palco, mas... Tentei tantas vezes fazer com que entendessem que tudo o que precisavam era ser eles mesmos. Se continuassem a ser os Ramones, em lugar de perseguir os próprios rabos, não perderiam nada. Eventualmente o mundo entenderia..."

"PARA MIM, JOEY Ramone foi um artista que incorporou tanto a modéstia quanto a grandiosidade. Era um homem que foi simultaneamente desajeitado, olhos escondidos pelo cabelo e também mais comprido que a vida. Essa contradição parecia ser uma metáfora ideal para meu próprio relacionamento de atuar. Parte de mim queria possuir o palco, enquanto a outra parte ficava pouco confortável com tanto poder.

A música ('I Wanna Be Your Joey Ramone' do Call The Doctor, Chainsaw, *1995) era parcialmente sobre essa dualidade, mas também sobre estar na pele dos outros (nesse caso, na de Joey) como meio de explorar seus próprios medos e sonhos. Quando o Sleater-Kinney começou, o sentimento foi de que o único jeito de ter uma noção de rock'n'roll era experimentá-lo vicariamente, ao menos era uma mensagem indo até nós do mundo exterior. A música nos faz colocar na pele de um roqueiro e assim temos um lampejo do absurdo, do privilégio e da decadência, que não achamos que nos dizia respeito. Mais do que qualquer coisa, a música faz uma homenagem a Joey Ramone. Os Ramones era uma das minhas bandas favoritas quando eu era adolescente e seu legado permanece inestimável para mim. Eles foram uma das primeiras bandas às quais me senti compelida a comprar todos os álbuns (e fazer isso me tornou uma perfeccionista quando me tornei musicista mais tarde). Sua música tem uma energia que nunca experimentei antes; estava além de movimento inexorável, mas era também melódica.*

Tristemente, não conheci Joey Ramone pessoalmente. Ele tocou a nossa música em seus shows de canais a cabo algumas vezes. Só de saber que ele ouviu Sleater-Kinney me faz sentir privilegiada".

(e-mail de Carrie Brownstein, Sleater-Kinney, 2002)

A capa de *Mondo Bizarro* é outra produção de DuBose: os quatro foram fotografados em Mylar para parecer como se estivessem se dissolvendo em um espelho distorcido. DuBose apresentou a ideia depois de se inspirar no trabalho de Ira Cohen – notadamente, a capa de *The Twelve Dreams Of Dr. Sardonicus*, da banda Spirit, da Costa Oeste. Mylar é um material plástico desenvolvido pela DuPont.

"Em 1970, minha namorada da Flórida me mostrou o disco, fotografado pelo ex dela em Nova York", diz ele. "Fiquei impressionado pelas imagens derretendo, de magos em fantasias multicoloridas; então, comecei a experimentar com a forma. Você pode vê-la no chão da fotografia do primeiro (sic) álbum do B-52's."

Quando os Ramones contataram DuBose, ele mostrou a Johnny, CJ e Marky o conceito e eles gostaram. "Tive que negociar com Joey", DuBose lembra. "Ele raramente aparecia em ensaios. Telefonei e ele disse: 'George, você pode fazer o *design* da capa, mas quero usar este fotógrafo que faz essas imagens derretidas'. Perguntei se era Ira Cohen e disse que vinha fotografando assim desde 1970. "Joey estava preocupado que, se eu usasse a técnica na capa", ele explica, "Ira pensaria que tinha me dado a ideia. Então promovemos uma reunião. Havia esse senhor de 70 anos mal-humorado com suas fotos da Janis, do Jimi... Assim, mostrei a ele minhas fotos e ele ficou um pouco mais simpático. Perguntei: 'O que eu posso fazer para deixá-lo feliz?'. Ele respondeu: 'Que tal se eu aparecesse na sessão de fotos, fumasse um baseado e lhe desse a minha benção?'. Monte não permitia baseados; então, em vez do baseado, ofereci comprar uma de suas impressões de Jimi Hendrix e Joey comprou uma também. Dei a ele um grande crédito, assim todos saberiam de quem eu estava copiando."

"...O CARA QUE COMIA sushi, o cara que ia ao cinema. Vimos A Lista de Schindler juntos e ficamos aturdidos – sentamos pra conversar e ficamos falando umas três horas. Não podíamos simplesmente ir cada um pra sua casa, como se faz normalmente depois de ir ao cinema. Tínhamos que escutar música juntos, coisas normais, assistir a vídeos."
Que tipo de comida vocês gostavam?
"Ele era fanático por sushi. Diria que 75% do que comíamos juntos era sushi – ou muito perto disso, honestamente. Havia alguns lugares da vizinhança de que ele gostava. No Hasaki, na Rua 9, o forte era sushi, e ele também adorava o da Rua Bond, que não era um lugar de sushi tradicional. Ele ia muito para o Japão; então tinha conhecimento de causa."
Por que ele gostava do Japão?
"Ele era muito querido por lá. Gostava das turnês. Sempre trazia souvenirs – monstros e dragões."
Coisas do tipo Godzilla?
"Sim, no Japão faz parte da cultura presentear seu artista favorito."
Quais discos vocês ouviam juntos?
"Na maioria eram sons ingleses dos anos 1960. Ele, às vezes, voltava do Japão com vídeos – amava os Animals. Todas essas coisas do começo, os documentários da BBC que não tínhamos nos Estados Unidos. Eram provavelmente piratas, não sei. Sempre vídeos britânicos – The Who, Wizzard. Ele tinha uma grande coleção de vídeos."
Certo. Entre eles, havia algum que não era sobre música?
"Na verdade quase tudo tinha a ver com música."

(Entrevista do autor com Andy Shernoff)

A reação a *Mondo Bizarro*, quando foi lançado em setembro de 1992, foi cautelosamente otimista. "Pode não ser o melhor álbum dos Ramones de todos os tempos", o *Orlando Sentinel* escreveu, "mas é certamente o melhor dos últimos tempos". (Era, na verdade, o primeiro disco dos últimos tempos. Nos três anos entre 1976 e 1979, eles lançaram quatro álbuns de estúdio, um álbum duplo ao vivo e compuseram o lado um de uma trilha sonora). "Eles eram o Buddy Holly de sua geração", declarou Lemmy. "O que dizer agora – são as mesmas pessoas em *jeans* diferentes." "Não são músicos de verdade", Peter Easton explicou em uma resenha do *Glasgow Herald* sobre seu show de dezembro no Glasgow Barrowlands, ecoando críticas de outros tempos: "Isso é performance".

Em maio, no mesmo mês em que *Loco Live* foi lançado nos Estados Unidos, Donna Weinbrecht ganhou uma medalha de ouro em Esqui Mongol nas Olimpíadas Francesas de Albertville – dançando "Rock'n'roll High School". Debbie Harry tinha escrito as notas de capa de *Loco Live* e Joey retornou o favor cantando um dueto com ela em "Standing In My Way", de seu álbum Debravation. (Lançado em 1993 apenas em uma edição limitada no formato *single*.)

O vocalista também participou de dois comícios presidenciais para Jerry Brown, à frente de uma banda formada por Marky, Skinny Bones e Andy Shernoff. "Joey fazia várias coisas diferentes como essas", CJ lembra, "e se ele me pedisse, eu tomava parte nelas. Nem sempre apoiava a causa, mas participava para apoiar Joey, porque sabia que era importante para ele. Sou do tipo apolítico na maior parte do tempo. Sempre achei que isso tivesse mais a ver com as bandas britânicas."

O roteiro da banda (América do Norte em janeiro, Europa em março e maio) em 1992 foi interrompido por alguns pequenos acidentes: Joey estava parecendo cada vez mais frágil, e tinha que ir ao hospital para fazer uma cirurgia a laser por causa de um buraco em sua retina – e CJ teve um acidente de motocicleta em um *rally* em Long Island e quebrou o punho. O último incidente aconteceu entre dois festivais em Hummijkrvi, na Finlândia (19/6), e Alsdorf, Alemanha (27/6).

"Estava com uma dor excruciante", CJ relembra, "então eles trouxeram alguém do hospital para me dar uma injeção na axila. O problema foi que eles injetaram demais e minha mão ficou morta. Eu sequer conseguia mantê-la no braço do baixo – e algum míssil me acertou a mão e piorou a situação ainda mais. Bem nessa hora uma barreira foi rompida e o show foi suspenso, graças a Deus..."

"Ahn... era tudo meio atrasado naquele festival bizarro", diz Arturo. Outras bandas presentes eram os Pogues e o EMF. "Eles disseram para fazer o show, que era apenas 40 minutos, e então tudo ficaria bem. Mas começou atrasado e as pessoas começaram a pressionar as barricadas. Então tivemos que parar o show. E levou meia hora para eles botarem ordem. A injeção de CJ era para durar pouco, então a coisa pra ele começou a ficar realmente feia. Sua mão simplesmente inchou. Foi a única vez que os Ramones não voltaram ao palco. Tiveram que sair correndo com CJ para o hospital."

"Foi quase um cancelamento", ele ri. "Mas não foi nossa falta. Eles tocaram de qualquer maneira."

O ferimento de CJ resultou no adiamento de uma turnê na Espanha.

Em agosto, a banda retornou à América do Sul, desta vez tocando no Chile, e na Cidade do México, além das cidades de praxe. "Foi louco", recorda CJ. "Fãs totalmente maníacos, furiosos, selvagens. Na Cidade do México, vê-se a verdadeira pobreza... mas os garotos são loucos por rock."

"Quando passamos pelos detectores de metal no aeroporto [na Argentina]", Joey se lembra em *Ramones Ramones*, "os guardas nos pararam apenas para pegar nossos autógrafos." Durante os cinco dias em que a banda ficou no Hotel Panamérica, de Buenos Aires, 500 fãs acamparam do lado de fora. Em cenas que pareciam saídas de *A Hard Day's Night*, fãs agarraram Johnny e começaram a puxar seus cabelos. Mais tarde, em um estúdio de TV, formou-se um tumulto entre fãs e polícia: "Eles arrebentaram portas e janelas, e o saguão ficou coberto de estilhaços de vidro", disse Joey.

No caminho de volta de outra entrevista, fãs bloquearam um caminhão no meio da rua para forçarem os Ramones a parar.

"A banda queria ir ao México há anos", diz Arturo. "A oferta original foi para uma arena de touros. Há duas delas na Cidade do México e nos ofereceram a menor. Quando as autoridades perceberam quem estava chegando para se apresentar, disseram que não iriam permitir, porque sabiam o tipo de pessoas que estaria lá – hardcores da classe trabalhadora, os mais pobres dos pobres. Então, retiraram a permissão. Acabamos tocando em parte do complexo de piscinas olímpicas."

"Durante todo o dia, eu pulava para dentro e para fora do palco... chega a hora do show, e eles percebem que não há degraus para subir no palco." Ele ri. Então a banda teve que escalar do mezanino. "Foi ridículo. Mas coisas como essas acontecem."

Justamente antes da turnê na América do Sul, Samuel Bayer dirigiu um clipe para "Poison Heart" na estação de bombeamento de um reservatório de água no Central Park – Bayer era mais bem conhecido como o homem responsável pelo clipe de "Smells Like Teen Spirit", do Nirvana, também a promoção brega dos campeões da MTV, que ajudou a banda de Aberdeen a se tornar megaestrela mundial.

A mágica comercial não se repetiu.

Johnny recebeu o fracasso com sua graça usual: "O Nirvana é medíocre", disse, "rap é impronunciável. O rock'n'roll pode estar morto. Tem dias em que me sinto em outro mundo." Ele também teve um tempinho para o futuro parceiro Eddie Vedder: "Não vejo nada lá", destilou. "O cara canta bem, mas não gosto das roupas idiotas que ele usa... sempre andando por aí de short. Houve um tempo em que se tinha uma imagem que parecia legal no palco. Agora os caras sobem lá parecendo com uns imbecis."

Outros lugares em que os Ramones fizeram shows nesse ano foram na Ásia (setembro) e uma turnê de dois meses nos Estados Unidos (com o Social Distortion), incluindo três noites no Hollywood Palladium. Robbie Krieger, dos Doors, subiu no palco em uma das noites, combinando perfeitamente o novo visual "tributo" dos Ramones – não era mais considerado necessário manter a santidade da gangue dos Ramones intacta. Alguns fãs, entretanto, notaram.

"Não sei se ele podia distinguir uma música da outra", diz Daniel Rey, que estava no show. "Joey o apresentou, CJ fez a contagem e ele perdeu alguns dos primeiros acordes porque era mais um tipo da Califórnia. Assim que terminou, se virou para a banda buscando o 'obrigado' e eles rapidamente entraram com o 1-2-3-4, e ele ficou lá parado, feito um bicho assustado, e fugiu do palco. A outra única vez que alguém tocou com os Ramones foi no show de despedida, quando todos subiram no palco. Não fui a esse show. Em vez disso, fui a Nova York ver sua despedida. Era como queria me lembrar deles, sem a fanfarra."

Em Detroit, a banda ficou no mesmo hotel do presidente Bush: "Estragou meu banho matinal de piscina", riu Joey. "Em um momento, Monte estava carregando a van e um cara do serviço secreto o alcançou por trás e disse para ele largar as malas e andar sem olhar pra trás. Era o presidente."

Mais datas na Europa se seguiram em dezembro, com a Terrorvision como banda de apoio: "Eles nos disseram uma vez para abaixar o volume da música em nosso camarim e não nos deixaram fazer passagem de som enquanto estavam comendo", diz o baixista Leigh Marklew. "Mas não houve incidentes de rock'n'roll. Eles também tiveram um bafafá entre eles quando um deles mijou no banheiro e não puxou a descarga. Nossas ilusões foram por água abaixo. CJ era legal, mas não era nenhum Dee Dee. Talvez Dee Dee fosse o Ramone rock'n'roll."

Too Tough To Die – na metade dos anos 1980, os Ramones enfileirados para lançar o quase anônimo Richie Ramone; em sentido horário, do alto, à esquerda: Richie, Joey, Johnny e Dee Dee (*George DuBose/LFI*).

O ex-baterista da banda Blondie, Clem Burke, convocado pelos Ramones durante um breve período, em 1987. (*Camera Press*)

Richie Ramone, baterista do grupo entre 1983 e 1987. Ele tocou em 400 shows, apareceu em dois álbuns e vários vídeos – mesmo assim ninguém próximo dos Ramones fala sobre ele. (*Pictorial Press*)

Os Ramones em rara foto sem uniforme, fazendo checagem de som pouco antes de Dee Dee se demitir. (*Gai Terrel/Redferns*)

Os Ramones com seu novo recruta, o ex-*marine* CJ, por volta de 1989; da esquerda para a direita: Marky, Johnny, Joey e CJ. (*Robert Knight/Redferns*)

Joey no banheiro do CBGBs. "Joey dizia que as três melhores coisas do mundo eram cagar, fazer sexo e tocar com os Ramones", diz George Seminara. (*Ebet Roberts/ Redferns*)

Celebrando seu 2.000º show em Tóquio, em fevereiro de 1994. CJ: "No final, atirei do palco minha camiseta e a bandana suada e mostrei a bunda à multidão". (*Bob Gruen/ Star File*)

Joey com sua mãe, Charlotte Lesher, no CBGBs, em maio de 1994 – aniversário de 43 anos de Joey. "Sabia que todos eles tinham aquela pequena angústia por dentro", disse Charlotte sobre os Ramones, "e pensei que seria uma grande liberação para ele livrar seu organismo dela." (*Bob Gruen/Star File*)

Dee Dee em 1990. "Ele é um gênio e, às vezes, os gênios... há uma linha de insanidade e eles podem cavalgar essa linha. Ele oscila ao redor dessa loucura, mas é um grande compositor. Ele é formidável. Mas precisava da estrutura dos Ramones." – Monte Melnick (*Steve Eichner/WireImage.com*)

Dee Dee, Johnny, Tommy e Marky depois de serem empossados no Rock and Roll Hall Of Fame, Nova York, 18 de março de 2002. (*Ed Betz/Associated Press*)

Mickey Leigh, irmão de Joey, em ação com os Bullys durante o show tributo a Dee Dee no Continental de Nova York, em 2 de julho de 2002. (*Richard Drew/Associated Press*).

Fãs de Joey no santuário montado do lado de fora do CBGBs após sua morte, em 15 de abril de 2001. "Todos que o conheciam saíam com a impressão de ter começado uma verdadeira amizade", disse Ida Langsam, relações-públicas dos Ramones. (*Robert Spencer/Associated Press*)

33

Influência dos Ramones

"É MÚSICA CLÁSSICA para as futuras gerações. Brian Wilson, os Ramones, as pessoas vão ouvi-los daqui a cem anos e falar sobre eles como falam sobre Beethoven. Pode soar ridículo agora, mas será assim no futuro." – Captain Sensible

"Eles geraram a maior parte do punk rock do final dos anos 1970. Este era o modelo: acordes, sem solos, e letras muito estúpidas. Eles inspiraram muitos iletrados a começarem uma banda – e se tornaram grandes, muito maiores que os Dictators ou qualquer um de seus pares. Eles foram os que disseram a todos os idiotas que era legal estar em uma banda de rock. Antes disso, os componentes de bandas de rock eram gente rica e modelos, mas eles trouxeram o rock de volta ao que costumava ser no tempo em que era cru e agressivo. E isso fez com que milhares de jovens os imitassem, pegando uma guitarra, aprendendo um acorde e sendo os primeiros a mergulhar do palco."
– Don Fleming

"O legado dos Ramones é vasto. Dá para vê-lo fluindo no speed-metal e hardcore e softcore: pode ser reconhecido hoje. Não diria hip-hop e techno, mas certamente afirmo que o hardcore, softcore, Riot Grrrl... Sleater-Kinney não teriam acontecido sem os Ramones. O Nirvana sem os Ramones não teria sido possível, mesmo com as influências do Black Sabbath e do Led Zeppelin." – Donna Gaines

"Além do usual – eles deram a muita gente o direito de tentar mesmo não sendo músicos perfeitos –, os Ramones fizeram com que muitas bandas se dessem ao direto de ser como eram sem medo." – Janis Schacht

"Os Ramones provavelmente foram mais influentes que qualquer outra banda na história – aqui estamos 25 anos depois e ainda há bandas tentando tocar como eles. Os Beatles são muito influentes, sem eles não teria havido Ramones. Mas, 25 anos depois, você não vai a um clube de Nova York ouvir uma banda como os Beatles. Cada banda heavy metal, mesmo bandas rap, cada banda hardcore era muito influenciada pelo punk – e os Ramones puseram isso no mapa. É incrível como uma banda que nunca teve um sucesso de rádio ou disco de ouro se tornou a mais influente da história do rock. O punk rock se recusa a morrer." – John Holmstrom

"Os Ramones influenciaram todo mundo, mesmo o U2." – Rodney Bingenheimer

"Existem cinco ou dez bandas de toda a era do rock que tiveram uma influência massiva, e os Ramones estão entre elas. A Inglaterra é conhecida por produzir grandes bandas: The Beatles, Stones, The Who, The Clash, The Smiths – enquanto os Estados Unidos são conhecidos pelos artistas-solo: Bruce Springsteen, Patti Smith. Isso faz sentido, porque a história dos Estados Unidos é sobre o culto ao indivíduo. Então, quem são as grandes bandas americanas? Você conta os Beach Boys ou os considera um glorioso projeto-solo? Os Ramones são o topo de uma pequena lista de grandes bandas americanas que inclui o The Velvet Underground, o Sonic Youth e talvez os Birds e o Funkadelic." – Slim Moon

"Cada taxista em Nova York irá mencionar os Ramones, e mundialmente também, talvez ainda mais. Eu estava no Brasil e fiz *check-in* em um hotel, e um cara me pediu um autógrafo. No Japão, na Espanha e na Alemanha, Ramones é linguagem universal. Já encontrei gente que aprendeu inglês usando os Ramones. É simples, repetitivo e você pode cantar junto, é uma ferramenta de aprendizado." – Daniel Rey

34

Out Of Time

FOI A COLEÇÃO DE *cover*s psicodélicos dos anos 1960, *Acid Eaters*, de 1993 (lançada em 11 de outubro), que convenceu a maioria dos fãs de que o tempo dos Ramones tinha chegado ao fim.

Estava claro que eles não tinham mais nada a dizer – ou não tinham mais interesse em fazê-lo – sobre suas diretrizes musicais. O álbum foi gravado no estúdio Baby Monster em uma tentativa de fazer dinheiro aproveitando o interesse de público que o excelente trabalho de produção de Stasium em *Mondo Bizarro* tinha despertado. Kurfirst tinha se impressionado com a reação ao *cover* (muito comum, sem surpresas) dos Doors e achou que seria uma boa ideia lançar um álbum de *cover*s. E a coisa foi evoluindo daí ao que custaria um karaokê dispendioso.

Todo o exercício cheirava a cinismo: da inclusão da estrela pornô Traci Lords (outra cliente de Kurfirst)[54] no *cover* de "Somebody To Love", do Jefferson Airplane, à calamitosa versão de "Out Of Time", dos Stones. (Sebastian Bach, do Skid Row, faz *backing vocal*: ele foi convidado porque havia conseguido discos de ouro para os Ramones por incluir "Psycho Therapy" como lado B de um dos *singles* da banda. Ótimo que Sebastian foi legal, mas não é necessariamente a melhor das razões para tê-lo no disco.)

Membros da própria banda eram proibidos de ficar no estúdio enquanto as celebridades estivessem presentes, e a produção de Scott Hackwith esteve entre as piores que os Ramones já tiveram (incluindo *Loco Live*) – transformando a legítima muralha de som dos *bro* em uma banda de rádio universitária que produzia um roquezinho alternativo.

---

54. Lords não cantava – mesmo tendo sido convidada anteriormente para participar de "Little Baby Nothing", do Manic Street Preachers, depois que a banda galesa tentou, sem sucesso, conseguir Kylie Minogue.

Scott quem? Ele era vocalista da Dig, uma chatíssima banda californiana de estilo pop-grunge do começo dos anos 1990, que também estava no selo Radioactive.

Nem mesmo a presença de Pete Townshend nos *backing vocals* de "Substitute" conseguiu salvar o álbum. Para acrescentar insultos a injúrias, CJ pôde cantar três músicas ("Journey To The Center Of The Mind", "The Shape Of Things To Come" e "My Back Pages") – e saiu-se melhor que Joey. Ao menos soou como se ele realmente se importasse com o que estava fazendo. Ele foi convidado para cantar uma quarta música, "When I Was Young", mas Joey não deixou.

John Fogerty, Bob Dylan, The Troggs... todos esses artistas e grupos, e outros mais, tiveram seus trabalhos massacrados por uma banda que um dia havia sido a melhor do mundo. É difícil saber a quem cabia mais culpa: à pessoa que teve a ideia original de fazer um álbum de *cover*s, o produtor com seus babados de soft rock, Johnny, por cair fora do estúdio assim que tinha chance, Joey, por levar adiante tudo aquilo. O título do álbum foi tirado de um obscuro filme dos anos 1960.

"Foi meio estranho", diz Daniel Rey, sem botar os pingos nos ii. Novamente Rey foi chamado para tocar guitarra. "Traci Lords era amiga de Johnny. Ele era fã de seu trabalho. Eu realmente não trabalhei com ela. Acho que ela deve ter tido uma carreira curta como rainha disco. Não encontrei com o Pete. Joey estava lá pra isso – era uma grande emoção para ele."

"Eu estava muito nervoso quando (Pete Townshend) apareceu, porque nunca o tinha encontrado pessoalmente antes", disse Joey.

"Isso deveria ter sido um EP", diz CJ bruscamente. "E isso é fato: algumas das músicas são totalmente sem propósito – a música do Jefferson Airplane... oh, Deus. Nem a estrela pornô salvou a música. Era apenas horrível, horrível. Não ouvia nenhuma delas há tanto tempo, que sequer saberia dizer os seus nomes."

Joe McGinty amaciou o som com teclados novamente: a oposição dos Ramones a tais instrumentos "não autênticos" havia sido esquecida há muito tempo.

O *cover* do Love "7 And 7 Is" fala sobre sobreviver com a dignidade intacta; assim como a música que abre o álbum, "Journey To The Center Of The Mind"... mas CJ canta a última e CJ não era de forma alguma o vocalista dos Ramones. Era como pedir a um fã dos Ramones que tomasse o lugar do vocalista dos Ramones enquanto o vocalista dos Ramones fica sentado sem fazer nada.

Poderia especular-se que o pragmatismo de Johnny deveria estar correndo desenfreado nessa época e que não era permitido que as preocupações artísticas se interpusessem ao que fosse. A lógica que o guitarrista tinha anteriormente aplicado usando Daniel Rey – por que gastar tempo tocando uma parte de guitarra de 20 minutos se Daniel poderia fazer o mesmo serviço em cinco minutos – ele aplicava aos vocais de Joey agora. Notoriamente, Joey levava muito tempo gravando – assim, por que não botar o mais novo cantando já que ele levava muito menos tempo? O fato de que a voz de Joey era quase a única coisa reconhecível dos Ramones escapou a ele: ou talvez Johnny não estivesse nem aí. Os fãs apareciam nos shows, o álbum venderia a mesma coisa independentemente do que a banda fizesse, por que se incomodar?

É interessante notar que uma das melhores performances vocais de Joey foi a do *single* com o Holly & The Italians – onde ele não teve que lidar com restrições de tempo; ouça também seu projeto "Godfather Of Soul" em "Rockaway Beach (On The Beach)", com General Johnson, ex-Chairman Of The Board.

Mesmo o *cover* de Jan & Den, "Surf City" – uma música que os velhos Ramones poderiam ter gravado de trás para a frente com o pé nas costas –, soa fraco e sem brilho. "Costumávamos cantar essa ao vivo há uns 14 anos", Joey relatou. "Ela aparecia em algumas gravações piratas, então resolvemos oficializar." Pena eles não a terem gravado na época.

"Todos agora parecem orientados pela grana, pelo dólar", Joey escreveu no fanzine *Ramones Ramones*, sem o menor traço de ironia. "Ainda estamos nessa pela emoção. Muitas pessoas estão lançando *cover*s – ouvi dizer que o Duran Duran vai lançar um, mas será uma caricatura. A maioria das bandas massacra as músicas, algumas delas são perfeitas e sem respeito não se consegue alcançá-las." O quê? Como "7 And 7 Is", "Substitute" e "Surf City"?

Pobre, doce e ingênuo Joey.

A capa era uma feia aproximação da arte dos anos 1960 alimentada por ácido lisérgico: "Gary Kurfirst gostava de comprar pinturas para usá-las como capas", explica DuBose, "e manter o original para si."

A reação foi adequadamente bajuladora (passado algum tempo de suas trajetórias, é comum que as bandas encontrem críticos desiludidos de suas próprias carreiras e prontos para cobrir de elogios não importa o quê): "*Acid Eaters* é motivo de orgulho entre os álbuns dos Ramones", escreveu o crítico da *People* sem a mínima vergonha, "e prova de que, ao combater a pretensão, a banda se tornou uma das mais bacanas do pedaço."

Porém, fãs de verdade não estavam tão impressionados. "Sempre comprei ingressos para os shows, mesmo podendo entrar como convidado", explica Lindsay Hutton. "Dessa vez, achei que era desperdício de dinheiro. Na última vez em que tinha visto John, fiz uma crítica negativa de *Acid Eaters* em minha revista, na qual chamei o álbum de Odor Eaters [Comedores de Odor], e ele ficou muito ofendido. Então perguntei a ele quantas pessoas já haviam feito *cover* de '7 And 7 Is'. Joe queria fazer 'See My Baby Jive'. Eu teria preferido essa última. Essa era a diferença entre o gosto de Joe e o que as pessoas consideram rock clássico. Isso foi na mesma noite em que Joe foi envolvido em tocar no disco do Die Toten Hosen: divertido, mas muito estúpido. Die Toten Hosen era como o Hanoi Rocks tocando punk rock com aquele senso de humor alemão."

Infelizmente foi àquela altura de suas carreiras, quando os Ramones estavam por fim conseguindo o reconhecimento que mereciam, que se tornaram uma versão diluída de si mesmos. A tão esperada biografia da banda saiu – *Ramones: An American Band* (St. Martins Press), de Jim Bessman. Apesar de ser um pouco mais que uma coleção de relatos entusiásticos e descritivos de um fã óbvio, que fez a contento a lição de casa e falhou em retratar as imensas contribuições de Arturo Vega ou Monte Melnick à banda, alguns membros ficaram descontentes.

Bessman tinha inadvertidamente exposto algumas rachaduras do mito dos Ramones.

"Joey e Johnny acabaram nutrindo um grande ódio mútuo", explica John Holmstrom. "Sabe aquele livro do Jim Bessman sobre eles? As provas estavam no escritório e Joey foi lá e viu as fotos. Então, tirou todas as de Johnny e substituiu por fotos dele. A seguir, Johnny fez o mesmo com as fotos de Joey. E então Joey voltou à carga. E as coisas continuaram nesse ritmo. Jim me contou que ele foi processado, todo o dinheiro que ele fez com o livro foi tirado dele por meio de um processo – sobre as letras das músicas."

Essa história não foi checada, mas, se verdadeira, é muito estranha. Afinal, dizem os créditos da página de abertura: "Jim Bessman em associação com os Ramones".

Em 18 de março de 1993, os Ramones receberam uma grande honra aparecendo no episódio Rosebud, da quinta temporada de *Os Simpsons*, tocando "Happy Birthday Mr. Burns" para o mesquinho e ganancioso dono da usina nuclear.

"Eu tinha a melhor fala: 'Vá para o inferno seu velho safado'", conta CJ. "Naquela época, já podia me aposentar. Lemmy tinha falado de mim em uma de suas músicas e eu tinha xingado na TV em horário nobre com *Os Simpsons*, e logo depois disso dividi o mesmo palco com Robbie Krieger, dos Doors. (O espisódio foi gravado em 1992.) *Os Simpsons* é a única coisa inteligente da TV."

Amém!

A inexorável máquina de turnê dos Ramones ainda rodava. Em janeiro de 1993, a banda viajou ao Japão, onde Joey se deleitou com mais sushi e a banda também comeu no Hard Rock Cafe, em Osaka, onde foram alegremente convidados pelo dono do restaurante a deixar no lugar algumas palhetas e baquetas. Vários atendentes americanos e australianos trabalhavam no lugar. "Eram os que tinham bocões", Joey explicou. "Tive que dizer a eles para calarem a boca. Eles ficavam cantando 'Beat on the brat, beat on the brat'. O Japão é um planeta a parte, assim como Nova York – amo os fãs, eles são totalmente leais, dedicados e fanáticos. E a comida!"

Shonen Knife, a ótima banda feminina pop, apaixonada pelo Ocidente, foi assistir aos Ramones em Osaka – quando o Knife tocou no CBGBs, a primeira coisa que a vocalista disse foi: "Assim palco. Ramones."

A banda cumpriu algumas poucas datas na Europa na metade do ano, mas estava ficando claro que a saúde de Joey não estava muito boa e isso implicava o cancelamento de alguns shows. Assim, vieram outras tantas aparições em ritmo frenético na América do Sul em junho. Em 20 anos de turnês, o ritmo pouco tinha diminuído.

"As multidões eram fora de controle na América do Sul", lembra CJ. "Não podíamos sair do hotel, andar pelas ruas, cada Ramone tinha seu próprio guarda-costas... Para ser honesto, o que eu gostava mais da América do Sul eram as mulheres – são inacreditavelmente lindas. Gosto da atitude geral no continente. A pobreza é tão grande e os garotos que não têm dinheiro gostam muito de tudo. O rock'n'roll não morreu por lá, não como aconteceu aqui, especialmente na Costa Leste, onde não há tantos garotos curtindo punk ou rock'n'roll, pois estão todos na porcaria do hip hop e do R&B."

"Uma vez eu estava no carro com uns garotos que guiavam feito uns loucos, quase batemos duas vezes. Eles achavam tudo muito engraçado, enquanto eu pensava que tinha um show pra fazer no dia seguinte e não podia morrer. Éramos tão amados por lá."

Em agosto, a banda tocou em festivais na Europa.

Em setembro, tocou na América do Norte.

Em dezembro, tocou na Europa novamente – desta vez no festival Superbang 93 (meio que inspirado no Lollapalooza), estrelado pelos Ramones, os góticos ingleses The Sisters Of Mercy, o antigo companheiro de Daniel Rey na banda Shrapnel, Dave Wyndrof, e sua banda no estilo metal Monster Magnet, além de outras.

Como a maioria das bandas com quem os Ramones tocavam, nessa época, The Sisters Of Mercy eram fãs convictos: "Eu só consegui cinco autógrafos, o que é muito triste", disse o vocalista Andrew Eldritch. "Quatro eram dos Ramones e um era do (DJ inglês brega) Tony Blackburn."

Obviamente, em turnês como essa, o viajante era muito importante. Os Ramones tinham conseguido o que haviam exigido anos antes: "Tínhamos uma bandeja vegetariana", lembra CJ. "Às vezes uma bandeja de frios, cerveja, refrigerante, batata frita, bolacha... Tentei pedir cigarros, mas não trouxeram. Tentei também Jack Daniel's, mas eles também não trouxeram. Pizza... suco... nada fora do normal. Na verdade, comíamos pizza depois dos shows", ele ri, depois que eu o lembrei de que os Ramones costumavam comer pizza como ritual antes dos shows. "Eles se tornaram mais práticos conforme os anos iam passando e se deram conta de que, se comiam pizza depois do show, não precisavam parar de comer por causa dos gases. Tudo se tornou questão de praticidade."

"Nós tínhamos Yoo Hoo", Marky diz seriamente. "Johnny gostava muito de Yoo Hoo. Eu também gostava. Além disso, Pepsi e cerveja americana do tipo Budweiser e Miller... Eram turnês muito simples. Não tinha Yoo Hoo na Europa. Sucos, água, sempre engarrafada, alguma cerveja. Johnny tomava uma cerveja depois dos shows, era por isso."

A inexorável máquina de turnês dos Ramones continuava rodando.

...ENTÃO, QUANDO VOCÊ encontrou os Ramones pela primeira vez?

"Foi provavelmente em 1976 ou 1977. Vi os anúncios do primeiro álbum dos Ramones e comprei Ramones Leave Home *quando tinha 16 anos – eu tinha a versão com 'Carbona'. Estava aprendendo guitarra nessa época. A minha primeira banda tocava músicas próprias e o resto era dos Pistols e dos Ramones – 'Pinhead', 'I Don't Care'. Era* a guitarra mais rápida que já tinha escutado, eu gostava – sem solos, acordes rápidos, riffs diretos. Gostava da sagacidade nas letras, algo dos neonazistas até serras-elétricas da KKK. As letras podiam ser entendidas em diferentes níveis – atingiam quem ouvia, músicas sobre amor, formas ingênuas de entender o mundo, cartoons baratos. Era legal ficar bêbado e tocar Ramones alto com seus amigos. No final da noite todos estariam cantando sozinhos."

Qual você acha que seria a influência dos Ramones na música?

"Sendo a banda de punk rock original, eles tiveram uma forte influência nos selos e músicos surgidos no final dos anos 1970 e começo dos 1980 – SST com o Black Flag, e o Dischord com o Minor Threat, as bandas americanas independentes de punk rock. O Kiss diz que eles é que influenciaram milhares de bandas, mas não é verdade, não mesmo. Eles fizeram as pessoas quererem pegar a guitarra, mas poucos queriam ter um som na linha do Kiss – eles eram uma referência, aqueles três acordes de meio-tempo eram fáceis. Os Ramones eram como um desafio – 'eu consigo tocar rápido desse jeito?'. A maioria dos fãs do Kiss comprou uma guitarra e a deixou na garagem. A maioria dos fãs dos Ramones comprou guitarras e fizeram um disco. O fã do Kiss é agora de meia-idade e seus amigos o visitam e ele exibe para eles a guitarra à mostra em seu quarto, ainda brilhando, as cordas provavelmente sequer trocadas. A guitarra do fã dos Ramones está bem usada, com manchas de cerveja e adesivos."

Você acha que os Ramones influenciaram o grunge?

"Certamente. Você não percebe muito com o Soundgarden, mas, sim, com o Nirvana. Mas fizemos alguns poucos covers dos Ramones – 'Can't Give You Anything', de Rocket To Russia. Eles eram parte da nossa inspiração e influência – e eles inspiraram o Pearl Jam também. De todas as bandas com quem já toquei, os Ramones foram meus heróis – por isso nos tornamos amigos deles."

Como eles eram como pessoas?

"Joey e Marky são quietos, CJ é efervescente e Johnny, contemplativo – acho legal ele gostar de beisebol, porque era minha paixão antes do rock'n'roll. Johnny é muito sério quando conversa sobre beisebol e política. Ele definitivamente gosta de uma boa discussão."

Kim ri.

"Joey é um cara muito simpático, mas muito calado. Há dois tipos de cantores: os que são introvertidos e poupam sua voz até chegar ao palco e os agitados como David Lee Roth, que pulam por todo lado e simplesmente não conseguem ficar de boca fechada.

Dee Dee era um cara simpático e amável também. Johnny e CJ eram os mais extrovertidos. Eram caras normais, não tinham ego de astros de rock. Estive em algumas poucas discussões acaloradas sobre política com Johnny, apesar de tentar evitá-las. Não queria dar motivo para atritos. Ele tem fortes opiniões e não abre mão delas. É uma boa qualidade."

(Entrevista do autor com Kim Thayil, guitarrista do Soundgarden, 2002)

Em janeiro de 1994, os Ramones se uniram ao show itinerante Big Day Out, na Austrália. Nesse ano, a lista de bandas estava particularmente notável, com bandas como os Breeders de Kim e Kelley Deal, o Soundgarden, os queridinhos do indie-pop Pavement e o Smashing Pumpkins, de Billy Corgan – mais algumas ótimas bandas australianas como a You Am I, de influência dos anos 1960, e os clones dos Ramones, The Hard Ons.

"No Big Day Out", lembra Thayil, "eles tinham esses personagens que chamavam de palhaços. O trabalho deles era andar por lá, animando e mantendo a multidão envolvida com tudo. Então, no meio da apresentação dos Ramones, esses caras começaram a surfar sobre o público em um enorme tubarão inflável. Atravessaram o fosso onde ficavam os fotógrafos e foram içados sobre uma plataforma – e correram na frente do palco, roubando a cena dos Ramones por um breve momento, tentando ser engraçados."

Kim sorri à lembrança do que aconteceu a seguir.

"Rick, o técnico de guitarra dos Ramones", continua, "correu e bateu no rosto desse palhaço. Foi a mais *cool* das imagens – esse *bro* da equipe de *roadies* derrubando o cara como se pensasse: 'Esse filho da puta! Quem ele pensa que é pra zoar o show!'. Os Ramones, definitivamente, eram como uma gangue, e as pessoas ao seu redor tinham orgulho de estar com eles – chamavam-no Rick, Ricky Ramone."

No entanto, Joey achou o festival desgastante. "Em alguns dias chegava a 38°C", explicou. "Era tipo difícil usar jaquetas de couro num calor daqueles durante o dia."

Outros membros não ligaram muito.

"Não sou um grande fã de turnês de festivais, mas aquela foi provavelmente o mais divertido de todos os festivais itinerantes – ao lado de Lollapalooza", diz CJ. "Foi a primeira vez que saí com outros músicos, e quando você encontra pessoas que o entendem, relaxa e começa a se divertir. As garotas dos Breeders, os caras do

Soundgarden... Havia diversão farta para todos. A ponto de eu pensar em me mudar para a Austrália..."

Em fevereiro, os Ramones foram ao Japão novamente – bem a tempo de comemorar, em Tóquio, seu 2.000º show. "O Soundgarden vai aparecer", Joey revelou antecipadamente. "E então, em 2001: no show Space Odity será a vez do Smashing Pumpkins. E, para mim, o Bob Dylan está tocando no Budokan – será meu primeiro show do Dylan."

"No fim, atirei minha camiseta e a bandana suadas do palco e mostrei a bunda pro público", ri CJ. "Foi provavelmente o show mais especial. Devíamos ter tocado algumas músicas a mais. Eles têm uma comida bem estranha por lá. E, quanto mais estranha, mais quero experimentar. Tinha um bar decorado por HR Geiger, com uma garrafa de álcool com um lagarto morto dentro, todo estripado. É claro que eu tinha que experimentar, mas o cara me disse que aquilo não estava à venda. Havia pedaços de pele boiando lá dentro. Tomei duas doses de graça. Havia uma história de que aquilo fazia bem pra virilidade."

"Não sei se fez...". Ele ri novamente. "Pergunte para alguma das garotas com quem estive naquela turnê."

Em março, a banda estava de volta a São Francisco e Dallas.

Em 8 de abril 1994, Kurt Cobain morreu. O vocalista do Nirvana era (indiretamente) a única grande razão para o sucesso renovado dos Ramones em casa e na Europa, e seu suicídio os chocou tanto quanto a qualquer um.

"As pessoas gostam de nós porque os Ramones trouxeram a diversão de volta à música", Joey disse a Jaan Uhelszki para o website *Addicted To Noise* em 1994. "Fomos chamados de estúpidos por conta disso, mas rock'n'roll sempre esteve ligado à diversão e não a algo sério, rígido. Agora todos sabem que menos é mais.

Agora você tem essas bandas como o Green Day, Offspring, Hole, Nirvana e Soundgarden. Muitas delas são realmente boas, e muitas também são péssimas. Kurt Cobain era de verdade, e tudo isso é uma grande perda, porque ele era verdadeiro em suas canções. E também formavam uma banda maravilhosa e se divertiam muito juntos. Quando ouvi o Nirvana *Unplugged*, fiquei de quatro com a versão daquela música do Bowie, 'The Man Who Sold The World', que eu sempre amei. Ficou tão melancólica e exuberante com o cello. Encontrei-os recentemente em uma festa de premiação dada pelo R.E.M. O Dave Grohl parece ser um cara ótimo e o baixista é legal também, mas quieto. Ele é enorme. É muito mais alto que eu!"

"Isso é assustador", disse Uhelszki. "Qual é a sua altura? 1,90 metro?"

"Sim, 1,90 metro", Johnny respondeu. "Às vezes chego a 1,93 metro. Sabe quando as pontes se expandem no verão? O calor me torna mais alto."

Em maio, os Ramones voltaram à América do Sul.

Em agosto, fizeram vários shows no Canadá. A abertura foi a banda Live – horrível e amiga da MTV, uma banda de rock que parecia ter montado seus shows observando cada clichê comercial da televisão e que obviamente não tinha nada a ver com os Ramones. De toda forma, os Ramones fizeram uma grande temporada. Não havia mais espaço para grandes bandas hardcore como apoio, como o Murphy's Law ou mesmo a Lunachicks, banda feminina trash de Nova York. O Live também era do selo Radioactive.

Em setembro e outubro, foi a vez de Londres (Brixton Academy) e Europa. A essa altura, cada show dos Ramones era cotado como último. Ninguém achava que a banda continuaria por muito mais tempo. Johnny não havia dito várias vezes que a banda terminaria quando fizesse 20 anos? E eles não tinham começado em 1974? A possibilidade de ser a última chance de assistir ao show ao vivo de uma turnê que havia se tornado uma verdadeira instituição estimulava os fãs. Da mesma forma que os Rolling Stones vinham tocando para seus maiores públicos, apesar dos 20 anos (no mínimo) passados de seu auge, não interessava para um adolescente fã dos Ramones ou para seus pais nostálgicos dos primeiros anos do punk que a banda fosse uma pálida imitação de suas antigas glórias – eles queriam testemunhar a história viva.

Afinal, não é em toda banda-tributo que é possível ver dois – três, se você prefere – membros originais.

Em novembro, a banda voltou à América do Sul novamente, desta vez fazendo parte da turnê Acid Chaos, com a maravilhosa banda de death metal brasileira Sepultura (que detonava tanto quanto o Motorhead no começo).

"Pense nos Beatles no Shea Stadium", escreveu Uhelszki. "Pense nos Rolling Stones em Las Vegas. Porque isso é exatamente o pandemônio que os Ramones geraram quando venderam os 50 mil lugares de estádios de futebol no Brasil e na Argentina."

"Este ano está sendo o mais lotado pelas turnês", afirmou Joey, quase sem exagero. "Fomos à América do Sul três vezes neste ano. Somos um grande sucesso por lá. A garotada nesses países é passional e eles adoram os Ramones da mesma forma que as pessoas costumavam amar os Beatles. É um tipo de paixão e amor e admiração e lealdade e devoção. É como se fôssemos uma nova religião. Vamos especialmente bem em países de língua portuguesa e espanhola."

Os sul-americanos chamavam a banda Los Ramones, pronunciando Ramo-nis.

"Eles entoam esses cantos de futebol e modificam as letras para encaixar 'Ah, ah, Ramones'", diz Joey, impressionado pela febre que sua banda havia provocado. "Isso significa um sentimento forte. As três maiores bandas na Argentina são o Guns N' Roses, o Metallica e os Ramones. Estivemos lá seis vezes."

Dee Dee Ramone, entretanto, não ia muito bem enquanto isso tudo acontecia.

Em 1991, ele tocou por um breve período com o roqueiro nova-iorquino da escória GG Allin (agora morto, que costumava jogar seus próprios excrementos no público) em uma apresentação que mais tarde foi lançada como *Murder Junkies Rehearsals*, e formou uma série de bandas punk, a diretriz rap há muito esquecida. (Na verdade, dizer que Dee Dee alguma vez na vida foi rapper é puro engano: *Standing In The Spotlight* é hard rock misturado com novidade.)

"O significado por trás das músicas dos Spikey Tops é bastante evidente", diz Carla Olla, que tocou baixo na banda. "Como 'What About Me?' e 'Why Me?'... muito era sobre não estar nos Ramones. Ele estava aborrecido por isso. Ele ameaçava se demitir o tempo todo e nunca pensou que eles fossem aceitar sua saída. Ele nunca pensou que não estaria na banda. Esperava que fossem chamá-lo de volta, se desculpassem, e tudo ficaria bem... mas acho que não dá para fazer isso durante 20 anos."

Dee Dee deixou Londres e voltou a morar em Nova York em 28 de agosto de 1992.

"Estava tentando me esconder, mas estava chorando", ele escreveu com veneno em *Coração Envenenado*. "Acho que estava chorando porque percebi que tinha quase 40 anos e não tinha casa – nenhum lugar para ir." Ainda tentando se livrar das drogas e de seu passado, ele se mudou para a Holanda, onde declarou não ter feito um único amigo em dois anos: "Para piorar as coisas", escreveu, "os Ramones ainda estavam juntos. Fizeram até um show ao vivo na MTV na época em que eu estava morando em Amsterdã. Eles pareciam horríveis na MTV – tão velhos, cansados e zangados. Foi duro tirar aquele selo dos Ramones da cabeça. Mesmo minha nova namorada, Barbara, era uma grande fã dos Ramones. Ela punha o nome de Dee Dee em todas as suas bonecas e bichos de estimação quando estava em Buenos Aires."

"Era muito divertido tocar com ele", Olla continua. "Ele tem tanta energia que é impossível não passar um tempo legal com ele no palco. Dee Dee é legal, é muito carente de atenção – precisa de alguém que faça tudo para ele. É um letrista brilhante, e escreve muito depressa. É um cara muito emocional. Uma das casas de espetáculos tinha um banheiro que funcionava como camarim e eu não queria ficar lá, fui a outro bar. Ele ficou puto porque ficou lá duas horas sozinho, começou a atirar garrafas de cerveja em mim. Esse foi o fim da banda. Sua única fonte de renda era escrever músicas para os Ramones – isso e os *royalties*."

O baixista continuou a lançar disco em qualquer selo que o aceitasse – "What About Me" foi lançado como um disco de sete polegadas pelo selo American Gothic em 1993, gravado pelos Chinese Dragons, sua banda pós-Spikey Tops, já "I Hate Freaks Like You" (Rough Trade, 1994) foi gravado pela ICLC (Inter Celestial Light Commune), da Holanda. Tristemente, metade das canções que ele fez nessa fase eram velhas canções dos Ramones com letras ou títulos um pouco modificados. Ele não tinha mais disponível o controle de qualidade antes feito por Daniel ou Johnny. Além disso, sua velha banda estava faturando com suas melhores canções.

Em 1997, *Zonked* foi lançado, tendo como convidados especiais Joey Ramone e Lux Interior (Cramps), com Daniel Rey na guitarra, Marky Ramone na bateria e.... no baixo e nos *backing vocals*, Barbara Zampini, sua nova mulher.

O casal se conheceu na Argentina em 4 de novembro de 1994 – ele tinha 42 e ela 16. "Eu enlouqueci", ela contou ao fã dos Ramones Jari-Pekka Laitio, depois de um show do Ramainz na Suécia, em 2002. "Não conseguia parar de tremer, não acreditava que aquilo estava acontecendo comigo. Dee Dee era um Deus pra mim. Eu era uma grande fã dos Ramones. Não entendi quando Dee Dee quis sair comigo." Barbara ouviu os Ramones pela primeira vez quando tinha 12 anos (um ano depois de Dee Dee deixar a banda). "Não achava que fosse possível encontrá-lo pessoalmente, porque há 50 mil pessoas interessadas nos Ramones na Argentina." Eles se casaram em 12 de setembro de 1996.

"Essa turnê está muito longa", ela disse no final da entrevista (falando como foi contado). "Dee Dee também quer muito estar sozinho. Dee Dee é uma pessoa muito só. Às vezes, ele parece estar tão distante."

35

We're Outta Here!*

"*JOHNNY RAMONE FOI* quem começou e disse: 'Vamos levar adiante esse plano', certo? E ele estava certo, mas, puxa, foi uma chatice. Tínhamos que aprender a relaxar, isso nos ajudaria. O problema era que não tínhamos uma fórmula, ou melhor, nós tínhamos uma fórmula mas éramos proibidos de usá-la. Tudo o que era considerado peso morto, excesso de bagagem ou coisa indesejável no álbum [era descartado], mas havia umas 20 opiniões diferentes sobre o que devíamos fazer – produtores, gravadoras, empresários, membros da banda, e tudo voltava pra mim. Mas não era mais divertido, porque era humilhante e doloroso sentir sempre essa rejeição, e ninguém mais aparecia com nada, e para cada dez músicas que eu escrevia, escolhiam uma e me punham contra a parede."

É raro acontecer de o membro não criativo da banda ser também o líder.

"Eu era muito disfuncional para liderar uma banda. Sou um artista, seja de que tipo for, e, é claro, não vou estar tão ligado na realidade o tempo todo – preocupando-me com o equipamento que tem que ser levado ao clube e tal. Meu negócio é escrever músicas para a banda... mas fui sempre muito cuidadoso, sempre fui. Muito disso eu mesmo trouxe pra mim."

Deve ter sido difícil pra você estar no meio. Originalmente, Johnny era seu amigo e você era amigo de Joey, e esses caras sequer falam um com o outro.

"... e Marc! Nenhum deles! É por isso que eles me deixam tão nervoso, porque você se torna paranoico perto deles, sabe? Caso tivéssemos que nos encarar uma semana inteira na van – uau! Quando

---

*N.T.: Nome de álbum dos Ramones. Em português, "Estamos Fora Daqui!".

parávamos na estrada apenas dois de nós se falavam, o que é ridículo em nossa idade, mas era assim que éramos."

Já aconteceu de você sair no pau com eles?

"Sim, todos brigavam naquela banda."

Sangue?

"Sim, a coisa era feia, e John é um cara violento, assim como Marc Bell."

(Dee Dee Ramone entrevistado por Mark Bannister, 1994)

Os Ramones tocaram normalmente durante 1995.
Era óbvio que, mais cedo ou mais tarde, os *bro* iriam cair na real: apesar da veneração crescente que atraíam em países como Brasil, Argentina e Japão – e mesmo em casa, com o despertar do respeito demonstrado a eles, via jovens imitadores como o Rancid, o Offspring e o Green Day –, eles não podiam traduzir sua popularidade burguesa em venda de discos. Estavam em uma situação clássica: quanto mais famosos e institucionais se tornavam, menos as pessoas se interessavam por seu material novo. Johnny entendeu isso – que é o motivo dos shows dos Ramones ao longo dos anos terem retirado a maioria de seu conteúdo dos três – talvez quatro – primeiros álbuns – pois as faixas de qualquer álbum eram apenas lançadas.

O público sabia o que esperar de um show dos Ramones: o *pinhead* e seu "Gabba Gabba Hey", o 1-2-3-4, a incansável barreira de canções de hard rock levemente melódicas, o guitarrista e o baixista à frente como artilheiros gêmeos, Joey debruçado sobre o microfone como um louva-a-deus gigante, Marky martelando uma tempestade ao fundo, "Blitzkrieg Bop", "Sheena", "Teenage Lobotomy", "Rockaway Beach"... não se pode acusar Johnny de não colocar o interesse dos fãs à frente. Os Ramones gostavam de seus fãs mais que a maioria das bandas. Nunca emplacaram nenhuma música. Nunca tocaram muito no rádio... seus 22 anos de carreira foram impulsionados quase totalmente por seu público ao vivo.

"Além de serem minhas preferidas para tocar ao vivo", Johnny disse a Maggie St. Thomas em 2001, "a maioria das músicas que tocávamos nos shows eram minhas favoritas. Se não fossem, eu teria me livrado delas. Aprendi muito cedo a fazer de tudo para não desapontar os fãs. São eles os responsáveis por grande parte da minha felicidade..."

Talvez CJ estivesse certo: tudo o que os Ramones precisavam era ser eles mesmos nos discos – mas ninguém se importava mais. Se você fosse fã, o que botaria para tocar: *Rocket To Russia* ou *Brain Drain*,

Ramones ou *Mondo Bizarro*? Talvez os Ramones não soubessem mais o que "ser eles mesmos" significava: tinham o uniforme, a máquina de turnê bem azeitada e as guitarras rápidas e barulhentas... no palco conheciam seu negócio do avesso. O estúdio não os interessava – e qualquer um que conheça um estúdio por dentro vai se simpatizar com a determinação de Johnny de gravar o mais rápido possível: são lugares chatos de morrer para músicos, a antítese do rock'n'roll.

Então, os Ramones excursionaram em 1995 como se fosse 1985 ou 1978 novamente, apenas com a diferença que o faziam em lugares enormes, às vezes exóticos... Oslo, Amsterdã, seis noites em Buenos Aires, outras seis em Tóquio, Salém, Salisbury, Nagoya, Suécia, Bélgica...

"Vimos Dee Dee quando estávamos em Amsterdã", Joey contou ao jornalista James Bonisteel, antes de falar sobre novas bandas. "Minha favorita é o Hole, porque a Courtney Love é totalmente imprevisível, espontânea e primal. Ela é ela mesma e eu gosto de sua música. É genuína. E sempre gostei do Nirvana e do Soundgarden."

Dee Dee também gostava do Hole: "Estou escrevendo com senso de humor", ele disse a Mark Bannister. "Não é uma paródia dos Ramones. Minhas próprias palavras e um monte de ideias que tirei do primeiro álbum do Hole, *Pretty On The Inside*. Comecei a analisar o punk rock, as regras e regulamentações daquele álbum, e é como se 'todo mundo o tivesse feito daquele jeito'. Estou escrevendo a verdade sobre minha situação atual, e há um pouco de raiva em relação aos Ramones. Digo: "Dirty bastards/Get out of my way/Freaks of nature/Gabba Gabba Hey' [Bastardos sujos/Saiam do do meu caminho/Aberrrações da natureza/Gabba-Gabba Hey – de 'We're A Happy Family'] – e isso é uma besteira. Eles riem também – mas não conseguem usar esse tipo de mentalidade."

A turnê dos Ramones na Europa aconteceu durante a usual estação de festivais de verão, incluindo uma data com o Offspring e o NOFX na Bélgica em 24 de junho; enquanto em Londres, eles estiveram à frente em duas noites no (relativamente pequeno) Astoria Theatre. Pete Gofton, baterista da banda pop pós-Riot Grrrl Kenickie, era um dos muitos músicos que apoiaram os Ramones nesse ano: "Eles não apenas detonavam", lembra Gofton, "como também eram muito legais, especialmente Joey. Eles proibiam o cigarro em seus bastidores e cantavam alguns 'Hey ho let's go' para se aquecerem antes de entrar no palco."

Agora as pizzas, os aquecimentos, tudo isso acabara. O *mainstream* americano abraçou a banda – eles tocaram em vários shows de TV em 1995, incluindo *Howard Stern*, *David Letterman*, *The Tonight Show* e o *MTV Movie Awards*.

Ajudado pela jornalista Joan Tarshis, Joey começou a escrever para o website Addicted To Noise – por alguns anos ele conduziria uma série de entrevistas com bandas punk como Offspring e Rancid em que se discutia política e música. E histórias de turnês: "Nosso baterista come insetos por dinheiro", ele contou ao vocalista do Offspring, Dexter Holland. "É duro cantar e beber Yoo Hoo", relatou, depois de Holland perguntar por que as viagens dos Ramones incluíam dez caixas da bebida horrivelmente doce, "por causa do muco. Tive que parar de beber Yoo Hoo. É uma situação melequenta."

Em primeiro de maio, enquanto assistia ESPN em um saguão de hotel em Raleigh, Johnny anunciou ao fã Rick Johnson que estava pensando em se aposentar. "Queremos parar enquanto ainda estamos bem", o guitarrista explicou. "Não quero estar lá em cima se não for capaz de tocar tão bem quanto antes, assim vamos parar." Vamos a lugares em que gostaríamos de tocar outra vez – Europa, Japão, América do Sul – daí mais alguns shows em Nova York e ponto final.

"MEU NOME É DONNA Gaines. Cresci na cidade surfista de Rockaway Beach, Queens, onde costumava vagar, cheirar cola e comer nas pizzarias. Tornei-me fã dos Ramones no começo dos anos 1980 – por ser suburbana, não me liguei neles tão depressa. Todos têm seu próprio Ramone favorito. Eu era fã de Dee Dee, e quando fui para o mestrado, usava tênis Converse e cabelo igual ao dele todos os dias. Em 1996, escrevi um artigo no Village Voice *intitulado* Ramones: A Love Story. *Na semana seguinte, em um show no Continental, Joey estava com uma cópia do artigo na mão e dedicou 'Now I Wanna Sniff Some Glue' à 'doutora Donna Gaines e ao* Village Voice, *porque essa foi a melhor coisa que já escreveram sobre minha banda'."*

Você pode descrever cada um dos Ramones pra mim?

"O Marky eu conhecia dos Voidoids. Ele é um dos melhores bateristas de Nova York – Maureen Tucker (The Velvet Underground) se aposentou e Clem Burke (Blondie) se mudou para a Califórnia, mas temos o Marc. Seu pai, Peter Bell, é um advogado trabalhista muito considerado, assim eu o conheço via amigos doutores...

Estava com medo de conhecer Johnny. Todos me disseram que Johnny era mau, mas ele não é nada disso – ele é um bom sujeito e muito profissional, chega aos compromissos na hora, responde a tudo o que lhe perguntam. Ele estava usando uma camiseta onde se lia 'Mate um comuna pra mamãe' tentando me apavorar, porque eu era repórter do Village Voice *– eu estava dizendo a ele: 'Cara, eu sou do NRA, meu pai apoia o Pat Buchanan, faço isto por diversão'. Pedi a ele um autógrafo para um garoto de nove anos que estava fazendo diálise e ele respondeu que com certeza daria. Eu o achei um perfeito cavalheiro. Estava com medo: ele é tão selvagem quando toca guitarra."*

Posso imaginar.

"*Conheci Joey, o vocalista. Achava que eu tinha uma quedinha por ele – uma coisa de garota, mas não chegava a ser sexual. Tinha ouvido dizer que ele gostava de doo wop e grupos femininos, então gravei uma fita para tentar manipulá-lo e fazer com que ele se interessasse por todas as canções que eu amava, Chantelles, Ronettes, Shangri-Las, Frankie Lymon. Por eu estar muito nervosa, fui com um pedaço de pizza na mão – é o sacramento sagrado dos Ramones. Mas quando eu cheguei lá ele abriu a porta e foi como uma experiência mística. Ele me acalmou na mesma hora.*

Ele se tornou um astro de rock e eu me tornei uma mulher atraente; mas quando era criança era gorda, tomava pílulas para emagrecer aos oito anos, com três pais e uma vida familiar desagradável... e ele tinha uma pouco desse histórico também. Ambos vencemos alguns de nossos demônios, mas tínhamos cicatrizes. Tínhamos uma confiança que ultrapassava as bobagens. Havia muita gente por perto, eu não estava lá com Arturo e Daniel Rey, mas estava em seu coração. Ele era muito gentil, generoso e solidário comigo – ele me ajudou a ficar sóbria. Ele me ajudou a superar uma desilusão amorosa. Podíamos conversar sobre coisas de família, nossa criação, amor. Um ano mais tarde, descobri o quanto estava doente – ele não disse para ninguém.

Todo verão eu ia surfar em East Hampton e ele ia me visitar. Assistíamos às bandas, íamos à praia e passeávamos com sua família, seu pai e Nancy. Seu pai [Noel Hyman] morreu seis meses antes dele. Ele ficou arrasado e disse: 'Donna, aquilo era a minha vida'. Eles eram muito chegados.

Adoro CJ. Ele é o mais normal, o que não significa muita coisa. Ele é meu amigo. Tem três irmãs tipo cabeleireiras, todas lindas e bem rock'n'roll. Todos se apaixonam por elas. Ele é de Long Island e gosta de tatuagens e bicicletas. É o mais novo dos Ramones e teve um papel crucial junto aos fãs nos últimos dias. Ele é muito família, libertário. Ele é um cara correto, esteve entre os que ajudaram a limpar a bagunça do World Trade Center. Joey é liberal. Johnny é de direita, bordejando o fascismo. Dee Dee tem fixação na Alemanha com sua mãe. A visão política de CJ é como a minha: gostamos de armas, odiamos o governo, somos populistas, não gostamos mais dos democratas do que dos republicanos – odiamos todos eles. Somos boêmios rock'n'roll fora da lei, como os Hell's Angels. Johnny é mais hegemônico."

E Dee Dee?

"Eu o conheci no Chelsea Hotel. Tínhamos muito em comum por conta de nossa criação paramilitar e ambos tivemos dachshunds enquanto crescíamos. Dee Dee é infantil e completamente brilhante. Ele é o gênio dos Ramones, o centro nuclear dos Ramones. Com isso não quero reduzir a intensidade da química daqueles envolvidos – Marky, Johnny e Joey são muito intensos e Tommy é o anjo guardião, mas Dee Dee é a força centrífuga. Sou leal a Dee Dee, embora Joey e CJ sejam mais meus amigos. É retardado. A coisa toda é retardada. Assim são os Ramones."

(Entrevista do autor com Donna Gaines, socióloga, 2002)

Os Ramones decidiram lançar um último álbum, com Johnny declarando que, se não vendessem o suficiente, a banda iria acabar. No mesmo ano, Joey foi diagnosticado com um câncer linfático incurável. O vocalista vivia doente, a maior parte de sua vida adulta havia sido um entra e sai de hospitais, mas ele sempre acreditou que iria melhorar.

Em uma amarga ironia, o Ramone que mais corporificou o espírito de eterna adolescência era agora contraposto à dura realidade de sua própria finitude.

E, é claro, manteve sua doença em segredo – qualquer outro tipo de comportamento teria sido "antirramônico".

A primeira música de *Adios Amigos!* é um *cover* de Tom Waits, "I Don't Wanna Grow Up" (outra "don't wanna song"! [música do tipo 'não quero']) no ritmo tipicamente rápido dos Ramones. É uma abertura desafiadora, uma franca negação dos fatos: no mundo real, os Ramones já haviam crescido há muito tempo. Também é um *cover* soberbo, a milhares de quilômetros do *Acid Eaters* de 1993: o rico barítono de Joey, as guitarras turbulentas radicais e harmônicas como qualquer fã desejaria.

"'I Don't Want To Grow Up' é uma variação isolacionista do sonho de Peter Pan de eterna juventude", escreveu David Fricke nas notas de capa de *Anthology*, "uma prece para ser livrado de casamentos devastados por brigas, da chatíssima televisão, um mundo em doido fluxo melancólico. Os Ramones viam muito de si mesmos nela: "I don't wanna be filled with doubt/I don't wanna be a good boy scout/I don't wanna have to learn to count/I don't wanna have the biggest amount/I don't wanna grow up" [Não quero ser preenchido com dúvidas/Não quero ser um bom escoteiro/Não quero aprender a contar/Não quero ter a parte maior/Não quero crescer]. Em seus momentos finais, em uma carreira que desafiou expectativas, concepções equivocadas e armadilhas, com uma música tão simples e pura que qualquer um poderia compô-la (e rapidamente o fizeram), os Ramones provaram que juventude eterna não existe, o que há é vida eterna – se você se incomodar em lutar por isso."

A razão por que *Adios Amigos!* é melhor que se esperava depois de *Acid Eaters* deve-se à produção. Quando já era tarde, os Ramones tiveram o produtor que mereciam – Daniel Rey. Ele fez um excelente trabalho no estúdio Baby Monster, trazendo de volta um pouco do espírito dos primeiros álbuns.

Ainda assim, o álbum tem seus altos e baixos.

Para começar (e talvez isso se deva mais à doença de Joey do que a qualquer outra coisa), CJ faz o vocal de quatro músicas (incluindo uma versão de "The Crusher", tirada do álbum ridículo de Dee Dee *Standing In the Spotlight*). O próprio Dee Dee canta em uma faixa ("Born To Die In Berlin", com um toque inconfundível dos Stooges), por razões que não precisam ser explicadas a nenhum fã dos Ramones... era a última música do último álbum, e ele deveria estar na banda durante todo esse tempo. O baixo no *cover* de "I Love You", entretanto, soa mais antirramones que nunca.

Dee Dee e Daniel tiveram uma participação importante em *Adios Amigos!*: compuseram juntos cinco músicas; Dee Dee, em parceira com John Carco, do ICLC, compôs uma sexta ("Berlin"). Em cada uma delas, eles quase ressuscitaram os velhos Ramones – se não estavam lá não foi por não tentarem trazê-los. "Makin' Monsters For My Friends" (uma faixa emprestada do então álbum corrente de Dee Dee) e "The Crusher", bubblegum bem-humorado, enquanto "Cretin Family" não é comida requentada, como o título sugere, mas uma cotovelada esperta no mito dos Ramones por um de seus componentes principais.

"Cretin family/Cretin family/Everyone's against me" [Família cretina/Família cretina/ Todos estão contra mim], Dee Dee escreveu em uma inversão direta da letra antiga "We accept you/We accept you/One of us" [Nós aceitamos/Nós te aceitamos/Como um de nós]. Agora Dee Dee estava dizendo que, longe de ser um lar para todas as aberrações, os desajustados e *outsiders*, os Ramones tinham se tornado um clube exclusivo, parte do *mainstream*. A música também tem bons vocais de CJ. (Embora – sinto muito – ele ainda não seja Joey Ramone.)

"Take The Pain Away" é provavelmente a melhor indicação do estado mental de Dee Dee, com as frases "I am running away from myself/There's too many demons around here now" [Estou fugindo de mim mesmo/Há muitos demônios por aqui].

O destaque do álbum é o *single* "Life's A Gas" – seu título (e refrão) deve ter sido o roubo mais descarado [do T. Rex] desde que George Harrison emprestou "He's So Fine" para "My Sweet Lord", mas o vocal envenenado de Joey sobre as guitarras de Rey absolve a música de todos os crimes.

A outra contribuição de Joey, puro pop de grupo feminino dos anos 1960, "She Talks To Rainbows" (mais tarde a música ganharia um merecido *cover* de Ronnie Spector) é quase tão boa – um adorável canto coletivo descartado de *Pleasant Dreams*. "Foi minha primeira composição metafísica", Joey disse em *Making Music*, em agosto de 1995. "Estava na casa de Daniel, havia uma grande tempestade elétrica chegando e... baixou essa canção. No começo não tinha certeza de que era significativa pra mim – talvez fosse significativa para David Byrne ou outra pessoa. Mas, não, era significativa para mim. E eu estava muito agradecido."

Infelizmente, essas músicas saíram para dar lugar à comum "Have A Nice Day", de Marky Ramone/Skinny Bones (as baterias foram mixadas muito alto) e duas boas músicas de CJ, mas sem nada a ver com os Ramones, "Scattergun" e "Got A Lot To Say". Realmente, com os vocais dos últimos dois, os *bro* soavam exatamente como uma banda grunge de Seattle. Também é uma vergonha que a capa do último álbum dos Ramones seja a pior de toda a sua história: outro pintor comissionado por Kurfirst – esse mostrava... bem... dois dinossauros usando sombreiros. E é isso. A banda com a imagem mais perfeita de toda a história do rock – uma imagem tão perfeita que eles não se desviaram dela em 22 anos de carreira, e costumavam mandar membros da banda para casa se eles aparecessem se vestindo em desacordo com ela – encerra suas atividades com uma capa mostrando dois dinossauros usando chapéus mexicanos.

E sequer eram dinossauros bonitinhos.

A reação da imprensa foi simpática quando o álbum foi lançado em julho.

"O *revival* comercial do punk rock parece ter revitalizado a banda", escreveu o *Stereo Review*. "Os Ramones estão de volta soando como os Ramones. Não cometa erros, *Adios Amigos!* soa exatamente como os Ramones."

"Se *Adios Amigos!* é o último álbum dos Ramones", escreveu Matt Diehl, o crítico da *Rolling Stone*, "ao menos eles finalizam em grande estilo. O álbum contém o seu melhor e mais potente material em anos, refletindo mais a alienação de *outsiders* encarquilhados pelos anos do que a rebelião adolescente que tinha se tornado um clichê dos Ramones."

"Foi meio franco", diz CJ agora. "Não ficou tão bom como poderia ter sido. O que aconteceu é que provavelmente todos sabiam que a aposentadoria estava chegando e as coisas foram por um caminho que normalmente não iriam... Vejo agora que a banda se preocupava, mas estavam em uma posição em que havia coisas mais importantes – contas a serem pagas. Eu queria ter começado a escrever músicas antes, porque estava muito feliz com essas duas com que contribui. Acho que estavam mais perto das músicas originais dos Ramones do que todas as outras."

Johnny declarou esse álbum como o melhor desde *Too Tough To Die*, mas também estava determinado a torná-lo o último: "Você vê bandas famosas como The Who e os Rolling Stones, elas vão continuando e estão tão longe de sua essência", disse em *Making Music*. "Essas pessoas não sabem lidar com a vida sem terem atenção. Caso houvesse uma aposentadoria compulsória para roqueiros maiores de 40 anos, haveria muita gente cometendo suicídio."

"O The Who teve intenção de continuar na ativa aos 40", ele perguntou, passando por cima do fato de que ele próprio já tinha ultrapassado essa idade havia muitos anos, "com Pete Townshend no palco com uma guitarra acústica e outro guitarrista tocando atrás dele?" Não como os Ramones, é claro, em que Daniel somente tocava guitarra nos álbuns. "É patético", ele continua. "O começo do punk rock estava consciente disso. Eu apenas quero viver, sem estar em uma banda de rock'n'roll."

"Não queremos nos estender além da conta", comentou Joey, o homem que vivia para o rock'n'roll. Seu próximo comentário diz tudo. "Na verdade, a música é a minha salvação – me entusiasma como nada mais."

"Johnny nunca imaginou que os Ramones seriam grandes", explica o diretor de vídeo George Seminara, "assim ele arranjou tudo para ganhar a vida. Johnny teve certeza de que seria um bom negócio, provavelmente melhor do que muitas bandas com discos de sucesso. Os Ramones foram muito espertos. Eles eram donos de tudo e fizeram um monte de dinheiro com as camisetas e baquetas de bateria. Porém, a atitude fatalista de Johnny bloqueou sua carreira. Ele estava contente tocando as mesmas cinco canções, embora os shows tenham ficado cada vez maiores. Seu negócio era realmente exaustivo e chegava à marca de mais de 300 shows durante um período de dois anos (nem tanto, Ed)... Os Ramones eram caras na faixa de seus 40 anos, lembrem-se, e Johnny era mais velho que Joey. Estou quase com 41. Eu não conseguiria fazer o que eles faziam – é preciso uma estrutura como a do U2, com helicóptero particular, ou então ser congelado criogenicamente como os Stones. Ao menos não estão tocando cada maldita noite, andando em uma van com uns caras que mal se aguentam, dirigindo por 10 a 12 horas."

"Não preciso vender tantos discos quanto a Madonna para ser feliz", explicou Joey. "Excursionamos durante todo o ano. As turnês são nosso meio de vida. Gostamos, mas é extenuante. Vinte e um anos com o clã causa um estrago na pessoa. Estou cansado de viajar o tempo todo. Alguém deveria nos convidar para o Lollapalooza, assim teríamos uma turnê de alta-classe..."

Adios Amigos! ficou duas semanas nas paradas.

Era um pouco tarde. Depois de uma prolongada turnê de despedida, que se estendeu durante quase todo o ano de 1995, a banda acabou... a não ser pelo convite do Soundgarden para o sexto festival de Lollapalooza.

...É SURPREENDENTE QUE o fato de Joey e Johnny não se falarem só tenha se tornado público nos últimos anos.

"Não interessava a ninguém, era por isso. É impressionante a discrição deles por tanto tempo, porque isso sugere – ou mostra – que sabiam que eram mais fortes juntos do que individualmente. Fossem quais fossem as diferenças individuais, a banda tinha que continuar. Era tudo o que eles tinham, todo o seu investimento. Por isso, parar seria como jogar fora os primeiros cinco, oito, dez anos de trabalho duro, baixarias, insultos, insultos literais. Sair em turnê, abrir para o Black Sabbath e ser alvejado com excrementos. Já é surpreendente alguém ter conseguido reunir tal trupe. Na verdade, foi algo genial, quando se considera o quanto eram íntimos à sua maneira. Quando se leva tudo isso em conta, ao avaliar o que foi alcançado, as crises de dúvida devem aparecer: 'Devo parar de uma vez por todas?

Devo seguir? Devo ter em mente aquele objetivo e não desistir?'. Os Ramones representam a verdade de que nunca é tarde demais para o rock'n'roll enquanto se acredita no que está fazendo com pureza e convicção. A idade da sua banda é irrelevante. Rock'n'roll não é só para jovens. É para gente que se recusa a não se importar com mais nada."
Essa é a beleza daquele cover do Tom Waits.
"Sim, 'I Don't Want To Grow Up'. Perfeito! Eles começaram celebrando os aspectos mais absurdos da vida adolescente. Cheirar cola, perseguir garotas pelo Queens, ir à praia. Eles pegaram tudo isso e mostraram como os conteúdos e as emoções daquelas músicas são atemporais – e ainda o fizeram com alegria, força e exaltação. Quem já não quis dar uma paulada em um chato de galocha?*

(Entrevista do autor com David Fricke, 2002)

A rodada de shows de despedida era implacável. Durante um período de apenas dez dias, em novembro de 1995, os Ramones tocaram em Louisville, Cincinnati, Cleveland, Muskegon, Saginaw, Hamilton, Verdun, Lewiston – em alguns lugares, sofreram a indignidade de abrir shows para o Pearl Jam e também para o White Zombie. Os Ramones viam essa situação com outros olhos: essas bandas tinham vendido milhões de discos. Seu respeito era o reconhecimento que os Ramones tinham sempre esperado do *mainstream*.

Depois de 22 anos, tinham conseguido.

"Nossa popularidade permanece a mesma de sempre", Johnny esclareceu para o *Scram*. "Fazemos mais dinheiro a cada ano. E não há questão sobre a popularidade. A banda começa e, pela observação de outros grupos, sei que fará o que tem que fazer em cinco anos. E é isso. Caso durar mais que isso, vai estar acomodada, enrolando. Precisa ser muito estúpido pra não perceber. O auge dos Beatles foi entre 1964 e 1969. O que os Rolling Stones fizeram desde que Brian Jones deixou a banda? Eles cresceram. David Bowie deveria ter crescido também, mas o que ele tem feito desde, digamos, *Aladdin Sane*? Talvez *Diamond Dogs*. Talvez esse seja seu último álbum decente."

"Eu vibrei em New Orleans", lembra Kevin Patrick. "Foi um dos primeiros shows desses cinco ou seis que eles fizeram com o Pearl Jam. Convidaram Joey para ir ao o palco para cantar 'Sonic Reducer' (música dos Dead Boys), que acabou em um *single* do Natal do Pearl Jam.

---

*N.T.: A última frase faz referência à música "Beat On The Brat" [Bata no Garoto].

Foi lá que Eddie começou a sua amizade com a banda. Ele acabou ficando amigo (até hoje) de John. Eddie ficaria feliz de ser amigo de qualquer um dos Ramones – adorava a banda."

"Uma coisa que me surpreendeu sobre o John", Kevin acrescenta, "é que quando ele se mudou para Los Angeles, depois que a banda acabou, tornou-se um deslumbrado. Adora andar com músicos de rock famosos e gente de cinema. Eu cheguei a dizer a ele que estava virando um tipo de *groupie*."

O show final de Londres aconteceu em 3 de fevereiro de 1996, na Brixton Academy, depois do cancelamento de dois shows na Itália no começo da turnê europeia de um mês por conta da piora de saúde de Joey.

Voltaram aos Estados Unidos para uma rodada de shows com os Independents, que culminou em três noites em Nova York – incluindo duas no relativamente pequeno Coney Island High. Fãs e amigos da banda sentiram que era chegado o ponto final, os Ramones iriam com certeza encerrar suas atividades na cidade que desde seus primeiros dias os havia nutrido e apoiado, quando todos lhes viravam a cara.

"Os Ramones pertenciam a um período em que os Estados Unidos e o resto do mundo estavam de olho em Nova York como inspiração", diz Ida Langsam. "Aqueles de nós que vivem aqui se esquecem o quanto Nova York influencia. Tudo o que acontece no resto do mundo pode ser encontrado em Nova York – política, moda música, comércio. As primeiras fotos dos Ramones no metrô são tão perfeitas. Moro em Forest Hills e conheço o colégio que eles frequentaram, bem como o quarteirão por onde costumavam andar. Não os conheci como vizinhos, mas o metrô era a condução que eu pegava todos os dias para ir e voltar. Era uma imagem muito reconfortante, a ideia de que eles poderiam morar na esquina da minha casa. Acho que todos se sentem assim. Eles eram caras muito simples e faziam com que todos se sentissem confortáveis ao redor deles."

Os fãs dos Ramones de Nova York haviam reconhecido a banda, porém sem o entusiasmo dos fãs da América do Sul – e a atração do dólar todo-poderoso. Então, em março, eles voltaram uma vez mais para três shows em São Paulo e no Rio de Janeiro, no Brasil, e ainda outro mais no estádio do River Plate em Buenos Aires (com os velhos amigos e aliados Motorhead e Iggy Pop)...

Dessa forma, outra turnê de despedida precisava ser organizada: Indianápolis, Chicago, Kalamazoo, Detroit, Cleveland, Allentown, Pittsburgh, Rochester e Albany... duas outras noites no Coney Island High... Little Rock, Memphis, Atlanta, Birmingham – e só então a turnê final começou. CJ, entretanto, já tinha planejado viajar pelo país em sua Harley-Davidson muito antes de surgir a oferta de tocar em Lollapalooza. Então, ele viajou de show em show em sua moto.

"Tínhamos um acordo", observa CJ, "que eu seria multado em uma semana caso perdesse um show. Não perdi nenhum. Não tenho certeza de que todos foram descontados. Johnny deve ter sacaneado algumas vezes, só para manter o pessoal focado."

"Eu me recusei a aceitar no começo", ele continua, "porque em 1992 avisei que no verão de 1996 iria cruzar o país na minha moto. E também tínhamos nos programado para a aposentadoria em fevereiro. Então, pensei que esses pobres coitados nunca tiveram o crédito que mereciam ou sentiram que faziam parte de alguma coisa. Pensei que seria uma grande oportunidade para eles encontrarem as maiores bandas da época (Rancid, Metallica, Soundgarden, Screaming Trees) e constatar sua influência sobre elas – e eu estava certo. Quando Johnny, Joey e Marky começaram a andar com esses caras, eles se deram conta de que pariram virtualmente toda a cena rock'n'roll do país."

"Era uma boa despedida", prossegue, "sabendo que havia um monte de gente que reconhecia o quanto eles eram bons – o que não tem nada a ver com tocar no rádio ou com vendas. Apesar de toda a resistência da mídia, os Ramones cresceram, floresceram e conquistaram a indústria de música com seu poder. Eles sobreviveram a todos."

CJ realizou uma ambição pessoal quando foi convidado para tocar "Ty Cobb" (música chamada assim por conta de um jogador de beisebol americano) no palco com o Soundgarden: "Eles me deram a fita 15 minutos antes da apresentação", ele relembra, "então corri à caminhonete dos meus amigos – eu estava de moto – e aprendi a música. Foi uma experiência incrível."

"Sabia que estava acabando", diz Marky. "Queria respirar e começar tocando com minha própria banda. Eu já tinha material para um álbum inteiro antes de os Ramones acabarem, mas jamais teria uma banda enquanto estivessem na ativa. CJ tinha sua própria banda, o que eu achava totalmente desrespeitoso. Joey também, mas isso diz respeito a cada um. Quando membros de uma banda começam a formar seus próprios grupos, dá para dizer que há algo errado."

O SOUNDGARDEN NÃO CONVIDOU os Ramones para a turnê?
"Foi iniciativa deles. O Metallica teve que aprovar, mas foi por causa do Soundgarden que os Ramones entraram na lista."
Os Ramones não estavam aposentados àquelas alturas?
"Não, o Johnny nunca marcou uma data específica para tanto. Joey já estava doente. Não sabíamos. Ele não nos disse, mas tinha dito que tinha que parar. E todos os outros – bem, Johnny ao menos – concordou que era suficiente. Era para ter acabado na Argentina, em 16 de março, no estádio de futebol do River Plate. Exatamente antes disso, a oferta de Lollapalooza veio, então disseram aos argentinos e eles acharam que tudo bem, mas que os Ramones teriam que retornar para encerrar atividades na Argentina. Mas, quando estávamos em Lollapalooza, Joey estava dizendo: 'de jeito nenhum, de jeito nenhum, de jeito nenhum'. Mostraram sacos de cartas de fãs dizendo que eles tinham que voltar. E fizeram todos os tipos de ofertas à banda (há rumores de que houve algumas que se aproximaram de um milhão de dólares por uma última turnê), mas Joey disse não. (Há rumores de que ele recusou porque sabia o quanto isso aborreceria Johnny, saber que o dinheiro estava lá, intocado, sem ele poder fazer nada.) Todos ficaram loucos. Não sabíamos que ele estava doente."
Como foi o último show dos Ramones?
"Bem, foi muito rápido porque era para ter sido em outro lugar. E naquele mesmo dia aconteceu a mudança. Talvez isso tenha afetado a equipe de filmagem mais que a todos. Não nos atingiu muito. Estávamos acostumados com isso, aparecer em um lugar e fazer um show. Normalmente, eu tinha boas relações com a equipe de iluminação em diferentes casas de espetáculos no mundo inteiro, e naquele dia em especial eles ajudaram de todas as formas que puderam. Como eu disse antes, todos gostavam de trabalhar com os Ramones, porque nos éramos muito profissionais."

(Entrevista do autor com Arturo Vega)

Os Ramones se apresentaram pela última vez no Hollywood Palace, em Los Angeles, em 6 de agosto de 1996, com alguns artistas convidados apoiando e aproveitando a oportunidade de compartilhar do brilho da banda: "Primeira saída", diz CJ sem meias palavras, "fazer isso na Costa Oeste, em Los Angeles, é ridículo, um verdadeiro tapa da cara para Nova York. Estávamos em turnê como personificação da cena musical nova-iorquina..."

"Queria fazer o trabalho da melhor forma possível", lembra Marky. "No último dia era adeus, boa sorte e se cuida. Fiz o show, fui entrevistado e voltei para Nova York. E estava acabado."

Como não poderia deixar de ser, o show foi gravado para a posteridade.

Mais tarde foi lançado como pacote de vídeo e CD pelo selo Eagle. Surpreendentemente, *We're Outta Here!* é bastante apresentável, apesar de conter outra capa que falhou em destacar a banda – desta vez, um roubo muito decente do estilo de desenho do legendário artista Big "Daddy" Roth. O livreto interno do CD destacava fotos de artistas convidados – Soundgarden, Eddie Vedder, Lemmy Kilmister, Rancid, Dee Dee Ramone – infelizmente em maior número que as próprias fotos da banda. Picuinhas à parte...

O vídeo de quase duas horas contém cenas dos Ramones em 1974 e excursionando nos anos 1980, mais entrevistas com fãs como Jello Biafra, a aparição nos *Simpsons*, comentários direitistas de Johnny. O produtor Daniel Rey fez um excelente trabalho no CD – versões *cover* de temas do show de TV infantil Saturday Morning Kids ("Spiderman") e músicas de Dave Clark Five (um dueto de "Any Way You Want It", que inexplicavelmente fecha o show) à parte. É claro que não é da mesma categoria de *It's Alive* – mesmo assim é excelente, o som ajustado e corajoso, a voz de Joey melodiosa e no controle.

Quase tão bom, mas considerado mais curto, é o *Greatest Hits Live*, produzido por Ed Stasium (Radioactive, 1996), gravado em Nova York – embora seja questionável se os fãs dos Ramones precisavam de dois álbuns ao vivo, lançados apenas dois anos depois de outro. Suficientemente irritante para colecionadores dos Ramones, *Greatest Hits Live* contém duas faixas de estúdio inéditas até o lançamento do álbum – a versão dos Ramones para o tributo do Motorhead "R.A.M.O.N.E.S.", cantada por CJ, e a música de Dave Clark. Quem sabe quais obrigações contratuais os Ramones estavam cumprindo lançando ambas?

Um mito popular sobre os Ramones é que depois que Johnny tocou seu último acorde com os Ramones, ele saiu do palco e deu sua Mosrite para Eddie Vedder dizendo: "Aqui está, é sua. Não preciso mais dela". Uma história tocante, mas há apenas uma coisa errada com ela. É contrário ao sistema de valores de Johnny dar alguma coisa a alguém. E também foi em favor de Daniel Rey que Johnny renunciou à sua Mosrite em 1997 – em troca de uma substancial soma de dinheiro.

"Tenho a principal guitarra de Johnny, a Mosrite branca," confirma o produtor. "Quando estava trabalhando com eles, disse a Johnny que se um dia ele quisesse vender sua guitarra, que o fizesse para mim. Ele disse: 'Certo, quando eu me aposentar, não quero manter aquela coisa'. Então, quando ele se aposentou me chamou e perguntou se eu tinha falado sério e eu disse que sim, claro que sim. Eddie Vedder e algumas outras pessoas também queriam, então obviamente o preço subiu. Mas também disse a John que se ele precisasse dela, ainda estaria na família."

"Custou muito caro?" Daniel ri e para um instante para pensar no que responder. "Bem, entenda assim... tive que vender umas dez guitarras para comprá-la – e sou um colecionador."

"DANIEL FALOU A VOCÊ sobre a guitarra, a Mosrite? Sabia que Johnny queria comprá-la de volta?"

Ele queria?

"Johnny a vendeu barato. Ele queria vender seu equipamento. Vendeu metade para o Eddie Vedder e o resto para outras pessoas."

Não é o que o Daniel diz. Ele falou que custou uma boa quantia... oh, entendo o que você está dizendo.

"A maioria desses caras não vive no verdadeiro mundo do rock'n'roll porque estou lhe dizendo, aquela guitarra vale 20 ou 30 vezes o que Daniel pagou por ela, ou mais. É o Martelo de Thor."

Não acredito que não pedi ao Daniel para vê-la.

"Toquei muito naquela guitarra. É uma grande guitarra. Você se sente segurando um pedaço de madeira de balsa, é leve como o diabo, mas é o martelo dos deuses, e Johnny a vendeu por um preço que considero relativamente barato para Daniel Rey, e agora, é claro, a quer de volta. Compradores japoneses, todo mundo está querendo aquela guitarra. E agora os Ramones estão no Rock'n'Roll Hall Of Fame? Por favor – aquela sim é 'a' guitarra. Eles precisam dela. É a guitarra que começou o punk rock."

Não é essa guitarra.

"Bem, não, houve a azul e a..."

As guitarras originais foram roubadas.

"Sim, e eu sei onde estão."

Você sabe?

"Quando se vive em Nova York tempo suficiente dá para saber que esse tipo de merda acaba aparecendo. Mas é a guitarra de 'Rock'n'roll High School'. É a guitarra que as pessoas viram. É a guitarra de Johnny Ramone."

(Entrevista do autor com George Tabb)

"Os Ramones não eram as pessoas mais simpáticas do mundo, mas eram engraçados. Não éramos uma banda rancorosa, odienta. Sempre tentamos fazer com que as pessoas se divertissem consigo mesmas. Há muito ódio hoje, e os Ramones são mais necessários que nunca. Mesmo na música – o hip-hop e o rap – tem tanta merda. Não se usa rima. Não há refrões. É apenas uma grande porcaria com bateria eletrônica. Há tanto ódio e tensão e tiros – já é suficiente. Quando isso vai acabar? Vai chegar um momento em que vamos todos acabar nos matando uns aos outros e não vai sobrar ninguém no planeta, sabe?

Os Ramones lutaram, discutiram e argumentaram, mas outras bandas também o fizeram. Somos uma família. Éramos mais chegados que uma família. Éramos irmãos – irmãos brigam. São feitos até filmes a respeito disso. É assim que funciona. Mas temos alguns valores decentes, sabe?"

(Entrevista do autor com Marky Ramone, 2002)

36

Ramones: Uma Banda Americana

"OS RAMONES PODEM muito bem ser a clássica banda americana de rock. Há várias bandas americanas importantes em cada período – Gene Vicent & the Bluecats, o Grateful Dead, desde 1966 até quando você quiser. Mas os Ramones são "a" banda clássica americana de rock porque tudo o que consideramos grande na música americana foi misturado no caldeirão de sua essência no que eles fizeram.

Agora que vivo aqui há 20 anos, no que me concerne, Nova York é a cidade americana clássica porque possui tudo o que está espalhado pelo resto do país. Os Ramones funcionam da mesma forma. Dá para encontrar elementos do que eles eram em Cleveland, mesmo em 1975, com o que os caras do Pere Ubu estavam fazendo, e os Dead Boys; Iggy Pop e MC5 em Detroit, e os Doors, por extensão, em Los Angeles, em 1967. Dá para falar sobre qualquer uma dessas bandas, mas tudo se mistura e é embalado em uma só coisa no que os Ramones fizeram. E eles eram tudo isso de uma vez sem nenhuma gordura.

Ter sucessos na mídia e ser ouvido não é exatamente a mesma coisa. Os Ramones não estiveram no rádio porque o rádio estava apavorado, eles não entendiam, e naquele tempo... Seria interessante saber se os Ramones teriam espaço no rádio em 1966, porque ao se pensar nas músicas das bandas punk de garagem que faziam sucesso nessa fase, 'Talk Talk', do The Music Machine, 'I Had Too Much To Dream Last Night', dos Electric Prunes, algumas dessas músicas que os Ramones fizeram em seu álbum de *cover*s [*Acid Eaters*], chega-se à conclusão de que não estavam fazendo música tão barra-pesada. É que o resultado final era quase como luz branca. Tudo isso posto para ferver... como os Velvets, sabe? Aí está o verdadeiro precedente, o The Velvet Underground. Uma banda que foi influenciada pelo blues e ajustou músicas, letras e vozes ao coração de Nova York. Eles tinham um aspecto mais artístico do que os Ramones, mas também não tocavam no rádio.

Os Ramones tinham que trabalhar para viver. Eram uma verdadeira banda de turnê. Os Ramones falavam a cada pessoa individualmente ao longo dos anos, por isso estamos falando deles agora, enquanto... Quanto tempo gastamos falando sobre o Journey ou o Styx?" – David Fricke

"Com certeza, eles são uma banda americana. Uma das maiores bandas de rock'n'roll de todos os tempos, e importante – uma grande influência na música, na indústria e na cultura. Entendedores de música, eles ajudaram a promover uma importante revolução. Era como o contrário do 'The Day The Music Died', quando Buddy Holly morreu, Elvis entrou para o exército, Gene Vincent dançou e Eddie Cochran morreu, e ficamos com Frank Avalon e os garotos de suéteres e tal. Então, tivemos um período de pop adocicado e os Ramones deixaram todos os idiotas boquiabertos.

Os Ramones tiveram um efeito cultural como os Beatles no *Ed Sullivan* – a cultura expandiu e explodiu. Isso ajudou a gerar novas possibilidades, soubesse a indústria da música o que fazer com elas ou não, porque aquela geração de caras da Divisão de Artistas e Repertório das gravadoras foi pega de surpresa – 18 meses depois de dizerem que nunca contratariam aquele tipo de música, estavam todos indo aos clubes tentando arranjar contratos sem terem nenhuma pista do que era aquela música que passara a ser moda. Isso influenciou as rádios alternativas, que, por sua vez, influenciaram a cultura. Sua maneira de se vestir, também, trouxe um rústico e subestimado visual à James Dean – em oposição ao visual *hippie*. As únicas bandas americanas que tinham essa intensidade eram os Doors e os Beach Boys. Os Ramones completam o trio." – David Kessel

"Eles são a maior banda americana de todos os tempos. É seu amor pela cultura pop, seu entendimento da cultura americana, seu intelecto orgânico por excelência." – Donna Gaines

"Os Ramones são singularmente americanos no jeito que os americanos têm, nesse conceito de 'eu posso fazer' de encarar a adversidade – 'Posso me tornar um deus do sexo mesmo se me parecer com Joey Ramone'. O que ele estava pensando? Como ele sempre achou que poderia ser um vocalista?" – George Seminara

"Oh, sim, nós somos. Como os Beatles são uma banda inglesa, e os Stones são uma banda inglesa, e o Cream é uma banda inglesa. Somos uma banda americana, exatamente. Adoramos o país. Tem um monte de falhas e ainda é um ótimo país e sempre iremos apoiá-lo. Tem um monte de coisas que precisam ser corrigidas, mas os Estados Unidos ajudam um monte de países também, militar ou financeiramente. E há coisas com que eu não concordo, mas é meu direito como americano. Por isso, temos direito de voto e de divulgar nossas opiniões. Pessoas já morreram por isso.

Os Ramones não poderiam vir de outro lugar que não fosse Nova York – a agitação, as atitudes, o som das ruas, os bares, as drogas –, o nível mais rápido de tudo isso. Se você mora em Nova York, vai se tornar um maníaco pelo ritmo acelerado. Assim é a coisa toda." – Marky Ramone

Apêndice 1

Don't Worry About Me

"SE VOCÊ OLHAR PARA a maioria dos fãs dos Ramones, vai achar que eles vêm de famílias disfuncionais como eu. Nunca pude ser do grupo dos garotos atléticos, porque media 1,50 metro no ensino médio. Nunca pude estar entre os doidões, porque não vivia drogado. Também não dava para ser mauricinho, porque não tinha as roupas nem o dinheiro pra tanto. Não podia fazer parte dessas gangues – mas sempre havia os Ramones.

Por isso, eu usava uma camiseta diferente dos Ramones para cada dia da semana. Não importa em que cidade eu estivesse – se meus pais fossem para algum lugar como o Lago Tahoe, se havia alguma garota usando uma camiseta dos Ramones, diria 'oi' pra ela, que corresponderia, e pronto, teria uma amiga. Minha primeira banda, Roach Motel, começou porque encontrei outros caras com camisetas dos Ramones. Meus amigos do colégio? Camisetas dos Ramones.

Essa foi a melhor coisa que os Ramones fizeram. Deram a um monte de gente senso de identidade. Ajudaram muito a nós, garotos, a nos identificar com alguma coisa e a nos manter vivos. Eles cantavam letras sobre suicídio de forma que não precisássemos nos suicidar de verdade. Músicas como 'Here Today, Gone Tomorrow' – ouvindo podíamos substituir a verdadeira dor. Talvez se não fossem os Ramones, seria alguma outra coisa, mas não – eles vieram no exato momento e ajudaram muitas pessoas, especialmente a mim."

(Entrevista com George Tabb, fã dos Ramones)

"Joey dizia que as três coisas favoritas da vida pra ele eram cagar, fazer sexo e estar no palco com os Ramones", ri George Seminara.

Depois que os Ramones se separaram, em 1996, a música deles passou a ser mais e mais reconhecida – talvez fosse mais fácil festejar uma banda cuja produção gravada não poderia mais manchar a imagem; ou talvez fosse o caso de 'você não sabe o que tem até perder o que tem'. Todos assumiram que os Ramones estariam sempre por perto: uma das constantes da vida, como os *Simpsons* e a nova temporada de futebol. De repente, eles se foram. Foi como perder alguém da família.

Bandas-tributo e álbuns tributo pipocaram em todo o mundo – Ne Luumäet; Screeching Weasel; The Vindictives; Acid Eaters, da Holanda; The Cabrones, da Flórida; os Gabba Gabba Heys, da Califórnia; os Rämouns, da Alemanha; Carbona Not Glue, da Escócia; os Joeys, da Austrália; os Cretins, da Suécia.

O Green Day chamou garotos do público para tocar "Blitzkrieg Bop" com eles no palco, assumindo que todos conheciam os Ramones. "Blitzkrieg Bop" foi também tocada durante jogos do World Series: os Ramones ganharam o *status* do Bay City Rollers, 25 anos depois. E o próprio Joey era reconhecido onde quer que fosse.

"Fomos juntos a Los Angeles para o *The Drew Carey Show*", diz a jornalista e amiga Rachel Felder. "Ele não tinha estado por lá desde o final da banda. Não fazia ideia de qual seria o efeito de andar pela Melrose com Joey. Foi inacreditável. As pessoas estavam gritando para fora dos carros. Outra vez, fomos ver um show de reunião do Blondie em um teatro atrás do Madison Square Garden. Ele ganhou aplausos de pé enquanto caminhava até seu assento."

"Joey amava pipoca", ela continua. "O desafio era se ele comeria pipoca e depois jantaria. Fomos à estreia tarde da noite de um desses filmes que ele gostava e, então, havia a pipoca. Fomos pegar a pipoca, pagamos e buscamos nossos assentos. E tudo o que eu podia pensar era 'Como você se sentiria se Joey Ramone sentasse na sua frente? E começou o filme...'"

"Ele gostava muito de cinema", acrescenta, "comédias mais articuladas do *mainstream* como *Uma Questão de Nervos* e *Entrando Numa Fria*. Ele nunca assistia aos filmes de arte – somente coisas de Hollywood. Gostava de café. Seu apartamento podia ser uma bagunça, mas sempre havia pó de café e uma boa cafeteira."

As rixas entre os Ramones não diminuíram. De fato, aumentaram. Havia o hilariante programa do radialista Howard Stern, para o qual Marky telefonou reclamando que Joey supostamente o havia chamado de bêbado. Marky se referiu ao distúrbio obsessivo/compulsivo de Joey

– que deveria ser mantido como segredo –, e Joey sugeriu que Marky estava bravo com ele porque o fato de ele ter terminado com a banda tinha reduzido seus ganhos. Era uma clássica lavação de roupa suja de família disfuncional. Marky bateu de volta, perguntando a Joey se o Prozac estava fazendo efeito, então Joey começou a contar como todos em Lollapalooza riam de Marky pelas costas porque ele usava peruca. Marky contra-atacou dizendo que todos tiravam sarro de Joey porque ele estava gordo. "Bem, você sabe", disse Joey, "peso é algo que você sempre pode perder, mas cabelo não dá pra recuperar." Foi algo muito rancoroso e infantil, e altamente divertido para todos, com exceção dos dois combatentes: Stern ficava chocado durante metade do tempo, mas isso não o impedia de levar a briga ao ar.

"Houve muita animosidade entre Joey e Marky", George Seminara confirma, "porque Johnny convenceu a todos que Joey estava mentindo sobre sua doença, e assim os impedia de ganhar dinheiro com seu fingimento."

Rumores começaram a correr sobre a sexualidade de Joey, por conta de o vocalista continuar solteiro. "Houve uma fofoca no último ano de que Joey era gay", diz Seminara, "e Arturo era seu amante. Não era verdade. Basicamente, acho que ele ficou tão traumatizado com todo o incidente com Linda que sentia medo de se comprometer."

"Ele era um grande apreciador de divertimentos, coisas legais – filmes de monstro, ficção científica, *Jurassic Park*, os filmes da Disney, ele tinha um bom contato com sua criança interior", o diretor de vídeo continua. "Ele também era um cara legal, com inclinação a deixar que os outros tirassem vantagem disso. As pessoas apareciam para ficar em seu outro apartamento. Depois de alguns dias, ele queria ficar sozinho e não podia, então ficava zangado. Todos aqueles anos de estrada fizeram com que apreciasse os momentos privados de solidão. Ele também era um tipo que curtia internet."

"Joey era muito parecido comigo", ri Handsome Dick Manitoba. "Ele tinha um apartamento de solteirão, com coisas espalhadas por todo o lado, pedaços de papel, notas escritas. Ele foi ao Japão e tinha muitas tranqueiras e brinquedos japoneses. Era uma verdadeira bagunça, confortavelmente zoado, uma casa divertida."

"Falávamos sobre comida, filmes, rock'n'roll, garotas, vida...", diz o vocalista dos Dictators. "Ele me contava sobre coisas que o preocupavam ou o incomodavam fisicamente, pequenas indisposições. Era um cara muito orgulhoso. Escrevi (no website dos Dictators) que 'Joey era uma pessoa doente, mas nunca se definia pela doença'. Com esse papo sobre doenças, nós relaxávamos um ao outro. Era engraçado, esses dois roqueiros judeus nova-iorquinos dizendo: 'Tenho essa dor aqui...' – isso é muito ruim para a imagem, sabe? Mas eu me sentia seguro contando ao Joey."

"Dee Dee faz o que eu chamo de ficção punk", explica Arturo. "Mas para ele é real. Uma vez eu estava no Chelsea Hotel com ele, um pouco antes de *Chelsea Horror Hotel* ser lançado (2000). Estávamos lendo e eu estava surpreso pelo quanto os diálogos estavam fantásticos. As cenas eram muito surrealistas, muito insanas. Então, saímos do hotel e ele começou a fazer e dizer as mesmas coisas que eu tinha acabado de ler, mas desta vez era realidade."

Enquanto *Coração Envenenado*, de 1997, o triste e interessante acerto de contas de Dee Dee com a vida, antes e depois dos Ramones, é "facção" – metade fato, metade ficção, *Chelsea Horror Hotel* é totalmente ficção enquadrada em um cenário real. Sua descrição de drogas, fluidos corporais e violência são coloridos por cenas como uma em que Dee Dee se droga com os fantasmas de Sid Vicious, Johnny Thunders e Stiv Bators.

"É um lugar horripilante", ele disse ao *Boston Phoenix* sobre seu hotel favorito. (Também é onde o corpo de Nancy Spungen foi descoberto.) Apenas a arquitetura do lugar já conduz ao mistério. O caos de viver na Rua 23 é uma história em si."

"Eu o encontrei uma vez quando ele já não estava mais na banda", lembra Johnny. "Fomos caminhando para o Chelsea Hotel. Uns quatro garotos nos pararam no caminho e perguntaram a ele o que estava fazendo no momento. Para cada pessoa com quem falava, contava uma história totalmente diferente. Ele tinha uma cicatriz de apêndice na barriga. Enquanto estava na banda, se alguém perguntasse o que tinha sido aquilo, contava uma história diferente. Uma briga de faca... toda vez uma história diferente."

"Poderia tê-lo matado", diz Monte, referindo-se às histórias inventadas de bebedeiras, sexo e drogas envolvendo o gerente de turnês em *Coração Envenenado*.

"As pessoas me perguntavam tantas vezes: 'Como você consegue falar com o Dee Dee depois de tudo que ele disse sobre você?'", diz Arturo. "Ele me faz rir. Se as pessoas são suficientemente estúpidas para acreditar que é verdade, então é problema delas. Dee Dee é ótimo. Ele é um gênio. Ele é o cara."

Dee Dee era também um talentoso pintor: no apartamento de Arturo, vi várias peças de arte criadas pelo Ramone lidando com sua confusão e suas personalidades destroçadas. Seu traço é sujo, áspero, seu uso de cores e linhas é vívido. Ele tem um *approach* artístico ingênuo, de cartoon.

"Esta peça existia antes de Dee Dee tocá-la", explicou Arturo, mostrando-me um de seus trabalhos. "É uma das minhas pinturas minimalistas. Desde que Dee Dee a tocou, eu a chamo de niilismo minimalista. Tudo começou porque mandei para ele uma tela que antes estava assim, dividida em segmentos. Ele pintou um quadro inteiro dentro de um desses segmentos. Nele, reagiu ao preto e branco, os opostos. Disse a ele que deveria fazer aquilo novamente, em um formato mais apresentável. Então mandei a ele uma tela selada em polietileno e, em lugar da pintura, ele a transformou em camiseta. Isso é Danny Fields. É Dee Dee reclamando de mim, falando que eu o obrigo a trabalhar."

Chelsea Horror Hotel é ilustrado com o próprio estilo *Fear and Loathing* de Dee Dee na pintura, forjado nas drogas: "Naquela fase era como eu sentia Nova York – sangue nas calçadas sebosas, com um clube-disco lá embaixo, bem em frente à minha janela", desabafou. "...E noite sim, noite não, havia brigas terríveis, facadas, garotas. Eu preferia estar no lugar do meu cachorro, sabe?"

"Dos três Ramones com quem falo", sugere o escritor Michael Hill, "a cabeça de Joey é uma grande bagunça, é como uma bolha de sentimento, como: 'Estou tão feliz, tão entusiasmado, aquilo foi surpreendente'; Tommy diria: 'Vamos colocar isso no contexto da música, da arte, da moda, cultura, isso é o que significa'; e então havia Dee Dee – 'Estava vestido de pirata e fui a esse lugar e encontrei umas minas e comprei umas drogas e... oh, meu Deus'."

O QUE VOCÊ ESTÁ fazendo no momento?

"Estou trabalhando em um projeto chamado Uncle Monk, que mistura instrumentos de bluegrass e algumas ideias de músicas dos velhos tempos com música moderna, tentando torná-la o mais acústica possível, mas também acrescentando alguma coisa eletrônica. Na verdade, estou agora trabalhando numa terceira versão desse projeto – fiz outras duas versões para as quais não ligo muito. Se tudo der certo, na próxima primavera vou ter um trabalho que me deixará satisfeito. Também estou buscando algum trabalho como produtor."

Isso é bom. Imagino que você seja algum tipo de perfeccionista?

"Oh, sim."
De onde vem isso?
"Não acho que valha a pena lançar alguma coisa a menos que seja boa."

(Entrevista do autor com Tommy Ramone)

Johnny se satisfazia com seu beisebol, sua coleção de objetos de cinema e seus novos amigos de Los Angeles. Ele se mudou para a Califórnia no mesmo ano em que os Ramones se separaram.

Em fevereiro de 1999, fez uma rara aparição pública no palco com o Pearl Jam, tocando no *cover* da banda para "The KKK Took My Baby Away": "Estava nervoso. Estava nervoso nos Ramones porque sabia que o público gostava de nós", disse, "mas tocar para o público do Pearl Jam... Não sei. Jim Carrey estava ao lado do palco e ficou fazendo piadas e caretas. Ajudou um pouco."

"Estou me sentindo ótimo com a aposentadoria", ele disse a Jeff Niesel em 2001. "No verão, assisto aos jogos dos Yankees todos os dias. Assisto a um filme ou dois. Saio para jantar quase todas as noites com minha mulher. Também recebo amigos em casa para assistir a um filme ou sou eu que os visito. Sento ao lado da piscina. Os amigos me perguntam: 'Por que você não toca um pouco por aí?'. Fiquei tão acostumado com o retorno de público que os Ramones tinham que qualquer coisa menor não me cairia bem."

"John tinha uma enorme coleção de figurinhas de beisebol", diz George Tabb. "Toda vez que tinha alguma convenção de beisebol, ele estaria lá com seus cartões. A coleção era imensa – ele finalmente a vendeu por um bom dinheiro, e agora tem a maior coleção do mundo de autógrafos de celebridades. Ele me mostrou algumas. Ele tem esses autógrafos de gente famosa até dos anos 1930 e 1940. Manda cartas a artistas de cinema dizendo: 'Meu nome é Johnny Ramone – poderia, por favor, mandar um autógrafo pra mim? Adoraria tê-lo na minha coleção', e assim os conseguia. Cada ator em que você conseguir pensar, todo mundo. Ele é bem fã de coleções. O que engraçado é que agora ele anda com essas pessoas, o Nicholas Cage ou seja lá quem for."

Sim, mas o que ele faz?

"Ele parece estar numa boa fase", retruca Tabb, "vivendo na Califórnia".

Depois que os Ramones se separaram, Johnny declarou que, se tivesse tido a chance de escolher entre o rock e o beisebol, teria escolhido o beisebol – se não tivesse tido uma carreira de 22 anos. E, para tanto, teria cortado o cabelo. "Acho que as pessoas no beisebol são mais lembradas", explicou, revelando uma insegurança profundamente arraigada. "Sempre tem alguém falando sobre esses caras. Nunca ninguém é esquecido no mundo do beisebol. Já sobre música, eu não sei..."

"JOEY ERA O MAIS aberto, emocional e espiritualmente. Era um liberal de pensamento e de filosofia, e parecia gostar realmente de encontrar os fãs. Ele se dava para os outros e era extremamente despretensioso. Estava quase sempre disposto a dar entrevistas e era surpreendentemente acessível. Com frequência ele convidava o repórter para seu apartamento para dar entrevista ou permitia que dessem o número do seu telefone residencial para que pudessem ligar para ele diretamente. Ele era apenas um cara simples, normal, andando pelas ruas de Nova York. Motoristas de caminhão o saudavam quando o reconheciam, as pessoas o paravam na rua – ele falava com todo mundo. Recebia bem gravações de novas bandas e era genuinamente interessado em desenvolver novos talentos. Amava música e os ambientes musicais. Era diligente e consciencioso, em especial depois que ficou sóbrio. Às vezes, sua doença o abatia e ele ficava muito cansado para dar entrevistas, mas nunca deu o cano em ninguém por conta disso e estava sempre no meu pé me pedindo que remarcasse os compromissos em que não poderia comparecer. Todos que o conheciam saíam com a impressão de ter estabelecido um vínculo de verdade.

John era mais resguardado, mais fechado, de difícil aproximação. Ele protegia sua privacidade e nunca deu seu número de telefone ou endereço de sua casa. Para achar John, eu sempre tinha que ligar para o escritório do empresário, mesmo depois de nove anos como assessor de imprensa da banda. John era misterioso – não se sabia o que ele estava fazendo quando não estava com a banda. Parecia que tinha sempre alguma outra coisa que o mantinha ocupado, mas nunca falava sobre o que pudesse ser – se havia entrevistas a serem feitas, ele marcava datas muito específicas quando estaria disponível, além de querer que tudo fosse feito no tempo o mais breve possível.

Enquanto Joey gastava uma hora com um jornalista, John queria dar três entrevistas no mesmo período de tempo, estabelecendo para cada entrevistador 20 minutos. Ele era muito sucinto. Com ele, nada era supérfluo. Parecia estar sempre muito sério, como um homem de negócios. Se Joey era um homem de esquerda, as emoções e tendências políticas de Johnny pareciam ser de direita. Raramente vi John sorrir ou rir. Não estou dizendo que ele nunca o fazia, mas parecia se sentir mais confortável entre homens – ele era o homem entre homens, curtindo coisas de macho como beisebol e tal. Nunca o vi incentivando novas bandas ou indo a clubes para ouvir novos sons. Ele sempre me pareceu muito decidido em suas opiniões e no seu modo de vestir conservador."

(Entrevista do autor com Ida Langsam, relações-públicas)

Então, a história dos Ramones chega a um final... Diferentemente dos Beatles, não houve anos incontáveis de falatório sobre a possibilidade de uma volta – em 30 de dezembro de 2000, Joey feriu os quadris escorregando em uma calçada com gelo em frente ao seu apartamento no Lower East Side, depois de apresentar um show no Continental com os Rattlers, de Mickey Leigh, os Independents e os Misfits. Joey fez *cover*s dos Ramones naquela noite.

"O Continental Divide é ruim em minha opinião", diz Michael Hill, que estava escrevendo um artigo para a *Mojo* sobre os Ramones. (Abriu com uma descrição do ambiente no clube.) "Era uma noite terrivelmente fria. Havia gelo por todo lado."

"Levei Nicole, a filha de Phil Spector, para vê-lo em ação", lembra Don Fleming, "e os apresentei. Ele estava empolgado em conhecê-la. Ela sabia muita coisa sobre os Ramones, quase tudo por meio de seu pai."

A queda fez com que Joey tivesse que parar por um tempo com a medicação que estava controlando seu câncer, pois assim poderia ser operado. "Quando ele quebrou o quadril, estava na enfermaria altercocker (palavra em ídiche para velho rabugento)", diz George Seminara. "Ele era de longe o cara mais novo do pedaço. Lá estavam todos aqueles velhotes gordinhos e carecas reclamando por terem quebrado os quadris junto com um astro de rock. Descobriram um ponto em comum conversando sobre cantores de jazz dos anos 1930 e 1940. Ele saiu de lá uns poucos dias em fevereiro para voltar para a enfermaria de câncer. Ele nunca mais saiu de lá."

Em março, depois disso, Joey voltou para o hospital para se tratar, mas infelizmente não adiantou. Seu corpo não conseguiu lidar com a quimioterapia. "Estavam aplicando doses fortes de esteroides", diz Seminara.

O cantor nunca voltou para casa. O fato de Joey ter vivido por oito anos com linfoma não Hodgkin pode até ter provado ser benigno em outros doentes; entretanto, a expectativa normal de vida é de três anos.

"Costumava ler pra ele *Harry Potter*, mas não chegamos a terminar", Seminara recorda. "Eu tinha inclusive o livro gravado, mas ele não podia se concentrar, porque queria fazer perguntas enquanto a narração continuava. Seus fãs sabiam que ele estava doente. Eu lia pra ele cartas de fãs – havia um cartão gigante de um colégio do sul da Califórnia no qual o professor tinha organizado para todos os alunos assinarem: 'Sabemos que você vai sair dessa'."

Às 2h40 da madrugada do domingo de Páscoa, 15 de abril de 2001, no New York Presbyterian Hospital, Joey Ramone faleceu. Ele estava a apenas cinco semanas do seu aniversário de 50 anos.

"Ele não sabia que ia morrer até um dia antes", diz George. "Foi quando eles finalmente contaram a ele. Ele desistiu e morreu 18, 19 horas depois. Ele não deixava que pusessem nele o tubo de alimentação com medo de que isso fosse machucar suas cordas vocais. Morreu escutando uma música do U2 ['In A Little While']. Disse que queria ouvi-la. Durante a audição, fechou os olhos, e, quando a música acabou, ele estava morto. Chorei como um bebê."

"Estava cercado pela família e pelos amigos", acrescenta. "Era um ambiente de amor e afeto: quem não gostaria de morrer assim? No último mês de sua vida, Joey e seu irmão na vida real, Mickey Leigh, tornaram-se amigos íntimos pela primeira vez desde que eram crianças. Joey me disse que ele estava gostando muito de ter o irmão por perto no hospital. E que a merda entre eles tinha passado e simplesmente achava ótimo poder contar com o afeto incondicional de seu irmão."

Bono, vocalista do U2, já tinha declarado que era grande fã dos Ramones (na primeira aparição da banda na TV apresentaram três *cover*s dos Ramones). Naquela noite, o U2 tocou duas músicas dedicadas a Joey – "Amazing Grace" e uma versão acústica de "I Remember You", no Rose Garden, em Portland, no Oregon. "Disse: 'Quero falar a vocês sobre Joey Ramone...', e a multidão soltou seu rugido de contentamento", Bono lembra com reverência. O público, sem ninguém pedir, acompanhou o músico cantando cada nota. "Então", ele acrescentou, "disse que Joey Ramone tinha morrido naquele dia. O rugido parou na mesma hora. O lugar inteiro ficou silencioso."

O canal de música VH1 fez um *Behind The Music*, de Billy Idol, especial na noite em que a notícia foi divulgada.

"Meu álbum favorito é *Too Tough To Die*", diz Joan Tarshis. "Gostava tanto que Joey meu deu sua camiseta do álbum. Quando ele morreu, estava usando a camiseta para me sentir próxima dele. Sabia sobre seu linfoma e sua sentença de morte há anos – meu próprio Deus-Janela. Sua incapacidade de comprar um novo par de óculos foi provavelmente a razão de sua queda e o começo da bola de neve que levou à sua morte – mas ele dizia que gostava de enxergar o mundo um pouco desfocado mesmo."

"Seu funeral foi o mais triste...", Handsome Dick diz com voz sumida. "Quer dizer, todos os funerais são tristes. Mas esse, por alguma razão, quando olhei em volta da sepultura e vi Joan Jett e Debbie Harry e todos esses astros e estrelas de rock se abraçando e soluçando... Era o pessoal de 1977 encarando a sepultura por conta desse ser humano incrível... Fico arrepiado de pensar nisso. Em um mundo de tristeza, era particularmente triste."

"Quando Joey faleceu, foi um choque", diz Marky. "Fui vê-lo no hospital uma vez – a enfermeira o colocou em uma cadeira de rodas, uma mulher negra, e o cara tinha uns dois metros de altura, quanto estava pesando? Algo como uns 50 kg, dava para ela empurrá-lo tranquilamente. Eu estava em pé e, como eles vinham na minha direção, tive que me afastar para o lado, e foi a última vez que o vi. Lembro que estava nevando, estacionei o carro e a caminho de casa me dei conta de que não iria vê-lo novamente. Todos deviam estar pensando a mesma coisa, porque linfoma é uma porcaria de câncer. Tem que fazer quimioterapia e ter esperança de que alguma coisa aconteça, uma nova descoberta ou invenção que cure. Por isso foi chocante, porque... não sei – os Ramones têm uma mística a respeito disso."

Johnny não ligou para Joey antes de sua morte. Em vez disso, ligava para Arturo Vega a cada dois dias: "A coisa não bateu até eu chegar em casa e encontrar umas 20 mensagens", disse o guitarrista. "Depois de uma semana daquilo, senti-me muito deprimido."

"Na semana passada, fui ver no estádio meus queridos Yankees jogarem. O canto de 'Hey Ho Let's Go' começou para levantar os fãs. Senti orgulho por MEU GAROTO, Joey Ramone, estar ecoando através dos alto-falantes, no MEU santuário. Mas me senti tão triste por não poder mais telefonar para ele e dizer como estava orgulhoso! Então apenas fiquei sentado lá, olhando minha namorada e disse: "OH, CARA, JOEY!!!"' – Handsome Dick Manitoba

"Antes de Joey morrer, prometemos a ele três coisas.
Primeira: antes de tudo, ele queria estar no Rock'n'roll Hall Of Fame, porque achava que o legado de sua banda nunca seria respeitado até que seus pares o aceitassem. O problema era que os Ramones eram muito bons em seu conceito. E foi um conceito criado e implementado com tal perfeição que ninguém saberia dizer o que era arte e o que era vida real. Esses caras viveram 24 horas por dia. Eles sempre pareciam estar fantasiados, porque eram roupas que eles realmente usavam. Joey nunca pareceu muito natural de terno e gravata.

Segunda: prometemos a ele uma grande festa de 50 anos, porque todos os anos tínhamos uma grande festa de aniversário – sempre com muita gente interessante. Uma vez, Jonathan Richman tocou um número acústico às 19 horas – foi cedo porque Jonathan era meio maníaco com essa coisa de fazer barulho. Em outra vez, Joey cantou com os Stooges originais. Era a mesma coisa com festas de Natal. Fui o Papai-Noel punk rock – tive pessoas sentadas em meu colo e perguntei a elas o que queriam ganhar, e a resposta podia ser algo do tipo: 'Uma sacola de heroína da boa para poder me aplicar sem medo de overdose'.

Terceira: seu disco-solo se tornaria disco de ouro. Está vendendo bem – mais que os últimos quatro ou cinco álbuns dos Ramones, mas não sei se alcançará meio milhão de discos vendidos. Espero que sim, porque o beneficiário vai ser a Fundação do Linfoma. Vamos gravar a festa de aniversário em DVD no outono em benefício da Fundação. Joey era bom de militância e o fazia para várias causas – a Campanha de Jerry Brown, contra abuso de cônjuges, pró-planejamento familiar, castração de gatos de rua... ele topava todas."

Uma pequena guerra quase irrompeu na festa de aniversário de 50 anos de Joey em 19 de maio de 2001.
Uma facção acusava Mickey de estar tentando tomar a frente dos Ramones. A outra acusava os Ramones de vender a memória de Joey barato, por requisitarem cantores convidados como Eddie Vedder, Rob Zombie e Joe Strummer. Johnny estava nervoso com a ideia de tocar ao vivo novamente. Charlotte Lesher tinha solicitado à banda para fazer um show instrumental, assim o público poderia participar cantando, mas de alguma maneira Arturo Vega não entendeu direito a mensagem. Talvez. Para alguém de fora, seria tudo muito tedioso e triste.

"John hesitava em comparecer e mesmo tocar composições de Joey", diz Kevin Patrick, que foi próximo tanto de um como de outro. "John me disse que se sentia intimidado em tocar – não o fazia há cinco anos. Falou que originalmente tinham perguntado se ele não tocaria uma música, uma instrumental, com o microfone ao léu todo voltado para ele. John achou tudo aquilo meio brega, no que ele não deixava de ter razão. Mas, mesmo se quisesse se apresentar, não estava em forma. Não dá para correr a maratona, tirar cinco anos de férias, daí correr outra vez e ganhar o prêmio, sabe como é?"

No fim, as bandas Cheap Trick, Blondie, os Independents, o Stop, de Mickey Leigh, Bellevue e os Damned tocaram na festa... mas não os Ramones. E ainda, dois *pinheads* pularam de dentro de um grande bolo de aniversário, desencadeando uma formidável guerra de bolo na cara.

"As decisões devem ser tomadas pela banda", Johnny explicou. "Achei ridículo que todos tivessem que ser consultados. Deveria dizer respeito, sempre, apenas à banda – se eu morrer, não espero que liguem para a minha mulher para tomar uma decisão sobre os Ramones. Por que devo discutir uma apresentação dos Ramones com o irmão e a mãe dele?"

Poderiam até simpatizar com o pensamento de Johnny, mas apenas na indústria de entretenimento os colegas de trabalho teriam precedência à família.

O longamente esperado disco-solo de Joey, *Don't Worry About Me*, foi lançado pela Sanctuary Records em 19 de fevereiro de 2002 – 21 anos após a ideia ter surgido pela primeira vez.

"Durante os primeiros dez anos", diz o produtor desse disco, Daniel Rey, "qualquer música que fosse recusada pelos Ramones se tornava objeto de Joey, que cogitava colocá-la em seu álbum. Então, começamos a fazer demos. Em 1997, passamos a trabalhar de verdade. Os Ramones se encaminhavam para o final. Nos dois anos seguintes, Joey vinha para cá (o estúdio caseiro de Daniel na 4ª Avenida) e cantava. Acabamos logo antes de ele ficar doente. Mixamos depois de seu falecimento."

É uma linda despedida. A música de abertura, uma versão ao estilo dos Ramones de "What A Wonderful World", de Louis Armstrong (uma música que celebra como nenhuma outra o prazer de viver pequenos momentos de felicidade) é particularmente ressonante: como não seria, ouvindo o Ramone diagnosticado com linfoma cantando versos como "I see babies cry/I watch them grow/They'll learn more than I'll ever know" [Eu vejo bebês chorando/Eu os vejo crescendo/Eles vão aprender mais do que eu poderei saber]? As faixas seguintes também são ótimas – a alegre e agradavelmente bobinha "Mr. Punchy" tem Captain

Sensible, dos Damned, como vocalista convidado (e também a cantora galesa e fã Helen Love, além de Veronica Kofman, presidente do fã-clube inglês British Ramones) e "Stop Thinking About It" (parceria com Andy Shernoff).

"Joey não era bom guitarrista; então, às vezes não achava os acordes", explica Shernoff. "Ele cantava alguma melodia e tentava tocar. Eu então mostrava o acorde certo pra ele e perguntava se era o que estava procurando. Ou então ele tinha uma canção e precisava de uma ponte. Ajudei Joey em 'Stop Thinking About It'. Estaríamos entrando em estúdio no dia seguinte e ele ainda não tinha terminado a letra. Escrevi duas páginas de rimas e ele ficava cismando em cima delas nesse jeito esquisito dele de se debruçar – então, ele escolheu algumas frases e montou a música de um jeito diferente."

Há a cativante "Maria Bartiromo", uma música escrita para uma repórter financeira de TV por quem Joey tinha uma queda: "Joey era tão absurdamente franco quando falava com os outros", diz Jaan Uhelszki. "O fato de ele não falar com Johnny, ou de achar que Drew Barrymore e Courtney Love fossem atraentes. Joey assistia *Money Talk*, na CNN, durante o dia e lia o *Wall Street Journal*. Ele tinha um corretor de valores, interessava-se pela técnica de lidar com mercado de ações e AOL e fez um bom dinheiro com isso. Ele tinha uma grande queda pela Maria Bartiromo, porque ela era perita no assunto – ele não se deixava levar apenas por um rosto bonito."

"Ele estava obcecado por mercado de valores", confirma Rachel Felder, "ao ponto de, quando quebrou o quadril, ver um lado bom de ter que ficar sozinho numa cama de hospital: assim poderia assistir a programas de TV sobre bolsa de valores o dia inteiro. Ele era brilhante, mas por falar com um sotaque pesado do Queens e não ser o cara mais articulado do planeta, as pessoas o deixavam de lado."

"Joey era um operador de *day-trade* razoável", acrescenta George Seminara. "Ele acompanhava os mercados de todo o mundo e me deu algumas dicas. Uma funcionou e a outra não, porque eu era inexperiente no mundo das ações e títulos. Joey, assim como Johnny, também tinha habilidades de homem de negócios, mas tinha alma de artista, e isso e colocou nesse caminho."

Outras músicas são igualmente boas – "Venting (It's A Different World Today)" na qual Joey, sem nenhuma vergonha, se parece com seus pais reclamando contra os garotos de hoje; a doce e acústica "Searching For Something", que continua com a linhagem de fãs que vão e vem e que começou com "The Return Of Jackie And Judy"; a simples e inegavelmente triste "I Got Knocked Down (But I'll Get Up)" – "Sitting in my hospital bed/I, I want life/I want my life" [Sentado em minha cama de hospital/Eu quero a vida/Eu quero minha vida], Joey canta em um lamento. "It really sucks" [Isso acaba comigo].

A última faixa, "Don't Worry About Me" – um clássico pop de Joey, à moda dos anos 1950, no estilo "festa na praia", simplesmente derrete corações. É preciso ser feito de granito para resistir à mensagem final. (A música foi escrita vários anos antes, mas isso não vem ao caso.)

Porém, como um todo, o álbum estranhamente não convence. Não é que não seja bom (ele é), mas alguns de nós esperávamos algo um pouco... diferente.

"Ouvi algumas das primeiras demos", diz George Tabb, "e era como imaginava que o álbum seria. Doo Wop, algum country – até mesmo números acústicos. E ele é lançado e é um álbum dos Ramones. Não é apenas um álbum dos Ramones, mas também com as mesmas pessoas que tocaram nos últimos cinco álbuns dos Ramones [Daniel, Marky, Andy Shernoff]. Então, é apenas outro álbum dos Ramones. Fiquei chocado. Talvez Joey tenha crescido nos Ramones, talvez os Ramones tenham crescido no Joey, não sei."

Certamente, *Don't Worry About Me* acaba com qualquer dúvida sobre Joey ser uma força artística nos Ramones tanto quanto Dee Dee, e também que ele sobreviveria sem Johnny – ao menos no estúdio. Mas, somos ambiciosos, queremos mais.

"Ele precisava de um estímulo para seguir em frente", diz Daniel. "Estava sempre dizendo que não queria trabalhar. Eu o incentivava dizendo para sairmos, tomarmos um café. Comecei a tocar suas *demos* e de repente ele ficou criativo."

"Acho que Joey gostava desse esquema, porque era menos estressante do que com os Ramones", Shernoff sugere. "Ele não me chamou porque sou o melhor baixista do mundo – ele simplesmente se sentia à vontade perto de mim, assim como o Daniel."

"Fizemos o LP em New Jersey", diz Marky. "As sete faixas em que eu toco me tomaram um dia. Eu tinha outros compromissos, não pude terminar. Fizemos as faixas básicas, enquanto Joey fazia um esboço de vocal para eu ter algo para seguir. Saí de lá às 6h30, isso era março ou abril, o sol começando a aparecer, todos estavam indo para o trabalho e eu estava indo pra casa. Meu humor estava ótimo. Era bom ver Joey, e deixamos o passado ser apenas passado."

Outros participantes incluem Mickey Leigh (*backing vocals* e guitarra na faixa título) e Joe McGinty, com seu teclado característico. Frank Funaro (Cracker) tocou bateria nas quatro faixas deixadas por Marky, exceto no inapropriado *cover* dos Stooges, "1969" (Ramones e The Stooges nunca caíram bem juntos, apesar da afinidade), gravado alguns anos antes com componentes da banda Misfits. George Seminara fez a foto de capa (Arturo Vega fez uma versão alternativa) e George DuBose fez a arte-final. Charlotte Lesher e Mickey foram os produtores executivos. Joey escreveu, ou coescreveu, nove músicas nesse álbum.

Era quase toda a família.

"Para Joey", afirma Arturo, "tudo estava a caminho de uma conclusão legal. Ele estava certo de que ia vencer seu câncer. Estava acostumado a viver no entra e sai de hospitais. Para ele, era apenas outro obstáculo. Ele sentia que transporia esse mal, mas também dava para dizer pelas canções que se sentia triste, cheio de dúvidas e louco. Às vezes, ele me ligava e dizia que a medicação estava fazendo com que sentisse que ia enlouquecer. Era muito duro, mas ele achava que ia ver a luz no fim do túnel. E é isso que torna o álbum tão bom."

"O álbum é um triunfo", diz seu velho amigo. "O álbum em si já é uma vitória. É uma declaração final sobre estar convicto de que não importa pelo quê se esteja passando, ou quão dolorosa e desesperadora seja a situação, no fim, tudo dará certo."

Nova York, 16/11/2001 – É oficial. A esquina da Rua Dois Leste e a Bowery, no East Village, a apenas alguns passos do legendário quartel do punk CBGBs, vai ser conhecida como Joey Ramone Place, depois que uma requisição foi aprovada pelo conselho comunitário local na terça-feira.

A introdução dos Ramones no Rock'n'roll Hall Of Fame, em 18 de março de 2002 – exibido por grandes fãs dos Ramones, o VH1 –, não aconteceu sem controvérsias.

Primeira controvérsia: houve arranjos de assentos. Johnny recusou-se a ficar na mesma mesa que Mickey Leigh e Charlotte Lesher. Eles pediram para sentar-se ao lado de Tommy. A família de Joey subiria ao palco para representá-lo no momento de receber o prêmio, mas ninguém chamou Charlotte – como de costume.

Segunda controvérsia: havia o problema espinhoso de qualificar quem realmente poderia ser chamado de Ramone. CJ – apesar de haver tocado com a banda durante oito anos e três álbuns de estúdio – não era um verdadeiro Ramone, não de acordo com os organizadores do evento. Eles sequer se incomodaram em dar a ele um ingresso. Isso enfureceu Johnny: "CJ era nosso embaixador", disse a Bill Werde, do *Village Voice*. "Simplesmente nos sentávamos no camarim e ficávamos na nossa, porque ninguém estava muito preocupado com a gente. De repente, o Soundgarden nos quis, para a turnê com eles, e o White Zombie e o Pearl Jam. Senti que [o CJ] era mais importante que Marc. Marc é um grande baterista, mas CJ é o nosso homem de frente."

Essa declaração, por sua vez, deixou Marc compreensivelmente aborrecido – ele fez comentários maliciosos sobre Johnny tocar no palco com outro guitarrista por trás dele, nos bastidores, e imediatamente afastou-se dele.

Havia a escolha de quem apresentaria os Ramones. Joey queria, e conseguiu, Eddie Vedder – mas a música do Pearl Jam não tem nada a ver com os Ramones. Havia candidatos muito melhores, inclusive mais famosos – se era isso que importava. Mesmo Bono teria sido preferível: Vedder referiu-se aos cabelos moicanos em sua fala, quando todos sabiam que era o tipo de coisa que os Ramones nunca usaram em toda a sua carreira.

Ainda assim, se fosse alguém da indústria de entretenimento, ocupando lugares de 2.500 dólares, em seus assentos no Waldorf-Astoria, a confusão teria sido igual.

E, é claro, havia Dee Dee – determinado a ser do contra e desobedecer todas as regras da festa. Ele se recusou a usar uma jaqueta de couro quando subiu ao palco para pegar seu prêmio. Ele marcou sua individualidade.[55] Na verdade é uma vergonha – se já houve uma ocasião em que o uniforme seria apropriado seria aquele. No entanto, também, cerimônias de premiação são chatas – certo? Lá estavam os Ramones sendo reconhecidos – 28 anos após terem começado, seis depois de terem chegado ao fim da linha e um depois da morte de seu vocalista – por uma indústria que tinha feito o seu melhor para impedi-los a todo o sucesso da carreira da banda. Por que buscar reconhecimento dessa gente?

---

55. O baixista sentou com Tina Weymouth e Chris Frantz (Tom Tom Club/Talking Heads) e Gary Kurfirst e sua mulher. No final da noite, Dee Dee deu a Kurfirst seu prêmio e a gravata do *black-tie* que usava Egan, filho de Frantz e Weymouth.

"Britney Speers está no Hall Of Fame, não está?", pergunta o punk original John Holmstrom enfaticamente.

"Qualquer coisa que faça as pessoas felizes é válida", diz a relações-públicas Ida Langsam, diplomaticamente. "Soube que Joey antes de morrer sabia que ia receber o prêmio e ficara feliz com a ideia."

"Joey sempre achou que o rock'n'roll fosse uma forma válida de arte e devia ser reconhecido como tal", explica Daniel Rey. "Ele acharia legal a banda ser indicada."

"Doei meus tênis dos Ramones ao Rock'n'roll Hall Of Fame", ri Marky. "E eles não cheiram muito bem, posso dizer com certeza."

"Vi essa nota do Seymour poucos dias após a morte de Joey.
Ele disse: 'Uma banda como os Ramones não aparece uma vez na vida. Eles só aparecem uma vez'. E é isso. Portanto, são só as personalidades, o visual, os diferentes estilos de físico, a mentalidade para escrever e a loucura que levaram a esse tipo de canções feitas por Dee Dee e Joey – e a estâmina atlética que eles desenvolveram como banda. Johnny Ramone é o maior guitarrista que já existiu. Não ligo para as grandes estrelas. Hendrix, todas essas pessoas... Sei que eles são fantásticos, mas ninguém é tão bom como Johnny Ramone. Ele tinha o som e o estilo que não podiam ser imitados." – Kevin Patrick

Quando estava terminando a pesquisa para este livro, ouvi sobre a morte de Dee Dee – a relações-públicas inglesa Penny Brignell telefonou-me com a notícia. Na época, estava esperando por Seymour Stein, antigo diretor da gravadora Sire – o homem que tanto apoiou os Ramones ao longo dos anos. Ele se ofereceu para uma entrevista sem qualquer problema, mas nenhum de nós se sentia bem para continuar. Escrevi uma nota na época. Eram 18h15, uma quinta-feira, 6 de junho, o corpo inconsciente de Dee Dee foi encontrado por sua mulher, Barbara, às 20h25 da noite anterior – e dado como morto no mesmo lugar pelos paramédicos do departamento de bombeiros, que chegaram 15 minutos depois.

Uma parafernália de vício foi encontrada na cena, incluindo uma única seringa no balcão da cozinha.

"Dee Dee tinha tocado no sábado anterior em Los Angeles", diz Rodney Bingenheimer, na noite 'Tributo ao Punk' no Club Make Up. Havia montes de camisetas dos Ramones lá. Dee Dee parecia ótimo; jaqueta de couro preta, camiseta, *jeans* preto, diretamente de uma capa de disco. Estava usando seu cabelo à Ramones – totalmente preto. Pleasant Gayman, uma das garotas do punk rock original, era a mestre de cerimônia. Ela apresentou Dee Dee, disse que ele era seu ídolo – e ela abaixou-se e literalmente beijou seus pés. Dee Dee embalou no '1-2-3-4' e tocou 'Chinese Rocks'. A seguir, 'Blitzkrieg Bop' e outras músicas dos Ramones. O público todo estava com ele..."

"Não foi um choque", Seymour me disse enquanto confirmava a notícia. "Porém, não deixa de ser muito triste. Estou me sentindo muito tenso. Essas coisas me pegam à noite, na hora em que vou dormir. Espero conseguir dormir esta noite, às vezes é difícil... Conheci mais o Joey, mas de uma forma pessoal era muito próximo de Dee Dee. Não foi um choque, mas muito, muito triste. Digo uma coisa: ele parecia muito bem no Hall Of Fame. Conversei com ele sobre suas pinturas."

Foi triste. Vendo seu site oficial e seu fanzine autobiográfico, *Takin' Dope*, que ele havia postado lá, Dee Dee parecia muito deprimido, depois das mortes de seu pai e de Joey: "Andei muito por entre as árvores do parque deixando as lágrimas escorrerem", ele escreveu. "Estava aborrecido porque nunca mais veria essas pessoas e a única forma de resolver os problemas que tinha com elas era rezar para que me perdoassem e para que eu as perdoasse. Mas acho que não acredito que realmente terminou; é muito doloroso. Algumas pessoas que encontrei na noite de autógrafos do meu livro disseram que, quando Joey morreu, sentiram que sua juventude tinha morrido também. Sei como eles se sentem. Os Ramones nos mantinha a todos jovens..."

"Quando vi as Torres Gêmeas explodirem em Nova York pela TV", acrescentou, "fiquei louco e chorei. Estou triste, triste, triste por Nova York."

A mãe de Dee Dee compareceu ao seu funeral, o que surpreendeu a muitos de seus amigos – ele havia dito que ela estava morta.

"JOEY ACEITAVA DEE DEE no nível em que ele estava. É sempre muito difícil aceitar junkies [viciados], porque você sabe que não pode confiar neles e que eles não estão sob controle, e você sempre acaba esquecendo, se você também não é um junkie. Joey entendia isso, o que era legal da parte dele – ele provavelmente achava um saco, mas não era moralista a respeito e nem tentou oprimi-lo.

Dee Dee viveu uma vida muito intensa. Ele escreveu algo como vinte discos, dois livros, tocou em 3 mil shows, fez seus trabalhos artísticos, casou duas vezes, viajou constantemente – fez milhares de coisas em seus 50 anos... aqueles caras eram bons em ganhar dinheiro com o que faziam. Ele viveu em estilo triangular enquanto estava em Amsterdã, Brasil e no Chelsea Hotel, em Nova York. Ele sempre me pareceu grande. Era muito cuidadoso para não se encrencar com as drogas. Se as pessoas começavam a se aproximar demais dele, ia embora e voava até a próxima cidade. Não sei por que ele escolheu Los Angeles para morar (Dee Dee mudou-se para lá em 1999, de acordo com Daniel), porque é uma cidade morta – é um lugar ótimo se você tem muita coisa para fazer, mas, se não tem, pode facilmente cair em melancolia, porque tudo é tão separado. Isso pode facilmente levar às drogas. Se começa a se sentir angustiado, o que irá fazer? Isso tem sido uma armadilha mortal para vários astros de rock.

"Acontece, junkies mais velhos calculam mal quanta droga são capazes de consumir depois de não consumi-las por um tempo. Você deve estar pensando que Dee Dee, entre todas as pessoas, não cometeria esse erro. Infelizmente, o tempo gasto para fazer rock'n'roll é muito pequeno, então você fica com uma pessoa criativa com pouca coisa para fazer. Dee Dee tinha uma mente rápida. Ele ficou entediado. Algumas pessoas sabem lidar com a vida quando não têm nada para fazer – aristocratas são bons nisso. Dee Dee nunca teve essa habilidade. Ele não ia esquiar no inverno. Não ia comprar um iate. Era um astro de rock à toa em uma cidade, sem nada para fazer. Essa é uma grande falha da nossa cultura – temos vários artistas precisando de atenção. É uma pena."

(Entrevista do autor com Victor Bockris – biógrafo de Keith Richards e Blondie –, uma semana após a morte de Dee Dee.)

Na verdade, falei com Dee Dee apenas quatro dias antes de ele morrer, no domingo. Alguém havia anonimamente me passado seu número de telefone – e estimulado por gente como Marky Ramone e Arturo Vega, aconselharam-me a dar uma chance a ele (jornalistas, apesar do que vocês leem, não gostam de ligar para as pessoas a frio: como todo mundo, preferimos ser apresentados) e usar os nomes deles se fosse preciso; assim, eu liguei. Tanto Daniel como Arturo tinham me avisado de que o baixista tinha bons e maus dias.

"Talvez você tenha sorte", disse Arturo.

Não tive.

"Alô?", disse uma voz familiar do outro lado, como se eu fosse um velho amigo, e simplesmente introduziu a conversa dizendo: "E aí, cara?". Parecia confuso, não totalmente desorientado. Expliquei a situação a ele – estava escrevendo um livro sobre os Ramones e ele era uma parte integral da história, queria falar com ele. "É?", ele disse e escutou por mais alguns minutos.

"Não, cara", decidiu. "Não quero fazer isso."

E assim foi.

Apêndice 2

...E o *Beat* Continua

JOEY TRABALHOU COM vários artistas ao longo dos anos. Quando entrevistei o vocalista em Nova York, em 1989, também estava gravando meu próprio *single* pela Sub Pop ("Do Nuts"), com meu nome de guerra nos palcos The Legend!, que coincidentemente incluía uma versão à cappella de "Rockaway Beach". Ao saber dos meus planos, Joey se ofereceu para cantar as harmonias. Ele não apareceu, mas passou 15 minutos se desculpando no telefone.

No entanto, entre os artistas com quem (ou para quem) ele cantou estão:

Mickey Leigh – Joey e seu irmão fizeram *backing vocals* em "Shape Of Things To Come", dos Seclusions (Fuzz International, 1983). A dupla também cantou junto na banda de Mickey, os Rattlers, a música "On The Beach" (Rasto, 1979) – mais tarde, essa música fez parte de seu projeto conjunto, Sibling Rivalry, o *single* de três faixas "In A Family Way" (Alternatives Tentacles, 1994). Teve também o *single* do apartheid "Sun City", de 1985...

Dead Boys – Joey e Dee Dee fizeram *backing vocals* no segundo álbum da banda, We Have Come For Your Children (Sire, 1978).

The White Trash Debutantes – vocais de fundo para a banda trash de Nova York, na música "I Wanna Party", lado B de "Crawl For It" (Desperate Attempt, 1992).

Die Toten Hosen – dueto em "Blitzkrieg Bop" com Campino, vocalista da banda fenômeno punk alemã conhecida por encher estádios, no disco The Nightmare Continues (Virgin, 1992). Joey também cantou vários números no álbum do Hosen, de 1991, *Learning English Part One* – Johnny Thunders também contribuiu, quatro dias antes de sua morte.

John Cage – Joey contribuiu na estranha peça falada "The Wonderful Window Of Eighteen Springs", de *Caged/Uncaged*, em 1993.

Spacemaid – Joey faz a introdução do DJ na versão da banda britânica de "Do You Remember Rock'n'roll Radio?" (Big Star Single, 1996).

Dee Dee Ramone – Joey faz o vocal em "I'm Seeing UFOs" (Blackout, 1997). A faixa mais tarde foi relançada em *Zonked/Ain't It Fun*.

Lolita No 18 – a banda japonesa realizou o que eu não consegui: ter o Joey cantando o refrão de sua versão de "Rockway Beach", *Fubo Love NY* (Sister, 1998).

Furious George – Joey canta em "Gilligan", do álbum de 1997, Gets A Record!

"Tínhamos que ir ao seu apartamento porque ele estava doente", lembra o guitarrista do Furious George, George Tabb. "Não sabíamos disso na época. Mais tarde o editamos digitamente. Mas Joey decidiu que queria acrescentar mais e apareceu nas sessões com uns 50 garotos para fazerem canto de apoio. Ele queria conhecer todo mundo. Então, todos esses garotos foram cantar com Joey. Ele era uma pessoa muito doce."

E a lista continua... particularmente com a banda de origem indígena estadunidense Blackfire e os Independents, duas bandas com quem Joey trabalhou até sua morte.

"Joey era fã do Blackfire", diz o produtor Don Fleming. O vocalista dos Ramones fez *backing vocals* em duas faixas de seu álbum de 2001 *One Nation Under*. "Ele era extremamente coerente e um verdadeiro *workaholic*. Surpreendeu-me muito seu perfeccionismo quanto aos seus vocais. Ele também fez ótimos comentários sobre outras coisas do disco, como se tivesse um ouvido de produtor. Ele queria voltar para trabalharmos mais juntos."

CJ foi o responsável por mostrar a Joey pela primeira vez as músicas do Blackfire. "Meu pai é em parte iroquês", explica o ex-baixista dos Ramones, "mas eu nunca tinha feito muita conta disso, especialmente naquela época, quando estava na moda ser nativo. Ele tinha amigos na reserva de Big Mountain, no Arizona, de uma banda familiar chamada Blackfire – dois irmãos –, e Joey acabou desenvolvendo um respeito por eles e seu estilo de vida, que beirava o tradicional. De fato, quando os tratamentos médicos que estava fazendo começaram a não funcionar, eles tentaram tirar Joey de lá para levá-lo ao pai dos Blackfire que é um curandeiro muito bem-sucedido. Mas àquela altura Joey estava muito doente e já tinha escolhido seu caminho..."

Joey coproduziu o segundo álbum dos Independents, *Back From The Grave*, de 2001, com Daniel Rey: "Encontrei CJ Ramone em Myrtle Beach, na Carolina do Sul", disse o vocalista Evil Presley, "em um cassino ao lado de onde iriam tocar naquela noite. Saímos juntos depois dos dois shows subsequentes e nos tornamos grandes amigos. Ele nos conheceu na turnê de Acid Eaters com os Ramones. Demo-nos tão bem que ele se ofereceu para empresariar a banda. Joey se tornou meu melhor amigo. Tínhamos uma relação de pai e filho."

"Chris [Snipes, também conhecido como Presley]", explica CJ, "foi provavelmente a única pessoa que cuidou de Joey diariamente, mais do que ninguém. Ele o virava para ter certeza de que Joey não teria escaras, olhando por ele junto à equipe do hospital. [Chris cancelou uma turnê para cuidar de Joey.] Ele realmente ficou com ele até o fim."

Um ponto alto dos trabalhos solidários de Joey – além do dueto com Holly & The Italians – foi Godchildren Of Soul (destacando o antigo vocalista do Chairman Of The Board, General Johnson), com uma incrível versão no estilo dos anos 1960 de "Rockaway Beach/On The Beach" (Rhino, 1994). Caso alguém precisasse de uma prova de que os Ramones escreviam *singles* pop clássicos, aí estava. Os vocais de Joey estão fora de série!

Igualmente fantásticas, e numa veia similar, são as interpretações do Nutley Brass de vários clássicos dos Ramones em *The Ramones Songbook As Played By Nutley Brass* – vale a pena conferir. Outros álbuns recentes do Ramonetures (músicas dos Ramones interpretadas no estilo da guitarra surfe dos Ventures) e o quase legendário Gabba (músicas do Abba no estilo dos Ramones) também provam a versatilidade do som dos *bro*.

Outras versões *cover* e tributos dignos de nota incluem "Beat On The Brat", pelo Sonic Youth em seu "Master Dik" (Blast First) 1987, 12 polegadas; a versão new wave de Ronnie Spector, marcada pelo sintetizador, de "Here Today, Gone Tomorrow", em *Siren* (Red Shadow, 1980); o toque de Per Gessie em "I Wanna Be Your Boyfriend"; "I Just Wanna Have Something To Do", com os Dictators; "Swallow My Pride" (*Sisters Of Suave*), do Thee Headcoatees... e qualquer coisa envolvendo as Donnas, o Screeching Weasel, os Queers, Sator e Shebang. Todas essas bandas compreenderam que muito do que tornou os Ramones tão memoráveis era seu elemento pop.

A vocalista galesa Helen Love – que cantou com Joey a sua "Punk Boy", lançada em um *single* de sete polegadas pela Damage Goods (e mais tarde lançada na compilação de *singles Radio Hits 1*, de 1997) – entendeu isso melhor que ninguém.

"Os Ramones foram a melhor banda do mundo", ela escreve. "Eles foram os Archies, os Bay City Rollers, os Beach Boys e o the Who juntos em dois minutos mágicos de explosão pop. Eles detonaram meu coração quando ouvi pela primeira vez 'Rockaway Beach', fiquei pulando pelo meu quarto, socando o ar, '1-2-3-4, let's go'. Eu era Joey Ramone, eu era a líder e eles mudaram meu mundo. 'Joey Ramone' fora escrita para saudar o homem comprido que mudou a vida de uma garota."

"Joey recebeu uma cópia do nosso *single* pela Veronica, do fã-clube dos Ramones, que já o tinha ouvido no Mark Radcliffe", ela continua, "e ele amou. Semanas depois, ele me telefonou em casa. Arranjou nossa primeira apresentação no The Continental, em Nova York. Ele organizou tudo e nos hospedou por uma semana em seu apartamento. Ele tinha um pique fantástico, era inacreditável, mas lá estávamos nós na casa de Joey em Nova York, com ele nos dizendo que tinha tocado nosso álbum para o Howard Stern, que tinha adorado, e que Debbie (Harry) tinha amado também. Foi uma época maravilhosa."

"O fato de Joey ter gastado seu tempo e paciência com uma pequena banda de Swansea, País de Gales, mostra exatamente que cara legal ele era, generoso, gentil, engraçado e *COOOOOL*. Ele era um homem pop, sabia a história de sua música, reconhecia uma melodia quando a ouvia, sem baboseiras, só versos, refrão, mudança de acordes, BUUUUM, dois minutos, se não menos, super-rápido, a próxima música, por favor... '1-2-3-4'... Phil Spector não era um safado. Mandou o resto da banda pra casa, 'não preciso deles, tudo o que preciso é de Joey Ramone', ele era grande."

"Se você quer um disco incrível, para fumar seu primeiro baseado, para transar pela primeira vez, ponha para tocar *It's Alive*. Amo esse disco. É tudo o que os Ramones significam para mim."

Minha colaboração favorita de Joey é sem dúvida o *single* de Ronnie Spector "She Talks To Raibows", de Kill Rock Stars, de 1999 – Joey coproduziu a antiga cantora das Ronettes, com Daniel Rey, fazendo dueto com ela na suntuosa "Bye Bye Baby", e faz vocais de fundo no *cover* de Johnny Thunders "You Can't Put Your Arms Around a Memory".

"O dia em que ele tocou (a *demo* original) para mim", disse a mãe de Joey, Charlotte Lesher, "senti meus olhos umedecerem. Amei o jeito como ele cantou. Realmente é uma linda canção."

O vocal de fundo é sensível e esparso (para Ronnie). Ela não estava tão bem desde que deixou Phil; e o dueto Joey/Ronnie é simplesmente de partir corações. As outras duas músicas, "Don't Worry Baby", de Brian Wilson, e a versão ligeiramente além da conta de "I Wish I Never Saw The Sunshine", das Ronettes, são quase tão boas quanto. Joey e Daniel estiveram trabalhando no álbum-solo de Ronnie Spector até a morte de Joey – e, cara, o resultado é ótimo. Keith Richards participa como convidado em algumas faixas.

"Joey foi sempre um grande fã de Ronnie", diz Daniel. Ele tinha muito dela em sua voz. Dá para ouvir isso definitivamente. Então, era uma coisa de admiração mútua. Costumávamos assistir ao show de Natal de Ronnie, no Bottom Line, e um ano desses Joey compareceu e cantou "Baby, I Love You" com ela. Ronnie não tinha nenhum contrato rolando nem nada, Joey disse a ela para aparecer e cantar algumas das músicas dele. Sabíamos que não seria alguma coisa para fazer rios de dinheiro. Ela era a 'bad girl' original, a Courtney Love de 1963."

Porém, com voz melhor.

"Ela era muito sexy também."

Dee Dee também continuou a lançar discos até sua morte, em 2002.

Após o final dos Ramones, ele formou a banda-tributo, Ramainz (anteriormente os Remains), com sua mulher Barbara no baixo, Marky e, inicialmente, CJ... de fato, seria possível argumentar que essa versão dos Ramones era quase tão autêntica quanto a configuração da banda original nos últimos tempos – exceto pelo fato de que, como vocalista, Dee Dee não era Joey e, na guitarra, tampouco era Johnny.

"Dee Dee era meu Ramone favorito", CJ explicou, "e não poderia deixar passar a chance de tocar com meu ídolo. Foi só por divertimento, e acho que não tocaremos novamente." CJ não apareceu em *Zonked*, o álbum de 1997, que tem como ponto alto o momento em que Barbara começa a cantar com sua voz de robô, alertando outras garotas: "stay away from my chico" [fiquem longe do meu garoto]. Algumas músicas são próximas além da conta do som dos Ramones – "Why Is Everybody Always Against Germany" lembra "Today Your Love..." e "It's A Long Way Back", tanto na letra quanto musicalmente. Mas Daniel estava lá dando suporte com sua guitarra, então a música acabou ficando boa, de qualquer forma.

"A mulher dele é surpreendente", exclama Donna Gaines. "Ela é como um Dee Dee adolescente, um Dee Dee feminino tocando baixo. Ela é esplêndida e é idolatrada em todo lugar por jovens roqueiras que leem *Rocker Girl*. Ela escreve músicas, canta e é louca por Dee Dee – e ele é louco por ela."

Os Ramainz lançaram uma coleção insignificante de *cover*s dos Ramones, *Live In NYC*, em 1999 – embora eles tenham ao menos feito o favor de diminuir a velocidade dos Ramones dos últimos tempos. *Hop Around* (Corazong), do último ano, é simplesmente triste: Dee Dee mal reescreveu o título das músicas canibalizadas de seu próprio catálogo – "I Don't Wanna Die In The Basement", "Mental Patient", "Now I Wanna Be Sedated", "38th & 8ths"... *Greatest And Latest*, também de 2000, é tão ruim quanto. Chris Spedding produziu os dois últimos álbuns. O que era irônico: o antigo produtor dos Sex Pistols sabidamente odiava *Rocket To Russia*.

"Encontrei Johnny na rua, em Los Angeles, quando ele estava com sua namorada", Dee Dee disse para Alexa Williamson, do *Live Daily*, em 2000, "e ele disse que queria gravar outro álbum dos Ramones. Ele me perguntou se eu trabalharia com Daniel Rey e eu disse que não. Ele também me perguntou se eu tocaria no álbum, mas disse não, achava que CJ é quem devia tocar. De toda forma, disse a ele que ficaria feliz de contribuir com algumas músicas. Não tenho certeza do quanto ele estava falando sério sobre um novo álbum; e não tenho certeza se a voz de Joey daria conta – parecia um pouco desgastada."

"Os Ramainz eram eu e o Dee Dee, decidindo que queríamos nos divertir depois que os Ramones acabaram", explica Marky. "Era isso – ele, sua mulher e eu tocando músicas dos Ramones. Os

Intruders eram minha banda. Escrevi todas as músicas. Fizemos uma turnê, fizemos bons shows, fizemos dois álbuns e era tudo o que eu queria. Estava feliz com aquilo. Então, encontrei outras pessoas que queriam que eu tocasse em seus álbuns, como os Speedkings. Foi o que eu fiz."

Marky Ramone e os Intruders lançaram alguns discos – um álbum com o mesmo título da banda, em 1996, *The Answer To Your Problems*, de 1999 (produzido por Lars Fredrickson, do Rancid, e com Joan Jett como convidada). Os Speedkings lançaram *No If's, And's And But's*, em 2001, e, recentemente, Marky está tocando bateria com a banda de punk horror Misfits.

"[Os Speedkings] são rápidos", Marky revela, "mais sobre garotas e sexo, carros, gasolina e óleo. A realidade de mulheres e caras e o que eles realmente desejam. Gosto de dirigir e lidar com a mecânica de carros de corrida. Gosto de tornar seus motores maiores e suas transmissões mais poderosas e azeitá-los; pegar um *stock car* e incrementá-lo, legalizá-lo para rodar nas ruas."

"Gosto de colecionar pôsteres de ficção científica dos anos 1950, da era dos monstros de ficção científica. Gosto de fazer o que todo mundo faz, assistir a vídeos, sair para comer, ir a casas noturnas – o que é um pouco difícil de fazer ultimamente porque muita gente me reconhece, pois as casas noturnas estão cheias de fãs dos Ramones. Esses lugares são os únicos em que eu gosto de ir, de qualquer forma."

"Também participo de muitos eventos em que sou convidado para falar. Papos sobre o cenário punk de agora, de antes, de sempre. Tenho montada uma apresentação com projeção de *slides* e vídeo. Leva uns 90 minutos. Muita gente curiosa aparece – jovens punks, velhos punks, historiadores voltados para a indústria da música. Respondo perguntas durante meia hora, assino autógrafos e depois volto pra casa."

A banda de CJ de hard rock Los Gusanos também lançou vários discos durante os anos 1990, alguns enquanto os Ramones ainda estavam na ativa. Ele agora canta e toca baixo na Bad Chopper (anteriormente Warm Jets).

Johnny se aposentou.

Apêndice 3

"4, 5, 6, 7 All Good Cretins Go To Heaven"

> *"EU PARAVA EM FRENTE ao espelho, ajustava a guitarra onde achava que parecia melhor e aprendia a tocar. Tocava as cordas pra cima e pra baixo, como os caras do folk. Eu nem fazia ideia do quanto era diferente. Entendi aquilo como rock'n'roll. E decidi que não faria nada parecido com o que já tinha sido feito antes."*
>
> (Johnny Ramone para a repórter do *USA Today*, Edna Gundersen, 9/2/2004)

Desde que a edição de capa dura deste livro apareceu, outro Ramone se foi.

Estava em um show do Dirtbombs, em Londres, em meados de 2004, quando ouvi pela primeira vez sobre a gravidade da doença de Johnny Ramone: ele vinha lutando contra um câncer de próstata por quase cinco anos. As notícias eram chocantes: havia rumores, sim, mas nada definitivo. Bem à moda de Johnny, ele se manteve reservado sobre seus problemas: não era da conta de ninguém do mundo exterior. Em 16 de junho, Marky Ramone revelou que Johnny estava perto da morte – Linda, a mulher de Johnny, foi a público no dia seguinte, negando furiosamente a notícia: "Ele não está morrendo", afirmou. "Ele tem estado bem anos a fio e está ótimo agora." (Linda não apenas compartilhava o estoicismo de Johnny, como também seus pontos de vista republicanos: "Cresci republicana", ela disse em 2004. "Minha família era a única família italiana do Queens que votou no Nixon em vez de Kennedy.")

Meu informante no show – o Dirtbombs sendo da safra das bandas de garagem de Detroit cuja estética devia muito ao modelo original dos *bro*, 30 anos antes – foi o amigo e fã dos Ramones Bobby Gillespie, do Primal Scream. O cantor volátil também me repreendeu pelo que ele entendeu como minha injusta predisposição contra Johnny no livro que você está lendo: ele achou que me estendi demais no lado disciplinar do guitarrista e nem tanto em sua influência. Além disso, Johnny sempre tinha tempo para os fãs: ele entendia que sem fãs uma banda não significava nada.

Porém, Johnny sofria de um estranho complexo de inferioridade no que dizia respeito à sua própria música: "Eu me sentiria bem se fosse da maneira como era para ser", ele disse ao *The Washington Times*, em 2004. "Se não fosse bom, me aborrecia. Alguns dos discos que eu sabia não serem bons eram para mim como uma doença. Não sei quando era divertido. Pensei que todos fossem nos esquecer."

Gillespie observou que, sem Johnny, os Ramones teriam se desintegrado há muito tempo, na desordem das drogas e sentimentos ruins. (Isso é algo que Danny Fields também apontou: "Na ordem da monstruosidade, Dee Dee era o primeiro", o antigo empresário disse à *Rolling Stone*. "Um poeta genial e charmoso, era como ele fugia com sua desastrosa mentira alcoólica. Joey era o segundo e Johnny, o terceiro. Ele tinha que manter quatro pessoas muito difíceis, incluindo ele mesmo, em forma para fazer dinheiro suficiente para a aposentadoria de todos eles.")

"Você subestimou totalmente o papel dele na banda", Gillespie reclamou. "Ele foi o maior guitarrista de punk rock que já viveu. Ele foi Johnny Ramone. Você deve tentar e finalmente encontrá-lo: ele está muito doente. É possível que não sobreviva."

Nunca tive a oportunidade de entrevistá-lo.

Johnny Ramone, nascido John Cummings, faleceu na tarde de quarta-feira, 15 de setembro, em sua casa, em Los Angeles, cercado por sua mulher Linda e vários amigos, incluindo os astros de rock Eddie Vedder e Rob Zombie, o diretor Vincent Gallo e Lisa-Marie Presley. Ele tinha 55 anos. Foi cremado em uma cerimônia privada. Que triste ironia que ele estivesse muito doente para ir ao concerto-tributo e de arrecadação de fundos para caridade em Los Angeles no domingo anterior para celebrar o aniversário de 30 anos dos Ramones: em vez disso, leram uma carta dele.

Poucas semanas antes da morte de Johnny, o primeiro documentário definitivo em celuloide dos Ramones, o comovente e engraçado *End Of The Century*, de Michael Gramaglia e Jim Fields, teve sua noite de estreia em Nova York, no Angelika Film Center. Quase ao final do filme, há uma cena comovente em que Johnny é questionado sobre seus sentimentos quando soube sobre a morte de Joey: "Sim, não, eu senti", disse, contraindo os ombros. "Quero dizer que senti. Senti porque não podia fazer nada além disso... Estava pensando comigo mesmo: 'Por que isso me atingiu? Fiquei deprimido a semana inteira. Estou triste. Por que estou me sentindo desse jeito? A gente não se dava bem'. Então isso me chateou."

Pela linguagem de seu corpo, parece que ele estava admitindo – tanto quanto ele mesmo se permitia saber – que sentia remorso e sentia isso como uma fraqueza.

"Johnny era uma pessoa muito inteligente, rápido, esperto, espirituoso, mas profundo e multidimensional", Tommy disse ao *Village Voice*, em outubro. "Ele podia ser boa pessoa às vezes; e muito cruel em outras. Johnny era um arremessador de bolas rápidas. E a velocidade era seu ponto forte."

"JOHNNY SAIU COM sua blindagem – como um verdadeiro Ramone. Sobreviveu com força de vontade nos seus últimos dias, fazendo publicidade para o documentário sobre os Ramones End Of The Century, *trabalhando em um livro ilustrado sobre a banda e organizando os eventos para o 30º aniversário.*

Mas Johnny tinha uma má reputação.

Johnny tinha uma má reputação por ser republicano. Mas como, se estar em uma banda de rock'n'roll significa obedecer certas regras, pensar politicamente e votar na esquerda? Sinto muito. Johnny não dava a mínima e não acreditava em besteira, não escondia o fato de ser republicano. Muitas pessoas que o conheciam achavam que isso devia ser mais uma questão de postura do que de posição política, mas Johnny nunca deixou de salientar que suas visões não eram mais que sinceras.

Johnny tinha má reputação por ser o sargento dos Ramones. Graças ao documentário recente, muitas pessoas estão começando a apreciar seu papel na banda. Acho que muitos fãs devem ter se dado conta de que, sem o Johnny, os Ramones poderiam ter se tornado o grupo de rap de Dee Dee King ou uma banda pop (se Joey estivesse no comando) empregando Phil Spector como produtor de um novo álbum. Foi Johnny que reconheceu que os Ramones tinham que ser os Ramones, para bem ou para mal. E, em retrospectiva, foi para bem.

Johnny tinha a reputação de ser um 'músico ruim'. O fato é que ele se apoderou do rock'n'roll de uma forma totalmente diferente de músicos anteriores e merece crédito por ter reinventado a guitarra elétrica – e criado o som punk. Ele tocava guitarra como Mondrian ou Jackson Pollock pintavam. Só porque esses artistas não se enquadravam na média fotorrepresentacional dos artesões de seu meio não significa que fossem ruins. E como Johnny não estava na média dos guitarristas de sua época, não podia ser julgado pelos mesmos padrões que guitarristas de bandas como o Foghat, o Twisted Sister ou o Yes.

Havia gente que achava que os Ramones poderiam ter contratado um guitarrista-solo ou um tecladista. Ou um tocador de bongô (eu inclusive). Mas eu estava (provavelmente) errado, e Johnny estava (odeio admitir) certo. Ele manteve a pureza dos Ramones. Mesmo que fosse ordinária, a revelação no começo dos anos 1980 de que os Ramones nunca mudariam, permanecendo a primeira, melhor e maior banda de punk rock de todos os tempos, foi a escolha certa. Então, se você aprecia o legado dos Ramones, dê o crédito a Johnny por mantê-lo vivo, já que todos os outros da banda odeiam isso.

Johnny criou um novo modo de tocar guitarra. A maioria dos 'músicos' se daria mal tentando tocar como ele. E mesmo que não compusesse música, frequentemente as contribuições criativas de Johnny para os Ramones têm sido ignoradas.

Johnny está muito ligado à criação, ao fomento e ao reforço da imagem dos Ramones – como seu conceito de discos de cover. As pessoas geralmente acham que fui eu que tive as ideias, mas o crédito é de Johnny Ramone. Ele descreveu o conceito para a contracapa de Rocket To Russia melhor do que se eu mesmo tivesse idealizado. E a capa de Road To Ruin foi baseada em um rascunho enviado para eles por um fã. Johnny me pediu que recomendasse um artista (que recusou o trabalho), então consultaram alguns outros artistas, até que Johnny me pediu para que eu fizesse, porque ninguém mais entendia o que ele queria. Johnny e eu tínhamos um entendimento. Ambos entendíamos o que era punk rock. E isso incluía como devia soar e aparentar.

Sempre sentia que era um tipo de cúpula quando falávamos. Quando conversava com Joey, ele sugeria ideias para a revista, ajudava a conseguir publicidade e cooperava com nossas fotonovelas. Mas quando eu falava com o Johnny era sobre a abordagem que os Ramones deveriam ter sobre sua música, sobre a imagem da banda. Joey sempre pareceu satisfeito em deixar Johnny lidar com esse tipo de coisa – ele nunca sequer me questionou depois de conversas de uma hora com Johnny sobre o que os Sex Pistols significavam para *o futuro do punk rock ou se o último disco dos Ramones estava à altura dos padrões da banda. Johnny se preocupava com o próximo disco dos Ramones. Johnny sempre pensou na estrutura da banda.*

Johnny tinha má reputação por se levar muito a sério – como se fosse algum idiota sem senso de humor, porque nunca sorria para as câmeras. De fato, Johnny tinha um grande senso de humor. Não era o fascista safado que as pessoas foram levadas a crer. Ele tinha a mente aberta e estava sempre disposto a considerar outros pontos de vista. Gostava de jogar conversa fora com ele em viagens com os Ramones. Ríamos muito! Ele era muito inteligente, de mente aberta e perspicaz. E como éramos os dois fãs de beisebol, tínhamos muito assunto. Mas sempre que uma câmera estava por perto, os Ramones adotavam o 'visual Ramones' e olhavam para frente. Olhares duros. Olhares sérios. Mesmo que tenham escrito algumas das letras mais engraçadas da história do rock'n'roll. Mas, é claro, tudo isso faz parte da piada, não é mesmo?

Johnny manteve os Ramones juntos. Nunca esteve envolvido com drogas (ao contrário dos outros Ramones). Então, depois que Tommy Ramone (que tinha o papel de disciplinador no começo) deixou a banda, coube a Johnny manter Joey e Dee Dee na linha. Ao menos era como Johnny entendia. Não é fácil ser o chefe. É difícil forçar outras pessoas a aceitarem seu ponto de vista e fazer as coisas acontecerem. É muito mais fácil recuar e deixar alguém à frente se arriscando e tomando as decisões.

Para Johnny (e Joey), os Ramones eram a coisa mais importante do mundo. Esses dois tinham uma crença fanática na banda que os manteve juntos excursionando durante os anos 1980 e 1990, mesmo quando alguns críticos diziam que deveriam parar, mesmo que dois deles se odiassem mutuamente. Mas nunca se odiaram a ponto de, com isso, atingir a banda. Sempre fizeram seu trabalho. Os Ramones vinham em primeiro lugar.

Eu sempre os repreendia e perguntava a Johnny: 'Por que você não faz o mesmo que todos os outros grupos de rock e anuncia que os Ramones acabaram, que esta é sua turnê de despedida, esgota os ingressos em todos os lugares em que tocarem e daí voltam cinco anos mais tarde e fazem tudo isso outra vez?'. Johnny não ouvia isso. Ele sequer conseguia fazer piada disso. Nem Joey. Eles não entraram para uma indústria de merda quando começaram os Ramones. Ambos queriam ser confiáveis e honestos com os fãs. Não usaram o mesmo tipo de subterfúgio que os Rolling Stones, Elton John, David

Bowie e muitos outros. Excursionaram até o final da banda e nunca voltaram a se reunir depois que se separaram. Esse era o elo que reunia Joey e Johnny – apesar de se odiarem tanto em nível pessoal que pararam de falar um com o outro. A banda era mais importante que besteiras pessoais entre ambos. Os Ramones eram a coisa mais importante do mundo para eles.

É irônico que o destino não lhes tenha permitido se reunir depois da "Turnê de Despedida". O câncer levou Joey em 2001, as drogas levaram Dee Dee (ou vice-versa) em 2002 e, novamente, o câncer levou Johnny. A promessa de Johnny de que nunca voltariam a se reunir novamente por qualquer motivo se tornou um triste legado.

Então, por mais que você ou eu ame os Ramones, Johnny e Joey amavam sua banda mais do que qualquer um de nós possa compreender. Eles queriam que a herança dos Ramones fosse pura. Com certeza, o resto de nós ama os Ramones. E vamos todos sentir muito a falta de Johnny, Joey e Dee Dee. E todos gostaríamos de vê-los juntos, nem que fosse por uma só vez.

Mas o destino tinha planos diferentes e, ironicamente, levou Johnny."

(John Holmstrom, 2004. Tirado de www.punkmagazine.com. Usado com permissão.)

Discografia Selecionada 1976-2001

(*Álbuns prensados nos Estados Unidos e no Reino Unido, salvo afirmação ao contrário*)

SINGLES

"Blitzkrieg Bop"/"Havana Affair"
7/1976 (UK); Sire 6078 601

"I Remember You"/"California Sun" (ao vivo)/"I Don't Wanna Walk Around With You" (ao vivo)
2/1977 (UK); Sire 6078 603

"Sheena Is A Punk Rocker"/"Commando"/"I Don't Care"
5/1977 (UK); Sire RAM 001 (6078 606)

"Sheena Is A Punk Rocker"/"Commando"/"I Don't Care"
(compacto simples 12") 5/1977 (UK); Sire RAM 001 (6078 606), somente 12 mil cópias

"Swallow My Pride"/"Pinhead"/"Let's Dance"
(ao vivo) 8/1977 (UK); Sire (6078 607)

"Rockaway Beach"/"Teenage Lobotomy"/"Beat On The Brat"
11/1977 (UK); Sire 6078 611

"Rockaway Beach"/"Teenage Lobotomy"/"Beat On The Brat"
(compacto simples 12")
11/1977 (UK); Sire 6078 611

"Do You Wanna Dance?"/"It's A Long Way Back To Germany"/"Cretin Hop" 3/1978 (UK); Sire 6078 615

"Don't Come Close"/"I Don't Want You"
9/1978 (UK); Sire SRE 1031

"Don't Come Close"/"I Don't Want You" (compacto simples 12")
9/1978 (UK, vinil amarelo e vermelho); Sire SRE 1031

"She's The One"/"I Wanna Be Sedated"
1/1979 (UK); Sire SIR 4009

"Rock'n'roll High Scholl"/"Rockaway Beach" (ao vivo)/"Sheena Is A Punk Rocker" (ao vivo) 9/1979 (UK); Sire SIR 4021

"Baby, I Love You"/"High Risk Insurance"
1/1980 (UK); Sire SIR 4031

"Do You Remember Rock'n'roll Radio?"/"I Want You Around"
4/1980 (UK); Sire SIR 4037

"I Wanna Be Sedated"/"The Return Of Jackie And Judy"
8/1980 (UK); RSO 70 (2090 512) (da trilha sonora de *Times Square*)

MELTDOWN WITH THE RAMONES (EP) [Extended Play]
"I Just Want To Have Something To Do"/"Here Today, Gone Tomorrow"/"I Wanna Be Your Boyfriend"/"Questioningly"/"We Want The Airwaves" 11/1980 (UK); Sire SREP 1

"We Want The Airwaves"/"You Sound Like You're Sick"
7/1981 (UK); Sire SIR 4051

"She's A Sensation"/"All Quiet On The Eastern Front"
10/1981 (UK); Sire SIR 4052

"Time Has Come Today"/"Psycho Therapy"
6/1983 (UK); Sire W 9606

"Time Has Come Today"/"Psycho Therapy"/"Baby, I Love You"/"Don't Come Close" (compacto simples 12") 6/1983 (UK); Sire 9606T

"Howling At the Moon (Sha-La-La)"/"Smash You"
2/1985 (UK); Beggars Banquet BEG 128

"Howling At the Moon (Sha-La-La)"/"Smash You"/"Street Fighting Man" (compacto simples 12")
2/1985 (UK); Beggars Banquet BEG 128T

"Chasing The Night"/"Howling At The Moon (Sha-La-La)"/"Smash You"/"Street Fighting Man" (duplo 7")
3/1985 (UK); Beggars Banquet BEG 128D

"Chasing The Night"/"Howling At The Moon (Sha-La-La)"/"Smash You"/"Street Fighting Man" (12" p/s)
3/1985 (UK); Beggars Banquet BEG 128 TP

"Bonzo Goes To Bitburg"/"Daytime Dilemma"
6/1985 (UK); Beggars Banquet BEG 140

"Bonzo Goes To Bitburg"/"Daytime Dilemma"/"Go Home Annie"
6/1985 (UK); Beggars Banquet BEG 140T

"Somebody Put Something In My Drink"/"Something To Believe In"
4/1986 (UK); Beggars Banquet BEG 157

"Somebody Put Something In My Drink"/"Something To Believe In"/"Can't Say Anything Nice"
4/1986 (UK); Beggars Banquet BEG 157T

"Crummy Stuff"/"She Belongs To Me"
7/1986 (UK); Beggars Banquet BEG 167

"Crummy Stuff"/"She Belongs To Me"/"I Don't Want To Live This Life" 7/1986 (UK); Beggars Banquet BEG 167T

"Real Cool Time"/"Life Goes On"
9/1987 (UK); Beggars Banquet BEG 198

"Real Cool Time"/"Life Goes On"/"Indian Giver"
9/1987 (UK); Beggars Banquet BEG 198T

"I Wanna Live"/"Merry Christmas (I Don't Wanna Fight Tonight)"
11/1987 (UK); Beggars Banquet BEG 201

"I Wanna Live"/"Merry Christmas (I Don't Wanna Fight Tonight)"
11/1987 (UK); Beggars Banquet BEG 201T

"Pet Sematary"/"All Screwed Up"
9/1989 (UK); Chrysalis CHS 3423

"Pet Sematary"/"All Screwed Up"/"Zero Zero UFO"
9/1989 (UK); Chrysalis CHS12 3423

"Sheena Is A Punk Rocker"/"Baby, I Love You"
1990 (UK); Old Gold OG9909

"Poison Heart"/"Censorshit"
1992 (UK); Chrysalis

"Poison Heart"/"Sheena Is A Punk Rocker" (gravado ao vivo pela BBC, Escócia, 1991)/"Rockaway Beach" (gravado ao vivo pela BBC, Escócia, 1991) 1992 (UK); Chrysalis CHS 3917

"Poison Heart"/"Rock'n'roll Radio" (gravado ao vivo pela BBC, Escócia, 1991)/"Chinese Rock" (gravado ao vivo pela BBC, Escócia, 1991)
1992 (UK); Chrysalis CHS 3917

"Carbona Not Glue"/"I Can't Be (Sub Pop)"/"Substitute"
1994 (UK); Chrysalis

END OF THE DECADE
1990 (UK); Beggars Banquet (caixa com 6x12", camiseta, cartões-postais, pôster, apenas 2.500 cópias)

"Poison Heart"/"Chinese Rock"/"Sheena Is A Punk Rocker" (ao vivo)/"Rockaway Beach" (ao vivo) (compacto simples 12") 1992 (UK); Chrysalis 0496 3 23917 66 (vinil amarelo); Chrysalis CDCHSS 3917

ÁLBUNS

THE RAMONES
7/1976 (UK) Sire 9103 253; (US) Sire SR6020
"Blitzkrieg Bop"/"Beat On The Brat"/"Judy Is A Punk"/"I Wanna Be Your Boyfriend"/"Chain Saw"/"Now I Wanna Sniff Some Glue"/"I Don't Wanna Go Down To The Basement"/"Loudmouth"/"Havana Affair"/"Listen To My Heart"/"53rd & 3rd"/"Let's Dance"/"I Don't Wanna Walk Around With You"/"Today Your Love, Tomorrow The World"

RAMONES LEAVE HOME
4/1977 (UK) Sire/Warner 9103 254; (US) Sire SA 7528
"Glad To See You Go"/"Gimme Gimme Shock Treatment"/"I Remember You"/"Oh Oh I Love Her So"/"Carbona Not Glue"[56]/"Suzy Is A Headbanger"/"Pinhead"/"Now I Wanna Be A Good Boy"/"Swallow My Pride"/"What's Your Game"/"California Sun"/"Commando"/"You're Gonna Kill That Girl"/"You Should Never Have Opened That Door"

ROCKET TO RUSSIA
12/1977 (UK) Sire/Warner 9103 255-2; (US) Sire SR6042
"Cretin Hop"/"Rockaway Beach"/"Here Today, Gone Tomorrow"/"Locket Love"/"I Don't Care"/"Sheena Is A Punk Rocker"/"We're A Happy Family"/"Teenage Lobotomy"/"Do You Wanna Dance?"/"I Wanna Be Well"/"I Can't Give You Anything"/"Ramona"/"Surfin' Bird"/"Why Is It Always This Way?"

ROAD TO RUIN
9/1978 Sire/Warner SRK 6063
"I Just Want To Have Something To Do"/"I Wanted Everything"/"Don't Come Close"/"I Don't Want You"/"Needles And Pins"/"I'm Against It"/"I Wanna Be Sedated"/"Go Mental"/"Questioningly"/"She's The One"/"Bad Brain"/"It's A Long Way Back"
Todas as músicas escritas pelos Ramones com exceção de "Needles And Pins" (Bono/Nitzsche)

---

56. A faixa foi suprimida e substituída por "Babysitter" no Reino Unido e por "Sheena Is a Punk Rocker" nos Estados Unidos.

IT'S ALIVE
4/1979 (UK) Sire/Warner SRK 2-6074 (álbum duplo)
"Rockaway Beach"/"Teenage Lobotomy"/"Blitzkrieg Bop"/"I Wanna Be Well"/"Glad To See You Go"/"Gimme Gimme Shock Treatment"/"You're Gonna Kill That Girl"/"I Don't Care"/"Sheena Is A Punk Rocker"/"Havana Affair"/"Commando"/"Here Today, Gone Tomorrow"/"Surfin' Bird"/"CretinHop"/"ListenToMyHeart"/"California Sun"/"I Don't Wanna Walk Around With You"/"Pinhead"/"Do You Wanna Dance?"/"Chainsaw"/ "Today Your Love, Tomorrow the World"/"I Wanna Be A Good Boy"/"Judy Is A Punk"/"Suzy Is A Headbanger"/"Let's Dance"/"Oh Oh I Love Her So"/"Now I Wanna Sniff Some Glue"/"We're A Happy Family"

END OF THE CENTURY
1/1980 Sire SRK 6077
"Do You Remember Rock'n'roll Radio?"/"I'm Affected"/"Danny Says"/"Chinese Rock"/"The Return Of Jackie And Judy"/"Let's Go"/"Baby I Love You"/"I Can't Make It On Time"/"This Ain't Havana"/"Rock'n'roll High School"/"All The Way"/"High Risk Insurance"

PLEASANT DREAMS
7/1981 Sire SRK 3571
"We Want The Airwaves"/"All's Quiet On the Eastern Front"/"The KKK Took My Baby Away"/"Don't Go"/"You Sound Like You're Sick"/"It's Not My Place (In The 9 To 5 World)"/"She's A Sensation"/"7-11"/"You Didn't Mean Anything To Me"/"Come On Now"/"This Business Is Killing Me"/"Sitting In My Room"

SUBTERRANEAN JUNGLE
4/1983 (UK); Sire 9 23800-1; (US) Sire 7 23800-1
"Little Bit O' Soul"/"I Need Your Love"/"Outsider"/ "What'd Ya Do?"/"Highest Trails Above"/ "Somebody Like Me"/"Psycho Therapy"/"Time Has Come Today"/ "My-My Kind Of a Girl"/"In The Park"/"Time Bomb"/ "Everytime I Eat Vegetables It Make Me Think Of You"

TOO TOUGH TO DIE
1/1985 (UK) Beggars Banquet BEGA 59; (US) Sire/Warner 7 25817-1
"Mama's Boy"/"I'm Not Afraid Of Life"/"Too Tough To Die"/"Durango 95"/"Wart Hog"/"Danger Zone"/"Chasing The Night"/"Howling At The Moon (Sha-La-La)"/"Daytime Dilemma (Dangers Of Love)"/"Planet Earth 1988"/"Human Kind"/"Endless Vacation"/"No Go"

ANIMAL BOY
7/1986 (UK) Beggars Banquet BEGA 70; (US) Sire 7 25433-1/7 25433-2
"Somebody Put Something In My Drink"/"Animal Boy"/"Love Kills"/"Apeman Hop"/"She Belongs To Me"/"Crummy Stuff"/"My Brain Is Hanging Upside Down (Bonzo Goes To Bitburg)"/"Mental Hell"/"Eat That Rat"/"Freak Of Nature"/"Hair Of The Dog"/"Something To Believe In"

HALFWAY TO SANITY
10/1987 (UK) Beggars Banquet BEGA 89; Beggars Banquet BEGA 89CD; (US) Sire 9 25641-1/9 25641-2
"I Wanna Live"/"Bop'Til You Drop"/"Garden Of Serenity"/"Weasel Face"/"Go Lil' Camaro Go"/"I Know Better Now"/"Death Of Me"/"I Lost My Mind"/"A Real Cool Time"/"I'm Not Jesus"/"Bye Bye Baby"/"Worm Man"

BRAIN DRAIN
8/1989 (UK) Chrysalis CHR 1725; Chrysalis CCD 1725; (US) Sire 7 25905-1/9 25905-2
"I Believe In Miracles"/"Zero Zero UFO"/"Don't Bust My Chops"/"Punishment Fits The Crime"/"All Screwed Up"/"Palisades Park"/"Pet Sematary"/"Learn To Listen"/"Can't Get You Outta My Mind"/"Ignorance Is Bliss"/"Come Back, Baby"/"Merry Christmas (I Don't Want To Fight Tonight)"

LOCO LIVE
10/1991 (UK) Chrysalis CCD 1901
"The Good, The Bad And The Ugly"/"Durango 95"/"Teenage Lobotomy"/"Psycho Therapy"/"Blitzkrieg Bop"/"Rock'n'roll High School"/"I Wanna Be Sedated"/"The KKK Took My Baby Away"/"I Wanna Live"/"Bonzo Goes To Bitburg"/"Too Tough To Die"/"Sheena Is A Punk Rocker"/"Rockaway Beach"/"Pet Sematary"/"Don't Bust

My Chops"/"Palisades Park"/"Mama's Boy"/"Animal Boy"/"Wart Hog"/"Surfin' Bird"/"Cretin Hop"/"I Don't Wanna Walk Around With You"/"Today Your Love, Tomorrow The World"/"Pinhead"/"Somebody Put Something In My Drink"/"Beat On The Brat"/"Judy Is A Punk"/"Chinese Rock"/"Love Kills"/"Ignorance Is Bliss"

LOCO LIVE
10/1991 (US) Sire/Warner 9 26650-2
"The Good, The Bad And The Ugly"/"Durango 95"/"Teenage Lobotomy"/"Psycho Therapy"/"Blitzkrieg Bop"/"Do You Remember Rock'n'roll Radio?"/"I Believe In Miracles"/"Gimmme Gimme Shock Treatment"/"Rock'n'roll High School"/"I Wanna Be Sedated"/"The KKK Took My Baby Away"/"I Wanna Live"/"My Brain Is Hanging Upside Down (Bonzo Goes To Bitburg)"/"Chinese Rock"/"Sheena Is A Punk Rocker"/"Rockaway Beach"/"Pet Sematary"/"Carbona Not Glue"/"Judy Is A Punk"/"Mama's Boy"/"Animal Boy"/"Wart Hog"/"Surfin' Bird"/"Cretin Hop"/"I Don't Wanna Walk Around With You"/"Today Your Love, Tomorrow The World"/"Pinhead"/"Somebody Put Something In My Drink"/"Beat On The Brat"/"Ignorance Is Bliss"/"I Just Want To Have Something To Do"/"Havana Affair"/"I Don't Wanna Go Down To The Basement"

MONDO BIZARRO
1992 (UK) Chrysalis 3 21960 2
1992 (US) Radioactive RAR-10615/RARD-10615
"Censorshit"/"The Job That Ate My Brain"/"Poison Heart"/"Anxiety"/"Strength To Endure"/"It's Gonna Be Alright"/"Take It As It Comes"/"Main Man"/"Tomorrow She Goes Away"/"I Won't Let It Happen"/"Cabbies On Crack"/"Heidi Is A Headcase"/"Touring"

ACID EATERS
1993 (UK) Chrysalis CHR 6052/CD CHR 6052
"Journey To The Center Of The Mind"/"Substitute"/"Out Of Time"/"The Shape Of Things To Come"/"Somebody To Love"/"When I Was Young"/"7 And 7 Is"/"My Back Pages"/"Can't Seem To Make You Mine"/"Have You Ever Seen The Rain"/"I Can't Control Myself"/"Surf City" (+ "Surfin' Safari" na edição japonesa)

ADIOS AMIGOS!
1995 (UK) Chrysalis CHR 6104
1995 (US) Radioactive RARD-11273
"I Don't Wanna Grow Up"/"Making Monsters For My Friend"/"It's Not For Me To Know"/"The Crusher"/"Life's A Gas"/"Take The Pain Away"/"I Love You"/"Cretin Family"/"Have A Nice Day"/"Scattergun"/"Got A Lot To Say"/"She Talks To Rainbows"/"Born To Die In Berlin" ("Spiderman" é faixa escondida no LP prensado nos Estados Unidos; "R.A.M.O.N.E.S." é faixa-bônus na prensagem do Japão).

GREATEST HITS LIVE
1996 (UK) Radioactive RARD-11459-1
(US) Radioactive RARD-11459-2
"Durango 95"/"Blitzkrieg Bop"/"Do You Remember Rock'n'roll Radio?"/"I Wanna Be Sedated"/"Spider Man"/"I Don't Want To Grow Up"/"Sheena Is A Punk Rocker"/"Rockaway Beach"/"Strength To Endure"/"Cretin Family"/"Do You Wanna Dance?"/"We're A Happy Family"/"The Crusher"/"53rd & 3rd"/"Beat On The Brat"/"Pet Sematary"/"R.A.M.O.N.E.S." (Nova faixa de estúdio, originalmente tocada pelo Motorhead em seu álbum 1916)/"Any Way You Want It" (Nova faixa de estúdio. Orginalmente tocada por Dave Clark Five).

WE'RE OUTTA HERE!
11/1997 (UK) Eagle EDLEAG007-2
(US) Radioactive RARD-11555
Este álbum ao vivo documenta o último show dos Ramones no The Palace, em Hollywood, Califórnia, em 6 de agosto de 1996.
"Durango 95"/"Teenage Lobotomy"/"Psycho Therapy"/"Blitzkrieg Bop"/"Do You Remember Rock'n'roll Radio?"/"I Belive In Miracles"/"Gimme Gimme Shock Treatment"/"Rock'n'roll High School"/"I Wanna Be Sedated"/"Spider Man"/"The KKK Took My Baby Away"/"I Just Want To Have Something To Do"/"Commando"/"Sheena Is A Punk Rocker"/"Rockaway Beach"/"Pet Sematary"/"The Crusher"/"Love Kills" (with Dee Dee Ramone)/"Do You Wanna Dance?"/"Somebody Put Something In My Drink"/"I Don't Want You"/"Wart Hog"/"Cretin Hop"/"R.A.M.O.N.E.S." (com Lemmy, do Motorhead)/"Today Your Love, Tomorrow The World"/"Pinhead"/"53rd & 3rd" (com Tim Armstrong e Lars Fredrikson, do Rancid)/"Listen To Your Heart"/"We're A Happy Family"/"Chinese Rock" (com Ben Shepard, do Soundgarden)/"Beat On The Brat"/"Any Way You Want It" (com Eddie Vedder, do Pearl Jam)

COMPILAÇÕES E REEDIÇÕES

RAMONES MANIA
6/1988 (UK) Sire 925 709-2 (álbum duplo); (CD) Sire 925709 2
"I Wanna Be Sedated"/"Teenage Lobotomy"/"Do You Remember Rock'n'roll Radio?"/"Gimme Gimme Shock Treatment"/"Beat On The Brat"/"Sheena Is A Punk Rocker"/"I Wanna Live"/"Pinhead"/"Blitzkrieg Bop"/"Cretin Hop"/"Rockaway Beach"/"Commando"/"I Wanna Be Your Boyfriend"/"Mama's Boy"/"Bop 'Til You Drop"/"We're A Happy Family"/"Bonzo Goes To Bitburg"/"Outsider"/"Psycho Therapy"/"Wart Hog"/"Animal Boy"/"Needles And Pins"/"Howling At The Moon (Sha-La-La)"/"Somebody Put Something In My Drink"/"We Want The Airwaves"/"Chinese Rock"/"I Just Wanna Have Something To Do"/"The KKK Took My Baby Away"/"Indian Giver" (até então disponível apenas como lado B)/"Rock'n'roll High School"

ALL THE STUFF (AND MORE) VOL. 1
8/1990 Sire CD 759926204
Reembalagem dos álbuns RAMONES e LEAVE HOME com faixas-bônus:
"I Don't Wanna Be Learned/I Don't Wanna Be Tamed"/"I Can't Be"/"California Sun" (ao vivo)/"I Don't Wanna Walk Around With You" (ao vivo)

ALL THE STUFF (AND MORE) VOL. 2
Reembalagem dos álbuns ROCKET TO RUSSIA e ROAD TO RUIN com faixas-bônus:
"Slug"/"I Want You Around"/"I Don't Want To Live This Life (Anymore)"/"Yea, Yea"

RAMONES
2001 Rhino
Versão remasterizada do álbum original com faixas-bônus inéditas:
"I Wanna Be Your Boyfriend" (*demo*)/"Judy Is A Punk" (*demo*)/"I Don't Care" (*demo*)/"Now I Wanna Sniff Some Glue" (*demo*)/"I Don't Wanna Be Learned/I Don't Wanna Be Tamed" (*demo*)/"You Should Never Have Opened That Door" (*demo*)/"Blitzkrieg Bop" (versão do *single*)

LEAVE HOME
2001 Rhino
Versão remasterizada do álbum original com faixas-bônus inéditas:
"Babysitter" (estúdio) e "Loudmouth"/"Beat On The Brat"/"Blitzkrieg Bop"/"I Remember You"/"Glad To See You Go"/"Chain Saw"/"53rd & 3rd"/"I Wanna Be Your Boyfriend"/"Havana Affair"/"Listen To My Heart"/"California Sun"/"Judy Is A Punk"/"I Don't Wanna Walk Around With You"/"Today Your Love, Tomorrow The World"/"Now I Wanna Sniff Some Glue"/"Let's Dance" (todas ao vivo no Roxy Club, Hollywood, Califórnia, 12/8/1976)

ROCKET TO RUSSIA
2001 Rhino
Versão remasterizada do álbum original com faixas-bônus inéditas:
"Needles And Pins" (primeira versão)/"Slug" (*demo*)/"It's A Long Way Back To Germany" (lado B no Reino Unido)/"I Don't Care" (versão do *single*)/"Sheena Is A Punk Rocker" (versão do *single*)

ROAD TO RUIN
2001 Rhino
Versão remasterizada do álbum original com faixas-bônus inéditas:
"I Want You Around" (versão de Ed Stasium)/"Rock'n'roll High School" (versão de Ed Stasium)/"Blitzkrieg Bop" – "Teenage Lobotomy" – "California Sun" – "Pinhead" – "She's The One" (*pot-pourri* ao vivo no Roxy, Hollywood)/"Come Back, She Cried (I Walk Out)" (versão *demo*)/"Yea, Yea" (versão *demo*)

END OF THE CENTURY
2001 Rhino
Versão remasterizada do álbum original com faixas-bônus inéditas:
"I Want You Around" (versão da trilha sonora)/"Danny Says" (*demo*)/"I'm Affected" (*demo*)/"Please Don't Leave" (*demo*)/"All The Way" (*demo*)/"Do You Remember Rock'n'roll Radio?" (*demo*)

PLEASANT DREAMS
2001 Rhino
Versão remasterizada do álbum original com faixas-bônus inéditas:
"Touring" (versão de 1981)/"I Can't Get You Out Of My Mind"/"Chop Suey" (versão alternativa)/"Sleeping Troubles" (*demo*)/"Kicks To

Try" (*demo*)/"I'm Not The Answer" (*demo*)/"Stares In This Town" (Demo)

SUBTERRANEAN JUNGLE
2001 Rhino
Versão remasterizada do álbum original com faixas-bônus inéditas: "Indian Giver" (mixagem original)/"New Girl In Town"/"No One To Blame" (*demo*)/"Roots Of Hatred" (*demo*)/"Blumming Along" (*demo*)/"Unhappy Girl" (*demo*)/"My-My Kind Of Girl" (*demo* acústica)

TOO TOUGH TO DIE
2001 Rhino
Versão remasterizada do álbum original com faixas-bônus inéditas: "Street Fighting Man"/"Smash You" (*single* no Reino Unido)/"Howling At The Moon (Sha-La-La)" (*demo*)/"Planet Earth 1988" (versão vocal com Dee Dee)/"Daytime Dilemma (Dangers Of Love)" (*demo*)/"Endless Vacation" (*demo*)/"Danger Zone" (versão vocal com Dee Dee)/"Out Of Here"/"Mama's Boy" (*demo*)/"Pass This Way"/"Too Tough To Die" (versão vocal com Dee Dee)/"No Go" (*demo*)

ANTHOLOGY
Maio de 2001
CD da Warners 8122735572
Disco 1: "Blitzkrieg Bop"/"Beat On The Brat"/"Judy Is A Punk"/"I Wanna Be Your Boyfriend"/"53rd & 3rd"/"Now I Wanna Sniff Some Glue"/"Glad to See You Go"/"Gimme Gimme Shock Treatment"/"I Remember You"/"California Sun"/"Commando"/"Swallow My Pride"/"Carbona Not Glue"/"Pinhead"/"Sheena Is A Punk Rocker"/"Cretin Hop"/"Rockaway Beach"/"Here Today, Gone Tomorrow"/"Teenage Lobotomy"/"Surfin' Bird"/"I Don't Care"/"I Just Want To Have Something To Do"/"I Wanna Be Sedated"/"Don't Come Close"/"She's The One"/"Needles And Pins"/"Rock'n'roll High School"/"I Want You Around"/"Do You Remember Rock'n'roll Radio?"/"Chinese Rock"/"Danny Says"/"Baby, I Love You"
Disco 2: "The KKK Took My Baby Away"/"She's A Sensation"/"It's Not My Place (In the 9 To 5 World)"/"We Want The Airwaves"/"Psycho

Therapy"/"Howling At The Moon (Sha-La-La)"/"Mama's Boy"/"Daytime Dilemma (Dangers Of Love)"/"I'm Not Afraid Of Life"/"Too Tough To Die"/"Endless Vacation"/"My Brain Is Hanging Upside Down"/"Somebody Put Something In My Drink"/"Something To Believe In"/"I Don't Want To Live This Life (Anymore)"/"I Wanna Live"/"Garden Of Serenity"/"Merry Christmas (I Don't Wanna Fight Tonight)"/"Pet Sematary"/"I Believe In Miracles"/"Tomorrow She Goes Away"/"Poison Heart"/"I Don't Wanna Grow Up"/"She Talks To Rainbows"/"R.A.M.O.N.E.S."

Índice Remissivo

A

Abba 57, 63, 86, 270, 423
AC/DC 37, 38, 303, 326
A Christmas Gift For You (Phil Spector) 176
Acid Eaters (Ramones) 367, 369, 370, 384, 385, 397, 402, 423
Acid Eaters, The 367, 369, 370, 384, 385, 397, 402, 423
Adams, Don 170
Adios Amigos! (Ramones) 384, 385, 387, 388
Adler, Richard 23, 113
Aerosmith 27
Afrika Bambaataa 266
After Hours (Velveteen) 230
Agnostic Front 303, 330
A Hard Day's Night (Beatles) 73, 353
Aladdin Sane (David Bowie) 389
Albertos Y Los Trios Paranoias 58
Alice Cooper 19, 27, 109, 169, 211, 272, 293, 326, 334
Allin, GG 377
All Screwed Up (Ramones) 6, 13, 295, 301, 303, 438, 441
All The Stuff (And More) Volume One (Ramones) 329
All The Stuff (And More) Volume Two (Ramones) 329
All The Way (Ramones) 185, 440, 445
Almighty, The 320
Animal Boy (Ramones) 258, 263, 264, 266, 267, 268, 441, 442, 444
Anthology (Ramones) 32, 85, 103, 129, 157, 178, 190, 265, 319, 385
Anthrax 325, 329, 334
Anxiety (Ramones) 347
Apeman Hop (Ramones) 264, 441
A Quick One (Who) 325
Archies, The 88, 106, 424

A Real Cool Time (Ramones) 279, 441
Arkush, Allan 165, 166, 210, 215
Armstrong, Louis 412, 443
Aronsen, Kenny 150
Atomic (Blondie) 47
ATV 57, 92
Avalon, Frankie 398
Avery, Tex 128
Axe Attack 317

B

B-52's, The 198, 215, 227, 228, 266, 284, 298, 350
Baby Doll (Dee Dee King) 282, 298, 311
Baby, I Love You (Ramones) 425, 436, 438, 446
Babysitter (Ramones) 102, 103, 131, 439, 445
Back From The Grave (Independents) 423
Backstreet Boys, The 151
Bacon, Francis 78
Bad Brain (Ramones) 156, 194, 439
Bad Brains 243, 254, 330
Bad Chopper 427
Bad Manners 200
Baker, Ginger 16
Bangs, Lester 16, 32, 33, 40, 81, 135, 148, 156, 158, 185, 210
Bannister, Mark 7, 8, 21, 26, 33, 120, 195, 212, 231, 254, 265, 287, 320, 380, 381
Barrymore, Drew 413
Bartiromo, Maria 413
Basil, Toni 266
Bators, Stiv 62, 312, 404
Bay City Rollers 27, 73, 78, 86, 89, 105, 292, 402, 424
Bayley, Roberta 7, 42, 45, 82, 104
Beach Boys 16, 17, 59, 63, 73, 86, 104, 127, 131, 153, 175, 178, 185, 209, 212, 347, 366, 398, 424
Beatles, The 15, 16, 17, 21, 23, 25, 29, 30, 31, 33, 37, 41, 49, 72, 73, 75, 94, 99, 116, 119, 128, 136, 150, 176, 182, 187, 254, 287, 292, 295, 316, 325, 326, 334, 339, 366, 376, 377, 389, 398, 399, 408
Beat On The Brat (Ramones) 79, 89, 94, 102, 194, 195, 249, 328, 335, 389, 423, 435, 439, 442, 443, 444, 445, 446
Beau, Richie (veja Richie Ramone) 230, 231
Beauvoir, Jean 257, 258, 263, 264, 266, 287
Beck 82

Becker, Walter 23
Bee Gees, The 154
Bellevue 412
Bell, Marc (veja Marky Ramone) 43, 91, 149, 150, 164, 190, 231, 255, 267, 297, 324, 380, 382
Be My Baby (Ronettes) 176
Berlin, Irving 158, 193, 287, 290, 385, 443
Berlin (Lou Reed) 158, 193, 287, 290, 385, 443
Berry, Chuck 64, 169
Bessman, Jim 110, 230, 311, 370
Beull, Bebe 330
Biafra, Jello 110, 393
Bingenheimer, Rodney 7, 51, 86, 167, 177, 178, 186, 195, 262, 266, 366, 417
Birdland 16
Black, Bill 22, 31, 57, 107, 108, 123, 197, 243, 253, 259, 263, 281, 335, 337, 365, 373, 388
Blackburn, Tony 372
Blackfire 422, 423
Black Flag 197, 243, 253, 281, 373
Black Sabbath 22, 31, 107, 108, 123, 259, 335, 337, 365, 388
Blank Generation (Richard Hell & The Voidoids) 64, 151
Blink 98, 100, 338
Blitz, Johnny 149
Blitzkrieg Bop (Die Toten Hosen) 37, 59, 77, 78, 79, 85, 89, 99, 153, 173, 193, 194, 199, 259, 284, 291, 292, 330, 335, 380, 402, 418, 421, 435, 439, 440, 441, 442, 443, 444, 445, 446
Blitzkrieg Bop (Ramones) 37, 59, 77, 78, 79, 85, 89, 99, 153, 173, 193, 194, 199, 259, 284, 291, 292, 330, 335, 380, 402, 418, 421, 435, 439, 440, 441, 442, 443, 444, 445, 446
Blondie 7, 39, 41, 42, 44, 45, 47, 48, 62, 65, 66, 68, 76, 78, 81, 98, 99, 104, 105, 108, 109, 149, 177, 178, 197, 246, 282, 284, 291, 295, 317, 357, 382, 402, 412, 419
Blue, Angel 40, 63, 84, 107, 108, 228
Blue, Barry 40, 63, 84, 107, 108, 228
Blue Oyster Cult 40, 107, 108
BMX Bandits 269
Bockris, Victor 7, 45, 48, 78, 121, 135, 136, 419
BoDeans, The 330
Bolan, Marc 83, 325
Bond, Ronnie 351
Bones, Skinny 347, 352, 386
Bongiovi, Tony 100, 101, 127
Bonisteel, James 381
Bon Jovi 280, 333

Bono, Sonny 86, 155, 336, 409, 416, 439
Bonzo Dog Doo Dah Band 128
Boomtown Rats, The 111
Born To Die In Berlin (Ramones) 193, 385, 443
Boston 31, 85, 107, 138, 153, 161, 198, 244, 245, 287, 328, 346, 404
Bowie, David 17, 137, 329, 375, 389, 434
Bow Wow Wow 244
Boyfriends, The 225
Boys, The 16, 17, 19, 41, 42, 59, 62, 63, 64, 73, 86, 92, 104, 127, 131, 149, 151, 153, 169, 175, 178, 185, 199, 209, 212, 282, 298, 301, 312, 347, 366, 389, 397, 398, 421, 424
Bragg, Billy 243
Brain Drain (Ramones) 287, 300, 302, 303, 310, 325, 347, 380
Brand New Cadillac (Vince Taylor) 99
Brandywine 126
Breeders, The 374
Brignell, Penny 8, 417
Brooklyn Babe (Dee Dee King) 298
Brown, Bobby 99, 139, 214, 289, 332, 352, 411
Browning, Tod 106
Brown, James 99, 139, 214, 289, 332, 352, 411
Brown, Jerry 99, 139, 214, 289, 332, 352, 411
Brown, Pam 99, 139, 214, 289, 332, 352, 411
Brownstein, Carrie 7, 350
Brown, Steve 99, 139, 214, 289, 332, 352, 411
Brownsville Station 169
Buchanan, Pat 383
Buffalo Springfield 178
Buñuel, Luis 29
Burke, Clem 62, 149, 284, 285, 286, 357, 382
Burnel, JJ 90
Bush Tetras, The 7, 88, 148, 183, 336, 337, 354
Bus Stop (Hollies) 206
Buzzcocks, The 120, 155, 214, 263, 326, 347
Bye Bye Baby (Ramones) 279, 425, 441
Bye Bye Baby (Ronnie Spector) 279, 425, 441
Byrne, David 198, 386

C

Cabbies On Crack (Ramones) 347, 442
Cabrones, The 402
Caged/Uncaged (John Cage) 422

Cage, John 406, 422
Cage, Nicholas 406, 422
Cale, John 81
California Girls (Beach Boys) 347
California, Randy 23, 99, 103, 195, 329, 347, 435, 439, 440, 444, 445, 446
California Sun (Ramones) 99, 103, 195, 329, 435, 439, 440, 444, 445, 446
Call Me (Blondie) 47
Call The Doctor (Sleater-Kinney) 349
Campino 421
Candy Says (Lou Reed) 185
Cannon, Freddy 103, 301
Can't Get You Outta My Mind (Ramones) 302, 441
Can't You Hear My Heartbeat (Herman's Hermits) 34
Captain & Tennille 179
Carbona Not Glue (Ramones) 16, 102, 194, 195, 329, 339, 402, 438, 439, 442, 446
Carco, John 385
Caroline Says (Lou Reed) 185
Carrey, Jim 406
Carr, Roy 7, 176, 177, 178, 200
Carson, Tom 130, 158
Cars, The 197
Cassatto, Rob 328
Cassidy, David 27, 84, 153
Cassidy, Shaun 27, 84, 153
Censorshit (Ramones) 348, 349, 438, 442
Chainsaw (Ramones) 72, 349, 440
Chairman Of The Board 369, 423
Chance, James 65, 335
Chantelles, The 383
Chaplin, Charlie 148
Charlesworth, Chris 7, 8, 74
Cheap Trick 166, 209, 228, 245, 412
Checker, Chubby 282
Cheetah Crome 301
Childers, Leee 61
Chinese Dragons, The 313, 378
Chinese Rock (Ramones) 46, 188, 438, 440, 442, 443, 444, 446
Chinese Rocks (Heartbreakers) 188, 418
Chocolate Watch Band, The 83
Christgau, Robert 132, 268
Circle Jerks, The 225, 266
Clapton, Eric 22
Clark, Dave, Five 150, 152, 211, 226, 393, 443

Clark, Petula 150, 152, 211, 226, 393, 443
Clash, The 88, 89, 90, 91, 98, 120, 122, 138, 142, 152, 158, 246, 308, 317, 366
Clearmountain, Bob 100
Clerk, Carol 7, 90
Climax Blues Band, The 68
Clinton, Bill, presidente 289, 332
Cobain, Kurt 338, 375
Cochran, Eddie 103, 178, 398
Cockettes, The 44
Cohen, Ira 350
Collins, Phil 267
Colvin, Beverly 24, 136, 139, 282
Colvin, Douglas Glenn (veja Dee Dee Ramone) 24, 136, 139, 282
Colvin, Vera 24, 136, 139, 282
Come Back, Baby (Ramones) 302, 303, 441
Come On Now (Ramones) 210, 440
Commando (Ramones) 103, 193, 335, 435, 439, 440, 443, 444, 446
Commotion In The Ocean (Dee Dee King) 298
Communication Breakdown (Led Zeppelin) 22
Cook, Paul 149
Cordell, Ritchie 224
Corgan, Billy 374
Corman, Roger 165, 166, 168, 169, 236
County, Wayne 151
Cox, Alex 265
Cracker 163, 415
Cramps, The 68, 89, 131, 378
Crass 248
Crawl For It (White Trash Debutantes) 421
Cream 16, 22, 72, 95, 150, 399
Creedence Clearwater Revival 316
Cretin Family (Ramones) 385, 443
Cretin Hop (Ramones) 128, 129, 171, 193, 264, 436, 439, 440, 442, 443, 444, 446
Cretins, The 6, 129, 402, 429
Croly, Herbert 14
Cro-Mags, The 254
Crummy Stuff (Ramones) 264, 265, 284, 437, 441
Crystals, The 27, 175
Cult, The 40, 107, 108, 334
Cummings, John (veja Johnny Ramone) 20, 113, 139, 430
Cum On Feel The Noize (Slade) 279
Cycle Sluts From Hell, The 279, 308

D

Dale, Dick 22
Daltrey, Roger 187
Damned Damned Damned (Damned) 84
Damned, The 7, 84, 88, 91, 138, 287, 317, 412, 413
Dangerfield, Rodney 282
Danger Zone (Ramones) 250, 251, 441, 446
Danny Says (Ramones) 170, 184, 185, 194, 195, 272, 440, 445, 446
Dante, Joe 165
Davis Jr, Sammy 319
Davis, Miles 258, 319
Daytime Dilemma (Dangers Of Love) (Ramones) 248, 258, 437, 441, 446, 447
Dead Boys, The 62, 64, 92, 149, 301, 312, 389, 397, 421
Dead Kennedys, The 110, 243, 303, 317
Deal, Kelley 374
Deal, Kim 374
Dean, James 52, 165, 398
Debravation (Deborah Harry) 352
Deep Purple 335
Def Leppard 334
De Lea, Frank 225
Dempsey, James 93
Denver, John 95, 109
Depeche Mode 254
Devenish, Colin 206
DeVille, Mink 62, 98
Diamond Dogs (David Bowie) 389
Dickies, The 244, 290, 317
Dictators, The 7, 17, 22, 40, 41, 76, 81, 97, 98, 103, 211, 254, 324, 330, 365, 403, 424
Diddley, Bo 22
Diehl, Matt 387
Die Toten Hosen 370, 421
Dinosaur Jr 335, 340
Dion 177
Dirge, The 278
Dirtbombs 429
DOA 303
Donnas, The 424
Don't Bust My Chops (Ramones) 302, 341, 441
Don't Come Close (Ramones) 103, 154, 155, 158, 436, 439, 446
Don't Go (Ramones) 208, 440
Don't Worry About Me (Joey Ramone) 6, 401, 412, 414

Don't Worry About Me (Ramones) 6, 401, 412, 414
Don't Worry Baby (Ronnie Spector) 425
Do Nuts (Legend!) 421
Doobie Brothers, The 123
Doors, The 60, 109, 198, 208, 336, 347, 354, 367, 371, 397, 398
Downtown (Petula Clark) 226
Do You Remember Rock'n'roll Radio? (Ramones) 16, 186, 422, 436, 440, 442, 443, 444, 445, 446
Do You Remember Rock'n'roll Radio? (Spacemaid) 16, 186, 422, 436, 440, 442, 443, 444, 445, 446
Do You Wanna Dance? (Bobby Freeman) 131, 436, 439, 440, 443
Do You Wanna Dance? (Ramones) 131, 436, 439, 440, 443
Dragsters, The 269
Dressed In Black (Shangri-Las) 57
Dr. Feelgood 75, 84, 85
DuBose, George 7, 194, 227, 252, 259, 267, 281, 283, 288, 302, 350, 356, 369, 415
Dunn Jr, Ged 81
Duran Duran 369
Durango 95 (Ramones) 251, 284, 441, 442, 443
Dust 150
Dylan, Bob 134, 187, 210, 258, 368, 375

E

Eagles, The 100, 138
Easton, Peter 352
Eastwood, Clint 210
Eddy, Chuck 156, 333
Eight Days A Week (Beatles) 99
Eldritch, Andrew 372
Electric Eels 92
Electric Prunes, The 397
EMF 353
Endless Vacation (Ramones) 248, 253, 441, 446, 447
End Of The Century (filme) 16, 26, 146, 169, 175, 178, 179, 184, 185, 186, 190, 197, 198, 202, 205, 210, 230, 246, 261, 270, 310, 430, 431, 445
End Of The Century (Ramones) 16, 26, 146, 169, 175, 178, 179, 184, 185, 186, 190, 197, 198, 202, 205, 210, 230, 246, 261, 270, 310, 430, 431, 445
End Of The Decade (Ramones) 289
Eno, Brian 169
Erazorhead 172
Erdelyi, Tommy (veja Tommy Ramone) 14, 22, 28, 63, 71, 113, 122, 129, 139, 153, 154, 176, 185, 247, 263

Eric Emerson 27, 48
Erlandson, Eric 7, 339
Eurythmics, The 247
Every Mother's Son 87
Everytime I Eat Vegetables I Always Think Of You (Ramones) 226

F

Fall, The 57
False Prophets 280
Farrell, Perry 339, 340
Fast, The 39, 65, 325
Fat Boys, The 282
Fawcett, Farrah 137
Fear 243, 405
Feeding Of The Five Thousand (Crass) 248
Fein, Art 94
Felder, Rachael 7, 147, 348, 402, 413
Fields, Danny 8, 59, 60, 61, 62, 66, 68, 76, 81, 85, 86, 88, 93, 96, 109, 114, 123, 135, 137, 171, 185, 197, 198, 405, 430
Fight For Your Right To Party (Beastie Boys) 298
Fishman, Bill 329, 330
Flamin' Groovies 83, 89, 94
Fleetwood Mac 53, 203
Fleming, Don 7, 109, 110, 193, 261, 365, 408, 422
Flo & Eddie 347
Fogerty, John 368
Foreigner 31, 138, 161
For Your Love (Yardbirds) 206
Four Seasons 208
Fowley, Kim 86
Foxy Lady (Jimi Hendrix) 282
Frampton, Peter 100, 108
Frances, Deer 123
Frantz, Chris 110, 111, 157, 416
Frantz, Egan 110, 111, 157, 416
Freak Of Nature (Ramones) 194, 284, 441
Fredrickson, Lars 427
Free 94, 186, 198
Freeman, Bobby 73, 131
Fubo Love NY (Lolita) 422
Fugazi 197, 317
Fuller, Bobby 103

Funaro, Frank 415
Fun House (Stooges) 325
Funkadelic 366
Funky Man (Rock Hotel) (Dee Dee King) 282
Furious George 422

G

Gabba 6, 38, 106, 199, 275, 380, 381, 402, 423
Gabba Gabba Heys, The 402
Gaines, Donna 7, 51, 80, 193, 262, 291, 365, 382, 384, 398, 426
Galbraith, Dave 320
Gallo, Vincent 430
Garbage 337
Garden Of Serenity (Ramones) 441, 447
Garnier, Philippe 167
Gayman, Pleasant 418
Geiger, HR 375
Geldof, Bob 111
Generation X 135
Genesis 31, 299
Genius Of Love (Tom Tom Club) 298
Georgia Satellites, The 272, 334
German Kid (Dee Dee King) 297, 298
Germs, The 168, 197, 243
Gessie, Per 424
Gestapo, Jimmy 311, 312
Gets A Record! (Furious George) 422
Giddings, John 270
Gill, Andy 200
Gillespie, Bobby 429, 430
Gilligan (Furious George) 422
Gimme Gimme Shock Treatment (Ramones) 103, 195, 284, 439, 443, 444, 446
Glad To See You Go (Ramones) 47, 103, 195, 439, 440, 445
Glitter, Gary 83
Godchildren Of Soul, The 423
God Save The Queen (Sex Pistols) 91, 133
Gofton, Pete 7, 381
Go Girl Crazy (Dictators) 103
Go Home Ann (Ramones) 258
Goldberg, Barry 187
Golden, Annie 230
Go Lil' Camaro Go (Ramones) 280, 282, 286, 441

Go Mental (Ramones) 156, 439
Gordon, Robert 228
Gore, Tipper 328
Gorey, Edward 107
Gossard, Stone 336
Got A Lot To Say (Ramones) 386, 443
Gottehrer, Richie 69
Gottheil, Lisa 7, 200
Gouldman, Graham 205, 206, 207, 208, 209, 210, 212, 224
Grandmaster Flash 282, 290
Grateful Dead, The 152, 324, 397
Greatest And Latest (Remainz) 426
Greatest Hits Live (Ramones) 393
Green Day 56, 98, 336, 338, 375, 380, 402
Grohl, Dave 375
Guns N' Roses 324, 325, 337, 377
Gurr, Ronnie 201, 202

H

Hackwith, Scott 367
Hair Of The Dog (Ramones) 263, 441
Half-Japanese 243
Halfway To Sanity (Ramones) 286
Hanoi Rocks 370
Happy Birthday Mr. Burns (Ramones) 371
Hard Ons, The 374
Harlots Of 42nd Street, The 151
Harrison, George 86, 176, 247, 249, 333, 386
Harrison, Jerry 86, 176, 247, 249, 333, 386
Harrison, Nigel 86, 176, 247, 249, 333, 386
Harry, Debbie 9, 26, 39, 65, 76, 81, 132, 165, 177, 188, 215, 279, 280, 282, 297, 301, 329, 333, 352, 409, 410, 424
Havana Affair (Ramones) 59, 194, 341, 435, 439, 440, 442, 445
Have A Nice Day (Ramones) 386, 443
Hawkwind 73
Heartbreakers, The 41, 46, 65, 68, 92, 133, 188, 224, 303, 308
Heart Full Of Soul (Yardbirds) 206
Heart Of Glass (Blondie) 105
Heart Of Saturday Night (Tom Waits) 249
Heep, Uriah 77
Heidi Is A Headcase (Ramones) 442
Hell, Richard 19, 30, 42, 45, 64, 65, 68, 90, 149, 151, 188, 263, 279, 308, 384, 441

Henderson, Dave 253
Hendrix, Jimi 22, 23, 29, 33, 150, 198, 282, 351, 417
Here Today, Gone Tomorrow (Ramones) 19, 130, 401, 424, 436, 439, 440, 446
Here Today, Gone Tomorrow (Ronnie Spector) 19, 130, 401, 424, 436, 439, 440, 446
Herman's Hermits 34, 73, 80, 176, 206, 208
He's A Rebel (Crystals) 176
He's So Fine (Chiffons) 386
Hey Ho Let's Go (Ramones) 1, 3, 4, 9, 59, 105, 289, 410
High Risk Insurance 185, 436, 440
Hill, Dave 7, 28, 34, 63, 64, 76, 85, 95, 133, 252, 346, 405, 408
Hill, Michael 7, 28, 34, 63, 64, 76, 85, 95, 133, 252, 346, 405, 408
Hinchey, Ken 280
Holder, Noddy 326
Hole 7, 203, 339, 375, 381
Holiday, Billie 245, 347
Holland, Dexter 382
Hollies, The 206
Holly, Buddy 16, 73, 95, 180, 212, 214, 266, 327, 352, 369, 398, 423
Holly & The Italians 16, 73, 95, 180, 212, 214, 266, 327, 352, 369, 398, 423
Holmstrom, John 7, 41, 47, 52, 58, 80, 81, 101, 104, 108, 126, 128, 130, 157, 158, 166, 169, 172, 204, 205, 208, 211, 227, 231, 232, 240, 257, 261, 272, 273, 366, 370, 417, 434
Hook, Peter 65
Hop Around (Remainz) 426
House Of Pain 298
Howling At The Moon (Sha-La-La) (Ramones) 437, 441, 444, 446, 447
Hyman, Noel 15, 139, 276, 383
Hynde, Chrissie 88

I

Ian, Janis 119, 197, 317
I Believe In Miracles (Ramones) 303, 329, 330, 441, 442, 447
I Can Never Go Home Anymore (Shangri-Las) 57, 156
I Can See For Miles (The Who) 179
I Can't Be (Ramones) 329, 438, 444
I Can't Get You Out Of My Mind (Ramones) 347, 445
I Can't Give You Anything (Ramones) 154, 194, 337, 439
ICLC (Inter Celestial Light Commune) 378, 385
Idol, Billy 35, 135, 150, 246, 409
I Don't Care (Ramones) 19, 63, 130, 152, 193, 372, 435, 439, 440, 444, 445, 446
I Don't Like Nobody That Don't Like Me (Ramones) 39
I Don't Wanna Be Learned (Ramones) 39, 329, 444

Índice Remissivo

I Don't Wanna Be Tamed (Ramones) 39, 444
I Don't Wanna Die In The Basement(Remainz) 426
I Don't Wanna Get Involved With You (Ramones) 33, 39
I Don't Wanna Go Down To The Basement (Ramones) 59, 61, 79, 439, 442
I Don't Wanna Walk Around With You (Ramones) 33, 39, 58, 59, 79, 99, 329, 435, 439, 440, 442, 444, 445
I Don't Want To Grow Up (Ramones) 385, 389, 443
I Don't Want To Live This Life (Anymore) (Ramones) 265, 437, 444, 447
I Don't Want You (Ramones) 156, 436, 439, 443
I Fought The Law (Bobby Fuller Four) 103
I Fought The Law (Ramones) 103
Ignorance Is Bliss (Ramones) 302, 441, 442
I Got Knocked Down (But I'll Get Up) (Ramones) 414
I Got You Babe (Sonny & Cher) 214
I Had Too Much To Dream Last Night (Electric Plunes) 397
I Hate Freaks Like You (ICLC) 378
I Just Wanna Have Something To Do 424, 444
I Know Better Now (Ramones) 281, 441
I Lost My Mind (Ramones) 281, 441
I Love You (Ramones) 183, 184, 187, 188, 191, 197, 385, 425, 436, 438, 440, 443, 446
I'm Affected (Ramones) 185, 440, 445
I'm Against It (Ramones) 156, 439
I'm Not Jesus (Ramones) 281, 441
I'm Seeing UFOs (Dee Dee Ramones) 422
In A Family Way (Sibling Rivalry) 421
In A Little While (U2) 409
Independents, The 390, 408, 412, 422, 423
Indian Giver (1910 Fruitgum Company) 224, 279, 437, 444, 446
I Need Your Love (Boyfriends) 225, 440
In My Room (Ramones) 185, 193, 210, 440
Interior, Lux 378
In The Park (Ramones) 226, 440
Intruders, The 427
I Remember You (Ramones) 104, 105, 329, 409, 435, 439, 445, 446
Iron Butterfly 178
Iron Maiden 317
Isler, Scott 158, 190
It's Alive (Ramones) 57, 58, 102, 127, 138, 139, 140, 261, 262, 270, 329, 331, 340, 393, 425
It's A Long Way Back (Ramones) 131, 156, 193, 426, 436, 439, 445
It's A Long Way Back To Germany (Ramones) 131, 193, 436, 445
It's Not My Place (In The 9 To 5 World) (Ramones) 210, 440, 446
I Walk Out (Ramones) 157, 445

I Wanna Be Sedated (Ramones) 97, 134, 156, 172, 186, 193, 194, 254, 273, 282, 284, 289, 290, 318, 328, 426, 436, 439, 441, 442, 443, 444, 446
I Wanna Be Well (Ramones) 128, 439, 440
I Wanna Be Your Boyfriend (Per Gessie) 13, 59, 66, 72, 73, 424, 436, 439, 444, 445, 446
I Wanna Be Your Joey Ramone (Sleater-Kinney) 349
I Wanna Live (Ramones) 280, 287, 438, 441, 442, 444, 447
I Wanna Party (White Trash Debutantes) 421
I Wanted Everything (Ramones) 156, 158, 439
I Want You Around (Ramones) 166, 167, 168, 436, 444, 445, 446
I Will Follow (U2) 214
I Wish I Never Saw The Sunshine (Ronettes) 425
I Wish I Never Saw The Sunshine (Ronnie Spector) 425
I Won't Let It Happen (Ramones) 347, 442

J

Jagger, Mick 79, 86, 145, 256, 279
James, Brian 52, 65, 72, 83, 86, 93, 99, 109, 139, 224, 335, 381, 398
James, Noah 52, 65, 72, 83, 86, 93, 99, 109, 139, 224, 335, 381, 398
James, Tommy & The Shondells 52, 65, 72, 83, 86, 93, 99, 109, 139, 224, 335, 381, 398
Jam, The 53, 56, 120, 336, 337, 373, 389, 406, 416, 443
Jan & Dean Jane's Addiction 369
Jarmusch, Jim 148
Jefferson Airplane 367, 368
Jethro Tull 31
Jett, Joan 86, 110, 148, 150, 224, 295, 334, 410, 427
Joeys, The 402
Johansen, David 27, 30, 60, 81, 245
John, Elton 7, 19, 20, 23, 24, 29, 35, 36, 37, 38, 41, 43, 52, 62, 80, 81, 95, 101, 104, 108, 109, 113, 120, 121, 126, 136, 139, 151, 152, 157, 159, 171, 172, 176, 182, 184, 201, 204, 205, 206, 211, 213, 216, 219, 223, 224, 225, 227, 232, 236, 240, 257, 261, 267, 270, 272, 280, 284, 286, 290, 297, 304, 310, 311, 313, 315, 316, 317, 325, 327, 335, 339, 340, 366, 368, 370, 380, 385, 390, 394, 406, 407, 408, 411, 412, 417, 422, 430, 433, 434
Johnson, General 369, 382, 423
Johnson, Rick 369, 382, 423
Jones, Allan 91, 249, 261, 272, 289, 389
Jones, Brin 91, 249, 261, 272, 289, 389
Jones, Busta 91, 249, 261, 272, 289, 389
Jones, Grace 91, 249, 261, 272, 289, 389
Joplin, Janis 67

Jourgenson, Al 110
Journey 123, 138, 200, 335, 336, 368, 398, 442
Journey To The Center Of The Mind (Ramones) 368, 442
Joyce, James 72
Judas Priest 317
Judy Is A Punk (Ramones) 66, 76, 91, 103, 131, 186, 208, 249, 439, 440, 442, 444, 445, 446
Just 13 (Manic Esso's Lukers) 172

K

Kane, Arthur 27, 46
Keegan, David 8, 269, 270
Keinch, Colin 135, 160
Keltner, Jim 187
Kenickie 7, 381
Kent, Nick 88, 92, 132
Kid Rock 298, 299
King, Dee Dee (veja Dee Dee Ramone) 15, 103, 156, 163, 184, 210, 226, 228, 272, 282, 285, 297, 298, 301, 349, 431
King, Flux 15, 103, 156, 163, 184, 210, 226, 228, 272, 282, 285, 297, 298, 301, 349, 431
King, Stephen 15, 103, 156, 163, 184, 210, 226, 228, 272, 282, 285, 297, 298, 301, 349, 431
Kinks, The 16, 17, 25, 41, 57, 75, 108, 123, 135, 150, 325
Kirby, Jack 81
Kirchner, Paul 125
Kiss 88, 89, 150, 151, 232, 285, 292, 373
Kissinger, Henry 179
Klein, Howie 87, 303, 329
Kofman, Veronica 413
Kolotkin, Glen 224
Krieger, Robbie 354, 371
Kristal, Hilly 42, 60
Kubernik, Harvey 7, 35, 179, 180, 181, 184, 185, 186, 188
Kula Shaker 202
Kurfirst, Gary 197, 198, 215, 245, 247, 280, 285, 341, 347, 367, 369, 386, 416
Kurtzman, Harvey 81, 128

L

Laguna, Kenny 224
LA Guns 334

Laitio, Jari-Pekka 23, 113, 378
Lanegan, Mark 10
Langsam, Ida 7, 8, 12, 40, 52, 60, 194, 279, 284, 292, 299, 313, 318, 363, 390, 408, 417
Laswell, Bill 302, 307, 325
Lauper Cindy 228
Learning English Part One (Die Toten Hosen) 422
Leave Home (Ramones) 94, 99, 101, 102, 103, 106, 107, 177, 201, 261, 262, 329, 372
Led Zeppelin 22, 28, 74, 123, 150, 243, 365
Lee Roth, David 203, 373
Legend!, The 9, 421
Leigh, Mickey 7, 8, 15, 46, 89, 142, 203, 258, 259, 295, 308, 355, 362, 408, 409, 412, 415, 421
Lennon, John 176, 335
Leon, Craig 7, 68, 71, 72, 73, 99, 193, 259, 261
Lesher, Charlotte 15, 360, 411, 415, 425
Let It Be (Beatles) 176
Let's Dance (Chris Montez) 59, 72, 311, 435, 439, 440, 445
Let's Dance (Ramones) 59, 72, 311, 435, 439, 440, 445
Let's Go (Ramones) 1, 3, 4, 9, 27, 41, 43, 59, 60, 105, 153, 185, 199, 209, 244, 289, 410, 440
Levine, Larry 179
Lewis, Gary, & The Playboys 15, 166, 319
Lewis, Jerry 15, 166, 319
Lewis, Jerry Lee 15, 166, 319
Life Goes On (Ramones) 279, 437
Life's A Gas (Ramones) 386, 443
Lifestyles Of The Ramones (vídeo) 20, 71, 77, 87, 329
Lillywhite, Steve 206
Limp Bizkit 298, 318
Lincoln, Abraham, presidente 15, 312
Lindsay, Arto 7, 38, 89, 119, 146, 189, 194, 254, 262, 269, 370
Listen To My Heart (Ramones) 83, 439, 440, 445
Little Richard 34
Little Steven & The Disciples Of Soul 258, 329
Live At Budokan (Cheap Trick) 166
Live At Leeds (Who) 139
Live At The Apollo (James Brown) 139
Live in NYC (Remainz) 282
Living Colour 339, 345, 347
Lloyd, Richard 76
Locket Love (Ramones) 130, 154, 439
Loco Live (Ramones) 340, 341, 345, 352, 367

Loder, Kurt 158, 190
Lolita 422
Lords, Traci 279, 367, 368
Los Gusanos 427
Loudmouth (Ramones) 63, 79, 193, 194, 282, 439, 445
Love 5, 7, 22, 73, 77, 78, 83, 103, 130, 148, 154, 173, 183, 184, 187, 188, 191, 193, 194, 197, 206, 225, 248, 265, 282, 298, 339, 341, 367, 368, 381, 382, 385, 413, 422, 424, 425, 426, 436, 438, 439, 440, 441, 442, 443, 445, 446, 447
Love Kills (Ramones) 265, 341, 441, 442, 443
Lunachicks, The 376
Lure, Walter 224, 229, 247, 264, 308
Lydon, John (veja Johnny Rotten) 317, 339
Lymon, Frankie 383
Lynott, Phil 90

M

M-80 285
MacDonald, Gus 125
Machat, Marty 177
MacKaye, Ian 197, 317
Macklin, Seth 231
Madonna 48, 212, 388
Mael, Russell 208
Magic Tramps, The 27
Mahurin, Matt 303
Main Man (Ramones) 346, 442
Makin' Monsters For My Friends (Ramones) 385
Mama's Boy (Ramones) 248, 249, 441, 442, 444, 446, 447
Manic Street Preachers, The 367
Manitoba, Handsome Dick 7, 17, 40, 81, 151, 279, 296, 403, 410
Manson, Charles 44
Manzarek, Ray 109
Marbles, The 41
Maria Bartiromo (Joey Ramone) 413
Marine Girls, The 243
Maris, Roger 205
Marklew, Leigh 7, 355
Markovich, John A. 340
Marley, Bob 172
Marsh, Dave 77, 106, 287
Mascis, J 340

Massachusetts (Bee Gees) 154
Master Dik (Sonic Youth) 423
Matlock, Glen 90, 339
Mayer, Roger 99
MC5, The 19, 40, 56, 60, 69, 73, 83, 99, 175, 257, 397
McCall, CW 31
McCartney, Paul 25, 31
McCullough, Dave 160, 161
McGinty, Joe 347, 368, 415
McGrath, Tim 123
McLaren, Malcolm 90, 93, 122, 244
McLaughlin, John 29
McNeil, Legs 18, 81, 104, 130, 154, 159, 267, 272
Meat Puppets, The 197
Medley, Bill 324
Melnick, Monte 7, 19, 29, 39, 40, 95, 143, 168, 194, 206, 220, 255, 262, 266, 314, 361, 370
Meltdown With The Ramones (EP) 186
Meltzer, Richard 40
Membranes, The 243
Memphis (Chuck Berry) 64, 391
Mental Hell (Ramones) 263, 441
Mental Patient (Remainz) 426
Mercury, Freddie 41
Merry Christmas (Everbody) (Slade) 287, 288, 302, 303, 438, 441, 447
Merry Christmas (I Don't Want To Fight Tonight) (Ramones) 287, 288, 302, 303, 438, 441, 447
Metallica 325, 334, 346, 377, 391, 392
Meyer, Cord 14
Midler, Bette 131
Miller, Steve 85, 154, 372
Ministry 110
Minogue, Kylie 367
Minor Threat 197, 317, 373
Minutemen, The 197, 225
Misfits, The 408, 415, 427
Mitchell, Joni 110, 150
Mitchell, Mitch 110, 150
Modern Lovers, The 86
Mondo Bizarro (Ramones) 345, 346, 348, 349, 350, 352, 367, 381
Money, Eddie 123, 413
Monkees, The 65, 169
Monster Magnet 159, 372
Montez, Chris 72

Montoya, Maria 186
Moon, David 7, 16, 159, 161, 194, 229, 247, 255, 256, 262, 285, 288, 325, 343, 366, 437, 441, 444, 446, 447
Moon, Keith 7, 16, 159, 161, 194, 229, 247, 255, 256, 262, 285, 288, 325, 343, 366, 437, 441, 444, 446, 447
Moon, Slim 7, 16, 159, 161, 194, 229, 247, 255, 256, 262, 285, 288, 325, 343, 366, 437, 441, 444, 446, 447
Morricone, Ennio 213
Morrison, Jeff 186
Morrison, Van 186
Morris, Tony 102
Morton, Shadow 31
Motorhead 73, 103, 139, 259, 279, 302, 303, 325, 326, 334, 376, 390, 393, 443
Mountain 22, 29, 56, 86, 176, 423
Mr. Punchy (Joey Ramone) 412
Mudhoney 335
Mumps, The 41
Murcia, Billy 27, 150
Murphy's Law 311, 312, 376
Murray, Charles Shar 16, 47, 88, 106, 139, 148, 188, 202
Music Explosion, The 224
Music Machine, The 397
Musso, Robert 302
My Back Pages (Ramones) 368, 442
My-My Kind Of Girl 226, 446
Mystics, The 208, 328
My Sweet Lord (George Harrison) (Ramones) 386

N

Needles And Pins 154, 155, 195, 288, 439, 444, 445, 446
Needs, Kris 120, 159, 160
Ne Luumäet (Ramones) 402
Neon Boys 19, 42
Nevermind (Nirvana) 338
New Breed 323
New Kids On The Block 333
New Math 256
New Order 65
Newtown Neurotics 243
New York Dolls, The 19, 22, 27, 30, 31, 39, 40, 46, 60, 66, 67, 76, 83, 90, 120, 150, 151, 230, 257, 303
Nicholl, Gloria 7, 25, 62, 198, 203, 231, 234, 245, 255, 313

Niesel, Jim
  1910 Fruitgum Company 87, 211, 224, 279
Nirvana 45, 59, 227, 289, 335, 337, 338, 340, 354, 365, 373, 375, 381
Nite City 109
Nitzsche, Jack 155, 439
NOFX 243, 381
No Go (Ramones) 249, 441, 446
No If's, And's And But's (Speedkings) 427
Nolan, Jerry 27, 149, 150
No Milk Today (Herman's Hermits) 206
No Remorse (Motorhead) 325
No Sleep Till Hammersmith (Motorhead) 139
Now I Wanna Be Sedated (Remainz) 426
Now I Wanna Sniff Some Glue (Ramones) 16, 39, 92, 382, 439, 440, 444, 445, 446
Nugent, Ted 266
Nutley, Brass, The 423

O

Obsessed (999) 214
Offspring 375, 380, 381, 382
Ohio Express, The 34, 333
Oh Oh I Love Her So (Ramones) 103, 439, 440
Oingo Boingo 228
Oldfield, Mike 200, 201
Olla, Carla 7, 132, 193, 262, 313, 333, 377, 378
One Nation Under (Blackfire) 422
On The Beach (Godchildren Of Soul) 369, 421, 423
On The Beach (Rattlers) 369, 421, 423
Orange Juice 243
Orbison, Roy 73
Osbourne, Ozzy 293
Osmond, Little Jimmy 84
Out Of Time (Ramones) 6, 367, 442
Outsider (Ramones) 193, 225, 440, 444

P

Pacino, Al 177
Paley, Andy 7, 53, 85, 86, 87, 153, 169, 193
Paley Brothers, The 7, 53, 85, 86, 87, 153, 169, 193
Palisades Park (Freddy Cannon) 103, 301, 341, 441, 442
Palisades Park (Ramones) 103, 301, 341, 441, 442

Índice Remissivo

Palmer, Robert 31, 34, 60, 148, 212, 299
Paper Lace 32
Paranoid (Black Sabbath) 22
Pareles, Jon 268
Parsons, Tony 122
Pastels, The 86, 269
Patrick, Kevin 7, 54, 238, 257, 272, 337, 338, 389, 411, 417
Paul, Steve 25, 31, 63, 64, 85, 90, 125, 126, 129, 149, 167, 169, 231, 232, 251, 271, 272, 273, 298, 308, 317
Pavement 374
Pearl Jam 53, 56, 336, 337, 373, 389, 406, 416, 443
Penn & Teller 266
Pere Ubu 92, 397
Perry, Mark 7, 57, 92, 339, 340
Personality Crisis (New York Dolls) 150
Pet Sematary (Ramones) 194, 228, 300, 303, 304, 307, 438, 441, 442, 443, 447
Petty, Tom, & The Heartbreakers 133, 244, 247
Philips, Anya 65
Phreddie, Phast 186
Pierson, Kate 215
Pills (New York Dolls) 150
Pinhead (Ramones) 6, 106, 135, 173, 195, 307, 372, 435, 439, 440, 442, 443, 444, 445, 446
Pink Floyd 100, 138, 200, 203
Planet Earth 1988 (Ramones) 250, 441, 446
Plasmatics, The 246
Pleasant Dreams (Ramones) 146, 204, 205, 206, 207, 208, 210, 211, 212, 213, 225, 246, 324, 347, 386
PMS 313, 334
Pogues 353
Poison 334, 346, 347, 354, 438, 442, 447
Poison Heart (Ramones) 346, 347, 354, 438, 442, 447
Police, The 172, 197, 228, 310
Pond, Steve 132
Pop Group 92
Pop, Iggy, The 10, 27, 81, 92, 109, 133, 200, 289, 302, 390, 397, 421, 438
Pouncy, Edwin 253
Presley, Elvis 21, 99, 423, 430
Presley, Lisa-Marie 21, 99, 423, 430
Presley, Reg 21, 99, 423, 430
Pretenders, The 88, 138
Pretty On The Inside (Hole) 381
Prindle, Mark 297
Promise Keepers, The 10

Psychedelic Furs, The 347
Psycho Therapy (Ramones) 221, 225, 284, 367, 436, 440, 441, 442, 443, 444, 446
Punk Boy (Helen Love) 424

Q

Queers, The 424
Questioningly (Ramones) 58, 154, 156, 158, 186, 436, 439

R

Radcliffe, Mark 424
Raging Slab 328
Raincoats, Paul 269
Rambali 169
Ramona (Ramones) 126, 127, 130, 270, 289, 439
Ramone, CJ; recrutamento pelos Ramones; origens; acidente de motocicleta 7,
    10, 13, 15, 19, 20, 21, 24, 25, 28, 31, 32, 33, 35, 38, 41, 42, 43, 53, 54, 60, 62,
    71, 73, 79, 81, 90, 95, 97, 98, 99, 107, 109, 118, 122, 123, 132, 136, 138, 140,
    147, 150, 165, 176, 179, 189, 191, 193, 194, 195, 202, 203, 207, 209, 216,
    223, 225, 229, 230, 231, 234, 236, 248, 250, 251, 262, 265, 271, 276, 280,
    285, 293, 299, 310, 311, 312, 316, 317, 319, 323, 327, 329, 335, 338, 340,
    344, 346, 347, 348, 349, 350, 355, 356, 357, 371, 374, 377, 378, 379, 380,
    382, 384, 386, 393, 394, 395, 398, 399, 402, 405, 406, 409, 410, 412, 415,
    416, 417, 419, 422, 423, 424, 426, 427, 429, 430, 431, 432, 433, 443
Ramone, Dee Dee infância; primeiro encontro com Tommy; parafernália nazista;
    imagens, músicas; uso/abuso de drogas; primeira guitarra; histórias de
    prostituição; cheirando cola; casamentos; desentendimento com Phil
    Spector; discos-solo; saída dos Ramones; 7, 10, 13, 15, 19, 20, 21, 24, 25,
    28, 31, 32, 33, 35, 38, 41, 42, 43, 53, 54, 60, 62, 71, 73, 79, 81, 90, 95, 97,
    98, 99, 107, 109, 118, 122, 123, 132, 136, 138, 140, 147, 150, 165, 176,
    179, 189, 191, 193, 194, 195, 202, 203, 207, 209, 216, 223, 225, 229, 230,
    231, 234, 236, 248, 250, 251, 262, 265, 271, 276, 280, 285, 293, 299, 310,
    311, 312, 316, 317, 319, 323, 327, 329, 335, 338, 340, 344, 346, 347, 348,
    349, 350, 355, 356, 357, 371, 374, 377, 378, 379, 380, 382, 384, 386, 393,
    394, 395, 398, 399, 402, 405, 406, 409, 410, 412, 415, 416, 417, 419, 422,
    423, 424, 426, 427, 429, 430, 431, 432, 433, 443
Ramone, Joey; infância em Forest Hills; família/criação; gostos musicais;
    escola; origem judaica; uso de drogas; problemas psiquiátricos; doenças,
    infecções, acidentes, hospitalização; composições; estranhamentos com
    Johnny; bebida; hábitos alimentares ex 7, 10, 13, 15, 19, 20, 21, 24, 25,
    28, 31, 32, 33, 35, 38, 41, 42, 43, 53, 54, 60, 62, 71, 73, 79, 81, 90, 95, 97,
    98, 99, 107, 109, 118, 122, 123, 132, 136, 138, 140, 147, 150, 165, 176,

Índice Remissivo

179, 189, 191, 193, 194, 195, 202, 203, 207, 209, 216, 223, 225, 229, 230, 231, 234, 236, 248, 250, 251, 262, 265, 271, 276, 280, 285, 293, 299, 310, 311, 312, 316, 317, 319, 323, 327, 329, 335, 338, 340, 344, 346, 347, 348, 349, 350, 355, 356, 357, 371, 374, 377, 378, 379, 380, 382, 384, 386, 393, 394, 395, 398, 399, 402, 405, 406, 409, 410, 412, 415, 416, 417, 419, 422, 423, 424, 426, 427, 429, 430, 431, 432, 433, 443

Ramone, Johnny; perspicácia nos negócios/finanças/marketing; escola militar; cheirando cola; gostos musicais; bandas no colégio; primeiro encontro com Dee Dee; primeira guitarra; estranhamentos com Joey; republicanismo/direitista/tendências xenofóbicas; d 7, 10, 13, 15, 19, 20, 21, 24, 25, 28, 31, 32, 33, 35, 38, 41, 42, 43, 53, 54, 60, 62, 71, 73, 79, 81, 90, 95, 97, 98, 99, 107, 109, 118, 122, 123, 132, 136, 138, 140, 147, 150, 165, 176, 179, 189, 191, 193, 194, 195, 202, 203, 207, 209, 216, 223, 225, 229, 230, 231, 234, 236, 248, 250, 251, 262, 265, 271, 276, 280, 285, 293, 299, 310, 311, 312, 316, 317, 319, 323, 327, 329, 335, 338, 340, 344, 346, 347, 348, 349, 350, 355, 356, 357, 371, 374, 377, 378, 379, 380, 382, 384, 386, 393, 394, 395, 398, 399, 402, 405, 406, 409, 410, 412, 415, 416, 417, 419, 422, 423, 424, 426, 427, 429, 430, 431, 432, 433, 443

Ramone, Marky; infância/adolescência; audição para o New York Dolls; envolvimento com Richard Hell/Voidoids; recrutamento pelos Ramones; excessos alcoólicos; demissão do grupo; readmissão como baterista dos Ramones; trabalho com os Remainz 7, 10, 13, 15, 19, 20, 21, 24, 25, 28, 31, 32, 33, 35, 38, 41, 42, 43, 53, 54, 60, 62, 71, 73, 79, 81, 90, 95, 97, 98, 99, 107, 109, 118, 122, 123, 132, 136, 138, 140, 147, 150, 165, 176, 179, 189, 191, 193, 194, 195, 202, 203, 207, 209, 216, 223, 225, 229, 230, 231, 234, 236, 248, 250, 251, 262, 265, 271, 276, 280, 285, 293, 299, 310, 311, 312, 316, 317, 319, 323, 327, 329, 335, 338, 340, 344, 346, 347, 348, 349, 350, 355, 356, 357, 371, 374, 377, 378, 379, 380, 382, 384, 386, 393, 394, 395, 398, 399, 402, 405, 406, 409, 410, 412, 415, 416, 417, 419, 422, 423, 424, 426, 427, 429, 430, 431, 432, 433, 443

Ramone, Richie; origens; misterioso anonimato; contribuição como compositor; saída dos Ramones 7, 10, 13, 15, 19, 20, 21, 24, 25, 28, 31, 32, 33, 35, 38, 41, 42, 43, 53, 54, 60, 62, 71, 73, 79, 81, 90, 95, 97, 98, 99, 107, 109, 118, 122, 123, 132, 136, 138, 140, 147, 150, 165, 176, 179, 189, 191, 193, 194, 195, 202, 203, 207, 209, 216, 223, 225, 229, 230, 231, 234, 236, 248, 250, 251, 262, 265, 271, 276, 280, 285, 293, 299, 310, 311, 312, 316, 317, 319, 323, 327, 329, 335, 338, 340, 344, 346, 347, 348, 349, 350, 355, 356, 357, 371, 374, 377, 378, 379, 380, 382, 384, 386, 393, 394, 395, 398, 399, 402, 405, 406, 409, 410, 412, 415, 416, 417, 419, 422, 423, 424, 426, 427, 429, 430, 431, 432, 433, 443

Ramone, Ricky 7, 10, 13, 15, 19, 20, 21, 24, 25, 28, 31, 32, 33, 35, 38, 41, 42, 43, 53, 54, 60, 62, 71, 73, 79, 81, 90, 95, 97, 98, 99, 107, 109, 118, 122, 123, 132, 136, 138, 140, 147, 150, 165, 176, 179, 189, 191, 193, 194, 195, 202, 203, 207, 209, 216, 223, 225, 229, 230, 231, 234, 236, 248, 250, 251,

262, 265, 271, 276, 280, 285, 293, 299, 310, 311, 312, 316, 317, 319, 323, 327, 329, 335, 338, 340, 344, 346, 347, 348, 349, 350, 355, 356, 357, 371, 374, 377, 378, 379, 380, 382, 384, 386, 393, 394, 395, 398, 399, 402, 405, 406, 409, 410, 412, 415, 416, 417, 419, 422, 423, 424, 426, 427, 429, 430, 431, 432, 433, 443

Ramones Around The World (filme) 329
Ramones Mania (Ramones) 288
R.A.M.O.N.E.S. (Motorhead) 335, 393, 443, 447
R.A.M.O.N.E.S. (Ramones) 335, 393, 443, 447
Ramone, Tommy; infância/começo da vida; primeiras bandas; liderança/qualidades organizacionais; deixando o grupo; papel de produtor
Ramones; referências nazistas nas músicas; primeira apresentação; primeiras composições; mitologia dos Ramones; origens do 7, 10, 13, 15, 19, 20, 21, 24, 25, 28, 31, 32, 33, 35, 38, 41, 42, 43, 53, 54, 60, 62, 71, 73, 79, 81, 90, 95, 97, 98, 99, 107, 109, 118, 122, 123, 132, 136, 138, 140, 147, 150, 165, 176, 179, 189, 191, 193, 194, 195, 202, 203, 207, 209, 216, 223, 225, 229, 230, 231, 234, 236, 248, 250, 251, 262, 265, 271, 276, 280, 285, 293, 299, 310, 311, 312, 316, 317, 319, 323, 327, 329, 335, 338, 340, 344, 346, 347, 348, 349, 350, 355, 356, 357, 371, 374, 377, 378, 379, 380, 382, 384, 386, 393, 394, 395, 398, 399, 402, 405, 406, 409, 410, 412, 415, 416, 417, 419, 422, 423, 424, 426, 427, 429, 430, 431, 432, 433, 443
Ramonetures, The 423
Rämouns, The 402
Rancid 98, 161, 338, 380, 382, 391, 393, 427, 443
Rappin' Rodney (Rodney Dargerfield) 282
Rat Race (Ramones) 345
Rattlers, The 172, 214, 408, 421
Reagan, Ronald, presidente 87, 258, 266, 330
Reed, Lou 61, 66, 81, 98, 109, 158, 185
Reeve, Christopher 289
Reeves, Vic 279
Reid, John 136, 347
Reid, Vernon 136, 347
Reinhardt, Richie (veja Richie Ramones) 229, 230
R.E.M. 243, 254, 375
Remains, The 243, 425
Replacements, The 251, 264
Resistance, The 332
Rey, Daniel 6, 7, 8, 24, 76, 78, 145, 159, 224, 244, 245, 248, 249, 272, 275, 277, 278, 280, 282, 287, 291, 297, 300, 301, 302, 303, 324, 330, 334, 338, 346, 354, 366, 368, 369, 372, 378, 383, 385, 386, 393, 394, 412, 417, 423, 425, 426
Rezillos, The 64, 135
Rhodes, Bernie 122
Richards, Keith 121, 145, 419, 425

Rich, Buddy 150
Richman, Jonatham 59, 86, 224, 411
Righetti, Dave 329
Righteous Brothers, The 75, 324
River Deep, Mountain Hight (Ike & Tina Turner) 86, 176
Roach Motel 401
Roadrunner (Jonathan Richman & The Modern Lovers) 86, 87
Road To Ruin (Ramones) 58, 101, 125, 127, 145, 146, 153, 154, 157, 158, 159, 160, 171, 186, 191, 211, 261, 262, 270, 329, 345, 432, 445
Robbins, Ira 129
Roberts, Julia 113, 238, 240, 334, 359
Robinson, Lisa 60, 100, 140, 303
Robinson, Richard 60, 100, 140, 303
Robinson, Tom 60, 100, 140, 303
Rockaway Beach (Godchildren Of Soul) 10, 104, 125, 129, 130, 135, 152, 153, 193, 199, 269, 284, 347, 369, 380, 382, 421, 423, 424, 435, 436, 438, 439, 440, 441, 442, 443, 444, 446
Rockaway Beach (Legend!) 10, 104, 125, 129, 130, 135, 152, 153, 193, 199, 269, 284, 347, 369, 380, 382, 421, 423, 424, 435, 436, 438, 439, 440, 441, 442, 443, 444, 446
Rockaway Beach (Lolita) 10, 104, 125, 129, 130, 135, 152, 153, 193, 199, 269, 284, 347, 369, 380, 382, 421, 423, 424, 435, 436, 438, 439, 440, 441, 442, 443, 444, 446
Rockaway Beach (Ramones) 10, 104, 125, 129, 130, 135, 152, 153, 193, 199, 269, 284, 347, 369, 380, 382, 421, 423, 424, 435, 436, 438, 439, 440, 441, 442, 443, 444, 446
Rocket From The Tombs 92
Rocket To Russia (Ramones) 104, 125, 126, 128, 130, 132, 133, 148, 154, 155, 178, 191, 201, 253, 261, 262, 270, 297, 329, 373, 380, 426, 432
Rock, Mick 5, 13, 16, 31, 37, 41, 46, 56, 60, 81, 85, 89, 92, 100, 112, 148, 152, 153, 166, 168, 169, 170, 175, 176, 179, 183, 186, 187, 188, 191, 194, 195, 198, 199, 204, 215, 229, 236, 246, 249, 250, 253, 259, 270, 282, 284, 285, 288, 298, 299, 334, 336, 346, 347, 349, 352, 362, 371, 389, 391, 394, 411, 415, 417, 422, 425, 436, 438, 440, 441, 442, 443, 444, 445, 446
Rock'n'roll High School (filme) (Ramones) 81, 85, 152, 153, 166, 168, 169, 170, 179, 195, 204, 215, 284, 288, 352, 394, 440, 441, 442, 443, 444, 445, 446
Roe, Tommy 73
Rogers, Billy 152, 229
Rolling Stones 16, 25, 30, 31, 57, 95, 98, 101, 150, 242, 256, 261, 283, 326, 376, 387, 389, 433
Ronettes, The 27, 59, 75, 175, 183, 185, 198, 249, 383, 425
Ronstadt, Linda 138
Rose, Axl 324, 325, 409
Roth, Big "Daddy" 203, 373, 393

Rotten, Johnny 89, 96, 135, 136, 142, 281
Rowley, Scott 7, 90
Rumours (Fleetwood Mac) 53
Runaways, The 86, 110, 148, 224
Rundgren, Todd 165
Run DMC 282, 328

S

Safety Net (Shop Assistants) 269
Saints, The 86, 110, 138
Sator 424
Saturday Night (Baby City Rollers) 27, 78, 249
Saw Doctors, The 337
Scattergun (Ramones) 386, 443
Schacht, Janis 7, 46, 53, 61, 62, 74, 77, 89, 102, 107, 120, 134, 147, 153, 155, 168, 171, 194, 212, 226, 262, 365
School's Out (Alice Cooper) 169
Scott, Bon 7, 29, 90, 158, 190, 326, 367, 368
Screaming Trees 10, 391
Screeching Weasel 402, 424
Searchers, The 150, 154
Searching For Something (Joey Ramone) 413
Seeds, The 165, 257
See My Baby Jive (Wizzard) 370
Seminara, George 7, 23, 52, 194, 202, 209, 212, 261, 311, 312, 329, 330, 331, 359, 387, 398, 401, 403, 408, 409, 413, 415
Sensible, Captain 7, 84, 193, 365, 413
Sepultura
  7-11 (Ramones) 163, 184, 209, 210, 440
  7 And 7 Is (Love) 368, 369, 370, 442
  7 And 7 Is (Ramones) 368, 369, 370, 442
Sex Pistols 27, 44, 52, 85, 89, 90, 91, 93, 98, 104, 107, 111, 122, 133, 135, 158, 161, 270, 317, 335, 426, 432
Shangri-Las, The 16, 31, 57, 75, 99, 105, 156, 198, 303, 383
Shannon, Del 16, 31
Shape Of Things To Come (Seclusions) 368, 421, 442
Shapiro, Helen 31
Sharp, Dee Dee 297
Shebang 424
She Belongs To Me (Ramones) 264, 437, 441
Sheena Is A Punk Rocker (Ramones) 97, 102, 103, 104, 127, 193, 194, 435, 436, 438, 439, 440, 441, 442, 443, 444, 445, 446

Sisters Of Mercy, The 372
Sitting In My Room (Ramones) 193, 210, 440
Skid Row 334, 367
Slade 31, 65, 279, 288, 326
Slash 157
Sleater-Kinney 7, 148, 350, 365
Sley, Cynth 7, 148
Slider, The (T. Rex) 325
Slits, The 92, 120
Slug (Ramones) 157, 178, 329, 444, 445
Small Faces, The 25
Smashing Pumpkins, The 374, 375
Smash You (Ramones) 256, 437, 446
Smells Like Teen Spirit (Nirvana) 354
Smith, Artie 9, 33, 41, 42, 57, 66, 68, 76, 78, 81, 109, 110, 161, 293, 302, 335, 366
Smith, Dave 9, 33, 41, 42, 57, 66, 68, 76, 78, 81, 109, 110, 161, 293, 302, 335, 366
Smithereens, The 269, 289, 345
Smith, Fred 9, 33, 41, 42, 57, 66, 68, 76, 78, 81, 109, 110, 161, 293, 302, 335, 366
Smith, Mark E. 9, 33, 41, 42, 57, 66, 68, 76, 78, 81, 109, 110, 161, 293, 302, 335, 366
Smith, Patti 9, 33, 41, 42, 57, 66, 68, 76, 78, 81, 109, 110, 161, 293, 302, 335, 366
Smiths, The 366
Smith, Tom 9, 33, 41, 42, 57, 66, 68, 76, 78, 81, 109, 110, 161, 293, 302, 335, 366
Smoking In The Boys Room (Brownsville Station) 169
Sniff Some Glue (Ramones) 16, 39, 92, 102, 382, 439, 440, 444, 445, 446
Sniper 19, 40, 41, 243
Snipes, Chris (veja Evil Presley) 423
Snow, Mat 253
So Alone (Johnny Thunders) 206
Soles, PJ 166, 169
Somebody Like Me (Ramones) 226, 440
Somebody To Love (Jefferson Airplane) 367, 442
Somebody To Love (Ramones) 367, 442
Someone Put Something In My Drink (Ramones) 194, 230
Sonic Reducer (Pearl Jam) 389
Sonic Youth 92, 189, 243, 303, 335, 340, 366, 423
Sonny & Cher 86, 155, 178, 214
Soundgarden 7, 53, 335, 336, 337, 373, 374, 375, 381, 388, 391, 392, 393, 416, 443
Spacemaid 422
Sparks, The 257, 266
Spears, Britney 53
Spector, Nicole 7, 16, 57, 73, 75, 86, 95, 105, 108, 146, 166, 175, 176, 177, 178, 179, 180, 181, 182, 183, 184, 186, 187, 188, 189, 190, 191, 195, 207, 210, 212, 214, 224, 229, 248, 264, 279, 287, 293, 303, 386, 408, 423, 424, 425, 431

Spector, Phil 7, 16, 57, 73, 75, 86, 95, 105, 108, 146, 166, 175, 176, 177, 178, 179, 180, 181, 182, 183, 184, 186, 187, 188, 189, 190, 191, 195, 207, 210, 212, 214, 224, 229, 248, 264, 279, 287, 293, 303, 386, 408, 423, 424, 425, 431
Spector, Ronnie 7, 16, 57, 73, 75, 86, 95, 105, 108, 146, 166, 175, 176, 177, 178, 179, 180, 181, 182, 183, 184, 186, 187, 188, 189, 190, 191, 195, 207, 210, 212, 214, 224, 229, 248, 264, 279, 287, 293, 303, 386, 408, 423, 424, 425, 431
Spedding, Chris 426
Speedkings, The 427
Spiderman (Ramones) 393, 443
Spikey Tops, The 7, 313, 334, 377, 378
Spinal Tap 111, 142, 266
Spirit 23, 350, 354
Spivey, Mark 7, 259, 270, 271
Springsteen, Bruce 67, 258, 366
Sprocket 308
Spungen, Nancy 46, 47, 120, 161, 265, 404
Squeeze 214
Standing In My Way (Deborah Harry) 352
Standing In The Spotlight (Dee Dee King) 297, 298, 377
Starr, Andrea 16, 28, 285
Starr, Ringo 16, 28, 285
Stars In The Sky 178
Stasium, Ed 7, 94, 100, 101, 106, 126, 127, 128, 129, 131, 133, 134, 139, 145, 146, 149, 153, 154, 156, 157, 166, 179, 180, 181, 185, 190, 205, 224, 226, 247, 248, 262, 263, 292, 345, 346, 367, 393, 445
Steely Dan 23
Stein, Chris 7, 8, 47, 48, 53, 61, 63, 64, 68, 69, 71, 76, 77, 88, 93, 98, 102, 105, 111, 120, 123, 133, 134, 135, 136, 137, 154, 167, 171, 178, 179, 182, 187, 188, 197, 206, 239, 245, 282, 291, 293, 297, 301, 315, 329, 417
Stein, Gertrude 7, 8, 47, 48, 53, 61, 63, 64, 68, 69, 71, 76, 77, 88, 93, 98, 102, 105, 111, 120, 123, 133, 134, 135, 136, 137, 154, 167, 171, 178, 179, 182, 187, 188, 197, 206, 239, 245, 282, 291, 293, 297, 301, 315, 329, 417
Stein, Linda 7, 8, 47, 48, 53, 61, 63, 64, 68, 69, 71, 76, 77, 88, 93, 98, 102, 105, 111, 120, 123, 133, 134, 135, 136, 137, 154, 167, 171, 178, 179, 182, 187, 188, 197, 206, 239, 245, 282, 291, 293, 297, 301, 315, 329, 417
Stein, Seymour 7, 8, 47, 48, 53, 61, 63, 64, 68, 69, 71, 76, 77, 88, 93, 98, 102, 105, 111, 120, 123, 133, 134, 135, 136, 137, 154, 167, 171, 178, 179, 182, 187, 188, 197, 206, 239, 245, 282, 291, 293, 297, 301, 315, 329, 417
Stereophonics, The 202
Stern, Howard 34, 303, 328, 382, 402, 403, 424
Stern, Ritchie (veja Ritchie Ramone) 34, 303, 328, 382, 402, 403, 424
Stewart, Al 110, 247, 248
Stewart, Dave 110, 247, 248

Sticca, Michael 149
Sting 172
Stockwell, Dean 165
Stone Temple Pilots, The 337
Stooges, The 17, 19, 23, 29, 30, 40, 60, 69, 73, 76, 83, 99, 175, 257, 276, 325, 335, 385, 411, 415
Stop 200, 206, 288, 412, 413
Stop Thinking About It (Joey Ramone) 413
Stotts, Richie 246, 272, 285
Stranglers, The 84, 89, 202, 290
Strawberry Alarm Clock, The 165
Stray Cats, The 244
Street Fighting Man (Ramones) 256, 437, 446
Street Fighting Man (Rolling Stones) 256, 437, 446
Strength To Endure (Ramones) 6, 345, 346, 442, 443
Strummer, Joe 89, 90, 411
St. Thomas, Maggie 380
Stupidity (Dr. Feelgood) 85
Styx 138, 161, 398
Substitute (Ramones) 368, 369, 438, 442
Substitute (Who) 368, 369, 438, 442
Subterranean Jungle (Ramones) 146, 207, 224, 226, 227, 229, 231, 245, 262
Sub-Zero Construction 231
Succubus (Ramones) 39
Suicidal Tendencies 225, 243, 282
Suicide 41, 68, 99, 107
Summer, Donna 138, 165
Sun City (Artists Against Apartheid) 258, 421
Supertramp 123
Surf City (Jan & Dean) 369, 442
Surf City (Ramones) 369, 442
Surfin' Bird (Ramones) 439, 442, 446
Surfin' Bird (Trashmen) 439, 442, 446
Surfin' Safari (Beach Boys) 442
Surfin' U.S.A. (Beach Boys) 17
Sutherland, Keifer 334
Suzie Is A Floozie (Manic Esso's Lurkers) 172
Suzy Is A Headbanger (Ramones) 103, 298, 439, 440
Swallow My Pride (Ramones) 103, 104, 424, 435, 439, 446
Swallow My Pride (Thee Headcoatees) 103, 104, 424, 435, 439, 446
Sweet, The 31, 44, 386
Swell Maps 269
Swinging Madisons, The 214
Sylvain, Sylvain 27

T

Tabb, George 7, 20, 36, 38, 81, 116, 142, 158, 159, 184, 217, 239, 262, 265, 280, 284, 286, 302, 316, 328, 394, 401, 406, 414, 422
Take It As It Comes (Ramones) 347, 442
Take The Pain Away (Ramones) 386, 443
Talking Heads 41, 48, 64, 65, 68, 69, 76, 86, 110, 132, 157, 189, 198, 228, 247, 282, 329, 416
Talk Talk (Music Machine) 397
Tangerine Puppets 22, 29, 113
Tarshis, Joan 7, 23, 181, 194, 295, 300, 302, 332, 382, 410
Taylor, Vince 99
Teenage Lobotomy (Ramones) 5, 125, 128, 129, 284, 380, 435, 439, 440, 441, 442, 443, 444, 445, 446
Teenage Lust 27, 151
Television 33, 42, 48, 64, 65, 76, 91, 98, 109
Temple Of The Dog
   10cc 205, 206, 210, 212
Tench, Benmont 247
Terrorvision 7, 355
Thackray, Mick 8
Thau, Marty 7, 66, 68
Thayil, Kim 7, 194, 261, 374
The Answer To Your Problems (Marky Ramone & The Intruders) 427
The Crusher (Dee Dee King) 298, 385, 443
The Crusher (Ramones) 298, 385, 443
Thee Headcoatees 424
The Job That Ate My Brain (Ramones) 347, 442

U

U2 105, 206, 214, 243, 254, 366, 388, 409
Uhelszki, Jaan 7, 31, 181, 203, 204, 296, 375, 376, 413
UK Subs 199, 243
Uncle Monk 405
Undertones, The 59, 64, 155, 200
Unplugged (Nirvana) 375

V

Vagrants, The 22
Valentine, Gary 7, 42, 43, 48, 51, 62, 63, 65, 90, 114, 193, 261
Vandals, The 243
Van Halen 203, 306

Vega, Arturo 7, 8, 38, 43, 44, 69, 71, 77, 90, 95, 96, 111, 114, 125, 149, 161, 164, 170, 174, 199, 201, 230, 233, 237, 242, 245, 306, 308, 315, 370, 392, 410, 411, 415, 419
Velveteen 229, 230
Velvet Monkeys, The 243
Velvet Underground, The 40, 66, 99, 269, 366, 382, 397
Venting (It's A Different World Today) (Joey Ramone) 413
Ventures, The 32, 129, 284, 423
Verlaine, Tom 42, 76
Vicious, Sid 62, 65, 81, 84, 90, 120, 136, 142, 158, 161, 265, 317, 404
Vincent, Gene 16, 214, 249, 266, 327, 398, 430
Vincent, Holly Beth 16, 214, 249, 266, 327, 398, 430
Vindictives, The 402
Voidoids, The 64, 68, 149, 151, 382
Vought, Mike 280

W

Waits, Tom 59, 249, 384, 389
Waldoes, The 308
Walker Brothers, The 25, 35
Warhol, Andy 27, 48, 59, 76, 81, 88, 95, 96, 167, 168, 185, 188, 251
Warm Jets 427
Wart Hog (Ramones) 193, 194, 248, 253, 254, 320, 441, 442, 443, 444
Waters, John 203, 297
Watts, Charlie 101, 166
Wedding Present, The 335
We Have Come For Your Children (Dead Boys) 421
Weinbrecht, Donna 352
Weird Al Yankovic 266
Werde, Bill 198, 416
We're A Happy Family (Ramones) 103, 116, 128, 131, 193, 226, 381, 439, 440, 443, 444
We're Outta Here! (Ramones) 6, 379, 393
West, Brijitte 7, 18, 22, 29, 58, 66, 92, 105, 109, 198, 262, 315
West, Leslie 7, 18, 22, 29, 58, 66, 92, 105, 109, 198, 262, 315
We Want The Airwaves (Ramones) 5, 194, 205, 207, 208, 436, 440, 444, 446
Weymouth, Tina 157, 416
Wham! 214
What About Me? (Chinese Dragons) 377
What A Wonderful World (Joey Ramone) 412
What A Wonderful World (Louis Armstrong) 412
What Do I Get? (Buzzcocks) 326

What's Your Game (Ramones) 105, 439
When I Was Young (Ramones) 368, 442
Whiskey Man (Ramones) 210
White Lines (Grandmaster Flash) 282

Y

Yardbirds, The 165, 206, 207
Year Of The Cat (Al Stewart) 110
Yellin, Adam 340
Yes 17, 31, 250, 432
You Am I 16, 22, 33, 34, 39, 47, 58, 59, 63, 73, 75, 79, 99, 103, 104, 105, 128, 131, 154, 156, 166, 167, 168, 176, 183, 184, 186, 187, 188, 191, 194, 195, 197, 211, 214, 226, 249, 256, 280, 287, 302, 303, 329, 337, 347, 373, 374, 378, 385, 393, 409, 422, 425, 435, 436, 437, 438, 439, 440, 441, 442, 443, 444, 445, 446
You Can't Put Your Arms Around a Memory (Ronnie Spector) 425
You Know My Name (Look Up The Number) (Beatles) 128
Young, Charles 19, 24, 31, 187, 210, 316, 368, 442
Young, Neil 19, 24, 31, 187, 210, 316, 368, 442
You're Gonna Kill That Girl (Ramones) 63, 105, 439, 440
You Should Never Have Opened That Door (Ramones) 103, 439, 444
You Sound Like You're Sick (Ramones) 211, 436, 440
You've Lost That Lovin' Feelin' (Righteous Brothers) 75
Yummy, Yummy, Yummy (Ohio Express) 34, 80

Z

Zadora, Pia 274
Zampini, Barbara 378
Zappa, Frank 200
Zero Zero UFO (Ramones) 231, 302, 438, 441
Zombie, Rob 303, 389, 411, 416, 430
Zonked/Ain't It Fun (Dee Dee Ramone) 378, 422, 426
Zonked (Dee Dee Ramone) 378, 422, 426